Magyarország

Hungary | Ungarn | Hongrie
Ungheria | Hungría | Maďarsko | Węgry
Maďarsko | Hongarije | Màdžarskā | Madžárska

(H) Tartalomjegyzék

Autópálya és távolsági forgami utak	II–III
Információ	IV
Attekintő terpék és közigazgatási egységek	V
Jelmagyarázat 1 : 300 000	VI–VIII
Térképek 1 : 300 000	1–45
Citytérképek	46–53
Helységnévjegyzék iranyitoszámal	54–72
Térképek Európa 1 : 4 500 000	1–16

(I) Indice

Autostrade e strade di grande comunicazione	II–III
Informazioni	IV
Quadro d'unione e circondario amministrativo	V
Segni convenzionali 1 : 300 000	VI–VIII
Carte 1 : 300 000	1–45
Piante dei centri urbani	46–53
Elenco dei nomi di località e codici postali	54–72
Carte Europa 1 : 4 500 000	1–16

(SK) Obsah

Diaľnice a hlavné diaľkové cesty	II–III
Informácie	IV
Klad mapových listov a územnosprávne rozdelenie	V
Vysvetlivky 1 : 300 000	VI–VIII
Mapy 1 : 300 000	1–45
Mapy centier miest	46–53
Register sídiel s poštovými smerovacími číslami	54–72
Mapa Európa 1 : 4 500 000	1–16

(GB) Contents

Motorways and trunk roads	II–III
Information	IV
Key map and administrative units	V
Legend 1 : 300 000	VI–VIII
Maps 1 : 300 000	1–45
City maps	46–53
Index of place names with postal codes	54–72
Maps of Europe 1 : 4 500 000	1–16

(E) Índice

Autopistas y rutas de larga distancia	II–III
Informaciónes	IV
Mapa índice y unidades administrativas	V
Signos convencionales 1 : 300 000	VI–VIII
Mapas 1 : 300 000	1–45
Planos del centro de las ciudades	46–53
Índice de topónimos con códigos postales	54–72
Mapas Europa 1 : 4 500 000	1–16

(NL) Inhoud

Autosnelwegen en belangrijke verbindingswegen	II–III
Informatie	IV
Overzichtskaart en administratieve indeling	V
Legenda 1 : 300 000	VI–VIII
Kaarten 1 : 300 000	1–45
Stadcentrumkaarten	46–53
Register van plaatsnamen met postcodes	54–72
Kaarten van Europa 1 : 4 500 000	1–16

(D) Inhaltsverzeichnis

Autobahnen und Fernstraßen	II–III
Informationen	IV
Kartenübersicht und Verwaltungsgliederung	V
Zeichenerklärung 1 : 300 000	VI–VIII
Kartografie 1 : 300 000	1–45
Citypläne	46–53
Ortsnamenverzeichnis mit Postleitzahlen	54–72
Europakarte 1 : 4 500 000	1–16

(CZ) Obsah

Dálnice a hlavní dálkové silnice	II–III
Informace	IV
Klad mapových listů a administrativní rozdělení	V
Vysvětlivky 1 : 300 000	VI–VIII
Mapa 1 : 300 000	1–45
Plány středů měst	46–53
Rejstřík sídel s poštovními směrovacími čísly	54–72
Mapa Evropa 1 : 4 500 000	1–16

(HR) Sadržaj

Avtoceste i magistralne ceste	II–III
Informacije	IV
Pregled karte in teritorijani ustroj	V
Tumač znakova 1 : 300 000	VI–VIII
Karte 1 : 300 000	1–45
Planovi središta gradova	46–53
Popis naselji i poštanski brojevi	54–72
Karte Europa 1 : 4 500 000	1–16

(F) Sommaire

Autoroutes et routes de grande liaison	II–III
Informations	IV
Carte d'assemblage et circonscription administrative	V
Légende 1 : 300 000	VI–VIII
Cartes 1 : 300 000	1–45
Plans de centre-ville	46–53
Index des localités avec codes postaux	54–72
Cartes d´Europe 1 : 4 500 000	1–16

(PL) Spis treści

Autostrady i drogi dalekiego zasięgu	II–III
Informacje	IV
Skorowidz arkuszy i podział administracyjny	V
Objaśnienia znaków 1 : 300 000	VI–VIII
Mapy 1 : 300 000	1–45
Plany centrów miast	46–53
Skorowidz miejscowości z kodami pocztowymi	54–72
Mapy Europa 1:4 500 000	1–16

(SLO) Vsebina

Avtoceste in magistralne ceste	II–III
Informacije	IV
Pregled kart in upravna delitev	V
Legenda 1 : 300 000	VI–VIII
Karte 1 : 300 000	1–45
Načrti mestnih središ	46–53
Kazalo naselij in poštne številke	54–72
Karte Evropa 1 : 4 500 000	1–16

50 km

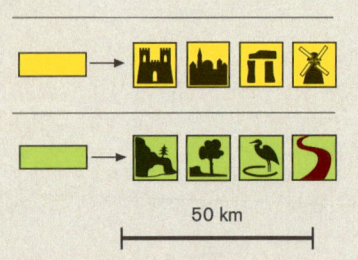

P O L S K A
SLOVENSKÁ REPUBLIKA
UKRAJINA
MAGYARORSZÁG
ROMÂNIA
S R B J A
Čadca
Žilina
Donlý Kubín
Liptovský Mikuláš
Stará Ľubovňa
Poprad
Levoča
Prešov
Lubotín
Svidník
Ustrzyki
Turka
Cisna
Bystré
Humenné
Snina
Velykyj Bereznyj
Vranov
Košice
Michalovce
Užhorod
Mukačeve
Ružomberok
Bytča
Prievidza
Banská Bystrica
Brezno
Banovce n. Brebavou
Partizánske
Handlová
Zvolen
Tisovec
Rožňava
Moldova n. Bodvou
Hlohovec
Banská Stiavnica
Dobrá Niva
Hriňová
Rimavská Sobota
Domica
Baradla-bg.
Aggteleki Nemzeti Park
Boldogkőváralja
Sátoraljaújhely
Sárospatak
Nitra
Zlaté Moravce
Lučenec
Ózd
Kazincbarcika
Szerencs
Tokaj
Kisvárda
Csaroda
Berehove
Levice
Balassagyarmat
Šahy
Szilvásvárad
Szt.István-bg.
Miskolc
N. Zámky
Salgótarján
Szalajka-völgy
Tiszavasvári
Satu Mare
Kovácsovské vrchy
Templom
Hollókő
Kékestető 1014
Eger
Bükk
Miskolctapolca
Nyíregyháza
Nyírbátor
Štúrovo
Visegrád
Gyöngyös
Mátra
Komárom
Esztergom
Vác
Dunakanyar
Skanzen
Szentendre
Hatvan
Heves
Hortobágy
Hajdúböszörmény
Hajdúhadház
Carei
Tata
Zsámbék
Tatabánya
Gödöllő
Budapest
Jászberény
Hortobágyi Nemzeti Park
Debrecen
Tășnad
Oroszlány
Bicske
Vecsés
Hajdúszoboszló
Csesznek
Csákvár
Érd
Kunhegyes
Karcag
Püspökladány
Marghita
Székesfehérvár
Várpalota
Veszprém
Velenceitó
Ócsa
Szolnok
Törökszentmiklós
Kisújszállás
Berettyóújfalu
Popești
Oradea
Aleșd
Cegléd
Mezőtúr
Szeghalom
Balatonfüred
Kerekegyháza
Dunaújváros
Kecskemét
Tiszaföldvár
Siófok
Dunaföldvár
Szarvas
Békés
Salonta
Kiskunsági Nemzeti Park
Bugac
Tinca
Csongrád
Szentes
Békéscsaba
Beiuș
Kiskunfélegyháza
Tamási
Paks
Kalocsa
Gyula
Orosháza
Nădab
Ineu
Szekszárd
Bonyhád
Duna-Drava Nemzeti Park (Gemenc)
Kiskunhalas
Hódmezővásárhely
Sebiș
Vârfurile
Sötét-völgy
Zengővár 682
Bátaszék
Szeged
Makó
Gurahont
Arad
Baja
Subotica
Pécs
Mohács
Bajmok
Senta
Lovrin
Brad
Siklós
Bačka Topola
Kikinda
Deva
Sombor
Timișoara
Lugoj
Hunedoara
Apatin
Bečej
Jebel
Hațeg
Osijek
Srbobran
Melenci
Vukovar
Zrenjanin
Deta
Caransebeș
Djakovo
Vinkovci
Novi Sad
Moravita
Resita
Vršac
Sl. Brod
Alibunar
Oravita
Anina
Baia de Aramă
Modriča
Srem. Rača
Ruma
Pančevo
Bela Crkva
Kotorsko
Brčko
Šabac
Beograd
Moldova Nouă
Drobeta-Turnu Severin
Gračanica
Suho Polje
Bijeljina
Debrc
Smederevo
Orșova
Dunav
Tisza
Mureș

(H)

Magyar Turizmus
Zárt részvénytársaság
(01) 488-8700
www.hungary.com

+36

1 Forint (HUF) =
100 Fillér

188
MAK
Maygar Autóklub

112

112

112

✓

✓

✓
Matrica

0,0 ‰

km/h	🏙️	🌲	🛣️	🛤️
🚗	50	90	110	130
🚗🚚	50	70	70	80
🚌	50	70	70	100
🚛	50	70	70	80

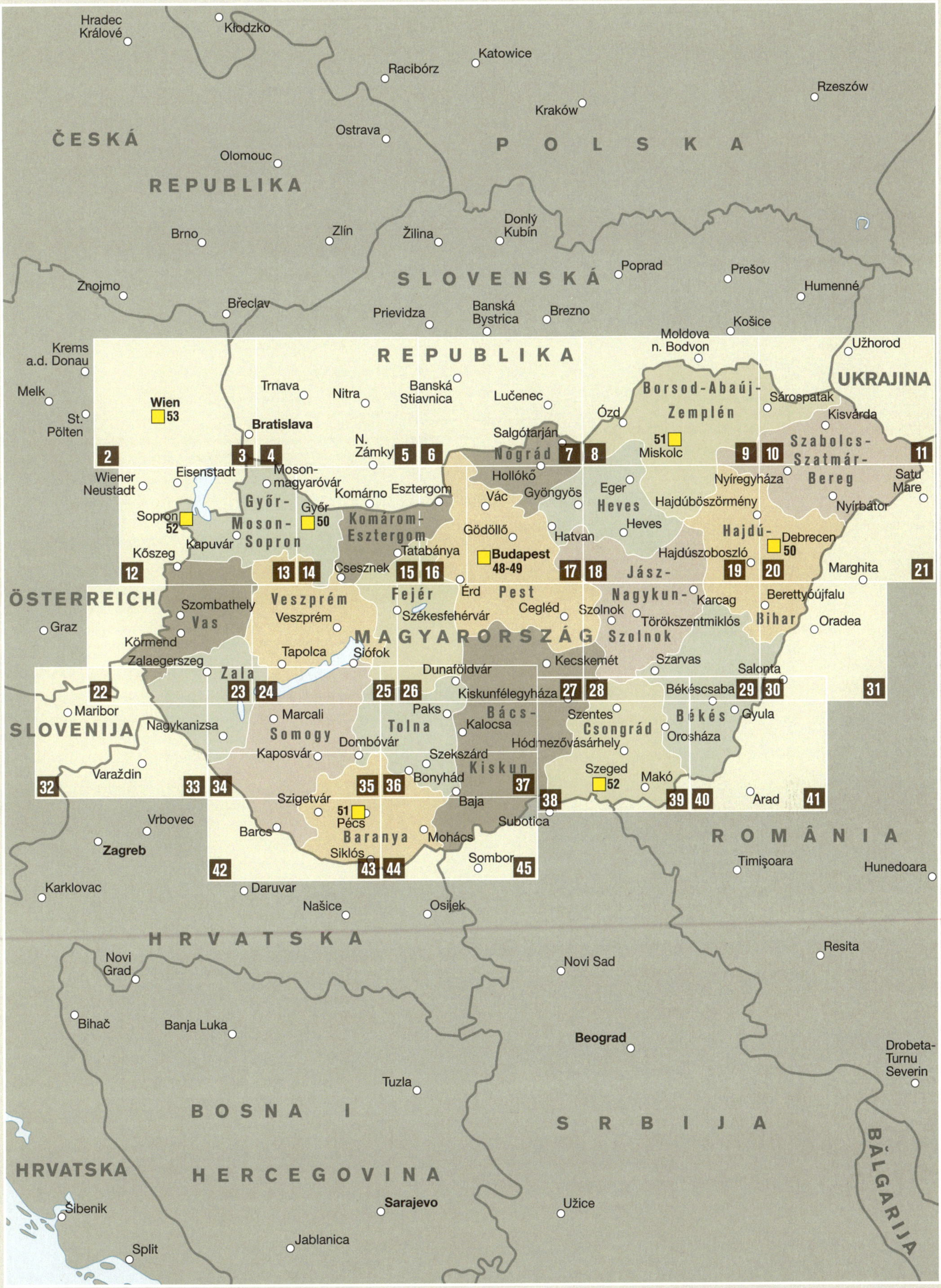
Hradec Králové
Kłodzko
Katowice
Racibórz
Rzeszów
Kraków
ČESKÁ
REPUBLIKA
Ostrava
Olomouc
P O L S K A
Brno
Zlín
Žilina
Donlý Kubín
Poprad
Prešov
Humenné
Znojmo
Břeclav
S L O V E N S K Á
Prievidza
Banská Bystrica
Brezno
Košice
Moldova n. Bodvon
Užhorod
Krems a.d. Donau
R E P U B L I K A
UKRAJINA
Melk
St. Pölten
Wien
53
Trnava
Nitra
Banská Stiavnica
Lučenec
Ózd
Borsod-Abaúj-Zemplén
Sárospatak
Kisvárda
Bratislava
N. Zámky
Salgótarján
51
Miskolc
Szabolcs-Szatmár-Bereg
2
3
4
5
6
Nógrád
7
8
9
10
11
Wiener Neustadt
Eisenstadt
Moson-magyaróvár
Komárno
Esztergom
Hollókő
Vác
Gyöngyös
Eger
Heves
Hajdúböszörmény
Nyíregyháza
Satu Mare
Nyírbátor
Sopron
52
Győr-Moson-Sopron
Győr
50
Komárom-Esztergom
Gödöllő
Hatvan
Hajdú-
Debrecen
50
Kőszeg
Kapuvár
Tatabánya
Budapest
48-49
Hajdúszoboszló
12
13
14
Csesznek
15
16
Érd
17
18
Jász-
19
20
Marghita
21
ÖSTERREICH
Szombathely
Vas
Veszprém
Fejér
Pest
Nagykun-
Karcag
Berettyóújfalu
Graz
Veszprém
Székesfehérvár
Cegléd
Szolnok
Törökszentmiklós
Bihar
Oradea
Körmend
M A G Y A R O R S Z Á G
Szolnok
Zalaegerszeg
Tapolca
Siófok
Kecskemét
Szarvas
Zala
Dunaföldvár
Salonta
22
23
24
25
26
Kiskunfélegyháza
27
28
Békéscsaba
29
30
31
Maribor
Paks
Bács-
Szentes
Békés
Gyula
SLOVENIJA
Nagykanizsa
Marcali
Tolna
Kalocsa
Csongrád
Somogy
Dombóvár
Hódmezővásárhely
Orosháza
Kaposvár
Szekszárd
Kiskun
Szeged
52
Makó
Varaždin
Bonyhád
32
33
34
35
36
37
38
39
40
41
Szigetvár
51
Pécs
Baja
Arad
Vrbovec
Barcs
Baranya
Mohács
Subotica
R O M Â N I A
Zagreb
Siklós
Sombor
Timişoara
Hunedoara
42
43
44
45
Karklovac
Daruvar
Našice
Osijek
H R V A T S K A
Resita
Novi Grad
Novi Sad
Bihač
Banja Luka
Beograd
Drobeta-Turnu Severin
Tuzla
B O S N A I
S R B I J A
BĂLGARIJA
HRVATSKA
H E R C E G O V I N A
Šibenik
Sarajevo
Užice
Jablanica
Split

Jelmagyarázat | Legend | Zeichenerklärung | Légende
1 : 300.000

KÖZLEKEDÉS 🇭 | TRAFFIC 🇬🇧 | VERKEHR 🇩 | CIRCULATION 🇫

Autópálya csomóponttal · Autópálya-csomópont száma · Fizetési állás	Motorway with junction · Junction number · Toll station	Autobahn mit Anschlussstelle · Anschlussnummer · Gebührenstelle	Autoroute avec point de jonction · Numéro de point de jonction · Gare de péage
Motel · Autós csárda	Hotel, motel · Restaurant	Rasthaus mit Übernachtung · Raststätte	Hôtel, motel · Restaurant
Büfé · Benzinkút · Autópihenő	Snackbar · Filling-station · Truckstop	Kleinraststätte · Tankstelle · Autohof	Snack-bar · Poste d'essence · Relais routier
Autópálya építés alatt a megnyitás időpontjával · Autópálya tervezés alatt	Motorway under construction with expected date of opening · Motorway projected	Autobahn in Bau mit voraussichtlichem Fertigstellungsdatum · Autobahn in Planung	Autoroute en construction avec date prévue de mise en service · Autoroute en projet
Gyorsforgalmi út autópálya jelleggel · építés alatt · tervezés alatt	Dual carriageway with motorway characteristics · under construction · projected	Autobahnähnliche Schnellstraße · in Bau · in Planung	Double chaussée de type autoroutier · en construction · en projet
Távolsági út · csomóponttal	Trunk road · with junction	Fernverkehrsstraße · mit Anschlussstelle	Route de grand trafic · avec point de jonction
Fontos főút · Főút	Important main road · Main road	Wichtige Hauptstraße · Hauptstraße	Route principale importante · Route principale
Utak építés alatt · tervezés alatt	Roads under construction · projected	Straßen in Bau · geplant	Routes en construction · en projet
Mellékút · Földút	Secondary road · Carriageway	Nebenstraße · Fahrweg	Route secondaire · Chemin carrossable
Korlátozottan használható kocsiút · Gyalogutak	Carriageway, use restricted · Footpaths	Fahrweg, nur bedingt befahrbar · Fußwege	Chemin carrossable, praticabilité non assurée · Sentiers
Alagutak	Road tunnels	Straßentunnel	Tunnels routiers
Európa-útszám · Autópálya-szám · Útszám	European road number · Motorway number · Road number	Europastraßennummer · Autobahnnummer · Straßennummer	Numéro de route européenne · Numéro d'autoroute · Numéro de route
Emelkedő · Hágó · Télen elzárt útszakasz	Gradient · Pass · Closure in winter	Steigung · Pass · Wintersperre	Montée · Col · Fermeture en hiver
Lakókocsival nem ajánlott · tiltott	Road not recommended · closed for caravans	Straße für Wohnanhänger nicht empfehlenswert · gesperrt	Route non recommandée · interdite aux caravanes
Díj ellenében használható út · Gépjárműforgalom elől elzárt út	Toll road · Road closed for motor vehicles	Gebührenpflichtige Straße · Straße für Kfz gesperrt	Route à péage · Route interdite aux véhicules à moteur
Természetileg szép szakasz · Turistaút	Route with beautiful scenery · Tourist route	Landschaftlich schöne Strecke · Touristenstraße	Parcours pittoresque · Route touristique
Autókomp folyókon · Autókomp · Hajóútvonal	Car ferry on river · Car ferry · Shipping route	Autofähre an Flüssen · Autofähre · Schifffahrtslinie	Bac fluvial pour automobiles · Bac pour automobiles · Ligne de navigation
Fővasútvonal állomással · Mellékvasútvonal megállóval	Main line railway with station · Secondary line railway with stop	Hauptbahn mit Bahnhof · Nebenbahn mit Haltepunkt	Chemin de fer principal avec gare · Chemin de fer secondaire avec halte
Autórakodás · Történeti vasútvonal	Car-loading terminal · Tourist train	AutoZug-Terminal · Museumseisenbahn	Gare auto-train · Chemin de fer touristique
Fogaskerekű vasút, drótkötélpálya · Kabinos felvonó · Ülőlift	Rack-railway, funicular · Aerial cableway · Chair-lift	Zahnradbahn, Standseilbahn · Kabinenseilbahn · Sessellift	Chemin de fer à crémaillère, funiculaire · Téléphérique · Télésiège
Nemzetközi repülőtér · Országos repülőtér · Egyéb repülőtér · Vitorlázórepülő-tér	Airport · Regional airport · Airfield · Gliding site	Verkehrsflughafen · Regionalflughafen · Flugplatz · Segelflugplatz	Aéroport · Aéroport régional · Aérodrome · Terrain de vol à voile
Kilométertávolság az autópályán	Distances in km along the motorway	Entfernungen in km an Autobahnen	Distances en km sur autoroutes
Kilométertávolság egyéb utakon	Distances in km along the other roads	Entfernungen in km an Straßen	Distances en km sur routes

---

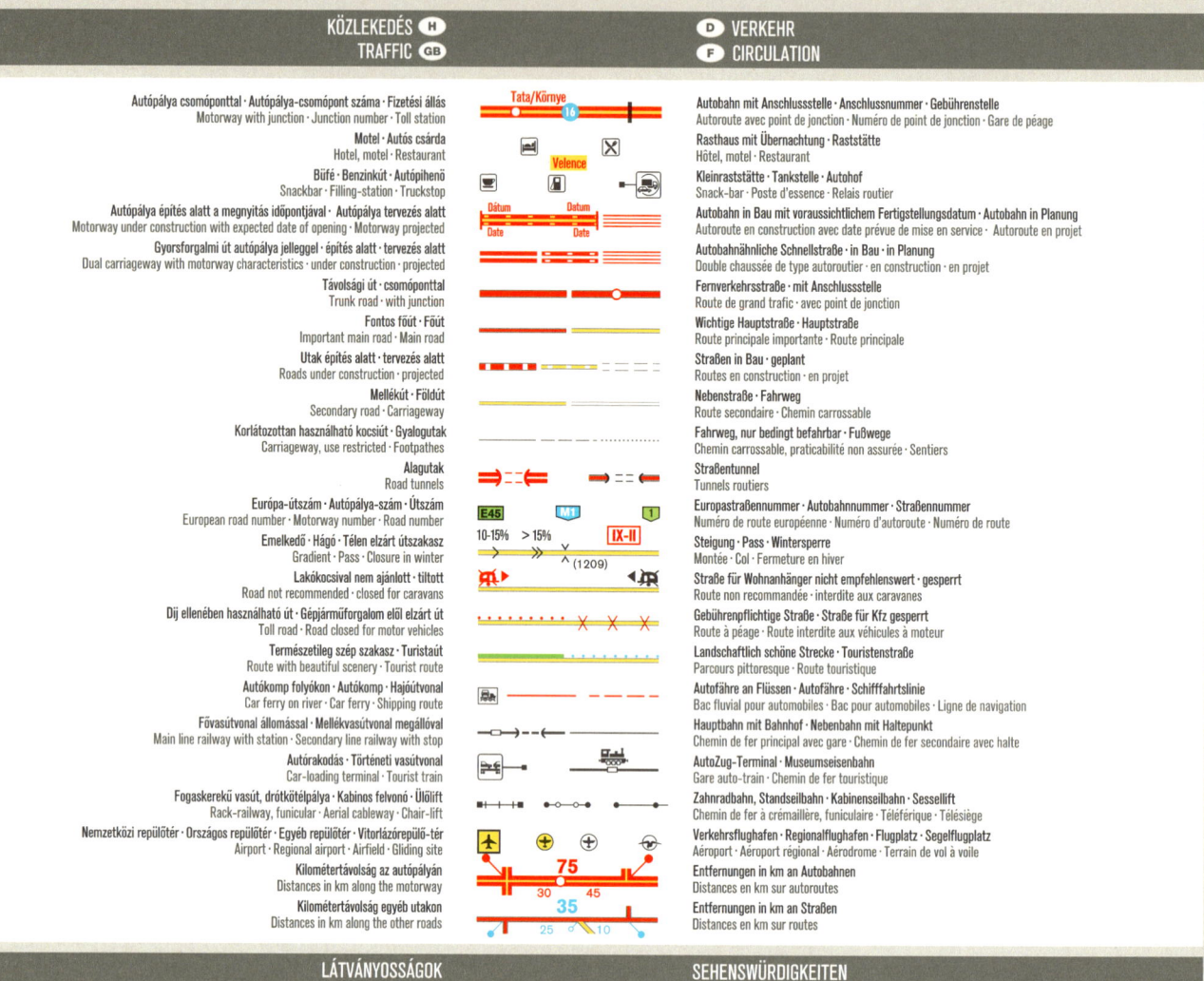

LÁTVÁNYOSSÁGOK | PLACES OF INTEREST | SEHENSWÜRDIGKEITEN | CURIOSITÉS

Különösen látványos település	Place of particular interest	Besonders sehenswerter Ort	Localité très intéressante
Látványos település	Place of interest	Sehenswerter Ort	Localité intéressante
Különösen látványos épület · Látványos épület	Building of particular interest · Building of interest	Besonders sehenswertes Bauwerk · Sehenswertes Bauwerk	Bâtiment très intéressant · Bâtiment intéressant
Különleges természeti látnivaló · Természeti látnivaló	Natural object of particular interest · of interest	Besondere Natursehenswürdigkeit · Natursehenswürdigkeit	Curiosité naturelle intéressante · Curiosité naturelle
Egyéb látnivaló	Other objects of interest	Sonstige Sehenswürdigkeiten	Autres curiosités
Botanikus kert, látványos park · Állatkert	Botanical gardens, interesting park · Zoological gardens	Botanischer Garten, sehenswerter Park · Zoologischer Garten	Jardin botanique, parc intéressant · Jardin zoologique
Nemzeti park, természeti park · Kilátópont	National park, nature park · Scenic view	Nationalpark, Naturpark · Aussichtspunkt	Parc national, parc naturel · Point de vue
Templom · Templomrom · Katonatemető · Kolostor · Kolostorrom	Church · Church ruin · Military cemetery · Monastery · Monastery ruin	Kirche · Kirchenruine · Soldatenfriedhof · Kloster · Klosterruine	Église · Église en ruines · Cimetière militaire · Monastère · Monastère en ruines
Kastély, vár · Várrom · Emlékmű · Szélmalom · Barlang	Palace, castle · Castle ruin · Monument · Windmill · Cave	Schloss, Burg · Burgruine · Denkmal · Windmühle · Höhle	Château, château fort · Château fort en ruines · Monument · Moulin à vent · Grotte

---

EGYÉB | OTHER INFORMATION | SONSTIGES | AUTRES INDICATIONS

Kemping hely · Ifjúsági szállás · Golfpálya · Jachtkikötő	Camping site · Youth hostel · Golf-course · Marina	Campingplatz · Jugendherberge · Golfplatz · Jachthafen	Terrain de camping · Auberge de jeunesse · Terrain de golf · Marina
Szálloda, motel, vendéglő · Menedékház · Nyaralótelep · Gyógyfürdő	Hotel, motel, inn · Refuge · Tourist colony · Spa	Hotel, Motel, Gasthaus · Berghütte · Feriendorf · Heilbad	Hôtel, motel, auberge · Refuge · Village touristique · Station balnéaire
Uszoda · Ajánlatos strand	Swimming pool · Recommended beach	Schwimmbad · Empfehlenswerter Badestrand	Piscine · Plage recommandée
Torony · Rádió- vagy tévétorony · Világítótorony · Magában álló épület	Tower · Radio or TV tower · Lighthouse · Isolated building	Turm · Funk-, Fernsehturm · Leuchtturm · Einzelgebäude	Tour · Tour radio, tour de télévision · Phare · Bâtiment isolé
Mecset · Zsinagóga · Oroszkeleti templom · Erőd	Mosque · Synagogue · Russian orthodox church · Fort	Moschee · Synagoge · Russisch-orthodoxe Kirche · Fort	Mosquée · Synagogue · Église russe orthodoxe · Fort
Államhatár · Nemzetközi határátlépő · Korlátozott átjárhatóságú határátkelőhely	National boundary · International check-point · Check-point with restrictions	Staatsgrenze · Internationale Grenzkontrollstelle · Grenzkontrollstelle mit Beschränkung	Frontière d'État · Point de contrôle international · Point de contrôle avec restrictions
Közigazgatási határ · Zárt terület	Administrative boundary · Prohibited area	Verwaltungsgrenze · Sperrgebiet	Limite administrative · Zone interdite
Erdő · Puszta	Forest · Heath	Wald · Heide	Forêt · Lande
Homok, fövény · Watt-tenger	Sand and dunes · Tidal flat	Sand und Dünen · Wattenmeer	Sable et dunes · Mer recouvrant les hauts-fonds

VI

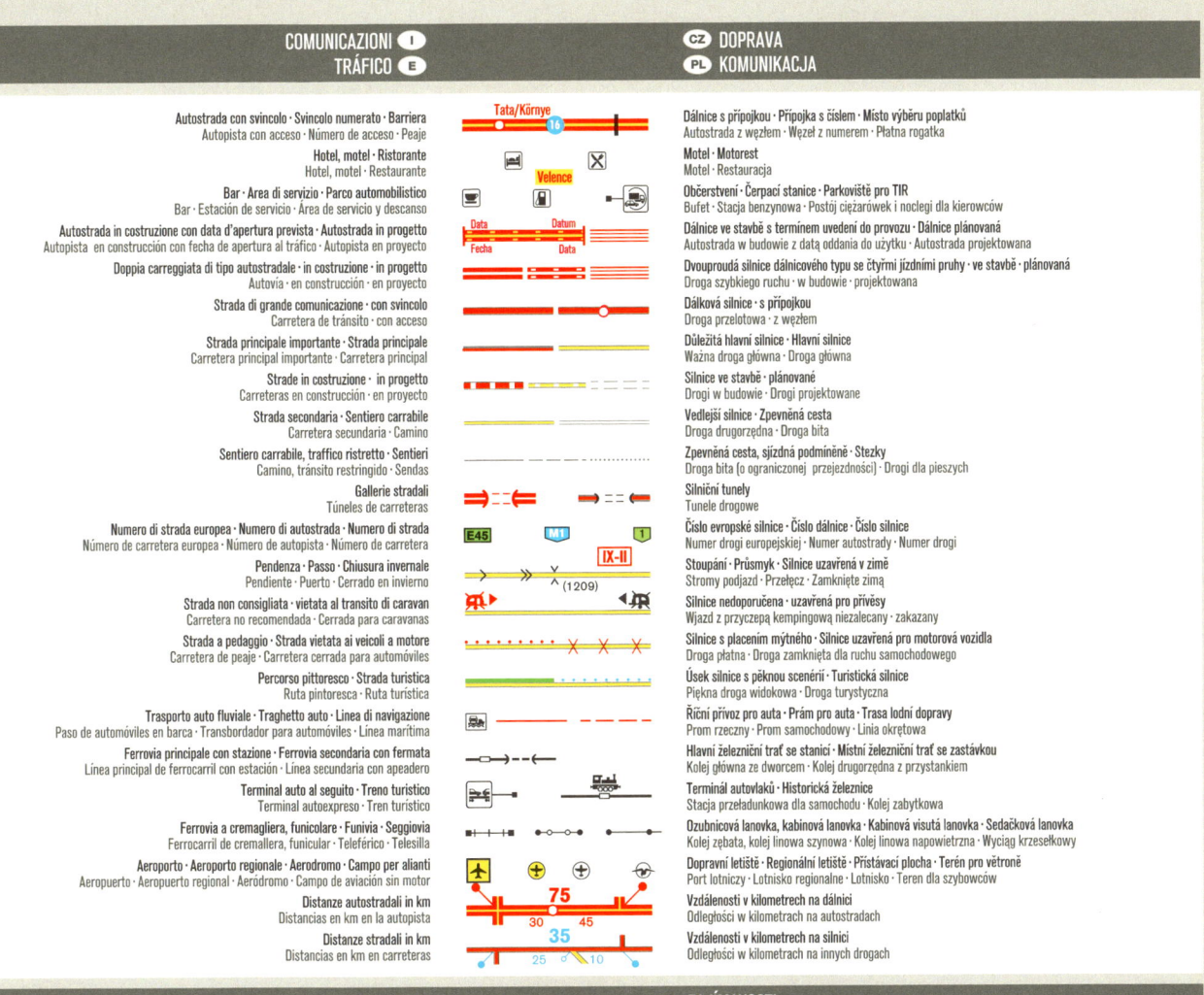

Legenda | Signos convencionales | Vysvětlivky | Objaśnienia znaków
1 : 300.000

COMUNICAZIONI (I) / TRÁFICO (E) — DOPRAVA (CZ) / KOMUNIKACJA (PL)

Italiano / Español	Česky / Polski
Autostrada con svincolo · Svincolo numerato · Barriera Autopista con acceso · Número de acceso · Peaje	Dálnice s přípojkou · Přípojka s číslem · Místo výběru poplatků Autostrada z węzłem · Węzeł z numerem · Płatna rogatka
Hotel, motel · Ristorante Hotel, motel · Restaurante	Motel · Motorest Motel · Restauracja
Bar · Area di servizio · Parco automobilistico Bar · Estación de servicio · Área de servicio y descanso	Občerstvení · Čerpací stanice · Parkoviště pro TIR Bufet · Stacja benzynowa · Postój ciężarówek i noclegi dla kierowców
Autostrada in costruzione con data d'apertura prevista · Autostrada in progetto Autopista en construcción con fecha de apertura al tráfico · Autopista en proyecto	Dálnice ve stavbě s termínem uvedení do provozu · Dálnice plánovaná Autostrada w budowie z datą oddania do użytku · Autostrada projektowana
Doppia carreggiata di tipo autostradale · in costruzione · in progetto Autovía en construcción · en proyecto	Dvouproudá silnice dálničového typu se čtyřmi jízdními pruhy · ve stavbě · plánovaná Droga szybkiego ruchu · w budowie · projektowana
Strada di grande comunicazione · con svincolo Carretera de tránsito · con acceso	Dálková silnice · s přípojkou Droga przelotowa · z węzłem
Strada principale importante · Strada principale Carretera principal importante · Carretera principal	Důležitá hlavní silnice · Hlavní silnice Ważna droga główna · Droga główna
Strade in costruzione · in progetto Carreteras en construcción · en proyecto	Silnice ve stavbě · plánované Drogi w budowie · Drogi projektowane
Strada secondaria · Sentiero carrabile Carretera secundaria · Camino	Vedlejší silnice · Zpevněná cesta Droga drugorzędna · Droga bita
Sentiero carrabile, traffico ristretto · Sentieri Camino, tránsito restringido · Sendas	Zpevněná cesta, sjízdná podmíněně · Stezky Droga bita (o ograniczonej przejezdności) · Drogi dla pieszych
Gallerie stradali Túneles de carreteras	Silniční tunely Tunele drogowe
Numero di strada europea · Numero di autostrada · Numero di strada Número de carretera europea · Número de autopista · Número de carretera	Číslo evropské silnice · Číslo dálnice · Číslo silnice Numer drogi europejskiej · Numer autostrady · Numer drogi
Pendenza · Passo · Chiusura invernale Pendiente · Puerto · Cerrado en invierno	Stoupání · Průsmyk · Silnice uzavřená v zimě Stromy podjazd · Przełęcz · Zamknięte zimą
Strada non consigliata · vietata al transito di caravan Carretera no recomendada · Cerrada para caravanas	Silnice nedoporučena · uzavřená pro přívěsy Wjazd z przyczepą kempingową niezalecany · zakazany
Strada a pedaggio · Strada vietata ai veicoli a motore Carretera de peaje · Carretera cerrada para automóviles	Silnice s placením mýtného · Silnice uzavřená pro motorová vozidla Droga płatna · Droga zamknięta dla ruchu samochodowego
Percorso pittoresco · Strada turistica Ruta pintoresca · Ruta turística	Úsek silnice s pěknou scenérií · Turistická silnice Piękna droga widokowa · Droga turystyczna
Trasporto auto fluviale · Traghetto auto · Linea di navigazione Paso de automóviles en barca · Transbordador para automóviles · Línea marítima	Říční přívoz pro auta · Prám pro auta · Trasa lodní dopravy Prom rzeczny · Prom samochodowy · Linia okrętowa
Ferrovia principale con stazione · Ferrovia secondaria con fermata Línea principal de ferrocarril con estación · Línea secundaria con apeadero	Hlavní železniční trať se stanicí · Místní železniční trať se zastávkou Kolej główna ze dworcem · Kolej drugorzędna z przystankiem
Terminal auto al seguito · Treno turistico Terminal autoexpreso · Tren turístico	Terminál autovlaků · Historická železnice Stacja przeładunkowa dla samochodu · Kolej zabytkowa
Ferrovia a cremagliera, funicolare · Funivia · Seggiovia Ferrocarril de cremallera, funicular · Teleférico · Telesilla	Ozubnicová lanovka, kabinová lanovka · Kabinová visutá lanovka · Sedačková lanovka Kolej zębata, kolej linowa szynowa · Kolej linowa napowietrzna · Wyciąg krzesełkowy
Aeroporto · Aeroporto regionale · Aerodromo · Campo per alianti Aeropuerto · Aeropuerto regional · Aeródromo · Campo de aviación sin motor	Dopravní letiště · Regionální letiště · Přistávací plocha · Terén pro větroně Port lotniczy · Lotnisko regionalne · Lotnisko · Teren dla szybowców
Distanze autostradali in km Distancias en km en la autopista	Vzdálenosti v kilometrech na dálnici Odległości w kilometrach na autostradach
Distanze stradali in km Distancias en km en carreteras	Vzdálenosti v kilometrech na silnici Odległości w kilometrach na innych drogach

INTERESSE TURISTICO / PUNTOS DE INTERÉS — ZAJÍMAVOSTI / INTERESUJĄCE OBIEKTY

Località molto interessante Población de interés especial	Turisticky pozoruhodná lokalita Miejscowość szczególnie interesująca
Località interessante Población de interés	Turisticky zajímavá lokalita Miejscowość interesująca
Edificio molto interessante · Edificio interessante Edificio de interés especial · Edificio de interés	Turisticky pozoruhodná budova · Turisticky zajímavá budova Budowla szczególnie interesująca · Budowla interesująca
Curiosità naturale interessante · Curiosità naturale Curiosidad natural de interés · Curiosidad natural	Turisticky pozoruhodný přírodní útvar · Turisticky zajímavý přírodní útvar Szczególnie interesujący obiekt naturalny · Interesujący obiekt naturalny
Altre curiosità Otras curiosidades	Jiné zajímavosti Inne interesujące obiekty
Giardino botanico, parco interessante · Giardino zoologico Jardín botánico, parque de interés · Jardín zoológico	Botanická zahrada, pozoruhodný park · Zoologická zahrada Ogród botaniczny, interesujący park · Ogród zoologiczny
Parco nazionale, parco naturale · Punto panoramico Parque nacional, parque natural · Vista pintoresca	Národní park, přírodní park · Krásný výhled Park narodowy, park krajobrazowy · Punkt widokowy
Chiesa · Rovine di chiesa · Cimitieri militari · Monastero · Rovine di monastero Iglesia · Iglesia en ruinas · Cementerio militar · Monasterio · Ruina de monasterio	Kostel · Zřícenina kostela · Vojenský hřbitov · Klášter · Zřícenina kláštera Kościół · Ruiny kościoła · Cmentarz wojskowy · Klasztor · Ruiny klasztoru
Castello, fortezza · Rovine di fortezza · Monumento · Mulino a vento · Grotta Palacio, castillo · Ruina de castillo · Monumento · Molino de viento · Cueva	Zámek, hrad · Zřícenina hradu · Pomník · Větrný mlýn · Jeskyně Pałac, zamek · Ruiny zamku · Pomnik · Wiatrak · Jaskinia

ALTRI SEGNI / OTROS DATOS — JINÉ ZNAČKY / INNE INFORMACJE

Campeggio · Ostello della gioventù · Campo da golf · Porto turistico Camping · Albergue juvenil · Campo de golf · Puerto deportivo	Kempink · Ubytovna mládeže · Golfové hřiště · Jachtařský přístav Kemping · Schronisko młodzieżowe · Pole golfowe · Port jachtowy
Hotel, motel, albergo · Rifugio · Villaggio turistico · Terme Hotel, motel, restaurante · Refugio · Aldea de vacaciones · Baño medicinal	Hotel, motel, hostinec · Horská bouda · Rekreační středisko · Lázně Hotel, motel, restauracja · Schronisko górskie · Wieś letniskowa · Uzdrowisko
Piscina · Spiaggia raccomandabile Piscina · Playa recomendable	Plovárna · Doporučená pláž Pływalnia · Plaża zalecona
Torre · Torre radio o televisiva · Faro · Edificio isolato Torre · Torre de radio o televisión · Faro · Edificio aislado	Věž · Rozhlasová, televizní věž · Maják · Jednotlivá budova Wieża · Wieża stacji radiowej, telewizyjnej · Latarnia morska · Budynek odosobniony
Moschea · Sinagoga · Chiesa ortodossa russa · Forte Mezquita · Sinagoga · Iglesia rusa-ortodoxa · Fuerte	Mešita · Synagoga · Ruský ortodoxní kostel · Tvrz Meczet · Synagoga · Cerkiew prawosławna · Fort
Confine di Stato · Punto di controllo internazionale · Punto di controllo con restrizioni Frontera nacional · Control internacional · Control con restricciones	Státní hranice · Hraniční přechod · Hraniční přechod se zvláštními předpisy Granica państwa · Międzynarodowe przejście graniczne · z ograniczeniami
Confine amministrativo · Zona vietata Frontera administrativa · Zona prohibida	Správní hranice · Zakázaný prostor Granica administracyjna · Obszar zamknięty
Foresta · Landa Bosque · Landa	Les · Vřesoviště Las · Wrzosowisko
Sabbia e dune · Basso-fondo Arena y dunas · Aguas bajas	Písek a duny · Mělké moře Piasek i wydmy · Watty

VII

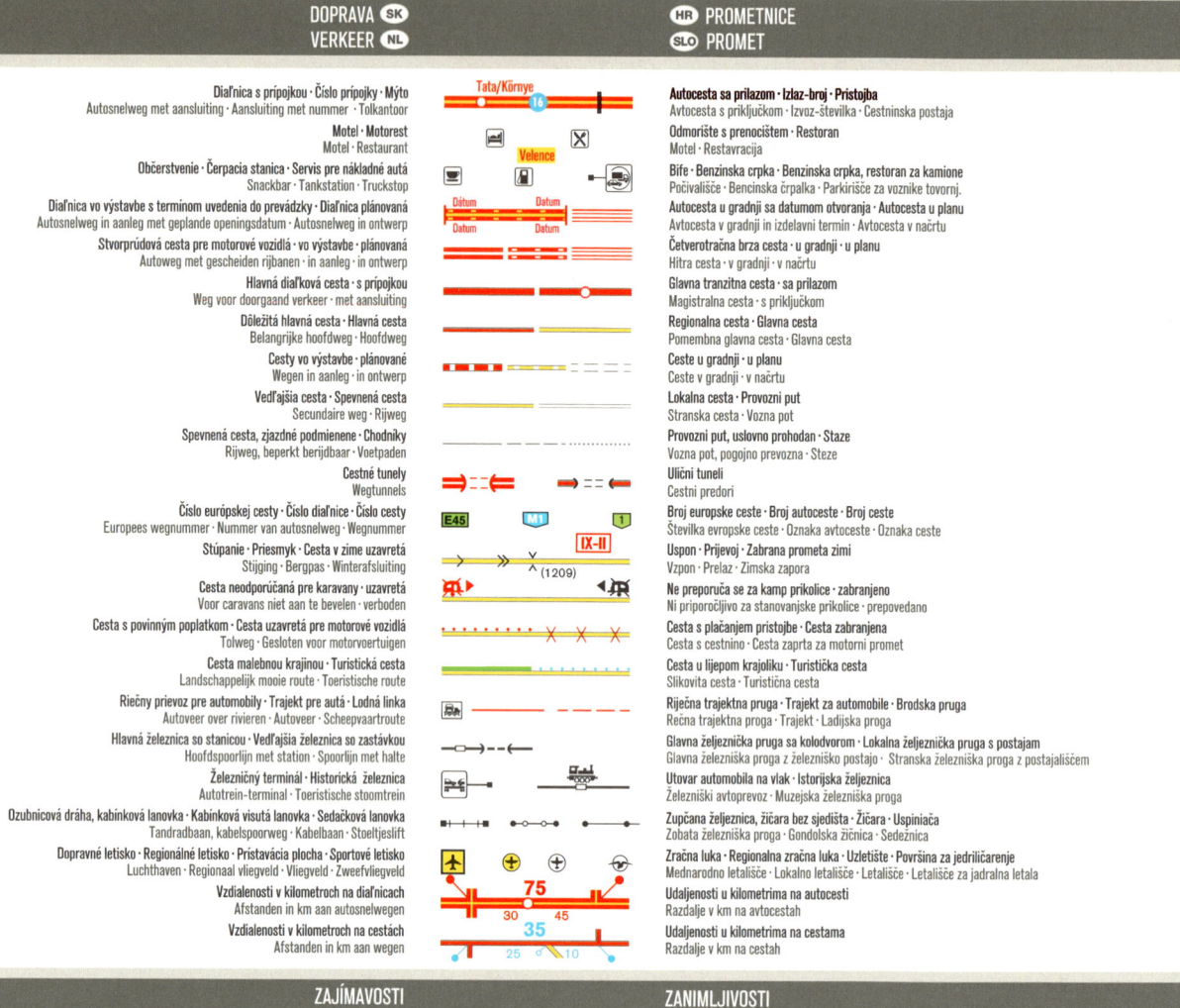

Vysvetlivky | Legenda | Tumač znakova | Legenda
1 : 300.000

DOPRAVA (SK) / VERKEER (NL) — PROMETNICE (HR) / PROMET (SLO)

Diaľnica s prípojkou · Číslo prípojky · Mýto
Autosnelweg met aansluiting · Aansluiting met nummer · Tolkantoor
Autocesta sa prilazom · Izlaz-broj · Pristojba
Avtocesta s priključkom · Izvoz-številka · Cestninska postaja

Motel · Motorest
Motel · Restaurant
Odmorište s prenoćištem · Restoran
Motel · Restavracija

Občerstvenie · Čerpacia stanica · Servis pre nákladné autá
Snackbar · Tankstation · Truckstop
Bife · Benzinska crpka · Benzinska crpka, restoran za kamione
Počivališče · Bencinska črpalka · Parkirišče za voznike tovornj.

Diaľnica vo výstavbe s termínom uvedenia do prevádzky · Diaľnica plánovaná
Autosnelweg in aanleg met geplande openingsdatum · Autosnelweg in ontwerp
Autocesta u gradnji sa datumom otvaranja · Autocesta u planu
Avtocesta v gradnji in izdelave termin · Avtocesta v načrtu

Štvorprúdová cesta pre motorové vozidlá · vo výstavbe · plánovaná
Autoweg met gescheiden rijbanen · in aanleg · in ontwerp
Četverotračna brza cesta · u gradnji · u planu
Hitra cesta · v gradnji · v načrtu

Hlavná diaľková cesta · s prípojkou
Weg voor doorgaand verkeer · met aansluiting
Glavna tranzitna cesta · sa prilazom
Magistralna cesta · s priključkom

Dôležitá hlavná cesta · Hlavná cesta
Belangrijke hoofdweg · Hoofdweg
Regionalna cesta · Glavna cesta
Pomembna glavna cesta · Glavna cesta

Cesty vo výstavbe · plánované
Wegen in aanleg · in ontwerp
Ceste u gradnji · u planu
Ceste v gradnji · v načrtu

Vedľajšia cesta · Spevnená cesta
Secundaire weg · Rijweg
Lokalna cesta · Provozni put
Stranska cesta · Vozna pot

Spevnená cesta, zjazdné podmienené · Chodníky
Rijweg, beperkt berijdbaar · Voetpaden
Provozni put, uslovno prohodan · Staze
Vozna pot, pogojno prevozna · Steze

Cestné tunely
Wegtunnels
Ulični tuneli
Cestni predori

Číslo európskej cesty · Číslo diaľnice · Číslo cesty
Europees wegnummer · Nummer van autosnelweg · Wegnummer
Broj europske ceste · Broj autoceste · Broj ceste
Številka evropske ceste · Oznaka avtoceste · Oznaka ceste

Stúpanie · Priesmyk · Cesta v zime uzavretá
Stijging · Bergpas · Winterafsluiting
Uspon · Prijevoj · Zabrana prometa zimi
Vzpon · Prelaz · Zimska zapora

Cesta neodporúčaná pre karavany · uzavretá
Voor caravans niet aan te bevelen · verboden
Ne preporuča se za kamp prikolice · zabranjeno
Ni priporočljivo za stanovanjske prikolice · prepovedano

Cesta s povinným poplatkom · Cesta uzavretá pre motorové vozidlá
Tolweg · Gesloten voor motorvoertuigen
Cesta s plaćanjem pristojbe · Cesta zabranjena
Cesta s cestnino · Cesta zaprta za motorni promet

Cesta malebnou krajinou · Turistická cesta
Landschappelijk mooie route · Toeristische route
Cesta u lijepom krajoliku · Turistička cesta
Slikovita cesta · Turistična cesta

Riečny prievoz pre automobily · Trajekt pre autá · Lodná linka
Autoveer over rivieren · Autoveer · Scheepvaartroute
Riječna trajektna pruga · Trajekt za automobile · Brodska pruga
Rečna trajektna proga · Trajekt · Ladijska proga

Hlavná železnica so stanicou · Vedľajšia železnica so zastávkou
Hoofdspoorlijn met station · Spoorlijn met halte
Glavna željeznička pruga sa kolodvorom · Lokalna željeznička pruga s postajam
Glavna železniška proga z železniškim postajo · Stranska železniška proga z postajališčem

Železničný terminál · Historická železnica
Autotrein-terminal · Toeristische stoomtrein
Utovar automobila na vlak · Istorijska željeznica
Železniški avtoprevoz · Muzejska železnica

Ozubnicová dráha, kabínková lanovka · Kabínková visutá lanovka · Sedačková lanovka
Tandradbaan, kabelspoorweg · Kabelbaan · Stoeltjeslift
Zupčana željeznica, žičara bez sjedišta · Žičara · Uspinjača
Zobata železniška proga · Gondolska žičnica · Sedežnica

Dopravné letisko · Regionálne letisko · Prístavacia plocha · Športové letisko
Luchthaven · Regionaal vliegveld · Vliegveld · Zweefvliegveld
Zračna luka · Regionalna zračna luka · Uzletište · Površina za jedriličarenje
Mednarodno letališče · Lokalno letališče · Letališče · Letališče za jadralna letala

Vzdialenosti v kilometroch na diaľniciach
Afstanden in km aan autosnelwegen
Udaljenosti u kilometrima na autocesti
Razdalje v km na avtocestah

Vzdialenosti v kilometroch na cestách
Afstanden in km aan wegen
Udaljenosti u kilometrima na cestama
Razdalje v km na cestah

ZAJÍMAVOSTI / BEZIENSWAARDIGHEDEN — ZANIMLJIVOSTI / ZAMINIVOSTI

Mimoriadne pozoruhodné miesto
Zeer bezienswaardige plaats
Vrlo znamenito naselje
Zelo zanimiv kraj

Pozoruhodné miesto
Bezienswaardige plaats
Znamenito naselje
Zanimiv kraj

Mimoriadne pozoruhodná stavba · Pozoruhodná stavba
Zeer bezienswaardig gebouw · Bezienswaardig gebouw
Vrlo zanimljiva građevina · Zanimljiva građevina
Zelo zanimiva zgradba · Zanimiva zgradba

Mimoriadna prírodná zaujímavosť · Prírodná zaujímavosť
Zeer bezienswaardig natuurschoon · Bezienswaardig natuurschoon
Posebna prirodna znamenitost · Prirodna znamenitost
Zelo zanimiva naravna znamenitost · Naravna znamenitost

Iné pozoruhodnosti
Overige bezienswaardigheden
Ostali znamenitosti
Druge znamenitosti

Botanická záhrada, pozoruhodný park · Zoologická záhrada
Botanische tuin, bezienswaardig park · Dierentuin
Botanički vrt, znamenit perivoj · Zoološki vrt
Botanični vrt, zanimiv park · Živalski vrt

Národný park, prírodný park · Vyhliadka
Nationaal park, natuurpark · Mooi uitzicht
Nacionalni park, prirodni park · Vidikovac
Narodni park, naravni park · Razgledišče

Kostol · Zrúcanina kostola · Vojenský cintorín · Kláštor · Zrúcanina kláštora
Kerk · Kerkruine · Militaire begraafplaats · Klooster · Kloosterruïne
Crkva · Crkvena ruševina · Vojničko groblje · Samostan · Samostanska ruševina
Cerkev · Razvalina cerkve · Vojaško pokopališče · Samostan · Samostanska razvalina

Zámok, hrad · Zrúcanina hradu · Pomník · Veterný mlyn · Jaskyňa
Kasteel, burcht · Burchtruïne · Monument · Windmolen · Grot
Utvrda, grad · Gradina · Spomenik · Vjetrenjača · Špilja
Graščina, grad · Razvalina · Spomenik · Mlin na veter · Jama

JINÉ ZNAČKY / OVERIGE INFORMATIE — OSTALE OZNAKE / DRUGI ZNAKI

Kemping · Mládežnícka ubytovňa · Golfové ihrisko · Prístav pre plachetnice
Kampeerterrein · Jeugdherberg · Golfterrein · Jachthaven
Kamp · Omladinski hotel · Igralište golfa · Marina
Kamp · Mladinski hotel · Igrišče za golf · Marina

Hotel, motel, ubytovňa · Horská chata · Rekreačné stredisko · Kúpele
Hotel, motel, restaurant · Berghut · Vakantiekolonie · Badplaats
Hotel, motel, gostionica · Planinarska kuća · Ferijalna kolonija · Toplice
Hotel, motel, gostišče · Planinska koča · Počitniško naselje · Toplice

Kúpalisko · Pláž vhodná na kúpanie
Zwembad · Mooi badstrand
Bazen · Obala pogodna za kupanje
Bazen · Obala, primerna za kopanje

Veža · Rozhlasový alebo televízny stožiar · Maják · Osamote stojaca budova
Toren · Radio of T.V. mast · Vuurtoren · Geïsoleerd gebouw
Toranj · Radio-, televizijski toranj · Svjetionik · Pojedinačna zgrada
Stolp · Radijski ali televizijski stolp · Svetilnik · Posamezno poslopje

Mešita · Synagóga · Ruský ortodoxný kostol · Pevnosť
Moskee · Synagoge · Russisch orthodox kerk · Fort
Džamija · Sinagoga · Rusko-ortodoksna crkva · Tvrđava
Džamija · Sinagoga · Rusko-pravoslavna cerkev · Trdnjava

Štátna hranica · Medzinárodný hraničný priechod · Hraničný priechod s obmedzením
Rijksgrens · Internationaal grenspost · Grenspost met restrictie
Državna granica · Međunarodni granični prijelaz · Međudržavni granični prijelaz
Državna meja · Mednarodni mejni prehod · Mejni prehod

Administratívna hranica · Zakázaná oblasť
Administratieve grens · Afgesloten gebied
Upravna granica · Zabranjeno područje
Upravna meja · Zaprto območje

Les · Pustatina
Bos · Heide
Šuma · Pustara
Gozd · Goljava

Piesok a duny · Plytčina
Zand en duinen · Bij eb droogvallende gronden
Pijesak i prudi · Plitko more
Pesek in sipine · Bibavični pas

1:300 000 / 1cm = 3km

Photo: Donau, Budapest (getty images/Jochem D. Wijnands)

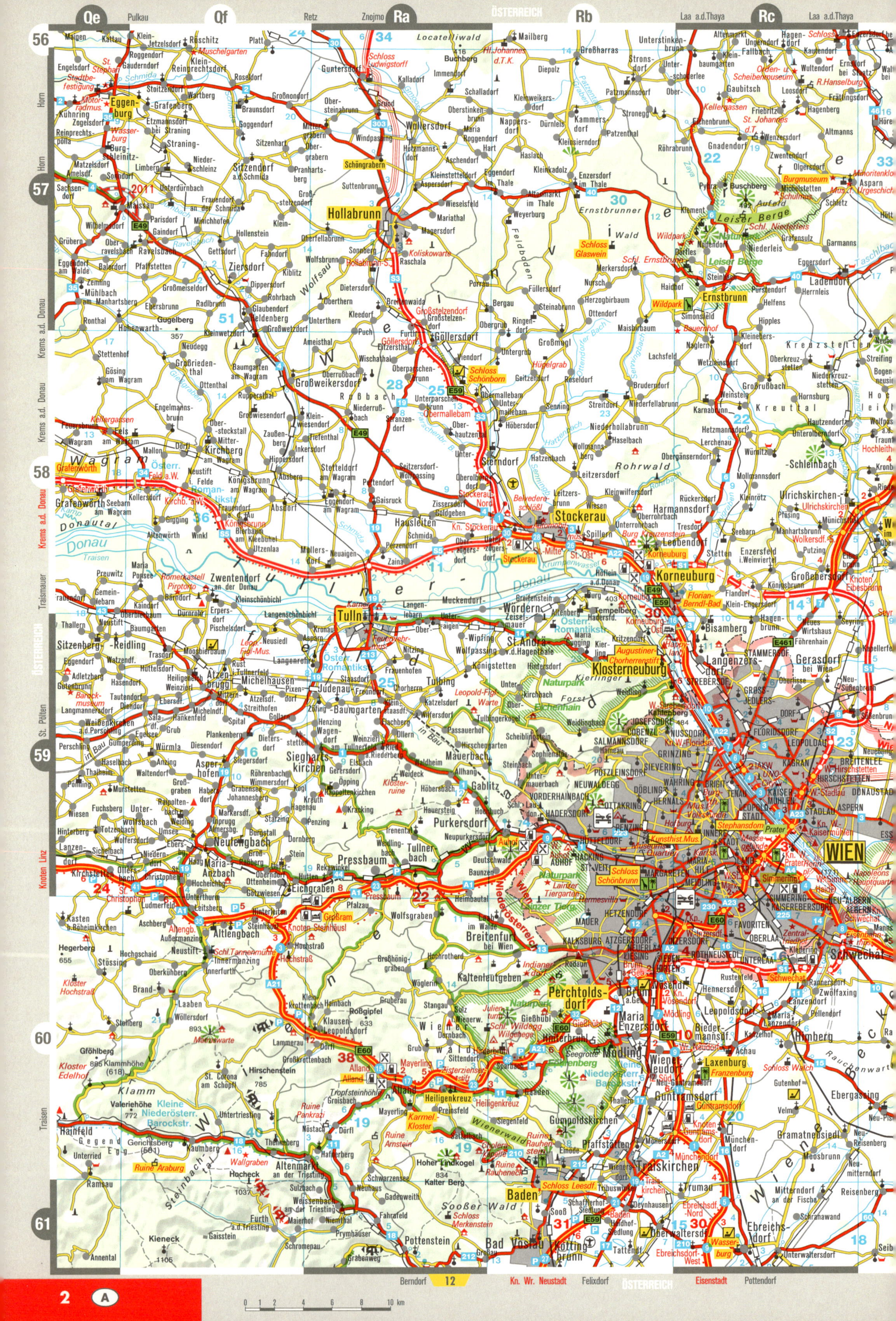
Qe
Qf
Ra
Rb
Rc
Pulkau
Retz
Znojmo
ÖSTERREICH
Laa a.d.Thaya
56
57
58
59
60
61
Horn
Krems a.d. Donau
Traismauer
St. Pölten
Knoten Linz
Traisen
Eggenburg
Hollabrunn
Stockerau
Korneuburg
Tulln
Klosterneuburg
WIEN
Ernstbrunn
Perchtoldsdorf
Mödling
Baden
Schwechat
Pressbaum
Purkersdorf
Neulengbach
Altlengbach
Wagram
Donau
Tullner Feld
Wienerwald
Leiser Berge
Berndorf
Kn. Wr. Neustadt
Felixdorf
Eisenstadt
Pottendorf
0 1 2 4 6 8 10 km

Rd
Mikulov
Re
Mikulov
Břeclav
Rf
Břeclav
Hodonín
Sa
Sb
Senica
56
57
58
59
60
61
SLOVENSKÁ REPUBLIKA
Poysdorf
Wilhelmsdorf
Kleinhadersdorf
Weinviertler Kellergasse
Schl. Coburg
Ketzelsdorf
Neugebäude
Wartberg
235
Hutsaulberg
275
Altlichtenwarth
Rabensburg
Kúty
Čáry
Smolinské
Štefanov
Dojč
Kloster-wald
Wetzelsdorf
Walterskirchen
Großkrut
Althöflein
Hausbrunn
Soutok
Hohenau an der March
Sekule
Kuklov
-Stráže
Šaštín-
Šajdíkove Humence
Kozí chrbát
Borský Mikuláš
Erdberg
Ginzersdorf
Hauskirchen
Rannersdorf an der Zaya
Ebersdorf an der Zaya
Erdölmuseum
Dobermanns-dorf
Borský Svätý Jur
CHKO
Záhorie
Eibesthal
Wilfersdorf
Erdäpfel museum
Prinzendorf a.d. Zaya
Neusiedl an der Zaya
Palterndorf-
Moravský Svätý Ján
Brezova h.
193
Lakšárska Nová Ves
Bílkove Humence
Rom. Karner Hl. Martin-K.
Bullendorf
Schl. Liechtenstein
Steinberg
Hübersdorf
Mistelbach
Kettlasbrunn
Maustrenk
Niederabsdorf
Ringelsdorf-
Tomky
Húšky
Mikulášov
Trnavský kraj
Bratislavský kraj
Prievaly
Nižný Bor
Lanzendorf
Ebendorf
Meierhof
Windisch-Baumgarten
Gösting
Wallfahrtskirche
Eichhorn
Dolné Lúky
Drösing
Stadtburg
Zistersdorf
Gaiselberg
Walterskirchen an der March
Závod
Studienka
Sojákovci
240
frühgesch. Befestigungsanlage
Blumenthal
Groß-Inzersdorf
Sierndorf an der March
Veľké Leváre
Rudava
Schrick
Gaweinstal-N.
Höbersbrunn
Obersulz
Sulz im Weinviertel
Loidesthal
Jedenspeigen
Urgeschichtl. Sammlung
Malé Leváre
Salasek
169
Plaňavy
Plavecký Mikuláš
Plavecký hrad
Plavecké Podhradie
Nexing
Niedersulz
Weinviertel Museumsdorf
Gaweinstal-M.
Gaweinstal
Martinsdorf
Erdpreß
Velm-Götzendorf
Dürnkrut
CHKO
Gajary
Malacky
199
Orlie vrchy
Vápenná
752
Kollnbrunn
Klein Harras
Hohenruppersdorf
Karner
Spannberg
Waidendorf
Sulzbach
Kostolište
Rohožník
Solosnica
Bad Pirawarth
Freilicht-museum
Weinstr. Matzner Hügel
Matzner Wald
Ebenthal
Grub an der March
Husia dolina
154
Klášter Františkánov
Malacky
Tretí rybník
Dávid
Vysoká
754
CHKO
Groß-Schweinbarth
Hochleithen-wald
Museum f. Volkskultur
Matzen-
Matzener Sommerspiele
Museum f. Ur- u. Frühgesch.
Stillfried
Suchohrad
Jakubov
Vinohrádok
Kuchyňa
Nový Dvor
Papiernička
-Raggendorf
Ollersdorf
Mannersdorf an der March
Angern an der March
Záhorská Ves
Bezedné
Borek
Piesok
Prottes
Auersthal
Reyersdorf
Weinstr. Matzner Hügel
Plavecký Štvrtok
Láb
Ortov Mlyn
Záhorie
Veľká homoľa
709
Harmónia
Turmmuseum
Bockfließ
Schönkirchen-
Tallesbrunn
Dúbrava
Pernek
Großengersdorf
Erdölmuseum
Dörfles
Weikendorf
Gänserndorf
Stripfing
Zwerndorf
Jablonové
Malé
Helmahof
Eisenbahn-museum
Strasshof an der Nordbahn
Safaripark Gänserndorf
Weiden an der March
WWF Naturreservat
Vysoká pri Morave
Zohor
Lozorno
Turecký Vrch
Vinosady
Deutsch-Wagram
Gänserndorf-Siedlung
Weikendorfer Remise
Oberweiden
Baumgarten an der March
Marchauen
Dvor Nandin
Pieský
Ohek
376
Somár
649
Limbach
Aderklaa
Parbasdorf
Rußbach
Neuhof
Schönfeld im Marchfeld
Markhof
Marchegg
Afrikamus. Jagdmus.
Salmhof
Karlov mir
Pajštún
Stupava
Malé Karpaty (Kleine Karpaten)
Myslenice
Pezinok
Viničné
Großhofen
Markgrafneusiedl
Obersiebenbrunn
Untersiebenbrunn
Devínske Jazero
Stupava
Stupava-juh
Mást
Borinka
Svätý Jur
Slovenský Grob
Glinzendorf
Raasdorf
Leopoldsdorf im Marchfelde
Bahnhofsiedlung
Lassee
Stempfelbach
Marchegg-Bahnhof
Breitensee
Marianka
Záhorská Bystrica
Chorvátsky Grob
Groß-Enzersdorf
Marchfeld
Rutzendorf
Groißenbrunn
Marchfelder Schlösserstr.
Schloßhof
Devínska Nová Ves
Lamač
Rača
Vajnory
Čierna Voda
Triblavina
Bernolákovo
Gagarinová
Senec
Neu-Oberhausen
Breitstetten
Fuchsenbigl
Haringsee
Schl. Niederweiden
Niederweiden
Markthof
CHKO
Dúbravka
Krasňany
Kamzík
439
Nové Mesto
Trnava
Senecká
Zlaté piesky
Ivanka pri Dunaji
Franzendorf
Andlersdorf
Straudorf
Loimersdorf
Engelhartstetten
Malé Karpaty
Devín
Karlova Ves
Bratislava-západ
Vinohrady
Letisko
Záiesie
Oberhausen
Wittau
Mühlleiten
Probstdorf
Mannsdorf an der Donau
Fischerei-u. Bienenzuchtmus.
Wagram an der Donau
Pframa
Kopfstetten
Hainburg an der Donau
Bratislava
Ružinov
Trnávka
Most pri Bratislave
Malinovo
Nationalpark
Schönau an der Donau
Orth an der Donau
Eckartsau
Witzelsdorf
Stopfenreuth
Wiener Tor
Wolfsthal
Staré Mesto
Dom sv. Martina
Prievoz
Bratislavský hrad
Ružinov
Flughafen Wien-Schwechat
Donau-auen
Mühlhaufen
Schloss Traun
Wildungsmauer
Arch.-Pk. Carnuntum
Bad Deutsch-Altenburg
Amphitheater
Wangenheimer Forst
Petržalka-Pečná
Petržalka-Ovsište
Ovsište
Slovnaft
Podunajské Biskupice
Studené
Fischamend
Maria Ellend
Haslau
Regelsbrunn
Petronell-Carnuntum
2. Amphitheater
Heidentor
Hundsheim
Neuhof
Berg
Petržalka
Miloslavov
Flughafen Wien-Schwechat
Klein-Neusiedl
Enzersdorf an der Fischa
Arbesthaler Hügelland
Scharndorf
Edelstal
Römerquelle
Kittsee
Ethnograph. Mus.
CHKO
Rovinka
Nové Košariská
Dunajská Lužná
Nová Lipnica
Ebergassing
Lidwigshof
Karlsdorf
Arbesthal
Höflein
Hollern
Schönabrunn
Prellenkirchen
Heidenturm
Jarovce
Jánošíkovo
Schwadorf
Göttlesbrunn-Arbesthal
Göttlesbrunn
Bruck a.d.L.-West
Haydn-Geburtshaus
Rohrau
Schl. Harrach
Gerhaus
Deutsch-Haslau
Wang-heim
Pama
Csarda-hof
Rusovce
Dunajské
Zdrž
Kalinkovo
Wienerherberg
Gallbrunn
Stixneusiedl
Bruck a.d.L.-Ost
Pachfurth
Ikonen-u. Keramikmus.
Potzneusiedl
Gattendorf
Hrušov
Hamuliakovo
Margarethen am Moos
Bruck an der Leitha
Kn. Bruckneudorf
Potzneusiedl
Čunovo
Šamorín
Šamorín
Götzendorf an der Leitha
Trautmannsdorf an der Leitha
Sarasdorf
Bruckneudorf
Neudorf bei Parndorf
Zeiselhof
Deutsch Jahrndorf
Vodné dielo Gabčíkovo
Pischelsdorf
Wilfleinsdorf
Parndorf
Leitha
Levél/Rajka
Rajka
Karlhof
Wasenbruck
Sommerein
Kaisersteinbruch
Parndorf
Zurndorf
Bärenhöhle
Neusiedl am See
Gewerbepark
Parndorfer Platte
Mannersdorf am Leithagebirge
Niederösterreich
Burgenland
Jois
Breitenbrunn am Neusiedler See
Winden am See
Neusiedl am See
Bezenye
Dunakiliti
Máriakálnok
Donnerskirchen
Eisenstadt
Neusiedl am See
Moson-Magyaróvár
13
Hegyeshalom
Senec
Senec
Šamorín

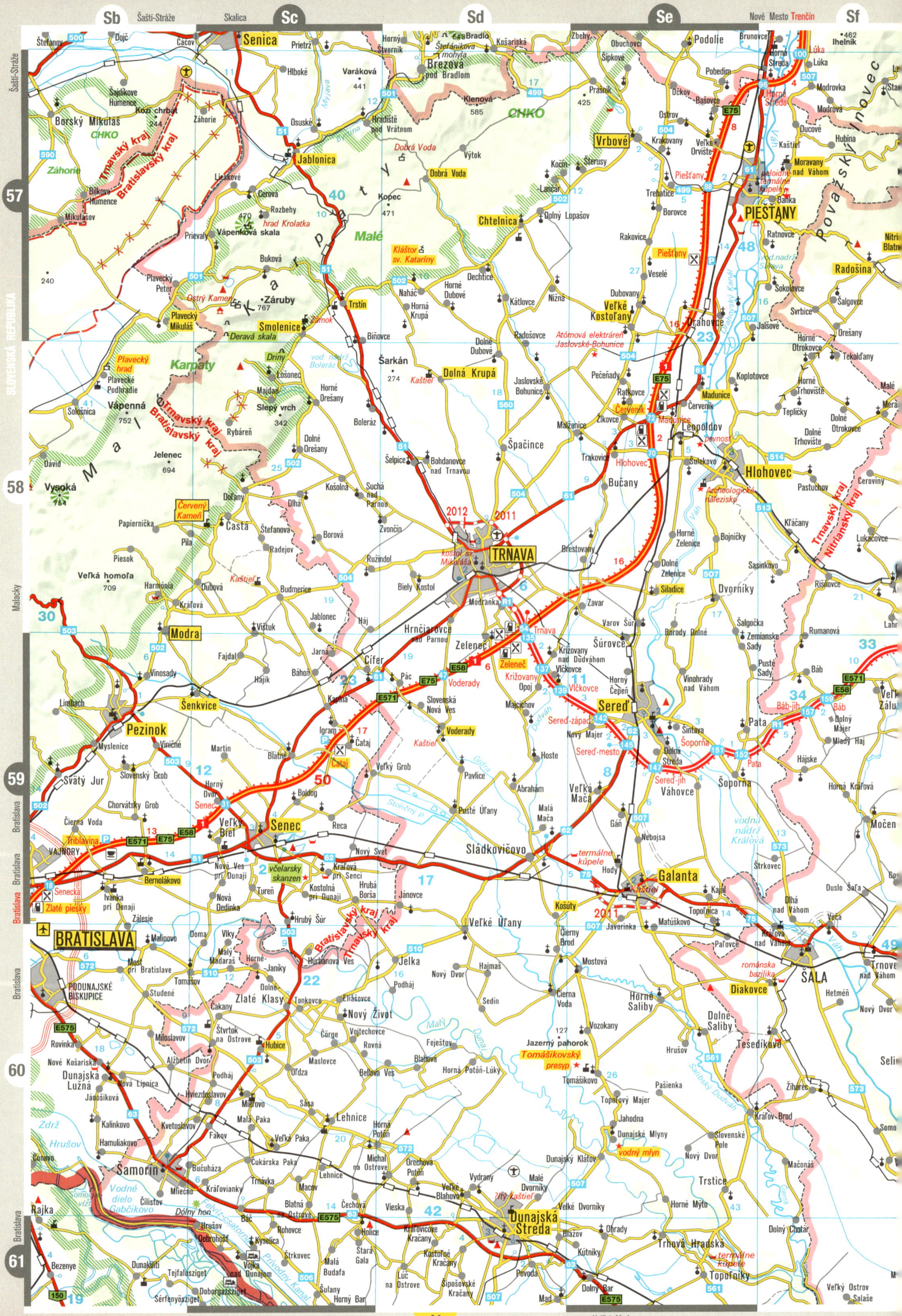

14

0 1 2 4 6 8 10 km

PARTIZÁNSKE
TOPOĽČANY
Topoľčianky
Zlaté Moravce
NITRA
Nová Baňa
Žarnovica
LEVICE
Vráble
Šurany
NOVÉ ZÁMKY
Želiezovce
Bošany
Solčany
Výčapy-Opatovce
Zbehy
Dražovce
Beladice
Tesárske Mlyňany
Kostoľany pod Tribečom
Klátova Nová Ves
Veľký Klíž
Veľké Uherce
Nitrianska Streda
Hronský Beňadik
Pukanec
Kalinčiakovo
Nitriansky Hrádok
Kaštieľ
CHKO
Ponitrie
Tribeč
Vtáčnik
Pohronský Inovec
Štiavnické vrchy
Trenčiansky kraj
Banskobystrický kraj
Nitriansky kraj
Veľký Tribeč
Javorový vrch
Veľký Inovec
Tekovské Lužany
Tvrdošovce
Komjatice
Mojmírovce
Branč
Veľký Kýr
Palárikovo
Dvory nad Žitavou
Veľké Lovce
Kálna nad Hronom
Tlmače
Ivanka pri Nitre
Lužianky
Poľný Kesov
Kolta
Čaka
Šahy
Žiar n. Hronom
Banská Štiavnica
Bánovce
Prievidza
Komárno
57
58
59
60
61

Td
Te
Tf
Ua
Ub
Prievidza
Martin
SLOVENSKÁ REPUBLIKA
Banská Bystrica
57
58
59
60
61
CHKO
Trenčiansky kraj
Banskobystrický kraj
Vtáčnik
Ponitrie
Kľak
Ostrý Grúň
Nová Lehota
Janova Lehota
Dererov mlyn
Sulina
Kosorín
Slaská
Lutila
Prochot
Lovčica-Trubín
Prestavlky
Horná Trnávka
Horná Ždaňa
Dolná Ždaňa
Lovča
Dolná Trnávka
Lehôtka
Hliník nad Hronom
Bukovina
Hrabičov
Horný Župkov
Dolný
Revištské Podzámčie
Malé Podzámčie
Žarnovica-sever
Žarnovická Huta
Horné Hámre
Kostivrch
Drienčie
Šimunovci
Koliba
Stále
Nová Baňa
Rudno nad Hronom
Brehy
Tekovská Breznica
Žiar nad Hronom
Kupča
Stará Kremnička
Kremnička
Ladomerská Vieska
Píla
Šášovský hrad
Pitelová
Jastrabá
Jastrabská skala
Bartošova Lehôtka
Čertov vrch
Dolná Ves
Nevoľné
Ihráč
Horný chlm
Budiná
Kľačany
Trnavá Hora
Jalná
Hronská Dúbrava
Hronská Breznica
Železná Breznica
Kašova Lehôtka
Trnie
Budička
Turová
Ostrá Lúka
Budča
Mláčik
Badín
Vlkanová
Hronsek
Sielnica
Sliač
Hájniky
Kováčová
Zvolen-sever
Zvolen-jih
ZVOLEN
Zlatý Potok
Môťová
Pustý hrad
Arborétum
Lukové
Veľká Lúka
Sampor
Lukavica
Dolná Mičiná
Čačín
Čerín
Dúbravica
Bečov
Sebedín
Horné Breziny
Dolné Breziny
Zolná
Očová
Hrochoť
Hradná
Holcov Majer
Lieskovec
Zvolenská Slatina
Vígľaš
Vígľašský zámok
Slatinka
Pstruša
Bobek
Dúbrava
Dubravka
Podnásad
Kráľová
Stožok
Klokoč
Slatinské Lazy
Močiar
Stálová
Kozelník
Dolina
Podhorie
Hliník nad Hronom
Brehmi
Bralce
Repište
Sklené Teplice
Pustý hrad kúpele
Chrústov
Vyhne
termálne kúpele
termálne kúpalisko
Vindišlajtňa
Banky
Jergištoľňa
Žarnovica
Hodruša-Hámre
Karlík
Banská Hodruša
Dol. Hámre
Kopanice
Banská Štiavnica
Starý zámok
Nový zámok
Banskoštiavnická kalvária
Banská Belá
Banský Studenec
Arbor.
Štiavnické Bane
Ilija
Svätý Anton
Kaštieľ
Sitno
Počúvadlianske Jazero
Rovne
Štiavnické
vrchy
Vysoká
Uhliská
Uhliské Majere
Dekýš
Veľký Veterník
Pukanecké Majere
Brezina
Počúvadlo
Prenčov
Beluj
Kolovrátno
Pukanec
Prisoil
Banskobystrický kraj
Nitriansky kraj
Nitra
Bacúrov
Dolné Breziny
Horné Breziny
Dubové
Podzámčok
Dobronivský hrad
Michalková
Mozolovci
Šúplatka
Podholienec
Dobrá Niva
Babiná
Holý Vrch
Podskalka
Podhánková
Sása
Pliešovce
Zalaz
Šnierský
Bzovská Lehôtka
Široké Lúky
Kukučka
Šváb
Žibritov
Ficberg
Štangangel
Stará Hora
Krupina
Stehlikovci
Čekovce
Horné Kopanice
Dolné Kopanice
Kučalach
Polichno
Senohrad
Horné Mladonice
Dolné Mladonice
Zemianský Vrbovok
Lackov
Suchán
Dačov Lom
Nad hájom
Mochár
Jaseňový vrch
Lopaty
Lonec
Hroniaková
Priečne
Lažtek
Polomy
Rimáň
Blyskavica
Dolinky
Podlysec
Zaježová
Kalinka
Vígľašská Huta
Nerestnica
Bralo
Horný Tisovník
Strmé
Holý Vršok
Stará Huta
Králove-Krnišov
Teplíčky
Dolný Hostinec
Bzovík
Horný-Jalšovík
Dolný-
Kozí Vrbovok
Uňatín
Devičie
Trpín
Litava
Pod Dedovou
Utlaky
Kamenný Vrch
Riečky
Horné Lazy
Stredné Lazy
Horné Strháre
Modrý Kameň
Rakytie
Duchenec
Plachtinské Lazy
Dolina
Horné Plachtince
Stredné Plachtince
Španí Laz
Veľký Krtíš
Čabrad
Čabradský Vrbovok
Horný-Badín
Dolný-
Konské
Jarmáň
Krasačník
Domaniky
Vysoké Pole
Medovarce
Selce
Drienovo
Čerovo
Turnište
Smín
Antalov Laz
Beluja
Mikušove Lazy
Opava
Opavské Lazy
Príbelce
Malý Krtíš
Obeckov
Sklabiná
Čebovce
Škriavnik
Lamica
Čertenie
Čelovce
Kosihovce
Seľany
Širákov
Kamenné Kosihy
Nenince
Pavlová
Bátorová
Peserany
Želovce
Ďurkovce
Trebušovce
Opatovská Nová Ves
Záhorce
Lesenice
Iliašov
Slovenské Ďarmoty
Malá Čalomija
Chrastince
Koláre
Veľká Čalomija
Balassagyarmat
Selešťany
Patvarc
Nyírjes
Ipolyszög
Szügy
Galiba-puszta
Szentlőrinc-puszta
Csesztve
Bakópuszta
Hársas
Madách Emlékmúzeum
Mohora
Magyarnándor
Debercsény
Szente
Szátok
Pusztaberki
Érsek-vadkert
Borsosberény
Horpács
Mikszáth Emlékház
Nagy-oroszi
Patak
Dejtár
Ipolyvece
Drégelypalánk
Drégelyvár
Várhegy
Hont
Csitár
Parassapuszta
Nógrád
Pest
Duna-
Ipoly
Nemzeti
Park
Tölgy
Lopona
Kámor
Kőszirt
Zsibák
Királyháza
Bagolyas-tető
Kemence
Bernecebaráti
Perőcsény
Holló-kő
Salgó-vár
Vámosmikola
Istvánmajor
Pastovce
Zalaba
Čata
Pohronský Ruskov
Malé Ludince
Horný vrch
Čajakovo
Salov
Bielovce
Hronovce
Ipeľský Sokolec
Tésa
Lontov
Kubáňovo
Vyškovce nad Ipľom
Hrkovce
Preseľany nad Ipľom
Šahy
Tešmák
Hokovce
Dudince
Merovce
Terany
Hontianske Moravce
Plášťovce
Veľké Kamence
Slatina
Iskorňa
Skorinské
Bukovina
Hrušov
Hoľzeň
Krupinská planina
Ipeľské Úľany
Kleňany
Vinica
Sečianky
Dolinka
Kosihy nad Ipľom
Balog nad Ipľom
Veľká Ves nad Ipľom
Ipeľské Predmostie
Horné Turovce
Stredné Turovce
Veľké Turovce
Dol. Turovce
Chorvatice
Tupá
Horné Semerovce
Dolné Semerovce
Nový Dvor
Sazdice
Majer
Demandice
Veľká Morda
Pežeřňa
Malý Pesek
Kukučínov
Zbrojníky
Hontianska Vrbica
Šarovce
Veselá
Svodov
Mikula
Želiezovce
Karolína
Jarok
Sikenica
Kolónia Agáta
Trhyňa
Hron
Malinovec
Tufová hora
Santovka
Ďurkov
Stary Hrádok
Jur n. Hronom
Želiare
Mýtne Ludany
Dobogov
Malý Kiar
Bory
Domadice
Hontianske Tesáre
Dvorníky
Šipice
Hontianske Trsťany
Sudince
Súdovce
Lišov
Kamenný vrch
Bačovce
Pirovské
Horné Rykynčice
Dolné-
Pernes
Herceg
Čankov
Kalinčiakovo
rekr. oblasť Margita-Ilona
Krškany
Levice
Zajačia Dolina
Horša
Kamenec
Podlužany
Kmeťovce
Žemberovce
Kamenný Chotár
Brhlovce
Tlstý Vrch
Dražovce
Ladzany
Sebechleby
Hontianske Nemce
Rakovec
Stará hora
Malé Kalno
Mladá hora
Sitnianska Lehôtka
Novinská
Klastava
Badan
Bohunice
Devičany
Vináry
Bátovce
Pečenice
Jabloňovce
Jalakšová
Berjanka
Drženice
Nová Dedina
Čajkov
Gondovo
Breziny
Gena
SLOVENSKÁ REPUBLIKA
Nové Zámky
15
16
Vác

0 1 2 4 6 8 10 km

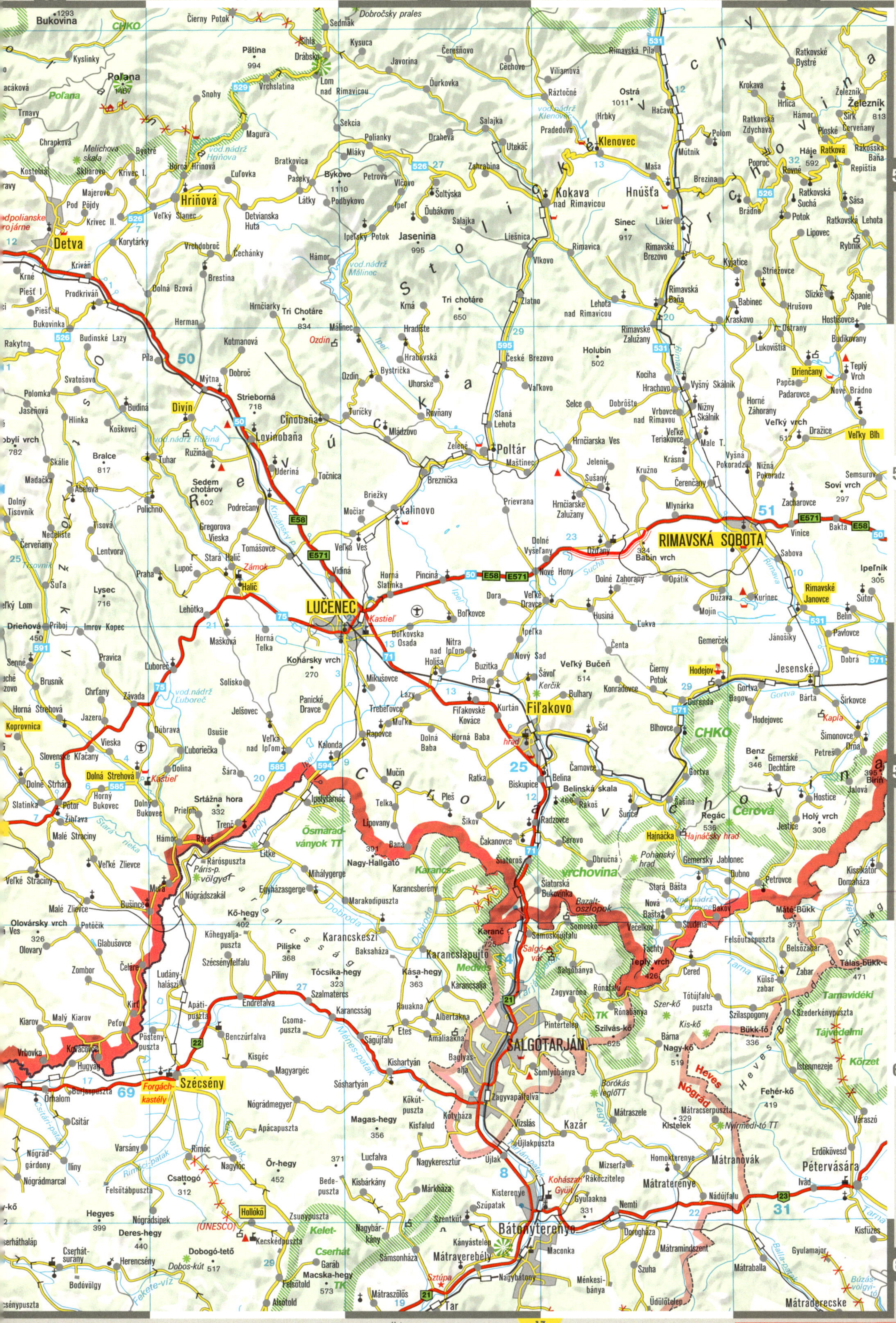

Tornaľa
Tarnalelesz
Hatvan
17

Va
Vb
Vc
Dobšiná
Vd
SLOVENSKÁ REPUBLIKA
Ve
57
58
59
60
61
Rožňava
Krásnohorské Podhradie
Jelšava
Plešivec
Tornaľa
RIMAVSKÁ SOBOTA
Rimavská Seč
Jesenské
Aggtelek
Aggteleki
Slovenský kras
Bükki Nemzeti Park
Tarnavidéki Tájvédelmi Körzet
Szalonna
Szendrő
Edelény
KAZINCBARCIKA
Sajószentpéter
MISKOLC
ÓZD
Putnok
Bükk-fennsík
Pétervására
Bélapátfalva
Felsőtárkány
Kisterenye
Lučenec
Borsod-Abaúj-Zemplén
Heves
Nógrád
E571
E58
E50
2011

0 1 2 4 6 8 10 km

Vf
Wa
Wb
Wc
Wd
Košice
Košice
SLOVENSKÁ REPUBLIKA
57
58
59
60
61
CHKO
Slovenský
Jasovská jas. (UNESCO)
Hačava
Havrania skala
Vysoká
Drienovské kúpele
Moldava nad Bodvou
Turniansky hrad
Turňa nad Bodvou
Zádiel
Dvorníky
Včeláre
Hosťovce
Debraď
Hatiny
Hodkovce
Semša
Malá Ida
Poľov
Šaca
Pačovce
Seleška
Čečejovce
Mokrance
Cestice
Veľká Ida
Kaštieľ
Šebastovce
Valaliky
Haniska
Sokoľany
Bočiar
Grajčiar
Belža
Seňa
Gomboš
Komárovce
Perínske rybníky
Nižný Lánec
Vyšný Lánec
Chym
Perín
Kecske-hegy
Milhosť
Kechnec
Buzica
Rešica
Janík
Peder
Žarnov
Budulov
Turnianska Nová Ves
Chorváty
Hidvégardó
Bódvalenke
Becskeháza
Antalmajor
Katalinmajor
Tornaszentjakab
Csonka-hegy
Debréte
Ortáš
Tri chot-re
Kány
Perecse
Krásna
Vyšná Hutka
Nižná Hutka
Blažice
Nižný Čaj
Bohdanovce
Košický Klečenov
Kokšov-Bakša
Geča
Košťany
Čaňa
Ždaňa
Gyňov
Skároš
Trstené pri Hornáde
Vyšná Myšľa
Nižná Myšľa
Slanský hrad
Slanec
Rákoš
Bradlo
Nový Salaš
Slanské Nové Mesto
Slanská Huta
Kalša
Slivník
Veľký Milič
László tanya
Pusztafalu
Füzéri várrom
Füzér
Hollóháza
Kéked
Meltzer-kastély
Pányok
Pál-hegy
Porcelán-múzeum
Füzérkomlós
Füzérkajata
Hársas-hegy
Bysta
Abaújvár
Tornyosnémeti
Hidasnémeti
Zsujta
Gönc
Telkibánya
Tárna-múzeum
Nyíri
Filkeháza
Füzérradvány
Pálháza
Kishuta
Kovácsvágás
Hosszú-kő
Zempléni
Borsó-hegy
Gergely-hegy
Rostalló
Kőkapu
Nagyhuta
Vágáshuta
Sinka-tető
Nagy Kőrös-hegy
Háromhuta
Újhuta
Regéci-vár
Regéc
Mogyoróska
Óhuta
Középhuta
Körzet
Tájvédelmi
Magoska
Boldogkő-vára
Boldogkőváralja
Arka
Korlát
Vizsoly
Fony
Vilmány
Hejce
Göncruszka
Hernádszurdok
Hernádpetri
Pusztaradvány
Hernádvécse
Fulókércs
Garadna
Novajidrány
Szalaszend
Szebenye
Alsószend
Méra
Fancsal
Abaújdevecser
Hernádcéce
Encs
Forró
Fügöd
Gibárt
Abaújkér
Abaújalpár
Kőtenger
Boldogkőújfalu
Nagy-Korsós
Baskó
Sima
Komlóska
Nagy-Papaj
Makkoshotyka
Hercegkút
SÁROSPATAK
Hosszú-hegy
Erdőhorváti
Fekete-hegy
Tolcsva
Bormúzeum
Bodroghalász
Erdőbényei
Erdőbénye
Bodrogolaszi
Sárazsadány
Vámosújfalu
Olaszliszka
Sára
Vilmány
Viss
Kenézlő
Abaújszántó
Krakó
Sátor-h.
Szokolya
Sulyom-h.
Süvegestanya
Tállya
Golop
Ratka
Mád
Erdőbényefürdő
Cigány-hegy
Szegilong
Szegi
Bodrogszegi Várhegy
Tokaj-
Zalkod
Bodrogzug
Szabolcs
Balsa
Bodrogkisfalud
Bodrogkeresztúr
Timár
Tarcal
Kopasz-h.
Tokaj
Rakamaz
(UNESCO)
Cseh-halom
Tiszanagyfalu
Tiszaladány
Nagyhomokos
Vencsellő
Jenőmajor
Tiszaeszlár
Tiszatardos
Tiszalök
Bashalom
Görögszállás
Jegestanya
Újtelep
Kisfástanya
Bánfibokor
Tamásbokor
Magyarbokor
Fehérszik TT
Tiszavasvári
Vasvári P. Múzeum
Szorgalmatos
Keleti-főcsatorna
Nyugati-főcsatorna
Rézompuszta
Vizierőmű
Tiszadada
Taktakenéz
Csobaj
Taktabáj
Prügy
Tatka-holtág
Mezőzombor
Szerencs
Rákóczi-vár
Cukormúzeum
Bekecs
Legyesbénye
Kaptártanya
Monok
Kossuth L. Emlékmúzeum
Ond
Megyaszó
Megyaszói Tátorjános TT
Szerencsi-dombság
Taktaszada
Taktaharkány
Harangod-tanya
Újharangod
Újisiska
Jajhalom
Dohányosmajor
Harkányitanya
Gabriellatanya
Tiszalúc
Borsod-Abaúj-Zemplén
Szabolcs-Szatmár-Bereg
Andrássy Kastély
Tiszadob
Tiszadobi ártér TT
Kesznyéteni TK
Kesznyéten
Szamárhát
Rejtetanya
Sajóörös
Kiscsécs
Girincs
Köröm
Nagycsécs
Mohi
Sajóhídvég
Berzék
Bőcs
Sarkadtanya
Sörgyár
Hernádnémeti
Hernádkak
Belegrád
Gesztely
Onga
Ongaújfalu
Ócsanálos
Újcsanálos
Sóstófalva
Óvárosnalosipart
Csere-domb
Ujvilágtanya
Alsódobsza
Felsőzsolca
Alsózsolca
Miskolc-kelet
Miskolc-dél
SZIRMA
Szirmabesenyő
Arnót
Sajópálfala
Sajóvámos
Sajósenye
Szikszói-hegy
Szikszó
Frank-hegy
Diósztanya
Aszaló
Alsóvadász
Halmaj
Hernádkércs
Nagykinizs
Szentistvánbaksa
Kiskinizs
Felsődobsza
Pere
Hernádbűd
Hernád-szentandrás
Inancs
Csobád
Léh
Rásonysáp-berencs
Monaj
Homrogd
Kázsmárk
Nyerges-Ördögoszlás
Dicháza
Nyomár
Hangács
Simonvölgy-tanya
Damak
Hegymeg
Tomor
Kupa
Mezőgazdasági Múzeum
Selyeb
Lak
Detek
Beret
Baktakék
Abaújszolnok
Nyésta
Rákóczi-kastély
Felsővadász
Gadna
Abaújlak
Szanticska
Irota
Szakácsi
Andrástanya
Ládbesenyő
Királykút
Kecske-pad
Abod
Alsógagy
Gagyapáti
Magas-hegy
Gagyvendégi
Gagybátor
Felsőgagy
Csenyéte
Fáj
Kavicsos-domb
Krasznok
Daruszállás
Litka
Szemere
Büttös
Jánosvölgy
Keresztéte
Pamlény
Krasznokvajda
Szászfa
Rakaca
Rakacaszend
Rakacai-víztároló
Üdülő-telep
Viszló
Tornabarakony
Meszes
Bátor-patak
Kistokaj
Sajóládi
Sajó-híd
Sajópetri
Gyömrőpuszta
Mályi
Ónod
Nyékládháza
Hejőkeresztúr
Füzesabony
Polgár
Polgár
Polgár
Sátoraljaújhely
Nyíregyháza
Nyíregyháza

Wc
Wd
We
Wf
Xa
Prešov
SLOVENSKÁ REPUBLIKA
57
58
59
60
61
Miskolc
Tokaj
Tiszavasvári
Debrecen
Debrecen
20
Debrecen
Blažice
Slančík
Slanský hrad
Rákoš
Slanec
Bradlo
840
Nový Salaš
Slanská Huta
Slanské vrchy
Zemplínska Teplica
Slanské Nové Mesto
Kalša
Slivník
Kuzmice
Dancov Potok
Brezina
Veľký Milič
László tanya
900
Pusztafalu
Füzéri várrom
Hollóháza
Füzér
Hársas-hegy
577
Füzérkajata
Byšta
Kazimír
Byšta-kúpele
Kaolin
527
Füzérkomlós
Nyíri
Vilyvitány
Filkeháza
Kishuta
Kovácsvágás
Füzérradvány
Pálháza
Bózsva
Kisbózsva
Kemencepatak
Csattantyú-hegy
638
Zempléni
Kőkapu
Tájvédelmi
Nagy Kőris-hegy
579
Újhuta
Háromhuta
Körzet
Komlóska
Nagy-Papaj
547
Erdőhorváti
Fekete-hegy
382
Tolcsva
Bormúzeum
Vámosújfalu
Olaszliszka
Sára
Sárazsadány
Hercegkút
Hosszú-hegy
274
SÁROSPATAK
Rákóczi-vár
Végardó
Makkoshotyka
Megyerhegyi tengerszem
Károlyfalva
Sinka-tető
476
Nagyhuta
Vágáshuta
Fekete-hegy
580
Kazinczy Mauzóleum
Széphalom
Rudabányácska
Magas-hegy
509
SÁTORALJAÚJHELY
Kazinczy Múzeum
Alsóregmec
Felsőregmec
Mikóháza
Fasor
Veľké Ozorovce
Veľký Ruskov
Nový Ruskov
Malý Ruskov
Plechotice
Egreš
Čeľovce
Nižný Žipov
Stanča
Úpor
Zemplínska Nová Ves
Zemplínsky Klečenov
Lastovce
Michaľany
Veľaty
Lúčky
Lučkyňa
Čerhov
Rozhľadňa Veľká Tŕňa
469
Malá Tŕňa
Tokajská vinohradnícka oblasť
Veľká Bara
Malá Bara
Karolov dvor
Slovenské Nové Mesto
Borša
Vojčice
Milhostov
Trebišov
Kaštieľ
Parič
Bisce
Piesky
Nový Majer
Olšina
Zemplínske Hradište
Kožuchov
Zemplínsky Branč
Hraň
Novosad
Kysta
Zemplínske vrchy
Kašov
Cejkov
Zemplínske Jastrabie
Brehov
Černochov
Ladmovce
Viničky
Streda nad Bodrogom
Klin nad Bodrogom
Zemplín
Pavlovo
Veľký Kamenec
Malý Kamenec
Felsőberecki
Alsóberecki
Lozín
Ridzina
Bracovce
Falkušovce
Kačanov
Markovce
Hradištská Moľva
Trnávka
Ondava
Malčice
Petrikovce
Sirník
Kucany
Žbince
Hatalov
Komanica
Dúbravka
Budkovce
Slavkovce
Kopčany
Malé Raškovce
Veľké Raškovce
Oborín
Drahňov
Ižkovce
Laborec
Beša
Vojany
Čičarovce
CHKO
Latorica
Zatín
Boľ
Solnička
Poľany
Rad
Vojka
Svinice
Guttmanov dvorec
Leles
Kapoňa
Hrušov
Svätá Mária
Svätuše
Veľký kopec
263
Kráľovský Chlmec
Fejsés
Bačka
Boťany
Nová Vieska pri Bodrogu
Somotor
Somotorský kanál
Malý Horeš
Veľký Horeš
Onča
Pribeník
Strážne
Sliepkovce
Palín
Východoslovenská
Senné
Okna
Stretava
Stretavka
Vysocký Dvor
Vysoká nad Uhom
Pavlovce nad Uhom
Bajany
Ťahyňa
Križany
Krišovská Liesková
Liesková
Čierne Pole
Ortov
Kapušianske Vojkovce
Veškovce
Matovce
Veľké Kapušany
Budince
Ruská
Kapušianske Kľačany
Veľké Slemence
Ptrukša
Tašuľa
Bežovce
Pinkovce
Lekárovce
Maťovské Vojkovce
Čierna
Kolónia
Dobrá
Čierna nad Tisou
Biel
Malé Trakany
Veľké Trakany
Kolónia
Solomonovo
Lácacséke
Dámóc
Zemplénagárd
Kisrozvágy
Semjén
Örhegy
Monyha
Tuzsér
Belsőtanya
Nagyrozvágy
Pácin
Bodrogközi Kastélymúzeum
Becsked
Karcsa
Templom
Karos
Zsarótanya
Vajdácska
Halászhomok
Bodroghalom
Medvetanya
Nyírtanya
Szenna
Bélatanya
Ricse
Révleányvar
Rakoczi út
Szabolcsveresmart
Fényeslitke
Tornyospálca
Komoró
Kalongatanya
Borsod-Abaúj-Zemplén
Szabolcs-Szatmár-Bereg
Erzsébet-tanya
Cigánd
Tölgyesszögtanya
Kécske
Dóge
Tiszakanyár
Határszél
Nagyhomok
Bodroghalászi
Bodrogolaszi
Aprohomok
Rózsástanya
Cseredűlő
Dorkó
Vilmatanya
Kisbálványos
Tiszacsermely
Kishalászitanyák
Kistiszahát
Nétola
Dombrád
Tisza
Tiszakarád
Tiszahát
Tiszatelek
Viss
Kenézlő
Györgytarló
Tokaj-Bodrogzug
Zalkod
Szabolcs
Balsa
Gávavencsellő
Tiszabercel
Tiszaberceli ártér TT
Bessenyei Gy. Emlékszoba
Timár
Rakamaz
Cseh-halom
124
Tiszanagyfalu
Kossuthtelep
Szátóhalomtanya
Buj
Paszab
Ibrány
Nagyerdő
Nagyhalász
Tiszarád
Király-hegy
107
Haastanya
Kecskés
Poklondos
Homoktanya
Kemecse
Mágasor
Nagytanya
Feketehalom
Oncsa
Kótaj
Tiszaeszlár
Jenőmajor
Virányos
Paszabosúcs
Varjúlapos
Gyulatanya
Pallagpuszta
Bashalom
Belegrád
Nyírtelek
Görögszállás
Ferenctanya
Jegestanya
Újtelep
Kisfástanya
Bánfibokor
Tamásbokor
Fehérszik TT
Magyarbokor
Nagycserkesz
Bedőbokor
Vajdabokor
Kocsordbokor
Zomborbokor
Vargabokor
Felsőpázsit
Mátyásb.
Nyírszőlős
Sóstógyógyfürdő
Múzeumfalu
Kabalás
NYÍREGYHÁZA
Oros
Kólapos
Nyírpazony
Libabokor
Körmenditanya
Nyírtura
Sényő
Nyírtét
Apagy
Levelek
Leveleki-víztároló
Baktalórántháza
Vay-várkastély
Besenyőd
Flóratanya
Nyírbogdány
Gyártelep
Ozetanya
Székely
Borzsova
Berkesz
Ramocsaháza
Nyíribrony
Nyírkércs
Nyírjákó
Rohod
Ricsó-hegy
154
Laskod
Petneháza
Nyírmada
Nyírkarász
Kékcse
Nyírtass
Gyulaháza
Gemzse
Szabolcsbáka
Anarcs
Ajak
Kisvárda
Rétközi Múzeum
Pap
Jéke
Rétközberencs
Belfőcsatorna
Lónyai-főcsatorna
Újdombrád
Tölgyestanya
Lencsestanya
Feketetanya
Mackótanya
Vártanya
Pátroha
Bajorhegy
Gégény
Demecser
Kék
Lápret
Beszeterc
Érhát
Kétérköz
Kocsordos
Kocsoba
Vasmegyer
E573
552
554
555
79
36
41
42
37
38
403
4
67
39
34
10 km

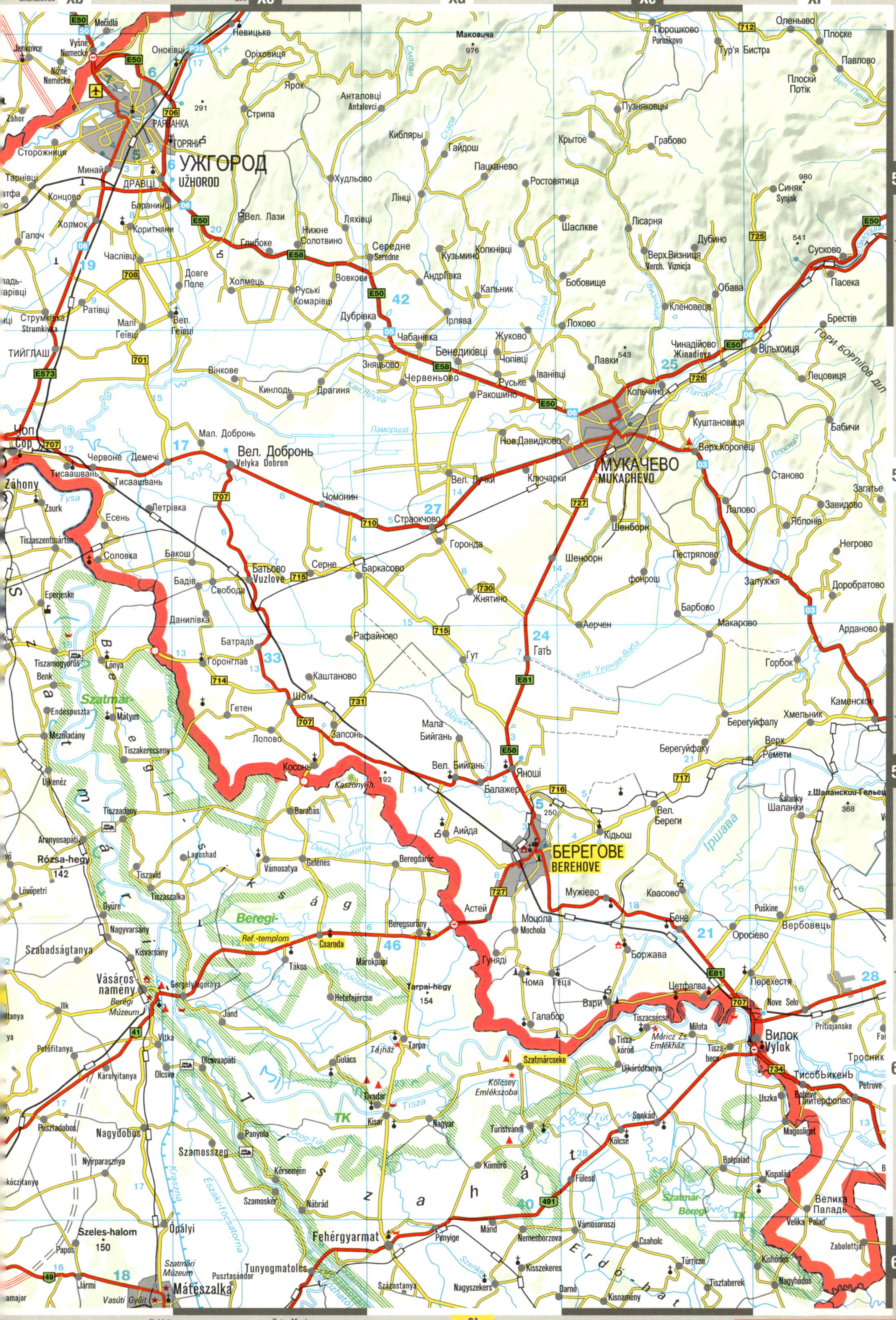

57 58 59 60 61

Nyírbátor Satu Mare 21

60

61

62

63

64

Baden
Bad Vöslau
Berndorf
Traiskirchen
Ebreichsdorf
Pottendorf
Eisenstadt
WIENER NEUSTADT
Neunkirchen
Mattersburg
Forchtenstein
SOPRON
Bruck an der Leitha
Mörbisch am See
Rust
Deutschkreutz
Oberpullendorf
Kőszeg
Pinkafeld
Leithagebirge
Neusiedler See
Bucklige Welt
Ödenburger Gebirge
Günser Gebirge
Niederösterreich
Burgenland
Steiermark

Bruck a.d.L.-Ost
Gerhaus
Pachfurth
Neuhof
Deutsch-Haslau
Wang-heim
Potzneusiedl
Gattendorf
Pama
Csarda-hof
Zeiselhof
Deutsch Jahrndorf
Rusovce
Čunovo
Chránené vtáčie územie Dunajské Zdrž Hrušov
Kalinkovo
Hamuliakovo
Šamorín
Kvetoslavov
Bučuháza
Mliečno
Čilistov
Vodné dielo Gabčíkovo
Dolný bon
Malá Paka
Veľká Paka
Sása
Lehnice
Horná Potôň
Orechová Potôň
Michal na Ostrove
Čechová
Vieska
Blatná na Ostrove
Trnávka
Macov
Kráľovianky
Bác
Rohovce
Štrkovec
Kyselica
Malá Budafa
Holice
Stará Gala
Lúč na Ostrove
Šuľany
Horný Bar
Jurová
Bodíky
Trstená na Ostrove
Baka
Ostrov morských orlov
Nad Mlynom
Parndorf
Neusiedl am See
Gewerbepark
Parndorfer Platte
Weiden/Gols
Weiden am See
Jois
Neusiedler See
Seemuseum
Pannonisches Privatmuseum
Sesselmarkt
Gols
Seewinkel-Weinstr.
Mönchhof
Halbturn
Jagdschloss
Zurndorf
Paulahof
Nickelsdorf
Edmundshof
Wittmannshof
Kleylehof
Karlhof
Rajka
Levél/Rajka
Bezenye
Máriahalom
Lajtapuszta
Hegyeshalom
Hegyeshalom/Levél
Hegyesh. nyugat
Hegyeshalom-kelet
Mosonmagyaróvár/Rajka
Csemeztanya
Levél
Irénmajor
Albert Kázmér-puszta
Mosonszolnok
Moson
Mosonmagyaróvár
MOSONMAGYARÓVÁR
Vár
Máriakálnok
Lajta
Újudvar
Kisudvar
Dunakiliti
Tejfalusziget
Doborgazsziget
Vojka nad Dunajom
Dobrohošť
Hrušov
Sérfenyősziget
Cikolasziget
Dunasziget
Feketeerdő
Halászi
Püski
Kisbodak
Szigetközi
Arak
Dunaremete
Darnózseli
Lipót
Tájvédelmi Körzet
Hédervár
Novák-puszta
Kimle
Ásványráró
Zsejkepuszta
Gyulamajor
Mecsér
Dunaszentpál
Lickópuszta
Károlyháza
Hanság
Mosonújhely
Hatvanas-hegy
Lébény
Falumúzeum
Árpádkori templom
Bormászpuszta
Moson-szentmiklós
Kunsziget
Öttevény
Börcs
Podersdorf am See
Frauenkirchen
Wallfahrtskirche
Althof
Paulhof
Nationalpark
Westhof
Albrechtsfeld
St. Andrä am Zicksee
Erdeihof
Kur- u. Erholungszentrum
Andau
Tadten
Seewinkel
Seewinkel Weinstraße
Illmitz
Apetlon
Steppentierpark
Wallern im Burgenland
Pamhagen
Apetloner Hof
Waasen
Várbalog
Újtanya
Jánossomorja
Császárrét
Hársfamajor
Újrónafő
Helytört. Kiállítás
Pusztasomorja
Kendergyár
Hanságfalva
Hanság-Nagyerdő
Hanságliget
Szállás-tető
Tárnokréti
Rábcakapi
Bősárkány
Cakóháza
Markotabödöge
Győrsövényház
Bezi
Fehértó
Tőköz
Fertő-Hanság Nemzeti Park
1956-os emlék
Hansági-főcsatorna
Tőzeggyármajor
Miklósmajor
Fertőújlak
Nyárliget
Acsalag
Maglóca
Csatárimajor
Barbacs
Péterházapuszta
Enese
Rábapatona
Ikrény
Kóny
Fudipuszta
Öntésmajor
Osli
Veszkény
Szárföld
Kapuvár
Vitnyéd
Agyagosszergény
Fertőd
Esterházy-kastély
Hegykő
Sarród
Fertőszéplak
Petőháza
Fertőendréd
Fertőszentmiklós
Endrédújmajor
Rábatamási
Babót
Jobaháza
Farád
Helytörténeti Múzeum
Csorna
Dör
Falutörténeti Gyűjtemény
Bágyogszovát
Mérges
Rábacsécsény
Rábaszentmihály
Bodonhely
Rábapordány
Kisbabot
Lesvárpuszta
Szentimrepuszta
Rábaszentmiklós
Ebergőc
Röjtökmuzsaj
Csermajor
Göbösmajor
Hövej
Bogyoszló
Potyond
Sopronnémeti
Szilsárkány
Pásztori
Pétermajor
Csapod
Berekpatak
Himod
Kisfalud
Mihályi
Magyarkeresztúr
Szilipuszta
Rábacsanak
Egyed
Árpás
Mórichida
Tét
Lakatostanya
Rábaköz
Vadosfa
Zsebeháza
Jánosmajor
Szil
Vincefőpuszta
Sobor
Csikvánd
Gyarmat
Győr-Moson-Sopron
Veszprém
Szentkút
Helytörténeti Gyűjtemény
Lövő
Nemeskér
Kokasmajor
Pusztacsalád
Gyóró
Józsefmajor
Fölerdőmajor
Vica
Páli
Beled
Szany
Rábaszentandrás
Kisalföld
Malomsok
Ponyvád
Marcalmedence
Újkér
Erdőalakmajor
Cirák
Dénesfa
Fás legelő
Edve
Vág
Rábasebes
Marcaltő
Iván
Csánig
Miklósmajor
Vásárosfalu
Rábakecöl
Várkeszö
Kemenesszentpéter
Egyházaskesző
Zsigaháza
Ihász
Vaszar
Simaság
Répceszemere
Répcelak
Pápoc
Nemesgörzsöny
Takácsi
Pálházapuszta
Iklanberény
Vas
Nemesládony
Csér
Fasor
Csáfordjánosfa
Nick
Lócs
Sajtoskál
Nagygeresd
Tompaládony
Falumúzeum
Vámoscsalád
Mügát
Kenyeri
Rábakecskéd
Hertelendyújhely
Magyargencs
Kisacsád
Nagyacsád
Dörzsemény-puszta
Pusztagyimót alsó
Mesterháza
Vasegerszeg
Uraiújfalu
Bő
Chernelházadamonya
Gór
Hegyfalu
Répceszentgyörgy
Pósfa
Zsédeny
Jákfa
Csönge
Kemenespuszta
Majálismajor
Kemeneshőgyész
Mátyusháza
Esterházy-kastély
Dunajská Streda
SLOVENSKÁ REPUBLIKA
Győr

Sc
Sd
Se
4
Sf
SLOVENSKÁ REPUBLIKA
Ta
60
61
62
63
64
Bratislava
Mosonmagyaróvár
Csorna
Lehnice
Šamorín
Veľká Paka
Blatná na Ostrove
Čechová
Holice
Dunajská Streda
Vydrany
Malé Dvorníky
Veľké Blahovo
Kráľovičove Kračany
Kostolné Kračany
Štrkovec
Malá Budafa
Stará Gala
Lúč na Ostrove
Šipošovské Kračany
Povoda
Mad
Šulany
Horný Bar
Jurová
Trstená na Ostrove
Bodíky
Baka
Ostrov morských orlov
Gabčíkovo
Vrakúň
Nekyje na Ostrove
Mlynisko
Tejkeš
Kisbodak
Dunaremete
Lipót
Darnózseli
Szigetköz
Hédervár
Ásványráró
Nád Mlynom
Dedinský Ostrov
Nárad
Sap
Tájvédelmi Körzet
Lickópuszta
Mecsér
Zsejkepuszta
Gyulamajor
Dunaszentpál
Dunaszeg
Mosonújhely
Győrladamér
Győrzámoly
Kunsziget
Öttevény
Győrújfalu
Mosonszentmiklós
Börcs
Abda
Jahodna
Dunajské Mlyny
vodný mlyn
Dunajský Klátov
Veľké Dvorníky
Ohrady
Trhová Hradská
termálne kúpele
Topoľníky
Kútniky
Blažov
Dolný Bar
Dolný Štál
Padáň
Bohelov
Jánošíkovo na Ostrove
Pataš
Milinovice
Veľký Meder
termálne kúpalisko
Ižop
Čiližská Radvaň
Baloň
Medveďov
Vrbina
Trnavský kraj
Nitriansky kraj
Kľúčovec
Číčov
Vízügy
Vámosszabadi
Nagybajcs
Kisbajcs
Szögye
Vének
Bácsa
Likócs
Szitásdomb
GYŐR
Káptalandomb
Pinnyéd
Gorkijváros
Győrszentiván
Gyárváros
Nagyhegy
Győrszabadhegy
Szabadhegy
Kismegyer
Ménfőcsanak
Gyirmót
Arrabona
Rábapatona
Ikrény
Enese
Pétházapuszta
Fudipuszta
Mérges
Rábacsécsény
Rábaszentmihály
Kisszentpál
Győrszemere
Lesvárpuszta
Szentimrepuszta
Erdősor
Halipuszta
Móriehida
Tét
Gyömöre
Felpéc
Mogyoró-hegy
Szentkút
Ilonkapuszta
Győr-Moson-Sopron
Veszprém
Helytörténeti Gyűjtemény
Gyarmat
Csikvánd
Szerecseny
Ponyvád
Gecse
Zsigaháza
Ihász
Takácsi
Pálháza-puszta
Jánosmajor
Vaszar
Mezőhegy
Pápanyögér
Vanyola
Csót
Béb
Francia-vágás
Esterházy-kastély
Nagygyimót
Pusztagyimót
Járóháza
Győrújbarát
Magas-hegy
Nyúl
Pannonhalmi Tájvédelmi Körzet
Écs
Győrság
Halomalja
Pázmándfalu
Pannonhalmi-főapátság (UNESCO)
Pannonhalma
Rába-probapalya
Ravazd
Macskalik-tető
Erdészeti Múzeum
Tarjánpuszta
Péterdi-hegy
Kajárpéc
Sokorópátka
Sokoró
Nagytelep
Mikósmajor
Nagydém
Romand
Lovászpatona
Gic
Pölöskei-tanya
Hathalom
Kisdémpuszta
Bakonytamási
Bakonyszentlászló
Bakonyszentiván
Pápateszér
Fenyőfői ősfenyves TT
Vinye
Fenyőfő
Bakonyszücs
Újimajor
Tölteskava
Táplánypuszta
Sóptérpuszta
Pér
Kettestanya
Mindszentpuszta
Nyalka
Táp
Tápszentmiklós
Győrasszonyfa
Lázi
Sikátor
Veszprém-varsány
Bakonygyirót
Újhegy
Zörög-tető
Bakonyszentkirály
Kovácsmőhely
Csesznek
Zirc
Hajmáspuszta
Bakonyoszlop
Komárom-Esztergom
Dudar
Dunaj
Gönyű
Dózsamajor
Nagyszentjános
Kisszentjános
Győr-Győrszentiván
Szőlőhegy
Nagyszentjános/Bőny
Örkény
Bőny
Rétalap
Ernőtag
Kiss
Püspökalap
Mezőörs
Kráľov Brod
Slovenské Pole
Nový Dvor
Trstice
Horné Mýto
Mačonás
Dolný Chotár
Veľký Ostrov
Salaš
Ásod
Veľký Kováč
Opatovský Sokolec
Okoč
Dropie
Maderét
Bodzianske Lúky
Sokolce
Brestovec
Sokolce
Lipové
Bodza
Holiare
Zemianska Olča
Tôň
Trávnik
Okánikovo
Veľke Kosihy
Klížska Nemá
Malé Kosihy
Rakytie
Kráľka
Ambrózov hon
Štúrová
Okoličná na Ostrove
Čalovec
Violín
Horná Zlatná
Zlatná na Ostrove
Veľký Lél
Šoka
Báb
Somola
Vlčany
Neded
Zemné
Malý Ostrov
Dedina Mládeže
Malý Dunaj
Kolárovo
Farský Dvor
Čergov I
Čergov II
Zlatá Osada
Lohót
Balvany
Kameničná
Kava
Nová Osada
Cerhát
Hadovce
Nová Stráž
Ap.Iský ostrov
Pavel
Monostori Erőd
Koppány-monostor
Komárom
Szőny
Dolné Krivovany
Kaštieľ
Palárikovo
Ľudovítov
Jur
Pikova
Gúg
Andovce
Nitrianska osada
Komoča
Nový Gúg
Aňala
Pačérok
Stará Gúta
Aňalské Záhrady
Roklina
Nesvady
Veľká Gúta
Sady
Imeľ
Hurba
Martovce
Vrbová nad Váhom
Zelený Háj
Hlinik
Holanovo
Lándor
Dulov Dvor
Komárno
Malá Iža
Vaspuszta
Ács
Nagyherkály
Ernőmajor
Vöröshajor
Jegespuszta
Ács/Bábolna
Bábolna
Bartusekpuszta
Csém
Komárom/Kisbér
Lacház
Mocs
Csúcsos-hegy
Bana
Lovas-és Vadászmúzeum
Farkaskút
Bikarét
Istvánháza-puszta
Nagyigmánd
Kisigmánd
Darányitelep
Csemerház
Fenyves
Tárkány
Olbőpuszta
Vadas-major
Szentmihályi iskolasor
Melkovicspuszta
Nagytarcspuszta
Babilónia
Vasdinnyei-szőlőhegy
Makkpuszta
Szákszend
Öreghegy
Nyeszkenye-puszta
Battyánpuszta
Ete
Bársonyos-hegy
Kerektelek
Bársonyos
Ászár
Kisbér
Császár
Katpuszta
Bakonyszombathely
Bakonybánk
Hánta
Vérteskethely
Lenin-major
Bakonysárkány
Felsődobos
Véconoy
Réde
Esterházy-park
Feketevíz-éri tavak
Lesaljamajor
Ácsteszér
Aka
Vadaspuszta
Táncsics M. Emlékház
Csatka
Farkastorok-puszta
Súr
Koromla
Szőlőhegy
Csatárpuszta
Tímárpuszta
Nagyveleg
Podunajská rovina
Dunajské luhy
Duna
Mosoni-Duna
Rábca
Rába
Marcal
Concó
Pándzsa
Bakony-ér
Szél-ér
Váh
Nitra
E575
E60
E75
M1
M85
E60
85
1
13
14
19
63
81
82
83
107
112
115
119
123
129
506
507
561
563
572
573
25
Šala
Nitra
KOMÁRNO

0 1 2 4 6 8 10 km

Bánov
Bešeňov
Veľké Lovce
Čechy
Branovo
Semerovo
Kolta
Čaka
Málaš
Rozina
Mikula
Želiezovce
Trhyňa
Kubáňovo
Vyškovce nad Ipľom
Bernecebaráti
Tésa
Kemence
Lontov
Ipeľský Sokolec
Veľký Dvor
Malá Pustatina
Nýrovce
Karolína
Jarok
Hronovce
Farná
Šalov
Domašská Osada
Čajakovo
Horný vrch
Malé Ludince
Bielovce
Perőcsény
Holló-kő
VÉ ZÁMKY
Dvory nad Žitavou
Červený Majer
Jásová
Kuraľany
Pohronský Ruskov
Pastovce
Vámosmikola
Salgó-vár
Duna-
Batov Majer
Dubník
Veľké Ludince
Kéť
Čata
Zalaba
István-major
Ganád-puszta
Nagy-Hideg-hegy
Rozkoš
Studená
Jablonec
Mokraď
Bőbovec
Nagybörzsöny
Vízimalom
Vlkanovo
Dvor Mikuláš
Rúbaň
Bruty
Strážny kopec
Bíňa
Sikenička
Malé Kosihy
Szt. István-templom
Ipolytölgyes
Ipoly
Bajč
Chrasť
Príbeta
Strekov
Svodín
Pavlová
Szénpatak-puszta
Nagy-Galla
Nagyirtáspuszta
Nagy-Sas-hegy
Kisinóci turistaház
Kóspallag
Nová Trstená
Bohatá
Štefan
Arad
Kamenín
Salka
Letkés
Lilliompuszta
Dulovce
Paríž
Diva
Kegytemplom
Márianosztra
Kamenica
Chrbát
Antonov Sad
Gbelce
Šarkan
Malá nad Hronom
Kopec-sever
Fekete-hegy
Konkoľ
Svätý Peter
Drieňová hora
Nová Osada
Ľubá
Kamenný Most
Bajtava
Leľa
Ipolydamásd
Odamásd
Mikulášov Sad
Bátorove Kosihy
Mária Dvor
Belá
Veľký vrch
Hron
Kamenica nad Hronom
Burda
Kopce-juh
Kováčov
Chľaba
Szob
Nemzeti
Mudroňovo
Modrany
Malá Mužla
Zebegény
Bubánat-völgy
Kerekto
Basaharc
Börzsöny Múz.
Chotín
Srobárová
Búč
Peres
Jurský Chlm
Mužla
Nána
termálne kúpalisko
Bazilika
Štúrovo
ESZTERGOM
Dunapart
Pilismarót
Marcelová
Krátke Kesy
Kravany nad Dunajom
lesostep
Čenkov
Obid
Dunaj
Vaskapu
Baráthkút
Autógyár
Dömös
Patinský kanál
RNO
Moča
Radvaň nad Dunajom
Virt
Bokroš
Iža
Veľký Harčáš
Patince
Süttő
Piszke
Lábatlan
Nyergesújfalu
Tát
Tokod-altáró
Esztergom Kertváros
Park
Rám-szakadék
Prédikálószék
Almásfüzitő
Dunaalmás
Neszmély
Bikol
Bajót
Mogyorós-bánya
Tokod
Dorog
Kétágú-hegy
Pilis-nyereg
Pilisszentlélek
Dobogó-kő
Dobogókő
Almáspuszta
Dunai kőfejtők TT
Asszony-hegy
Gerecsei
Bersek-bánya
Nagy-Gete
Ebszőnybánya
Bányász Emlékház
Kesztölc
Klastrompuszta
Turista-múzeum
Pilisszentkereszt
Pilis
Boldogasszony-puszta
Naszály
Dunaszentmiklós
Pélifföld-szentkereszt
Nagysáp
Annavölgyi bánya
Csolnok
Leányvár
Motocross-pálya
Surdok
Szomód
Malom-völgyi kirándulóközpont
Gerecse
Som-berek
Sárisáp
Kiscsév-puszta
Dág
Piliscsév
Grebicspuszta
Dióspuszta
Agostyán
Vörös-márvány bánya
Borostyánkő
Komárom-Esztergom
Pest
Klotild-barlang
Nagy-Kopasz-hegy
Pilisszántó
Tóváros
Öregvár
Arborétum
Tardos
Bajna
Epöl
Pilisjászfalu
Prárie
Máriapuszta
Tata
Baj
Öreg-Kovács
Héreg
Sándor Móric-ks
Uny
Piliscsaba
Pilisvörösvár
Tájvédelmi
Bő-Somlyó
Dunazug-hegység
Máriahalom
Tinnye
Élőember-telep
Vértestolna
Kablásmajor
Gyermelyi-tároló
Somodorpuszta
Pilisszentiván
Budai
Kocs
Tata Környe
Vértesszőlős
Tatabánya/Oroszlány
Halyagos
Pes-kő
Tarján
Gyermely
Nyakas-tető
Nagy-Szénás
Remeteség
Kertváros
Újváros
Körzet
Tatabánya Óváros
Hatlakos
Bagó-hegy
Gyarmat-puszta
Szomor
Perbál
Újmajor
Tájvédelmi
Látó-hegy
Erőmütelep
Tornyó
Somlyó
Komárom-Esztergom
Fejér
Felsőörspuszta
Örsi-hegy
Nándor-puszta
XIII.sz.-i templom és kolostor
Tök
Zsámbék
Zsámbéki-medence
Nagykovácsi
Nagy-Kopasz
Anna-vadászh.
Remete-szőlős
Nagytagyos-puszta
Nagyparnak-puszta
Komlód
Környe
Bánhida
Bányászati Múzeum
TATABÁNYA
Túrul
Kálvária-hegy
Tükrös-puszta
Vasztély
Alsóörs-puszta
Lámpamúzeum
Strázsa-hegy
Budajenő
Újmajor
Telki
Körzet
Szák
Kecskéd
Környebánya
Felsőgalla
Csabdi
Mány
Páty
BUDAKESZI
Dad
Irtás-puszta
Vitányvár
Szárliget
Nagyegyháza
Lóingató
Bicske/Nagyegyháza
Zsámbék/Herceghalom
Sasfészek-tó
Biatorbágy/Páty
Hőeröműi
Vértessomló
Vértesi
Körtvélyes
Zuppa-tető
Óbarok
Herceghalom
Katalinhegy
Bokod
Majki műemlék-együttes
Kálvária-domb
Tójásgurító
Kőrtvélyes
Szár
Újbarok
BICSKE
Málé-hegy
Dávidmajor
Bia-tó
Biatorbágy
Viadukt
Győr/Budapest
Törökbálint
Komárom-Esztergom
Fejér
Oroszlány
Bányászati Múzeum
Vérgesztes
Gesztesi-vár
Bodmér
Felcsút
Botpuszta
Etyek
Budaörs
Törökbálint
Vértesszentkereszti kolostorrom
Vérteskozma
Kőhányás
Tábor-hegy
Oroszlán-kő vára
Platánfasor
Göbölyjárás
Üdülő-telep
Benta-patak
Szeged/Győr
Gerencsevár
Hajszabarna
Arborétum
Vértesboglár
Alcsútdoboz
Fejér
Pest
Kálvária-domb
Sóskút
Parkváros
Érd
Szőke-hegy
Pusztavám
Tájvédelmi
Móriczmajor
Farkasfa-puszta
Bányavölgy
Pusztazámor
Anna-hegy
Árkipuszta
Esterházy-ks.
Vértes Múzeum
Csákvár
Tabajd
Halom-tető
Mária Annapsz.
Zámori-patak
ÉRD
Lamberg-kastély
Csóka-hegy
Körzet
Gánt
Csákvári-barlang
Tárnok
Mór
Csókakői-vár
Bányatelep
Bauxitbányászati Múzeum
Vértesacsa
Vajda J. Emlékház
Vál
Gyúró
Erdőmajor
Erdőhát
Érdi-tető
Csókakő
Csákberény
Forna
Forráspuszta
Tordas
Százhalombatta-észak
Szentendre
Budapest

60
61
62
63
64
SLOVENSKÁ REPUBLIKA
Esztergom
Komárom
Győr
Bicske
Fejér
Pest
Nógrád
Balassa-gyarmat
Nagy-oroszi
Érsek-vadkert
Rétság
Romhány
Diósjenő
Szob
Kismaros
Verőce
Nagymaros
VÁC
Dunabogdány
Visegrád
Tahitótfalu
Leányfalu
Szentendre
Pomáz
Budakalász
Göd
DUNAKESZI
Fót
Mogyoród
GÖDÖLLŐ
Veresegyház
Őrbottyán
Szada
Isaszeg
Pécel
Maglód
Gyömrő
Monor
Üllő
Vecsés
Gyál
Kistarcsa
Kerepes
Csömör
BUDAPEST
Pilisvörösvár
Solymár
BUDAKESZI
Budaörs
Törökbálint
ÉRD
Diósd
Biatorbágy
Tárnok
Halásztelek
Szigetszentmiklós
Dunaharaszti
Pilis
Pilisszentkereszt
Pilisszentiván
Piliscsaba
Dobogó-kő
Prédikálószék
Nagy-Hideg-hegy
Csóványos
Börzsöny
Duna
Budai Tájvédelmi Körzet
Gödöllői-dombvidék Tájvédelmi körzet
Hungaroring
Ferihegy

Apácapuszta
Magas-hegy
Kisfalud
Kótyháza
Vizslás
Kazár
Mátraszele
Kistelek
Mátracserpuszta
Várszó
Tarnalelesz
Bányatelep
Rimóc
Nagylóc
Őr-hegy
Lucfalva
Nagykeresztúr
Újlak
Újlakpuszta
Mizserfa
Homokterenye
Mátranovák
Erdőkövesd
Bükkszenterzsébet
Fedémes
Egerbocs
Hevesaranyos
Szécsény
Bede-puszta
Kisbárkány
Márkháza
Kisterenye
Rákóczitelep
Mátraterenye
Nádújfalu
Ivád
Pétervására
Hollókő
Zsunyogpuszta
Kelet-
Szentkút
Szúpatak
Gyulaakna
Nemti
Dorogháza
Kisfüzes
Bükkszék
Bátor
Kecskédpuszta
Nagybárkány
Kányástelep
Bátonyterenye
Maconka
Mátramindszent
Gyulamajor
Terpes
Borzsa-hegy
Dobogó-tető
Garáb
Sámsonháza
Mátraverebély
Szuha
Mátraballa
Szajla
Macska-hegy
Felsőtold
Sztúpa
Nagybátony
Ménkesi-bánya
Darnó
Mátraszőlős
Alsótold
Cserhát
Üdülőtelep
Bodony
Mátraderecske
Recsk
Siroki vár
Kutasó
Tepke
Tar
Katalinakna
Szorospatak
Mátraalmás
Sirok
Bokor
Bézma
Hasznos
Mátraszentistván
Mátraszentlászló
Galya-tető
Palóc Ház
Parád
Parádfürdő
Óvra Istálló
Műemlék-együttes
Pásztó
Agasvár
Fallóskút
Mátraszentimre
Galyatető
Parádsasvár
Parádóhuta
Recski Nemzeti Emlékpark
Liszkó
Kozárd
Bagolyirtás
Hegyes-hegy
Egerszólát
Vároom
Buják
Ecseg
Muzsla
Mátrakeresztes
Mátrai
Kékes
Kékestető
Kőkútpuszta
Tarnaszentmária
Tót-hegyes
Károlytáró
Szár-hegy
Tájvédelmi
Várhegy
Vörös-hegy
Csécse
Zagyvaszentjakab
Lajosháza
Mátraháza
Kisnána
Kovács-műhely
Nógrád
Heves
Sósirét
Hajnács-kő
Körzet
Verpelét
Szurdokpüspöki
Falzat
Mátrafüred
Nagy-Hársas
Gyöngyösoroszi
Markazi-vár
Markaz
Domoszló
Majkapuszta
Szirák
Teleki-kastély
Kisbágyon
Szarvasgede
Jobbágyi
Templom
Gyöngyöspata
Gyöngyössolymos
XI.sz.-i altemplom
Feldebrő
Gyöngyöstarján
Sár-hegy
Abasár
Markazi víztároló
Vécs
Pálteleki-puszta
Apc
Szűcsi
Kapásház
Aldebrő
Palotás
Egyházasdengeleg
Zagyvaszántó
Rózsaszentmárton
Ferences-templom
GYÖNGYÖS
Visonta
Tófalu
Héhalom
Víztároló
Erdőtarcsa
Újmajor
Petőfibánya
Nagyréde
Halmajugra
Ecséd
Gyöngyöshalász
Brezovai-tanya
Detk
Kápolna
Kápolnai csata emlékműve
Selyp
Lőrinci
Tas-puszta
Karácsond
Ludas
Kompolt
Nagykökényes
Gyöngyös-nyugat/Hort
Gyöngyös-kelet
Nagyút
Kál
Verseg
Ecséd
Atkár
Halászaranyos
Nagyfüged
Fenyő-haraszt
Heréd
Lakótelep
Halastó
Borsóköt
Heves/Nagyfüged/Ludas
Kisasszonytér
Nagyhármas
Nagygombos
Hort
Salgótarján/Galyatető/Hatvan
Hatvan-kelet/Szolnok
Adács
Kerekharaszt
Grassalkovich-kastély
Vámosgyörk
Olgamajor
Tarnabod
Hatvani Múzeum
Hatvan
Víztároló
Csány
Jászárokszállás
Visznek
Tarnazsadány
Rózsahegy
Kerek-haraszt
Újhatvan
Heves
Jász-Nagykun-Szolnok
Bikarét-dűlő
Tarnaméra
Rendőr-múzeum
Bernáthegy
Galga
Zaránk
Boconád
Szeleczky-kastély
Galgahévíz
Pest
Berényi utid dűlő
Kis-Tarna
Újtelepek
Turai legelő
Tura
Boldog
Vak Bottyán Emlékház
Erk
Járási tanyairész
Heves
Sárgapuszta
Alsórét
Jászágó
Tarnaörs
Pusztacsász
Ágói-patak
Csárdamajor
Jászszentandrás
Vácszentlászló
Jászfényszaru
Felsőtanyairész
Alsótanyairész
Négyszöllős
Jászdózsa
Pap-erdő
Zsámbok
Pusztamonostor
Telekrész
Bútelektanya
Üdülőtelep
Felsőnyomás
Nagyszék
Hortváthdűlő
Felsőmuszáj
Tarna-holtág
Kövesút
Jászivány
Zagyva-menti TT
2013
Jászjákóhalma
Jászapáti
Szentlőrinckáta
Dány
Tóalmás
Jász Múzeum
Jászfelsőszentgyörgy
Kerekudvar
Hűtőgépgyár
JÁSZBERÉNY
Pethesdűlő
Meggyesitanyák
Kóka
Állatkert
Jásztelek
Parajos
Virágos
Hajta-mocsár
Jásztelek Pusztamizsei TT
Csátés-Tócsatorna
Jászkisér
Sülysáp
Magdolna-telep
Tápiószecső
Szentmártonkáta
Újerdő
Alsómuszáj
Tápiósüly
Sági út
Borjújárás
Egreskáta
Tóteveny
Meggyespele
Alattyán
Úri
Homokerdő
Nagykáta
Tápió-Hajta vidéke TK
Felső Fekete-erdő
Tápiógyörgye
Alsó-Fekete-erdő
Portelek
Jánoshida
Jászalsószentgyörgy
Póka-hegy
Nagylujzi-hegy
Tanya-múzeum
Tápióbicske
Göbölyjárás
Erdőszőlő
Malachegy
Krizsán
Jászboldogháza
Jászladány
Káva
Farmos
Vámosszék
Bénye
Pánd
Üdülőtelep
Blaskovich Múzeum
Tápiószentmárton
Tápiógyörgye
Eger
Mezőkövesd
Füzesabony
60
61
62
63
64

Va
Ózd
Vb
Vc
8
Vd
Ve
Miskolc
Pétervására
60
61
62
63
64
Gyöngyös
Budapest
Jászberény
Bükkszenterzsébet
Tarnalelesz
Bányatelep
Szúcs
Fedémes
Mikófalva
Bélapátfalva
XIII.sz.-i apátság
Monosbél
Tar-kő
950
Bükki
Répáshuta
Bükk
Kölyuk-galya
Ásott-fa-tető
Garadna
Barlangfürdő
GÖRÖMBÖLY
Kistokaj
Sajópálfala
Egerbocs
Hevesaranyos
Szarvaskő
Villől-hegy
504
Stimecház
Heves
Borsod-Abaúj-Zemplén
Őkrösök
Nemzeti
Miklós-lyuk-tető
683
Kisgyőr
Mályi
Bükkszék
Bátor
Nagy-oldal
Tőzegmohás láptavak
Terpes
Szajla
Borzsa-hegy
351
Felsőtárkány
Bervai
Szikla-forrás
Odor-hegy
660
Nagy-Borsos-tető
563
Halomvár
316
Mocsolyástelep
Latorút
Nyékládháza
Bükk-aranyos
Harsány
Darnó
350
Nyír-jes-tó
Siroki vár
Sirok
Egerbakta
Almár
Vár-hegy
658
Várkút
Bükkzsérc
Park
Kács
Dankótelep
Borsodgeszt
Hejőkeresztúr
Felnémet
Szőlőcskei erdő TT
Noszvaj
De la Motte-kas.
Cserépfalu
Kőhodály
371
Cserépváralja
Sály
Emőd
Avar-sánc
Nagy Eged
EGER
Vár
Liszkó
Egerszalóki-víztt.
Tibolddaróc
Vatta
Istvánmajor
Csincse
Kőkútpuszta
Tarnaszentmária
Egerszólát
Bogács
Szomolya
Ostoros
Ostorosi-víztároló
Kaptárkövek TT
Bükkábrány
Tard
Igrici
Kisnána
Várhegy
Kovács-műhely
Verpelét
Egerszalók
Kaptárkő
Kistálya
Gyilkos
227
Novaj
Mezőnyárád
Mezőkeresztes
Maszolaj-aktótelep
Geleji-víztároló
Gelej
Klementina
Majkapuszta
Vécs
Feldebrő
XI.sz.-i altemplom
Demjén
Andornaktálya
Nagytálya
Maklár
2012
Mezőkövesd
Matyó Múzeum
Gépmúzeum
Mezőkeresztes/Mezőnagymihály
Mezőnagymihály
Borsodi
Aldebrő
Tófalu
Kerecsend
Szihalom
Zsórifürdő
Szentistván
Kerecsendi erdő TT
Kápolnai csata emlékműve
Kápolna
Pusztaszikszó
Füzesabony
Mezőkövesd/Borsodivánka
Mezőszemere
Baglyostanya
Nagycsér
Mezőségi
Kompolt
Kál
Nagyút
Kál/Erdőtelek
Rekettyés
Füzesabony/Eger/Debrecen
Dormánd
Mezőtárkány
Egerfarmos
Egerlövő
Falutag
Nyárjas-puszta
Nagymon-taj
Kisasszonytér
Nagyhármas
Tarna
Tarnabod
Buttler-kastély
Erdőtelek
Nagyhanyi
Besenyőtelek
Borsodivánka
Dózsatelep
Négyes
Tiszavalk
Tiszabábolna
Tarnazsadány
Schwartztanya
Kishanyi
Tepélypuszta
Kelétköz
Hortobágyi
Rendőr-múzeum
Tarnaméra
Boconád
Rózsahegy
Tenk
Hevesi
Poroszló
Attilatelep
Szeleczky-kastély
Bernáthegy
Újlőrincfalva
NP
Kiss Pál Múzeum
Tiszafüredi-főcsatorna
Átodrészi-szőlő
Heves
Átány
Járási-tanyarész
Sárgapuszta
Csincsa-csatorna
Tiszaörvény
Tiszafüred
Felhalom
Jászszentandrás
Pusztacsász
Kömlő
Füves
Sarud
Felsőtanyarész
Alsótanyarész
Tisza-tó (Kiskörei víztároló)
Vezseny
Telekrész
Hevesvezekény
Tiszanána
Tiszaszőlős
Nagyz Zálö
Bütelektanya
Pusztak
Sajfoki-főcsatorna
Heves
Jász-Nagykun-Szolnok
Tiszaigar
Nagyszék
Hortváthdúló
Jászivány
Kövesút
TK
Tarnaszentmiklós
Rákhát
Borbélytanya
Jászapáti
Kisköre
Kiskörei-vízlépcső
Dinnyéshát
Tiszaderzs
Tiszaörs
Bürök
Meggyesi-tanyák
Pély
Bánomszőlő
Virágos
Hatrongyos
Abádszalók
Tiszaszentimre
Király-halom
101
Szalókirét
Jászkisér
Pusztataskony
Erzsébetmajor
Fürdőtelep
Hanyi-ér
Újszentgyörgy
Tiszabura
Kisgyócs
Tomajmonostora
Közép-
Kunmadaras
Lászlómajor-tanyák
Fiúágitanyák
Görbemajor
Galambdúc
Tiszaroff
Pusztatomaj
Nagymajoritanyák
Vénkert
Aranyos
Tiszasüly
Tiszagyenda
Középkert
Berekfürdő
Jászladány
Tiszai
Borsahalom
Kunhegyes
Kolopfürdő
Libasor
Tisza
Akasztóhalom
Nagykunsági-öntöző-főcsatorna
Villogó-csatorna
28
Fegyvernek
0 1 2 4 6 8 10 km
H

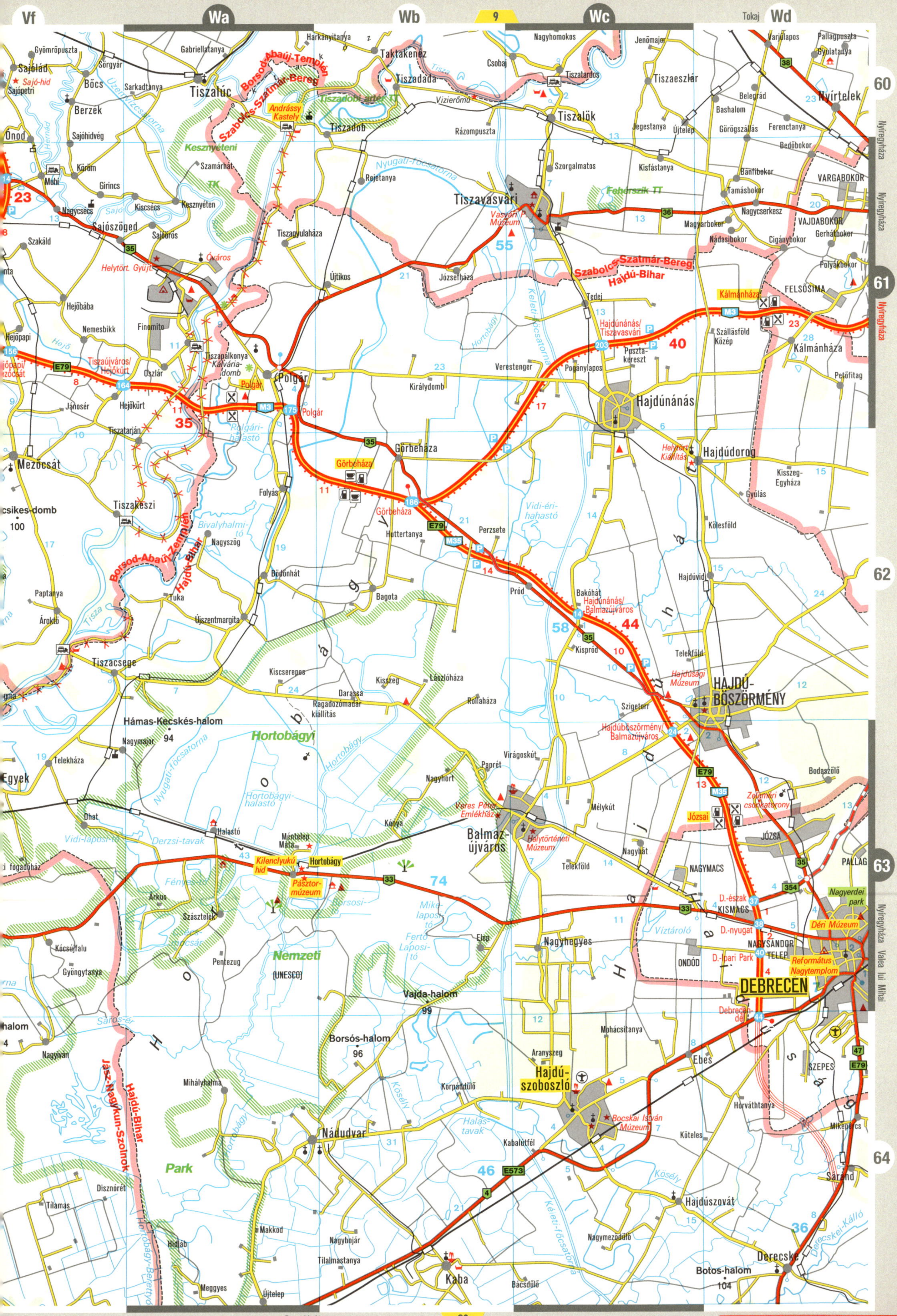
Vf
Wa
Wb
9
Wc
Tokaj
Wd
60
61
62
63
64
Nyíregyháza
Valea lui Mihai
Püspökladány
29
Gyömrőpuszta
Sajólád
Sajó-híd
Sajópetri
Sörgyár
Bőcs
Berzek
Sarkadtanya
Gabriellatanya
Tiszalúc
Borsod-Abaúj-Zemplén
Szabolcs-Szatmár-Bereg
Harkányitanya
Taktakenéz
Tiszadada
Tiszadobi-ártér TT
Andrássy Kastély
Tiszadob
Keszenyéteni
Számárhát
TK
Ónod
Sajóhídvég
Köröm
Mőhi
Girincs
Nagycsécs
Kiscsécs
Kesznyéten
Sajószöged
Sajóőrös
Szakáld
Helytört. Gyűjt.
Óváros
Hejőbába
Nemesbikk
Finomító
Hejőpapi
Tiszaújváros/ Hejőkürt
Oszlár
Tiszapalkonya
Kálvária-domb
Polgár
Hejőkürt
Jánosér
Tiszatarján
Polgári-halastó
Mezőcsát
Tiszakeszi
Csikes-domb
100
Bivalyhalmi-tó
Nagyszög
Hajdú-Bihar
Paptanya
Tuka
Tisza
Aroktő
Tiszacsege
Hámas-Kecskés-halom
94
Nagymajor
Telekháza
Egyek
Ohat
Vidi-laposi-tó
Halastó
Derzsi-tavak
Árkus
Szászteleke
Kócsújfalu
Gyöngytanya
Pentezug
Nagyiván
Jász-Nagykun-Szolnok
Mihályhalma
Park
Disznóréti
Tilamás
Hídlab
Meggyes
Makkod
Újtelep
Nagyhomokos
Csobaj
Tiszatardos
Vizierőmű
Tiszalök
Rázompuszta
Nyugati-főcsatorna
Rejetanya
Szorgalmatos
Tiszavasvári
Vasvári P. Múzeum
Tiszagyulaháza
Újtikos
Józsefháza
Keleti-főcsatorna
Hortobágy
Királydomb
Verestenger
Görbeháza
Huttertanya
Perzsete
Vidi-éri-halastó
Bödönhát
Bagota
Újszentmargita
Kiscserepes
Darassa
Ragadozómadár kiállítás
Kisszeg
Lászlóháza
Rollaháza
Hortobágyi
Nemzeti
(UNESCO)
Hortobágyi-halastó
Mentelep
Máta
Kilenclyukú híd
Hortobágy
Pásztor-múzeum
Fényes-tó
Borsosi-
Mike-laposi-tó
Fertő Laposi-tó
Vajda-halom
99
Borsós-halom
96
Nádudvar
Kösély
Korpádülő
Halas-tavak
Kabalútfél
Nagybojár
Tilalmastanya
Kaba
Bácsdülő
Jenőmajor
Tiszaeszlár
Jegestanya
Újtelep
Kisfástanya
Fehérszik TT
Magyarbokor
Nádasibokor
Szabolcs-Szatmár-Bereg
Hajdú-Bihar
Tedej
Hajdúnánás/ Tiszavasvári
Pogánylapos
Puszta-kereszt
Hajdúnánás
Szállásföld Közép
Helytört. Kiállítás
Hajdúdorog
Kölesföld
Hajdúvid
Bakóhát
Hajdúnánás/ Balmazújváros
Prod
Kisprod
Telekföld
Hajdúsági Múzeum
HAJDÚBÖSZÖRMÉNY
Szigetorr
Hajdúböszörmény/ Balmazújváros
Virágoskút
Papret
Nagyhort
Kónya
Veres Péter Emlékház
Balmazújváros
Helytörténeti Múzeum
Telekföld
Mélykút
Nagyhát
Nagyhegyes
Elep
Víztároló
Ondód
Mohácsitanya
Aranyszeg
Hajdúszoboszló
Bocskai István Múzeum
Ebes
Köteles
Hajdúszovát
Nagymezödülő
Botos-halom
104
Derecske
Varjúlapos
Pallagpuszta
Gyulatanya
Belegrád
Bashalom
Görögszállás
Ferenctanya
Nyírtelek
Bedőbokor
Bánfibokor
Tamásbokor
Nagycserkesz
Vargabokor
Vajdabokor
Gerhátbokor
Cigánybokor
Polyákbokor
Kálmánháza
Felsősima
Petőfitag
Kisszeg-Egyháza
Gyúlás
Bodaszőlő
Zelemér csonkatorony
Józsai
Józsa
Pallag
Nagymacs
Kismacs
D.-észak
D.-nyugat
D.-Ipari Park
Nagysándor telep
Nagyerdei park
Déri Múzeum
Református Nagytemplom
DEBRECEN
Debrecen-dél
Szepes
Horváthtanya
Mikepércs
Sáránd
Derecskei-Kálló
Hajdúhát
E79
M3
M35
E573

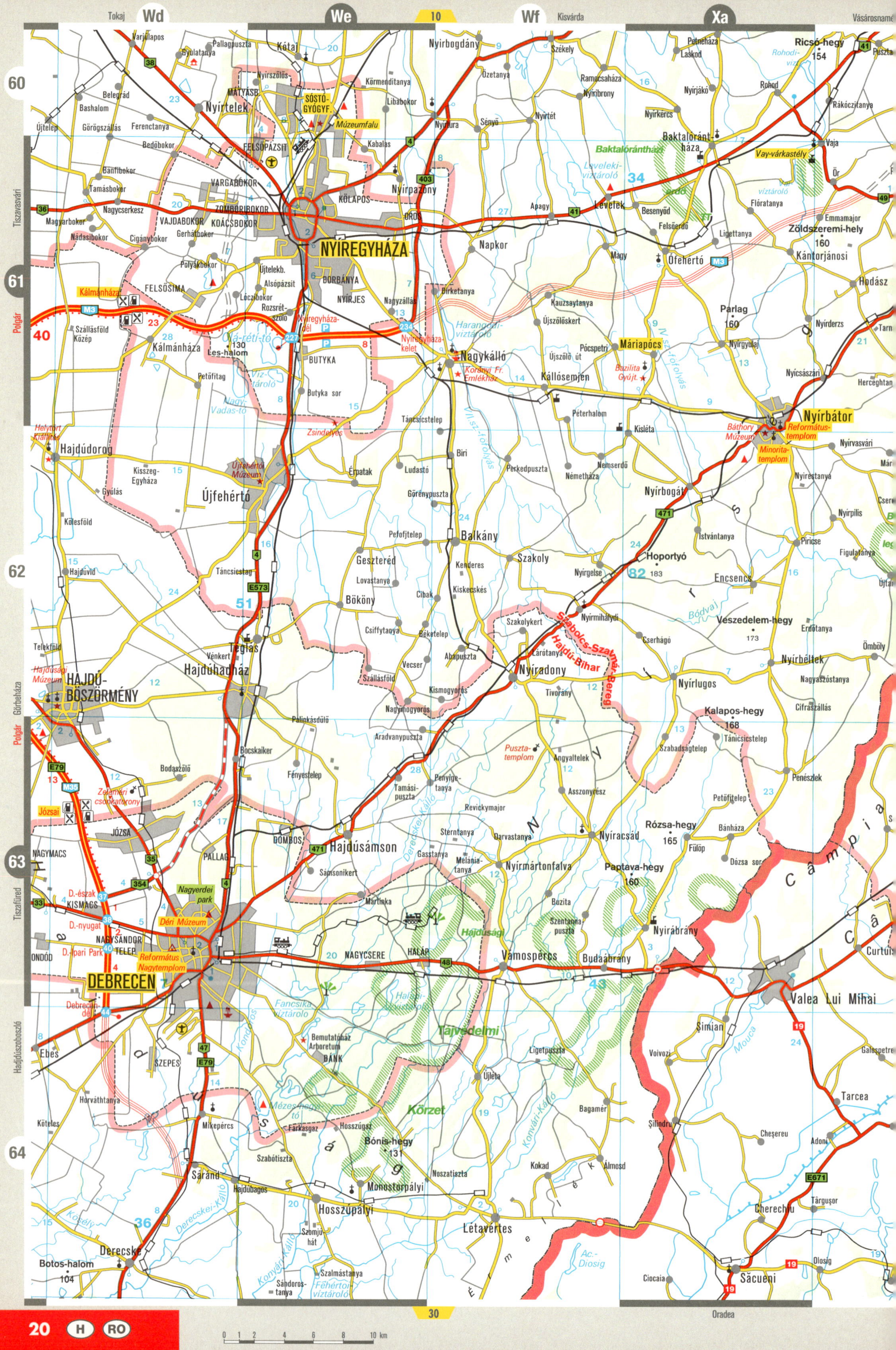
Tokaj
Wd
We
10
Wf
Kisvárda
Xa
Vásárosnamé
60
61
62
63
64
Tiszavasvári
Polgár
Görbeháza
Tiszafüred
Hajdúszoboszló
Varjúlapos
Pallagpuszta
Kótaj
Nyírbogdány
Székely
Petneháza
Laskod
Ricsó-hegy
154
Gyulatanya
Nyírszőlős
Körmenditanya
Özetanya
Ramocsaháza
Nyíribrony
Nyírjákó
Rohod
Rákóczitanya
Belegrád
Bashalom
Nyírtelek
MÁTYÁSB.
SÓSTÓGYÓGYF.
Libabokor
Múzeumfalu
Nyírtura
Sényő
Nyírtét
Nyírkércs
Baktalórántháza
Vaja
Vay-várkastély
Újtelep
Görögszállás
Ferenctanya
Kabalás
Bedőbokor
FELSŐPÁZSIT
Baktalórántházi
erdő
Leveleki-víztároló
34
Ör
Bánfibokor
Tamásbokor
VARGABOKOR
Nyírpazony
Flóratanya
Magyarbokor
Nagycserkesz
ZOMBORIBOKOR
VAJDABOKOR
KOÁCSBOKOR
KÓLAPOS
OROS
Apagy
Levelek
Besenyőd
Emmamajor
Zöldszeremi-hely
160
Nádasibokor
Gerhátbokor
Cigánybokor
Napkor
Felsőerdő
Ligettanya
Kántorjánosi
NYÍREGYHÁZA
Polyákbokor
Újtelekb.
Alsópázsit
BORBÁNYA
NYÍRJES
Nagyzállás
Birketanya
Magy
Ófehértó
M3
Hodász
Kálmánháza
FELSŐSIMA
Lóczibokor
Rozsrétszőlő
Kauzsaytanya
Parlag
160
Nyírderzs
Szállásföld Közép
Nyíregyháza-dél
Újszőlőskert
Máriapócs
Bazilita Gyújt.
Nyírgyulaj
Tarn
40
Kálmánháza
Les-halom
Sós-réti-tó
BUTYKA
Harangodi-víztároló
Nyíregyháza-kelet
Nagykálló
Korányi Fr. Emlékház
Pócspetri
Újszőlő út
Kállósemjén
Nyírcsászári
Herceghtan
Petőfitag
Víztároló
Butyka sor
Nagy-Vadas-tó
Péterhalom
Kisléta
Nyírbátor
Báthory Múzeum
Református-templom
Minorita-templom
Nyírvasvári
Helytört. Kiállítás
Hajdúdorog
Zsindelyes
Táncsicstelep
Biri
Nemserdő
Némethâza
Nyírestanya
Kisszeg-Egyháza
Újfehértói Múzeum
Érpatak
Ludastó
Perkedpuszta
Nyírbogát
Gyulás
Újfehértó
Görényipuszta
Nyírpilis
Kölesföld
Petőfitelep
Balkány
Istvántanya
Piricse
Hajdúvid
Táncsicstag
Geszteréd
Lovastanya
Kenderes
Kiskecskés
Szakoly
Nyírgelse
Hoportyó
82
183
Encsencs
Figulatanya
Újtan
E573
51
Bököny
Cibak
Nyírmihályi
Szabolcs-Szatmár-Bereg
Hajdú-Bihar
Bódvaj
Veszedelem-hegy
173
Erdőtanya
Csiffytanya
Beketelep
Szakolykert
Cserhágó
Ömböly
Telekföld
Vénkert
Téglás
Hajdúhadház
Vecser
Abapuszta
Lárótanya
Nyíradony
Nyírbéltek
Hajdúsági Múzeum
HAJDÚBÖSZÖRMÉNY
Szállásföld
Kismogyorós
Tivorány
Nyírlugos
Nagyaszóstanya
Nagymogyorós
Cifraszállás
Palinkásdůlő
Aradvanypuszta
Kalapos-hegy
168
Tánicsicstelep
E79
Bodaszőlő
Bocskaikert
Fényestelep
Puszta-templom
Angyaltelek
Szabadságtelep
M35
Zelemeri csonkatorony
Tamási-puszta
Penyige-tanya
Asszonyrész
Penészlek
Józsa
JÓZSA
Revickymajor
Petőfitelep
NAGYMACS
DOMBOS
Hajdúsámson
Sterntanya
Darvastanya
Nyíracsád
Rózsa-hegy
165
Bánháza
Fülöp
PALLAG
Gasstanya
Melánia-tanya
Nyírmártonfalva
Paptava-hegy
160
Dózsa sor
Câmpia
Sámsonikert
D.-észak
KISMACS
Nagyerdei park
Martinka
Bozita
D.-nyugat
Déri Múzeum
Hajdúsági
Szentanna-puszta
Nyírábrány
NAGYSÁNDOR TELEP
D. Ipari Park
Református Nagytemplom
NAGYCSERE
HALÁP
Vámospércs
Budaábrány
Curtui
ONDÓD
DEBRECEN
Debrecen-dél
Fancsika víztároló
Halápi-Vadaskert
Tájvédelmi
43
Valea lui Mihai
Şimian
Bemutatóház Arborétum
BÁNK
Ligetpuszta
Voivozi
Galoșpetre
Ebes
SZEPES
Újléta
Mouca
Horváthtanya
Mézes-hegyi-tó
Körzet
Bagamér
Tarcea
Köteles
Mikepércs
Farkasgaz
Hosszúgaz
Bónis-hegy
131
Şilindru
Cheșereu
Adoni
Szabótiszta
Noszatiszta
Kokad
Álmosd
Ermellék
E671
Sáránd
Hajdúbagos
Monostorpályi
Hosszúpályi
Cherechiu
Târgușor
Kösely
36
Derecskei-Kálló
Szomjúhát
Létavértes
Ac. Diosig
Botos-halom
104
Derecske
Konyári-Kálló
Sándorostanya
Szalmástanya
Fehértói víztároló
Ciocaia
Săcueni
Olosig
Oradea
30
0 1 2 4 6 8 10 km

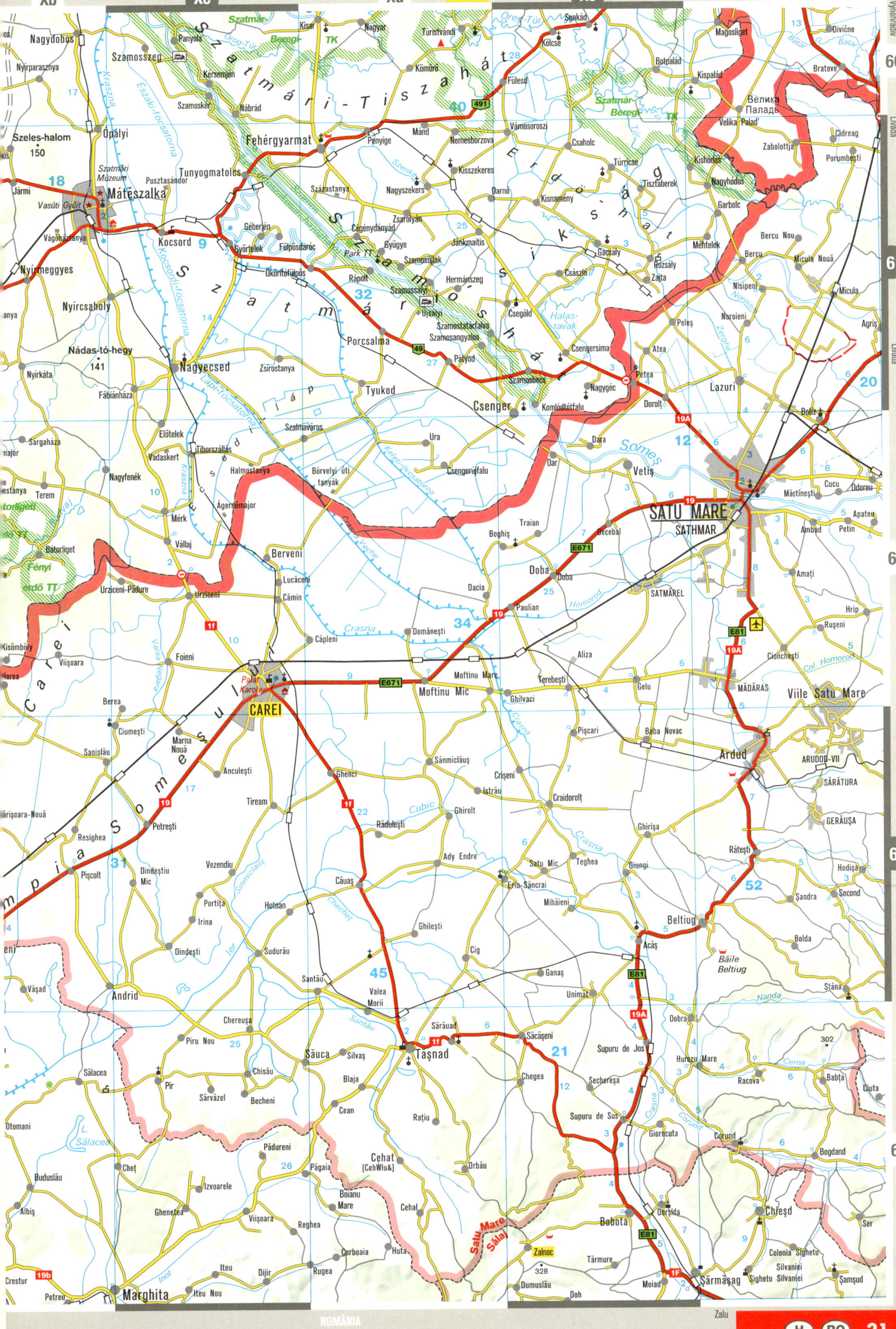

Xb
Xc
Xd
11
Xe
Vylok
Xf
Vylok
60
61
62
63
64
Livada
ROMÂNIA
Nagydobos
Nyírparasznya
Szamosszeg
Panyola
Kersemjén
Szamoskér
Nábrád
Ópályi
Szeles-halom
150
Szatmári Múzeum
Pusztasándor
Tunyogmatolcs
Mátészalka
Jármi
Vasúti Gyűjt.
Vágóháztanya
Kocsord
Győrtelek
Géberjén
Fülpösdaróc
Nyírmeggyes
Nyírcsaholy
Nádas-tó-hegy
141
Nyírkáta
Fábiánháza
Nagyecsed
Zsirostanya
Sargaháza
Előtelek
Vadaskert
Tiborszállás
Nagyfenék
Halmostanya
Terem
Mérk
Vállaj
Ágerdőmajor
Bátorliget
Fényi erdő TT
Urziceni-Pădure
Urziceni
Berveni
Lucăceni
Cămin
Căpleni
Foieni
Viișoara
Kisömböly
Horea
Berea
Ciumești
Sanislău
Marna Nouă
Anculești
Palat Károly
CAREI
Resighea
Petrești
Pișcolt
Dindeștiu Mic
Vezendiu
Tiream
Portița
Irina
Dindești
Hotoan
Sudurău
Andrid
Văşad
Chereușa
Piru Nou
Sălacea
Pir
Sărvăzel
Chișău
Becheni
Otomani
Sălacea
Buduslău
Albiș
Ghenetea
Izvoarele
Viișoara
Chet
Pădureni
Marghita
Iteu
Iteu Nou
Dijir
Rugea
Crestur
19b
Petreu
Kisar
Nagyar
Túristvándi
Kömörő
Kölcse
Sonkád
Fülesd
Vámosoroszi
Fehérgyarmat
Penyige
Mánd
Nemesborzova
Kisszekeres
Nagyszekeres
Darnó
Császtanya
Cégénydányád
Zsarolyán
Gyügye
Park TT
Szamosújlak
Jánkmajtis
Rápolt
Szamossályi
Okörítófülpös
Hermánszeg
Újsályi
Szamostatárfalva
Szamosangyalos
Csegöld
Porcsalma
Pátyod
Tyukod
Szamosbecs
Csenger
Komlódtótfalu
Csengersima
Nagygéc
Szalmaváros
Ura
Börvelyi úti tanyák
Csengerújfalu
Kisnamény
Csaholc
Túrricse
Tiszteberek
Gacsály
Császló
Rozsály
Zajta
Halas-tavak
Botpalád
Kispalád
Magosliget
Szatmár-Beregi TK
Szatmári-Tiszahát
Szatmár-Beregi Tiszahát
Erdőháti
Szamosháti
Szatmári Sík
Szatmár-Beregi TK
491
49
40
32
Велика Палад
Velika Palad'
Zabolottja
Kishodos
Nagyhódos
Garbolc
Mehtelek
Bercu
Bercu Nou
Micula Nouă
Micula
Nisipeni
Noroieni
Peleș
Atea
Petea
Dorolț
Lazuri
Agriș
Dara
Oar
Vetiș
Someș
19A
19
Divične
Bratove
Cidreag
Porumbești
Boliu
Mărtinești
Cucu
Ddoreu
SATU MARE
SATHMAR
Traian
Boghiș
Becebal
Doba
E671
Dacia
Paulian
SATMĂREL
Domănești
Crasna
Moftinu Mare
Moftinu Mic
E671
Ghilvaci
Terebești
Gelu
Aliza
Ambud
Petin
Apateu
Amați
Hrip
Rușeni
Cionchești
Cnl. Homorod
E81
MĂDĂRAS
Viile Satu Mare
Pișcari
Baba Novac
Ardud
ARUDOD-VII
SĂRĂTURA
GERĂUȘA
Sânmiclăuș
Crișeni
Istrău
Craidorolț
Ghenci
Rădulești
Ghirolt
Cubic
Ady Endre
Căuaș
Satu Mic
Teghea
Eriu-Sâncrai
Mihăieni
Ghirișa
Giungi
Rătești
Hodișa
Socond
Șandra
Beltiug
Acâș
Băile Beltiug
Bolda
Ghilești
Cig
Ganaș
Unimăt
Stâna
Nanda
Santău
Valea Morii
Sărăuad
Săcășeni
Dobra
Hurezu Mare
Racova
Babța
Ciuta
302
Cerna
Șăuca
Silvaș
Tășnad
Blaja
Chegea
Supuru de Jos
Secheresa
Supuru de Sus
Cean
Rațiu
Giorocuta
Corund
Bogdand
Cehal
Cehal (CehWlu&)
Păgaia
Orbău
Boianu Mare
Reghea
Corboaia
Huta
Satu Mare
Sălaj
Zalnoc
328
Dumuslău
Doh
Bobota
Tărmure
Dersida
Chieșd
Ser
Colonia Sighetu
Silvaniei
Sighetu Silvaniei
Șamșud
Moiad
Sărmășag
E81
1F
1f
Zalu
Câmpia Someșului
Carei
Ecsedi láp
Vynohradiv

64
65
66
67
68
Weiz
Graz
ÖSTERREICH
Pinkafeld
Oberwart
Hartberg
Pöllau
Gleisdorf
Fürstenfeld
Feldbach
Riegersburg
Bad Blumau
Bad Waltersdorf
Güssing
Stegersbach
Jennersdorf
Szentgotthard
Bad Gleichenberg
Fehring
Bernstein
Stadtschlaining
Friedberg
Pinggau
Vasi-Hegyát
Goričko
Krajinski park
Radkersburg
Heiligenkreuz im Lafnitztal
St. Martin a.d.Raab
Naturpark Pöllauer Tal

Mattersburg
Rd
13
Re
Sopron
Rf
Sa
Csorna
Oberloisdorf
Mannersdorf an der Rabnitz
Kőszeg
Jurisics-vár
Patika Múzeum
Kendig
Velem
Bozsok
Rechnitz
Gencsapáti
Bucsu
Torony
Sé
Szombathely
Vasi Múzeum-falu
Iseum
Szechenyi-kastély
Perenye
Arborétum
Narda
Dozmat
Újmajor
Nagyjápla
Narai
Felsőcsatár
Vaskeresztes
Horvátlövő
Pornóapáti
Bildein
Eberau
Szentpéterfa
Moschendorf
Pinkamindszent
Kemestaróđfa
Csákánydoroszló
Gasztony
Halogy
Daraboshegy
Ivánc
Felsőmarác
Rimány
Őrimagyarósd
Szőce
Viszák
Szaknyér
Ispánk
Kisrákos
Zalalövő
Pankasz
Csöde
Nagyrákos
Felsőszede
Szatta
Ramocsa
Kerkafalva
Kerkakutas
Kálócfa
Alsószenterzsébet
Szilvágy
Nagy-hegy
Csepreg
Bük
Thermal-bad
Szapáry-kastély
Acsád
Meszlen
Vasszilvágy
Vát
Vassurány
Nemesbőd
Zanat
Vép
Bozzai
Kenéz
Pecöl
Táplánszentkereszt
Batthyány-kastély
Vasszécseny
Meggyeskovácsi
Csempeszkopács
Nemeskolta
Sorkifalud
Sorkikápolna
Rábatöttös
Gyanógeregye
Zsennye
Ják
Apátsági templom
Balogunyom
Kisunyom
Sorokpolány
Felsőnyirvármajor
Kisrádóc
Nemesrempehollós
Egyházasrádóc
Rádóckölked
Nagykölked
Harasztifalu
Felsőberkifalu
Egyházashollós
Molnaszecsőd
Magyarszecsőd
Körmend
Magyarnádalja
Horvátnádalja
Nádasd
Katafa
Szarvaskend
Sibrik-kastély
Hegyhátsál
Hegyhátháodász
Döbörhegy
Dömölk
Nagymizdó
Vaspör
Pusztacsatári templom
Zalaháshagy
Német-hegy
Velence
Zalaszentgyörgy
Budafa
Zalacséb
Kemenfa
Nagyfernekág
Irsapuszta
Németfalu
Ragánpuszta
Parasza
Pusztaapáti
Vasvár
Városi Múzeum
Kismákfa
Nagymákfa
Rábahidvég
Püspökmolnári
Alsóújlak
Ják arborétum
Csipkerek
Mindszenty szülőháza
Csehimindszent
Oszkó
Csehi
Mikosszéplak
Pácsony
Olaszfa
Bérbaltavár
Győrvár
Felső-hegy
Gősfa
Csonget-major
Vasboldogasszony
Nagytilaj
Lakhegy
Egervár
Andrásfa
Petőmihályfa
Hegyhátszentpéter
Gersekarát
Kisdörbhegy
Sárfimizdó
Halastó
Telekes
Márkus
Ozmánbük
Hagyáros
Kiskutas
Kispáli
Nagykutas
Nagypáli
Szentpál
Zalaboldogfa
Bagod
Hidegmajor
Boncodfölde
Kávás
Hottó
Teskánd
Andráshida
Göcseji falumúzeum
Olajipari Múzeum
Zalaegerszeg
Zalabesenyő
Böde
Babosdöbréte
Kandikó
Csonkahegyhát
Dobronhegy
Milejszeg
Pálfiszeg
Kustánszeg
Kislengyel
Nagylengyel
Gellénháza
Ormándlak
Becsvölgye
Gombosszeg
Iborfia
Petrikeresztúr
Lickóvadamos
Sárhida
Bocfölde
Csatár
Bazita
Botfa
Bucsuszentlászló
Nemeshetés
Pölöske
Zalaszentmihály
Pózva
Petőhenye
Alibánfa
Zalaszentiván
Zalaszentlőrinc
Kemendollár
Vöckönd
Pókaszepetk
Zalaistvánd
Nemesapáti
Alsónemesapáti
Kisbucsa
Misefa
Nemessándorháza
Nemesszentandrás
Orbányosfa
Padár
Bezeréd
Szabad Néptelep
Gyűrűs
Zalakoppány
Kallósd
Barátsziget
Almásháza
Kehidakustány
Doák kúria
Ligetfalva
Tilaj
Újhegy
Nagykaponak
Zalacsány
Iskolapark
Nemesbük
Felsőpáhok
Bókaháza
Gétye
Szentpéterúr
Nemesrádó
Vörrű
Zalaigrice
Szentgyörgyvár
Gizellamajor
Nemesszer
Dötk
Csáford
Zalaszentgrót
Kisszentgrót
Zalaudvarnok
Vindornyaszőlős
Sénye
Zalaszentlászló
Gyulevész
Zalakoveskút
Aranyod
Tüskeszentpéter
Zalabér
Batyk
Türje
Tekenye
Szalapa
Óhíd
Kisgörbő
Zalavég
Pakod
Szajki tavak üdülőtelep
Hosszúpereszteg
Bögöte
Keléd
Zalaerdőd
Hetyefő
Dabronc
Ötvös
Veszprém
Zala
Vas
Kemenesalja
Ják
Sárvár
Nádasdy-vár
Rábasömjén
Hegyfalu
Zsédeny
Rábapaty
Rábabogyoszló
Ölbő
Szeleste
Pósfa
Répceszentgyörgy
Chernelházadamonya
Vasegerszeg
Mesterháza
Sajtoskál
Tompaládony
Nagygeresd
Falumúzeum
Nemesládony
Simaság
Lócs
Iklanberény
Tormásliget
Szakony
Gyalóka
Zsira
Répcevis
Peresznye
Kiszsidány
Horvátzsidány
Ólmod
Kincsédpuszta
Tömörd
Alsómajor
Kőszegpaty
Pusztacsó
Kőszegszerdahely
Nemescsó
Lukácsháza
Gyöngyösfalu
Benkeházmajor
Vasasszonyfa
Salköveskút
Söpte
Bő
Gór
Iván
Répceszemere
Csér
Fasor
Csáfordjánosfa
Rábakecöl
Pápoc
Répcelak
Nick
Vámoscsalád
Uraiújfalu
Jákfa
Rábakovácsi
Csönge
Kenyeri
Petőfi Ház
Ostffyasszonyfa
Pannonia-Ring
Lánkapuszta
Vönöck
Kemenessömjén
Kemenesmihályfa
Kemenesszentmárton
Újmihályfa
Tokorcs
Nagysimonyi
Celldömölk
Ság
Sághegyi Múzeum
Alsóság
Izsákfa
Mesteri
Kemenes-Kápolna
Sitke
Hegyalja
Gérce
Vásárosmiske
Bokodpuszta
Kemeneskápolna
Kocsk
Berzsenyi D. Emlékmúzeum
Egyházashetye
Borgáta
Kis-Somlyó
Kissomlyó
Káld
Pusztalánc
Vashosszúfalu
Duka
Jánosháza
Kemenespálfa
Nyőgér
Sótony
Hegyközség
Bejcgyertyános
Mária Terézia-forrás
Egervölgy
Graffiti-falu
Kám
Szemenye
Antónia-major
Berekmajor
Csénye
Péterfapuszta
Ikervár
Megyehíd
Porpác
Bögöt
Dénesfa
Fás legelő
Csánig
Miklósmajor
Vásárosfalu
Edve
Rábabecskéd
Mügát
Gyor-Moson-Sopron
Lendava
Lenti
Nagykanizsa
Keszthely
Veszprém
Sümeg
2011
09/2011

Sa
Sb
13
Sc
Győr
Sd
Se
64
65
66
67
68
Sárvár
Vasvár
Zalaegerszeg
Lenti
Mügát
Kenyeri
Rábakecskéd
Csönge
Ostffyasszonyfa
Petőfi Ház
Pannonia-Ring
Lánkapuszta
Kemenesmihályfa
Újmihályfa
Tokorcs
Nagysimonyi
Celldömölk
Ság
Sághegyi TK
Ságnegyi Múzeum
Sitke
Kemenes-Kápolna
Mesteri
Hegyalja
Gérce
Vásárosmiske
Kemeneskápolna
Bokodpuszta
Izsákfa
Alsóság
Kemenespuszta
Kemenesmagasi
Vönöck
Kemenessömjén
Sültfejmajor
Mersevát
Kemenesszentmárton
Hertelendy-újhely
Magyargencs
Majálismajor
Szergény
Marcalgergelyi
Vinár
Külsővat
Helytörténeti Kiállítóhely
Árpád-telep
Bánhalmapuszta
Kemeneshőgyész
Nemesgörzsöny
Kisacsád
Nagyacsád
Mátyusháza
Békás
Mezőlak
Mihályháza
Borsosgyőr
Nyárád
Pápadereske
Dáka
Nemesszalók
Adorjánháza
Egeralja
Helytörténeti Gyűjt.
Csögle
Dabrony
Kispodár-puszta
Nagyalásony
Vid
Somlóvecse
Kisszőlős
Kiscsősz
Kispirit
Nagypirit
Nemeskocs
Boba
Pálháza-puszta
Dörzsemény-puszta
Esterházy-kastély
Kékfestő Múzeum
PÁPA
Kéttornyúlak
Nóráp
Kup
Kárpáti sáfrány termőhelye
Pápasalamon
Pápakovácsi
Attyai-láprét TT
Tapolcafői-láprétek TT
Adásztevel
Tapolcafő
Pápanyögér
Pusztagyimót alsó
Nagygyimót
Sávolypuszta
Törzsökhegy
Jásd
Vanyola
Helytörténeti Gyűjtemény
Járóháza
Csót
Béb
Francia-vágás
Bakonyszentiván
Pápateszér
Újimajor
Bakonyszűcs
Bakonykoppány
Ugod
Homokbödöge
Nagytevel
Huszárokelő-puszta
Durrogós-tető
Hubertlak
Magas-bakony
Tájvédelmi Körzet
Köris-hegy
Tevel-hegy
Remig-puszta
Királykapu
Iharkút
Bakonybél
Pápavár
Somhegypuszta
Szarvaskő vára
Döbrönte
Ganna
Bakonyjákó
Németbánya
Bakonypölöske
Farkasgyepű
Kislődi erdő TT
Felsőborsod
Csehbánya
Középső-Hajag
Újtelep
Kalvária
Magyarpolány
Noszlop
Nagybogdány
Kisbogdány
Bánd
Bányatelep
Városlőd
Kislőd
Helytört. Gyűjt.
Herend
Zergebogláros TT
Bakonygyepes
Ajkarendek
Városliget
Városi Múzeum
AJKA
Tósokberénd
Felsőcsinger
Szentgál
Bányászati Múzeum
Parkerdő
Csárda-hegyi-bg.
Úrkút
Csékút
Padragkút
Padrag
Sziklak
Hajagos
Kab-hegy
Öreg-erdő
Halimba
Szőc
Határvölgy
Öcs
Pula
Vázsonykő vára
Postamúzeum
Schumacher Ház
Nagyvázsony
Vöröstó
Tálodi Kolostorrom
Vigántpetend
Mencshely
Kapolcs
Művészetek Völgye
Óbudavár
Szentjakabfa
Halom-hegy
Balatoncsicsó
Dörgicse
Szentantalfa
Monostorapáti
Boncsos-tető
Balatonhenye
Monoszló
Tagyon
Szentbékkálla
Köveskál
Zánka
Balatonakali
Mindszentkálla
Balatonszepezd
Küszöb orra
Kővágóörs
Révfülöp
Kékkút
Salföld
Bajcsy-Zs. Múzeum
Balatonrendes
Ábrahámhegy
Szepezdfürdő
Balaton-Felvidéki Nemzeti Park
Bakony
Badacsony
Badacsonytomaj
Badacsonytördemic
Szegedi R. Ház
Kamon-kő
Egry J. Múzeum
Szigliget
Lábdi
Gulács
Nemesgulács
Kisapáti
Hegymagas
Bazaltorgonák
Raposka
Kapolcs
Tapolca
Tavasbarlang
Vízimalom
Városi Múzeum
Gyulakeszi
Csobánc
Diszel
Hegyesd
Zalahaláp
Haláp
Sáska
Ódörögd
Agár-tető
Kis-Bakony
Dabosi templomrom
Taliándörögd
Úrtávközlési állomás
Nyirád
Nagytárkánypuszta
Lefejtett bauxitlencse TT
Csabrendek
Gyepükaján
Káptalanfa
Nemeshany
Sarosfői halastavak TT
Pusztamiske
Csótapuszta
Kolontár
Devecser
Somlóvásárhely
Borszörcsök
Oroszi
Doba
Erdődi-kastély
Somlószőlős
Somló
Somló TK
Somlójenő
Nagy László Emlékház
Iszkáz
Kerta
Karakószörcsök
Apácatorna
Kisberzseny
Tüskevár
Helytörténeti Gyűjtemény
Veszprémgalsa
Hosztót
Zalaszegvár
Nemeskeresztúr
Zalameggyes
Szentimrefalva
Bodorfa
Rigács
Megyer
Ukk
Zalaerdőd
Hetyefő
Dabronc
Ötvös
Gógánfa
Zalagyömörő
Kisvásárhely
Szalapa
Nyírlakpuszta
Csúcsos-hegy
Sümeg
Vár
Városi Múzeum
Mihályfa
Óhid
Sümegcsehi
Sümegprága
Simon I. Emlékház
Bazsi
Uzsai csarabos erdő TT
Kisgörbő
Döbröce
Nagygörbő
Tátika
Sztúpa
Vindornyaszőlős
Vindornyalak
Zalaszántó
Várvölgy
Rezi-vár
Meleg-hegy
Rezi
Vindornyafok
Zalaköveskút
Karmacs
Nemesbük
Cserszegtomaj
Kertváros
Keszthely
Festetics-kastély
Gyenesdiás
Vonyarcvashegy
Balatongyörök
Szent Mihály-domb
Fasor
Hévíz
Alsópáhok
Felsőpáhok
Szentgyörgyvár
Gizellamajor
Zala
Somogy
Valcum
Sármellék
Fenékpuszta
Balaton-Fenéki-tó Felvidéki Nemzeti Park
Zalavár
Balatonszentgyörgy
Balatonberény
Balatonkeresztúr
Battyánpuszta
Csillagvár
Keresztúr
Balatonújlak
Balatonmáriafürdő
Balatonfenyves
Imremajor
Pálmajor
Nagyberek
Fekete-akol
Csisztapuszta
Alsóbélatelep
Feketebézseny
Fonyód
Fonyódliget
Fonyód/Lengyeltóti
Ordacsehi
Jankovich kastély
Pusztaszentgyörgy-újsor
Mamócspuszta
Pusztaberény
Riczepuszta
Sándpuszta
Lengyeltóti
Gyugy
Szőlősgyörök
Kecskekőröm
Somogytúr
Szőlőskislak
Látrány
Balatonboglár
Balatonboglár/Lengyeltóti
Kápolna Múzeum
Balatonlelle
Balatonszemes
Latinovits Emlékkiállítás
BALATON
Lesencetomaj
Lesenceistvánd
Lesencefalu
Nemesvita
Köves-tető
Balatonederics
Afrika Múzeum
Uzsa
Tapolcai-medence
Vállus
Keszthelyi-hegység
Lesence
Batyk
Türje
Zalabér
Tüskeszentpéter
Aranyod
Zalaszentgrót
Csáford
Kisszentgrót
Tekenye
Zalaudvarnok
Szentmihály-puszta
Sénye
Szabad Néptelep
Zalakoppány
Kallósd
Zalaszentlászló
Barát-sziget
Gyülevész
Padár
Almásháza
Kehidakustány
Doák kúria
Tilaj-Újhegy
Tilaj
Ligetfalva
Iskolapark
Zalacsány
Nemesszer
Bókaháza
Gétye
Szentpéterúr
Vörrü
Zalaapáti
Andorháza
Pacsatüttös
Zalaszentmárton
Esztergály-horváti
Nagyhorváti
Diószál
Egeraracsa
Bárándpuszta
Zalavég
Hosszúperesztes
Bögöte
Keléd
Kemenesa
Vashosszúfalu
Pusztalánc
Duka
Jánosháza
Karakó
Kemenespálfa
Kamond
Kisszomlyó
Kis-Somlyó
Káld
Borgáta
Egyházashetye
Berzsenyi D. Emlékmúzeum
Köcsk
Marcal
Marcal-medence
Torna
Kígyós-patak
Veszprém
Vas
Zala
Nagykanizsa
Marcali
34

0 1 2 4 6 8 10 km

Győr
Sf
Ta
14
Győr
Tb
Tc
64
65
66
67
68
Mór
Lamberg-kastély
Vértesi
Tájvédelmi
Körzet
Csóka-hegy
479
Csókakői-vár
Csókakő
Csákberény
Orondpuszta
Gánt
Csákvári-barlang
Bányatelep
Bauxitbányászati Múzeum
Forna
Forráspuszta
Zámoly
Zámolyi-víztároló
Borbála
Öreg-hegy
226
Pátka
Pátkai-víztároló
Óbarok
Komárom-Esztergom
Veszprém
Fejér
Hajmáspuszta
Csatka
Farkastorok-puszta
Súr
Tímárpuszta
Koroma
Szőlőhegy
Csatárpuszta
Nagyveleg
Bakonyszentkirály
Kovácsműhely
Zörög-tető
494
Csesznek
Bakonyoszlop
Gézaháza
Porva
Csetény
Dudar
Szápár
Bakonycsernye
Mecsértelep
Balinkabánya
Balinka
Bodajk
Gaja-szurdok
Söréd
Felsőpuszta
Magyaralmás
Igar
Fehérvárcsurgó
Csurgói tároló
Isztimér
Imre-major
Jásd
Inotapuszta
Csiklingvár
Geológiai feltárás
Rékás-hegy
479
Csőszpuszta
Tés
Szélmalmok
Tési-fennsík
Bakonynána
Gaja-szurdok
Borzavár
Kardosrét
Nagyesztergár
Zirc
Apátság
Arborétum
Reguly Antal Múzeum
Szépalma-puszta
Pálihálás-puszta
Som-hegy
650
Olaszfalu
Felsőpere
Tunyog-hegy
505
Alsópere
Öreg-Futóné
574
Pénzesgyőr
Akli
Eplény
Lókút
Malom-völgy
Hárskút
Papod
644
Várpalota
Thury-vár
Helytört. Gyűjt.
Inota
Gúttamási
Kincsesbánya
Bakonykúti
Sándor-major
Iszkaszentgyörgy
Iszka-hegy
262
Baglyas-hegy
362
Csór
Moha
Sárkeresztes
SZÉKESFEHÉRVÁR
Halas-tavak
FEKETEHEGY
Székesegyház
Bory-vár
KISFALUD
ÖREGHEGY
Fehérvár
ALSÓVÁROS
MAROSHEGY
Sárpentele
Sárszentmihály
Sárkeszi
Kiskeszi
Zichy-kastély
Líviapuszta
Nádor-csatorna
malomcsatorna
Sárvíz
Sáréti
Székesfehérvár/Dunaújváros
Székesfehérvár-Centr./Sárbogárd
Budapest
Dunaújváros
Ösku
Pétfürdő
Ősi
Hajmáskér
Gyulafirátót
Márkó
Porcelánmúzeum
Jutas
Kádárta
Várnegyed
Állatkert
VESZPRÉM
Sóly
Királyszentistván
Vilonya
Peremarton gyártelep
Berhida
Nádasdladány
Nádasdy-kastély
Úrhida
Felső-somlyó
Szabadbattyán
Cifrakert
Kula őrtorony
Gorsium
Szabadbattyán/Tác
Jenő
Szár-hegy
212
Kőszár-hegy
Tác
Belsőbáránd
Sárbogárd
Bánd
Pál-hegy
489
Csatárhegy
Litér
Rostás-puszta
Papkeszi
Bakonymajor
Küngös
Sándorka-puszta
Kő-hegy
228
Polgárdi
Kiscséripuszta
Csősz
Nagycséripuszta
Bodakajtor
Sárvíz-völgye
Csárda
Nemesvámos
Szár-hegy
371
Caesariana
Kövesgyűr-puszta
Veszprémi-fennsík
Veszprémfajsz
Szentkirályszabadja
Vörösberény
Gyártelep
Mámai templomrom
Balatonfűzfő
Fátorjános
Balatonkenese
Csajág
Füle
Lepsény/Polgárdi
Lepsény
Balatonfőkajár
Balatonalmádi
Felső-hegy
321
Som-hegy
440
Káptalanfüred
Balaton-akarattya
Vasútállomás
Földes-tanya
Polgárdi-tekeres
Tarnóca
Soponya
Zichy-kastély
Kispuszta
Nagyláng
Tótvázsony
Hidegkút
Felsőörs
Lovas
Paloznak
Alsóörs
Csopak
Nagy-Gella
416
Balatonszőlős
Balatonfüred
Balatonfűzfő/Enying
Balatonaliga
Balatonvilágos
Lepsény
Mezőszentgyörgy
Ercsi-major
Jánosmajor
Kisláng
Káloz
Sóstó
Sóstó
Balatonbozsok
Ágoston-hegy
158
Ágostonpuszta
Ödönpuszta
Tihany
Aszófő
Vízi-malom
Örvényes
Balatonudvari
Csúcs-hegy
232
Tihany
Apátság
Tihanyi-rév
Szabadi-fürdő
Újhely
Siófok
Siófok/Balatonszabadi
Szabadi
Balatonszabadi
Enying
Kustyán-hegy
157
Halastó
Mátyásdomb
Pálmajor
Kishörcsök-puszta
Kabókapuszta
Leshegy
Paula-puszta
Festetich-kastély
Dég
Holland Ház
Szántódi-rév
Zamárdi
Siófok-nyugat
Töreki
Kiliti
Siójut
Siófok/Szekszárd
Ádánd
Oroszi-puszta
Halas-tavak
Pusztaszentmihályfa
Arany-hegy
156
Újtelep
Középbogárd
Lajoskomárom
Szántódpuszta
Balatonföldvár
Zamárdi
Töreki
Töreki-tavak
Ságvár
Római castrum
Lukas-domb
248
Pélpuszta
Mezőkomárom
Somogy
József A. Múzeum
Balatonszárszó
Gótikus templom
Kőröshegy
Balatonföldvár
Balatonendréd
Szabadhídvég
Rebec-puszta
Bogárd
175
Mezőszilas
Balatonszárszó
Gyugy-hát
311
Gyugypuszta
Bagóhegy
Jabapuszta
Flóra-hegy
287
Som
Nyim
Nagyberény
Felsőnyék
Nándorpuszta
Garáb-hegy
227
Külsősári-puszta
Simontornya
Balatonszemes
Balatonőszöd
Szólád
Kereki
Amáliap.
Bálványos
Lulla
Ecseny
Sérsek
Torvaj
Daránypuszta
Nezde
Karácsonypuszta
Pusztaszemes
Sérsekszőlős
Teleki
Kötcse
Bótapuszta
Bábonymegyer
Magyarkeszi
Döbröntepuszta
Ozora
Fenyves
219
Vámpuszta
Vámiszőlőhegy
Halastavak
Sió
Tolna
Nagycsepely
Látrány
Zala
Zichy Emlékmúzeum
Kapoly
Tab
Tabi Galéria
Kis-Koppány
Somogy
Tolna
39
Kerek-domb
193
Nagyszokoly
Fürged
Kender-gyár
Tolnanémedi
Visz
Kapolypuszta
Somogy-meggyes
Iregszemcse
Fornádpuszta
Halas-tavak
Kecsege-puszta
Öreg-hegy
258
Karád
Zics
Remetepuszta
Kánya
Tengőd
Csehipuszta
Somogyegres
Kér
Ökrádpuszta
Somogybabod
Pincehely
Kaposvár
35
Tamási
Tamási

64
65
66
67
68
Kisbér
Várpalota
Siófok
Enying
Kőhányas
Tábor-hegy
450
Oroszlán-kő vára
Hajszabarna
422
Vértesi
Tájvédelmi
Körzet
Móriczmajor
Esterházy-kastély
Vértes Múzeum
Csákvár
Gánt
Csákvári-barlang
Bányatelep
Bauxitbányászati Múzeum
Forna
Forráspuszta
Zámoly
Zámolyi-víztároló
Borbála
Öreg-hegy
226
Pátka
Pátkai-víztároló
Sárkeresztes
SZÉKES-FEHÉRVÁR
Halastavak
FEKETEHEGY
Székesegyház
ÖREGHEGY
Borvár
KISFALUD
ALSÓVÁROS
MAROSHEGY
Sárpentele
Cifrakert
Kula örtorony
Gorsium
Szabadbattyán/Tác
Tác
Bodmér
Felcsút
Vértesboglár
Arborétum
Alcsútdoboz
Platánfasor
Tabajd
Vértesacsa
Lovasberény
Vereb
Pázmánd
Kvarcitsziklák
Szintezési ősjegy
Meleg-hegy
351
Nadap
Gyapjaszsák
Ingókövek
Gyurgyalag-telep
Sukoró
Pákozd
Pákozd/Sukoró
Velencei-hegység
Velence
Velence/Nadap
Vereb/Kápolnásnyék
Kápolnásnyék
Vörösmarty M. Emlékmúzeum
Velencefürdő
Velencei-tó
Gárdony
Agárd
Gárdonyi G. Emlékház
Madárrez
Dinnyés
Dinnyési fertő
Börgönd
Székesfehérvár/Agárd
Székesfehérvár/Dunaújváros
Székesfehérvár-Centr./Sárbogárd
Fehérvár
Göböljárás
Botpuszta
Etyek
Farkasfa-puszta
Halom-tető
211
Bányavölgy
Mária Annapsz.
Vál
Vajda J. Emlékház
Gyúró
Tordas
Martonvásár/Gyúró
Kajászó
Vály-Völgy
Martonvásár
Brunszvik-kastély
Baracska
Pettend
Ráckeresztúr
Roboztanya
Vörös-halom
154
Rácszentpéter
Besnyő
Feksőbesnyő
Pálmajor
Csirib-puszta
Pusztaszabolcs
Zichyújfalu
Szőlőhegy
Zichy-kastély
Hadik kastély
Seregélyes
Belsőbáránd
Pálinkaház-puszta
Szabadegyháza
Szeszgyártelep
Felsőkisperkáta
Felsőcikola-puszta
Líviai-halastavak
Kisperkáta
Perkáta
Nagyperkáta
Sárosd
Tükröspuszta
Báránjárás
Jakabszállás
Darumajor
Hantostelep
Hantos
Középhantos
Kishantos
Világospuszta
Mélykút
Mélykútpuszta
Bacsótanya
Bodakajtor
Aba
Csősz
Nagycsérpuszta
Sárvíz
Soponya
Zichy-kastély
Tarnóca
Sárkeresztúr
Kispuszta
Nagylang
Jánosmajor
Kisláng
Káloz
Sárszentágota
Nagylók
Felsőkörtvélyes
Erdőmajor
Felsőtöbörzsök
Borondvár
Kislók
Nagysismánd
Ödönpuszta
Pálmajor
Kishörcsökpuszta
Nagyhörcsökpuszta
Alsótöbörzsök
Videoton
Sárbogárd
Festetich-kastély
Dég
Hatvanpuszta
Rétszilasi
Újitelep
Holland Ház
Középbogárd
Mindszentpuszta
Sárszentmiklós
Réhpuszta
Pusztaegres
Örspuszta
Hadnagypuszta
Rétszilas
Aranykulcsotanya
Kazsokitanya
Robertvölgy
Nagykarácsony
Mezőszilas
Halastavak
Bogárd
175
Külsősáripuszta
Tarnócapuszta
Alap
Alsószentiván
Igar
Sáregres
Csók Emlékmúzeum
Cece
Vámpuszta
Simontornya
Vámiszőlőhegy
Fenyves
219
Ozora
Kendergyár
Szabadság-telep
Szluha-puszta
Hardi-hegy
211
Magyalospuszta
Hardi-ér
Fejér
Tolna
Fejér Pest
Üdülőtelep
Kálváriadomb
Sóskút
Pusztazámor
Zámori-patak
Tárnok
Érdőmajor
Érd
ÉRD
Parkváros
Anna-hegy
Diósd
Törökbálint
Budaörs
Budaörsi Kamaraerdő
BUDAFOK
BUDATETÉNY
NAGYTÉTÉNY
CSEPEL
KIRÁLYERDŐ
HÁROS
Pécs/Budafok
Ráckeve/Halásztelek
Halásztelek
Lakihegy
Érd-kelet
Érd-Ófalu
Érd-tető
Óráu
Helytörf. Ádám J. Gyűjtemény Emlékház
Szigetszentmiklós
Taksony
Szigethalom
Tököl
Óváros
Matrica Múzeum
Százhalombatta
Százhalombatta-észak
Százhalombatta-dél
Simonpuszta
Kismarton
Érdőhát
Szentlászlópuszta
Keresztúr
Ráckeresztúr
Kőolajfinomító
Zátonyok
Duna
Erospuszta
Dunavarsány
Szigetcsép
Majosháza
Délegyháza
Ártérierdő
Ercsi
Eötvös L. Emlékmúzeum
Szigetújfalu
Szigetszentmárton
Aporka
Peregi-parkerdő
Dunapart
Szabadság-telep
Bánya-tavak
MÁV-telep
Újhegy
Telek
Savoyai-kastély
Balabán-sziget
Kiskunlacháza
Bankháza
Sinatelep
Beloiannisz
Ráckeve
Szerb templom
Árpád Múzeum
André Kertész Fotómúzeum
Helytörténeti Gyűjtemény
Iváncsa
Felsőszentiván
Szigetbecse
Holtág
Holt-Duna
Csaplár-tanya
Nagytanyák
Adony
Lórév
Jet-ski pálya
Vesszős kifály rét
Kengyeles-tó
Makád
Dömsöd
Petőfi Múzeum
Tatárhegy
Kunszentmiklósi úti tanyák
Kulcs
Makádi halastó környéke
Kulcs-Rácalmás
Rácalmás
Rácalmási szigetek
Tass
Hangosmajor
Dunaújváros-észak
Bernátkút
Pálhalma
DUNAÚJVÁROS
Dunaújváros-dél
Óváros
Intercisa
Szalkszentmárton
Petőfi Emlékmúzeum
Gyártelep
Nagyvenyim
Újvenyim
Újváros
Dunai vasmű
Vadas
Homokpuszta
Szőlőhegy
Kiskokasd
Mezőfalva
Reményszr
Baracs
Petőfi Emlékmúzeum
Kisapostag
Nagy Lajos Emlékkiállítás
Dunavecse
Templomos
Kitanpuszta
Csanádpuszta
Apostag
Kisszentmiklós
Ménesmajor
Daruhegy
Dunaföldvár-észak
Piripócs
Vásárhalom
Gyártmajor
Dunaegyháza
Solti-halom
123
Petőfitelep
Nagymajor
Előszállás
Dunaföldvár-centrum
Kelemeni-tó
Török? torony
Dunaföldvár
Pincemúzeum
Solt
Kissolt
Félixháza
Tétel-halom
112
Dunaföldvár-Tolna
Bács-Kiskun
András-puszta
Juhásztanya
Bölcske
Kalimajor
Bőrte
Pest
M7
M6
M0
E71
E73
M8

Budapest
Ub
Uc
16
Ud
Jászberény
Ue
64
65
66
67
68
37
Kiskőrös
Soltvadkert
Tápiószele
Szolnok
Kunszentmárton
Kiskun-Félegyháza
KISPEST
PEST-ERZSÉBET
SOROKSÁR
RÁKOSHEGY
Ferihegy 1
Ferihegy 2
PESTSZENTLŐRINC
PESTSZENT-IMRE
Vecsés
Ecser
Maglód
Gyömrő
Mende
Sülysáp
Tápiószecső
Szentmártonkáta
Nagykáta
Tápióbicske
Farmos
Üllő
Gyál
Alacska
Péteri
Monor
Gomba
Úri
Tápióság
Pánd
Bénye
Káva
Tápiószentmárton
Felsőpakony
Pakony-hegy
Alsónémedi
Ócsa
Reformátustemplom
Inárcs
Kakucs
Újhartyán
Csévharaszt
Pilis
Nyáregyháza
Albertirsa
Ceglédbercel
Kálvin-hegy
Cegléd
Dánszentmiklós
Magyarország földrajzi középpontja
Pusztavacs
Dabas
Hernád
Örkény
Kis-erdő-hegy
Bugyi
Tar-hegy
Ócsai TK
Kiskunsági Nemzeti Park
Táborfalva
Lajosmizse
Csemő
Nagykőrös
Kecskemét
Városháza
Cifra Palota
Kerekegyháza
Kunbaracs
Ballószög
Helvécia
Városföld
Szabadszállás
Fülöpszállás
Izsák
Orgovány
Jakabszállás
Kunszállás
Fülöpjakab
Nagy-állás
Hollós-hegy
Kunadacs
Kunpeszér
Les-hegy
Kovács-hegy
Árpás-hegy
Dunaharaszti
Kiskunlacháza
Alsójárás
Felsőjárás
Kisszállás
Pest
Bács-Kiskun
E60
E75
M5
M0
In Bau

64
65
66
67
68
Albertirsa
Dabas
Solt
Soltvadkert
Dabas/Albertirsa
Szentmártonkáta
Borjújárás
Egreskáta
Újerdő
Tőtevény
Meggyespele
Alattyán
Jászkisér
Homokerdő
Nagykáta
Tápió-Hajta vidéke TK
Jács-Nagykun-Szolnok
Pest
Portelek
Jánoshida
Jászalsó-szentgyörgy
Jászladány
Lászlómajor-tanyák
Fiúágitanyák
Görbemajor
Nagymajoritanyák
Tápióbicske
Tanya-múzeum
Farmos
Jászboldogháza
Tápiószentmárton
Blaskovich Múzeum
Tápiószele
Tápiógyörgye
Csikoi-tanyák
Szászberek
Söregpuszta
Dózsatelep
Tápiószőlős
Fadd
Pokoltanya
Besenyszög
Hunyadfalva
Újszász
Alsószászberek
Likina
Újszilvás
Zagyvarékas
Dabapuszta
Kálvin-hegy
Cifrakert-dűlő
Kisrózsás-major
Szőröspuszta
Fokoru-puszta
Palotás
Balla
Ceglédbercel
Szőröspárcella
Darabosdűlő
Huszárdűlő
Tiszapüspöki
Abony
Abonyi L. Múzeum
Szolnok
Szajol
Törökszentmiklós
Öregszőlő
Kenderföldek
Kossuth Múzeum
Református Múzeum
Cegléd
Világosdűlő
Fertályos-kaszálák
Dohányos-dűlő
Füzesér-dűlő
Piroska
Alcsisziget
Tenyősziget
Gerjetelep
Bede
Zöldhalom
Dinnyés-halom
Tanítóföld
Ugyer
Csemő
Gyurka-domb
Nyilas-dűlő
Törtel
Beretvás
Szandaszőlős
Újszanda
Godo-dűlő
Jurenákt
Nyársapát
Jalsoviczkymajor
Körösteleitlen
Császár-dűlő
Tószeg
Beke-halom
Cseberér
Kengyel
Rákóczifalva
Újosztály dűlő
Gogánydűlő
Felsőkara
Halastó
Szélmalom
Tiszavárkony
Rákócziújfalu
Szabadságtelep
Jászkarajenő
Lencsés-világos
Arany J. Múzeum
Iskolatörténeti kiállítás
Nagykőrös
Csárda-lapos
Kereszt-dűlő
Tiszajenő
Vezseny
Martfű
Árboz
Belsőjenő
Csikvár-dűlő
Gyógyvíz (Mira-víz)
Dózsa-telep
Közép-
Kocsér
Sárhalom
Pereg-halom
Telek-major
Tiszazugi Tájmúzeum
Túri út
Nemcsiktanya
Öböl
Talfája
Pest
Bács-Kiskun
Hangács-dűlő
Tiszabög
Tiszaföldvár
Kunhalom
Árkusdűlő
Katona-telep
Héjjas-tanya
Felsőlászlófalva
Cibakháza
Nagyrév
Kossuth TSZ lakótelepe
Szabadidő park
Borbás
Alsószentkirály
Kecskemét
Cifra Palota
Városháza
Szentkirály
Tiszakécske
Dóramajor
Sósmajor
Tiszai
Tiszainoka
Almássymajor
Kungyalu
Körös-
Kisfái
Kerekdomb
TK
Hangács-major
Maros
Bács-Kiskun
Jász-Nagykun-Szolnok
Tiszakürt
Pipásdűlő
Lakitelek
Kapásfalu
Nyárlőrinc
Kecskemét-dél
Kecskemét
Árpádszállás
Tiszaug
Cserkeszőlő
Pusztabábocka
Kunszentmárton
Dózsa Tsz lakótelepe
Tőserdő
Árpádtelep
Kiskunsági NP
Felsőmajor
Nyomás-dűlő
Pálóczipuszta
Istvánháza
Helytörténeti Múzeum
Újszőlő
Városföld
Tiszaalpár
Lápitanya
Tiszasas
Halesz
Telekparti-tanyák
Matkó
Halastó
Károlytelep
in Bau
Páka
Alpár-Nyárlőrinci-csatorna
Csépa
Szelevény
NP
Köttön-halom
Tiszaújfalu
Kátai-sor
Félegyházi-vízfolyás
Hármas-határ
Istvánújfalu
Jász-Nagykun-Szolnok
Csongrád
Bács-Kiskun
Csongrád
Kunszállás
Nagytőke
Nagy-állás
Fülöpjakab
Borsihalom
Bokros
Nagyrét TT
Magyartés
Bankfalu
Veker-ér
Zagyva
Tápió
Perje
Gerje
Kőrös-ér
Csukás-ér
Peitsik-ér
Tisza
Hármas-Körös

0 1 2 4 6 8 10 km

Vc
Vd
Ve
Vf
Wa
Tiszafüred 19
64
65
66
67
68
Hajdúszoboszló
Berettyóújfalu
Tiszabura
Kisgyócs
Újszentgyörgy
Tomajmonostora
Kunmadaras
Pusztatomaj
Galambdűlő
Tiszaroff
Vénkert
Aranyos
Középkert
Tiszagyenda
Borsihalom
Kunhegyes
Libasor
Berekfürdő
Tilamas
Disznórét
Jász-Nagykun-Szolnok
Hajdú-Bihar
Hortobágyi Nemzeti Park
Makkod
Hidlap
Újtelep
Meggyes
Karcag
Győrffy István Nagykun Múzeum
Kertváros
Püspökladány
Karacs Ferenc Múzeum
Középháttanya
Sándorok
Hegyesbokor
Kőtelek
Akasztóhalom
Bánhalma
Tiszabő
Telekhalmi-halastavak
Villogó
Halastó
Villogó-csatorna
Kecskeri-puszta
Kecskeri-víztároló
Forráspart
Nagykörü
Bársonyház
Fegyvernek
Kenderes
Magyarka
Ürmöshát
Szakállas-puszta
Szapárfalu
Vadastanya
Bakosmajor
Állandó Néprajzi Kiállítás
Kisújszállás
Bolonás
Hosszúhát
Szerep
Surjány
Bábó-Turgony
Nagyrét
Kiritópuszta
Bucsa
Sárréti-főcsatorna
Kisbucsa
Keményitanya
Jenőmajor
Békés
Kisrét
Máriatelek
Rakoncás
Görbesziget
Lajosmajor
Kertészsziget
Örményes
Barta
Csorba
Borz
Zsombékakol
Csepegés
Akasztó
Bokros
Ecsegfalva
Nagykaba
Móricztanyák
Almássy-kastély
Arborétum
Szenttamás
Kunsorba
Törökszentmiklós
Körös-Maros NP
Kerekeziget
Töviskes
Fudér
Pusztatanya
Romváritanya
Nagytanya
Túrkeve
Finta Múzeum
Halastavak
Nagykunsági-főcsatorna
Cukorgyári-major
Kétpó
Nagykúria
Pásztóiújtelep
Baltai
Berek
Borszeg
Barcé
Károlyderék
Felsőrészitanya
Felsőrészinyomás
Dévaványa
Simasziget
Alsórészitanya
Tancsicsmajor
Udarnok
Pohalom
Telek
Lórés
Kéthalom
Mezőhék
Mezőtúr
Túri Fazekas Múzeum
Alsórészi-vízköz
Felsőrészi-vízköz
Varjas
Köleshalom
Mesterszállás
Nagylapos
Nagyállás
Wenckheim-kastély
Körösladány
Újladány
Nagykútrét
Alsórészinyomás
Kocsorhegy
Gyomaendrőd
Halmagy
Paphalom
Sebes-Körös
Puszta-bánréve
Körös
Motormúzeum
Kner Nyomdaipari Múzeum
Alsómesterszállás
Endrőd
Páskumi-tanyák
Gyoma
Öregszőlő
Ugaritanyák
Egeihalom
Edeles
Harcsási-üdülősor
Keresztháti-üdülősor
Sirató
Arborétum
Történelmi Magyarok középpontja
Halastó
Kutatóintézet
Csókás
Csárdaszállás
Körösitarcsa
Gacsháti-halastó
Békésszentandrás
Galamos-dűlő
Tessedik S. Múz.
Száraz-malom
Kisérleti halastavak
Keselyűsi-tanyák
Terézmajor
Bodoki Károly Vízügyi Múzeum
Bódishát
Szarvas
Décsipuszta
Ezüstszőlők
Medvegydűlő
Szirenydűlő
Kujándűlő
Keselyűsitanyák
Mezőberény
Fehérháti-halastó
Bodzásug
Furugyiszőlő
Bezinai-szőlők
Csabacsűd
Örménykút
Borosdűlő
Hunya
Ugaritanyák
Blankamajor
Kákaifőmajor
Veresháza
Kardos
Négyegyenes-dűlő
Békés
Csongrád
Csereboknyé
Bökény
Nagyrata
Károlyitelep
Kondoros
Kamut
Murony
Jántyik M. Múzeum
Iskolatört. Gyűjt.
Békési Tájház
Sárgahegyes
Halastó
Geisztfoldek
Harkánybérlet
Kereszt sor
Maros
NP
40
Békésaba

Wa
19
Wb
Wc
Debrecen
Wd
Debrecen
20
64
65
66
67
68
Karcag
Törökszentmiklós
Hajdú-Bihar
Jász-Nagykun-Szolnok
Hortobágyi
Nemzeti
Park
Hortobágy-Berettyó
Nádudvar
Korpáddűlő
Hajdú-szoboszló
Bocskai István Múzeum
Halas-tavak
Kabalitfél
E573
46
Kösely
Köteles
Horváthtanya
Mikepércs
E79
Farkasgaz
Sáránd
Szabótiszta
Hajdúbagos
Hajdúszovát
Nagymeződdűlő
Keleti-főcsatorna
Derecskei-Kálló
Derecske
Botos-halom
104
36
Szomjúhát
Makkod
Hidjáb
Nagybojár
Tilalmastanya
Kaba
Bácsdűlő
Meggyes
Újtelep
E60
Püspökladány
Karacs Ferenc Múzeum
Tetétlen
Gyepárosi-halom
100
Tépe
Konyár
Sándorostanya
Középháttanya
Báránd
Báránd-halom
92
Földes
Andaháza
Kozmapuszta
Kettőstanya
Konyári-Kálló
Hamvas-főcsatorna
Ürmösháť
Lőrincmajor
Sáp
Sáserdűlő
Baloghtanya
Korhánysziget
Ádánytanya
Bagditanya
Sárrétudvari
Szikmegitanya
Biharďancsháza
Almásitanya
Lónyaitanya
Somotatanya
Szentpéterszeg
Gáborján
Hencida
Berettyó
Hosszúhát
Szerep
Téglavető
Szentkozma
Berettyóújfalu
Kiritópuszta
Sárréti-főcsatorna
Bihartorda
Biharnagy-bajom
Nagyrábé
Kék-Kálló
Belsőmóka
Hídköz
Berettyó-szentmárton
Váncsod
Évakla kórház
Bojt
Bucsa
Keménytanya
Zsellérföld
Csillagtanya
Füstpuszta
Bakonszeg
Bokoritanya
Hajdú-Bihar
Békés
Jenőmajor
Ó-Berettyó
Bócs
Rakoncás
Görbesziget
Lajosmajor
Pernyéspuszta
Mezőpeterd
Olyvos-ér
Kertészsziget
Kishagymás
Nagyhagymás
Szomolyom
Merzatanya
Cserepes
Akasztó
Macskás
Csiff
Cserepes-tanya
Zsáka
Furta
27
Bihar-keresztes
Körös-Maros NP
Kereksziget
Sársziget
Csukakert
Álomzug
Fehértói-tanya
Told
Töviskes
Garatanya
Füzesgyarmat
Halastó
Darvas
Gáltanya
Mezősas
Kutas-főcsatorna
Fudér
Puszta-tanya
Romvári-tanya
Hosszúsziget
Olasz-tanya
Vekerd
Kormösdpuszta
Hegyes-halom
103
73
Csikér
Körössziget
Nagybozsód
Kisbozsód
Balázs-puszta
Kutas
Berekböszörmény
Károlyderék
Simasziget
Csökmő
Esisziktanya
Kényesd
Körösszegapáti
Mogyorós
Cheresig
Toboli
Szeghalom
Kárász-kastély
Sárréti Múzeum
Halas
Cirkópuszta
Magyarhomorog
Körösszakál
Kéthalom
Komádi
Körösnagyharsány
Újiráz
Mihálytelep
Sebes-Körös
Szabó Pál Irodalmi Emlékház
Roit
Wenckheim-kastély
Körösladány
Kótpuszta
Dobaipuszta
Biharugra
Körös-
Biharugrai-halastavak
Szilas-puszta
Berechiu
Újladány
Magor
Mágori-domb
Vésztő-Mágor Történelmi Emlékhely
Malompuszta
Körösújfalu
Fancsikapuszta
Halgazdaság
Úrszeg
Kertmeg
Bölcsipuszta
Zsadányi-tanyák
Begécsi-víztároló
Körös-Maros-NP
Vésztő
Zsadány
Maros
Ateaș
Cefa
Fáspuszta
Okány
Holt-Sebes-Körös
Tölgyfástanya
Szikpuszta
Telekmegyer
Vátyonpuszta
Gyanti-halastó
Bungozdi-csatorna
Körösťarcsa
Fokitanya
Oroszpuszta
NP
Tisza-kastély
Belmegyer
Geszt
Martihaz
Bodoki Károly Vízügyi Múzeum
Kisgyanté
Mezőgyán
Bódishát
Karászmegyer
Vadász-kastély
Cserőrmagy
Határér-főcsatorna
Nagygyanté
Incinta Marthaz
E671
Fehérhát
Mezőberény
Fehérháti-halastó
Kisnyék
Madaras
Bodzászug
Kölesd-ér
Blankamajor
Tarhos
Vizesfás
Nyékpuszta
Újtelep
Újszalonta
Culișer
Salonta
Sarkadkeresztúr
Múz. Arany János
Békés
Gyepes
Méhkerék
79b
Jántyik M. Múzeum
Iskolatört. Gyűjt.
Békési Tájház
Rosszerdő
Murony
Danfok
Körös
Maksár
Sarkad
Márki S. Múzeum
Kötegyán
Ciumeghiu
Csatárkert
Doboz
Feketeér
Arpașel
40
Chișineu-Criș

0 1 2 4 6 8 10 km

Hajdúsági
Tájvédelmi
Körzet
Bónis-hegy
131
Hosszúgáz
Monostorpályi
Noszatiszta
Bagamér
Kokad
Álmosd
Konyári-Kálló
Létavértes
sszúpályi
Imástanya
Cserekert
Tövises
Esztár
Pocsaj
Kismarja
Bodzás-halom
106
Parhida
Niuved
Szunyogh-tanya
Nagykereki
Bocskai-vár
Bedő
Nagyzomlin
Ártánd
Borş
Sântion
Tărian
Sântandrei
Palota
ORADEA
GROSSWARDEIN
Livada de Bihor
Nojorid
Sânmartin
Băile Felix
Cihei
Apateu
Chişirid
Leş
Pauşa
Şauaieu
Gepiu
Bicaci
Miersig
Sititelec
Ianoşda
Homorog
Husasau de Tinca
Tulca
Cauasd
Gurbediu
Tinca
Belfir
Culişer
Şilindru
Cheşereu
Adoni
Tarcea
Otomani
Târguşor
Cherechiu
Săcueni
Olosig
Ciocaia
Cadea
Diosig
Ac. Diosig
Ierul îngust
Ianca
Roşiori
Mihai Bravu
Vaida
Sântimreu
L. Tanca
L. Vaida
Barcău
Tămăşeu
Hodoş
Şalard
Satu Nou
Cauaceu
Biharia
Cetariu
Tăutelec
Şişterea
Şuşturogi
Paleu
Uileacu de Munte
Săldăbagiu de Munte
Husasău de Criş
Ineu
Săbolciu
Fughiu
Oşorhei
Alparea
Cheriu
Rontău
Haieu
Betfia
Felcheriu
Cordău
Hidişelu de Jos
Hidişelu de Sus
Sântelec
Mierlau
Calea Mare
Şumugiu
Lazareni
Cărăndeni
Oşand
Gepiş
Caranzel
Fonau
Râpa
Holod
Ginta
Rohani
Cheşa
Cociuba Mare
Căpâlna
Săldăbagiu Mic
Palat epescopal
Crişul Repede
Cosmeu
Sânnicolau de Munte
Săniob
Ciuhoi
Sfârnaş
Cenaloş
Fegernic
Sarcău
Sârbi
Chioag
Spinuş
Buduslău
Albiş
Crestur
Abrămut
Fâncica
Cubulcut
Petreu
Marghita
Chet
Ghenetea
Izvoarele
Păgaia
Pădureni
Sărvăzel
Becheni
Viişoara
Reghea
Iteu
Iteu Nou
Dijir
Abram
Cohani
Suiug
Ghida
Chiribiş
Chiraleu
Poiana
Sânlazăr
Margine
Satu Barbă
Săldăbagiu de Barcău
Dolea
Chişlaz
Mişca
Tăuteu
Bogei
Ciutelec
Bistra
Pocluşa de Barcău
Sărsig
Hăuceşti
Ciuleşti
Tria
Derna
Dernişoara
Popeşti
Vălcelele
Varviz
Voivozi
Borumlaca
Budoi
Cuzap
Vărzari
Gurbeşti
Săliște
Sacalasău
Sacalasău Nou
Păuleşti
Brusturi
Burzuc
Varasău
Picleu
Loranta
Orvişele
Tigăneştii de Criş
Cuieşd
Balaia
Uileacu de Criş
Tileagd
Urvind
Lugaşu de Sus
Lugaşu de Jos
Poşoloaca
Telechiu
Tetchea
Chistag
Aleşd
Peştiş
Tinăud
Astileu
Groşi
Auşeu
Ortiteag
Cacuciu Nou
Cacuciu Vechi
Butani
Peştere
Subpiatră
Hotar
Tilecuş
Călătani
Borşa
Săcădat
Chijic
Copacel
Serghiş
Surduc
Vârciorog
Făşca
Măgeşti
Josani
Gălăşeni
Călătea
Dobricioneşti
Poiana Taşad
Taşad
Bucuroaia
Stracoş
Surducel
Tomnatic
Zece Hotare
Socet
Huta Voivozi
Pădurea Neagră
Topa
Dragesti
Dicaneşti
Gruilung
Topeşti
Bucium
Ceica
Cotiglet
Corbeşti
Răcaş
Ceişoara
Topa de Sus
Topa de Jos
Dobreşti
Luncasprie
Munţii Pădurea Craiului
Bicacel
Inceşti
Miheleu
Forosig
Lupoaia
Hodiş
Duşeşti
Corniţel
Hidişel
Crânceşti
Sitani
Câmpani de Pomezeu
Lacu Sărat
Roşia
Lazuri
Zăvoiu
Ogeşti
Pomezeu
Vălanii de Pomezeu
Dumbrăviţa
Rogoz
Sâmbăta
Rotăreşti
Spinuş de Pomezeu
Hidiş
Copăceni
Albeşti
Vintere
Vărăşeni
Coşdeni
Goila
Josani
Cabeşti
Sohodol
Brăteşti
Săliște de Pomezeu
Gurbeşti
Meziad
Răbăgani
Săucani
Drăgoteni
Remetea
Ciucea
64
65
66
67
68

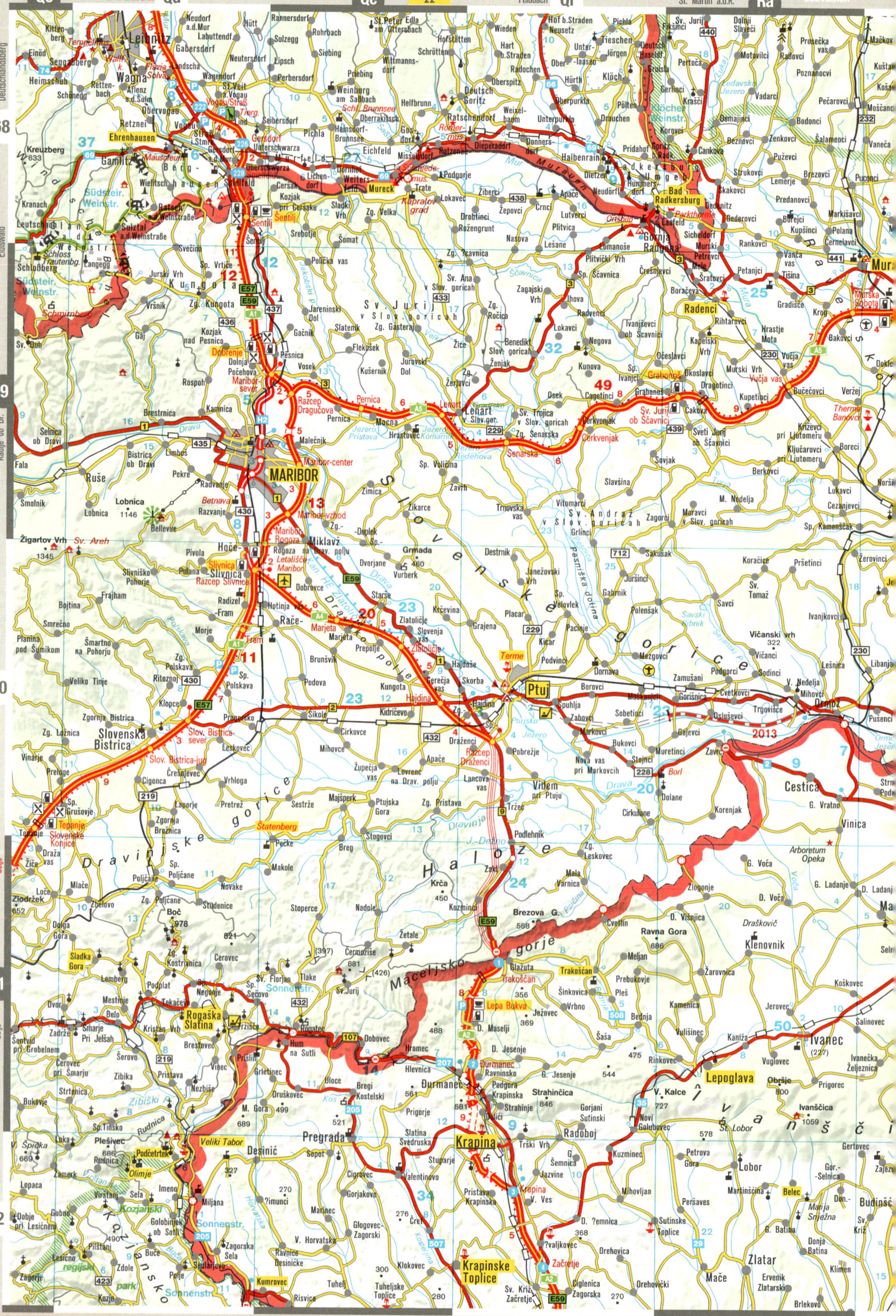
68
69
70
71
72
Deutschlandsberg
Eibiswald
Radlje ob Dr.
SLOVENIJA
Celje
Leibnitz
Wagna
Ehrenhausen
Gamlitz
Mureck
Bad Radkersburg
Gornja Radgona
Radenci
Murska Sobota
Kungota
Lenart v Slov. gor.
MARIBOR
Miklavž
Hoče
Slovenska Bistrica
Ptuj
Ormož
Slovenske Konjice
Rogaška Slatina
Podčetrtek
Pregrada
Krapina
Krapinske Toplice
Lepoglava
Ivanec
Zlatar
Cestica
Vinica
Klenovnik
Slovenske gorice
Haloze
Maceljsko gorje
Dravinjske gorice
Kozjansko
Ivanščica
Pohorje
Dravsko polje
E57
E59
A1
A2
A4
A5

Križevci
Domanjševci
Krajinski park Goričko
Szomoróc
Kercaszomor
Kerkáskápolna
Szatta
Vas
Zala
Ramocsa
Magyarföld
Szentgyörgy-völgyi TK
Magyar-szombatfa
Velemér
Pap-réti templom
Felsőszent-erzsébet
Alsószenterzsébet
Kerkafalva
Kerkakutas
Csesztreg
Márokföld
Nemesnép
Szentgyörgy-völgy
Református fa harangláb
Mórokföld
Lončarovci
Ratkovci
Berkovci
Prosenjakovci
Kukeč
Fokovci
Andrejci
Selo
Suhi Vrh
Čikečka vas
Sebeborci
Vučja Gomila
Motvarjevci
Bukovnica
Moravske Toplice
Tešanovci
Plečnikova
Bogojina
Mlajtinci
Ivanci
Murska Sobota
Rakičan
Filovci
Strehovci
Dobrovnik
Kobilje
Lendvajakabfa
Baglad
Resznek
Bödeháza
Zalaszom-batfa
Gáborján-háza
Szijártóháza
Belsősárd
Külsősárd
Lipovci
Gančani
Renkovci
Turnišče
Genterovci
Radmožanci
Beltinci
Nedelica
Lipa
Gomilica
Ižakovci
Odranci
Melinci
Črenšovci
Žižki
V. Polana
Razcep Dolga vas
Dolga vas
Lendava
Lendava-jug
Kapca
Gaberje
Dolnji Lakoš
Hotiza
Krapje
Srednja Bistrica
Dolnja Bistrica
Redics
Dedes-kecskés
Lenti
Lentiszombathely
Mumor
Iklódbördőce
Máhomfa
Lentihegy
Gosztola
Lendva-dedes
Nagy Tenke
Čentiba
Dolina pri Lendavi
Lovászi
Kútfej
Kerkateskánd
Szécsisziget
Tormafölde
Tájház
Pince
Tornyiszentmiklós
Petišovci
Benica
Dobri
Kerka-szentkirály
Cserneci
Muraszemenye
Csörnyeföld
Ljutomer
Pristava
Razkrižje
Štrigova
Šenčak
Sv. Martin n. Muri
Hodošan
D. Koncovčak
Murkso Središće
Peklenica
Križovec
Selnica
Zebanec Selo
Bukovec
Prekopa
Mihaljevec
Frakanovec
Strukovec
Vratišinec
G. Kraljevec
Ferketinec
Podturen
Miklavec
Sivica
Kristanovec
Novakovec
Dekanovec
Vincekov breg
Gardinovec
Domašinec
Novo Selo Rok
Stanetinec
Železna Gora
Vukanovec
Pleškovec
Zišković
Lopatinec
Gor. Mihaljevec
Mačkovec
Brezje
Šenkovec
Mihovljan
Belica
Pribislavec
Dunjkovec
Čakovec
Štefanec
Mala Subotica
Palovec
Držimurec
Turčišće
Donji Hraščan
Palinovec
Goričan
Sv. Juraj
Strigova
Sv. Urban
Kog
Vuzmetinci
Miklavž pri Ormožu
Vitan
Godeninci
Šalovci
Preseka
Obrež
Središče ob Dravi
Grabe
Trnovec
Macinec
Črečan
Slakovec
G. Hrašćan
Nedelišće
Savska Ves
Strahoninec
Ivanovec
Čehovec
D. Kraljevec
Čukovec
D. Mihaljevec
Sveta Marija
Donji Vidovec
Kotoriba
Družbinec
Svibovec Podravski
Petrijanec
Majerje
Sračinec
Nova Ves
Puščine
Totovec
Orehovica
Sv. Križ
Otok
Prelog
Čirkovljan
Draškovec
Oporovec
Podbrest
Dubravsko jez.
Donja Dubrava
Gornji Kuršanec
Kuršanec
Novo Selo
Vularija
Varaždinsko Jezero
Varaždin
Trnovec
Štefanec
Šemovec
Hrženica
Struga
Bartolovec
Ludbreg
Čičkovina
Karlovec Ludbreški
V. Bukovec
Mali Bukovec
Selnica Podravska
Legrad
V. Otok
Zablatje
Gojanec
Jurketinec
Vidovec
Jalkovec
Kućan Marof
D. Kućan
Zamlaka
Hrastovljan
Plitvica
Sesvete Ludbreške
Kapela Podravska
Županec
Kutnjak
Imbriovec
Delekovec
Greda
Poljana
Črnec
Biškupečki Sv. Ilija
D. Kneginec
Kelemen
Novakovec
Vrbanovec
Poljanec
Selnik
Slokovec
Apatija
Sv. Petar
Lunjkovec
Koledinec
Kuzminec
Crešnjevo
Tužno
Beretinec
?kriljevec
Varaždin
G. Kneginec
Varaždin Breg
Jakopovec
Jalžabet
Donji Martijanec
G. Martijanec
Ludbreg
Hrastovsko
Vinogradi Ludbreški
Slanje
Globočec Ludbreški
Čukovec
Torčec
Lorrečan
Radovan
Gačice
Lužan
Vrtlinovec
Varaždinske Toplice
Svibovec
Leskovec Toplički
Jalsevec Svibovečki
Križnički beg
Bolfan
Cvetkovec
Segovina
Gorica
Grbaševec
Botinovec
Pustakovec
Koprivnički Ivanec
Drnje
Peteranec
Beletinec
Ham
Margečan
Završje Podbelsko
Podevčevo
Kamenjak
Presečno
Tuhovec
Rasinja
Subotica Podravska
Kunovec
Kunovec Breg
Hrešin
Koprivnica
Remetinec
Ostrice
Čurilovec
Kapela Kalnička
Drenovec
Madrakovec
Duga Rijeka
Lubreški Ivanec
Ribnjak
Belanovo Selo
Radeljevo Selo
Prkos
Kamena Gorica
Madžarevo
Novi Marof
Ključ
Ljubešćica
Liubeli Kalnički
Apatovac
V. Poganac
Vrhovac Sokolovački
Reka
Starigrad
Koprivnički Bregi
Štaglinec
Gotalovec
Možđenec
D. Makojišće
Kalnik
Kamešnica
Osijek Vojakovački
Bakovčica
Kraljevec
Hrašćina
Breznički Hum
Radešić
Visoko
Sudovec
G. Rijeka
Vojnovec Kalnički
Vukovec
Potok Kalnički
Hrgovec
Dedina
D. Glogovnica
V. Botinovac
M. Poganac
Grdak
Sokolovac
V. Mučna
Glogovac
Vlaislav
Butkovec
Maretić
Vrbovo
Breznički Hum
Vinarec
Sv. Petar Orehovec
D. Rijeka
Pofuki
Đurinovec
Zamladinec
Sv. Helena
Ivanec Križevački
Vojakovac
St.-Bošnjani
Lepavina
Čatevdar
V. Branjska
Srijem
Peščenik
Hudovjani
Jagnjedovec
Plavšinac
Srdinac
Ivanja Reka
HRVATSKA
Kercaszomor
Ragánpuszta
Pálfiszeg
Milejszeg
Kustánszeg
Nagylengyel
Bodfölde
Bucsuszentlászló
Csatár
Méhespuszta
Kozmadombja
Kálócfa
Parasza
Pusztaapáti
Kislengyel
Gellénháza
Ormándlak
Sárhida
Pöloske
Becsvölgye
Gombosszeg
Iborfia
Lickóvadamos
Nagy-hegy
Szilvágy
Petrikeresztúr
Hannamajor
Vakola
Bak
Bélamajor
Barnakpuszta
Pórszombat
Barlahida
Zalatárnok
Baktüttös
Kispuszta
Barátipuszta
Zalabaksa
Orokán
Nova
Pĺánder Ferenc Emlékmúzeum
Kerkabarabás
Szentkozma-dombja
Sojtor
Deák F.sz.háza
Lentikápolna
Mike-karácsonyfa
Újmajor
Tófej
Hahót
Bárszent-mihályfa
Hernyék
Zebecke
Lovasiskola
Rádiháza
Szompács
Pusztaszentlászló
Csertalakos
Gutorfölde
Pusztaederics
Kissziget
Ortaháza
Csömödér
Szentpéterfölde
Kürtöspuszta
Öveges prof.sz. háza
Pusztamagyaród
Szentliszló
Zalaszentbalázs
Páka
Dömefölde
Petrócz-puszta
Pördefölde
Kányavár
Börzönce
Kámaháza
Bucsuta
Vétyempuszta
Vétyemi Ősbükkös
Lasztonya
Várfölde
Magyarszerdahely
Maróc
Lispeszentadorján
Bánokszentgyörgy
Bocska
Oltárc
Vár-domb
Magyarszentmiklós
Bázakerettye
Báza
Kiscsehi
Hosszúvölgy
Budafapuszta
Obornak
Homokkomárom
Valkonya
Borsfa
Szentmargitfalva
Kistolmács
Zajk
Eszteregnye
Kis-hegy
Rigyác
Sormás
Murarátka
Józsefhegy
Becsehely
Petrivente
Szepetnek
Letenye
Egyeduta
Ventepuszta
Bánfapuszta
Tótszentmárton
Ibrikó
Tótszerdahely
Semjénháza
Molnári
Bajcsa
Fityeház
Mura-keresztúr
Kollátszeg
Jankapuszta
Láto-hegy
Somogy
Örtilos
Mura
Drava
Kerka
Cserta
Kapos
Göcsej
Zala dombság
Međimurje
Kalnik
Kalnička gora
Keszthely
Nagykanizsa
Đurđevac

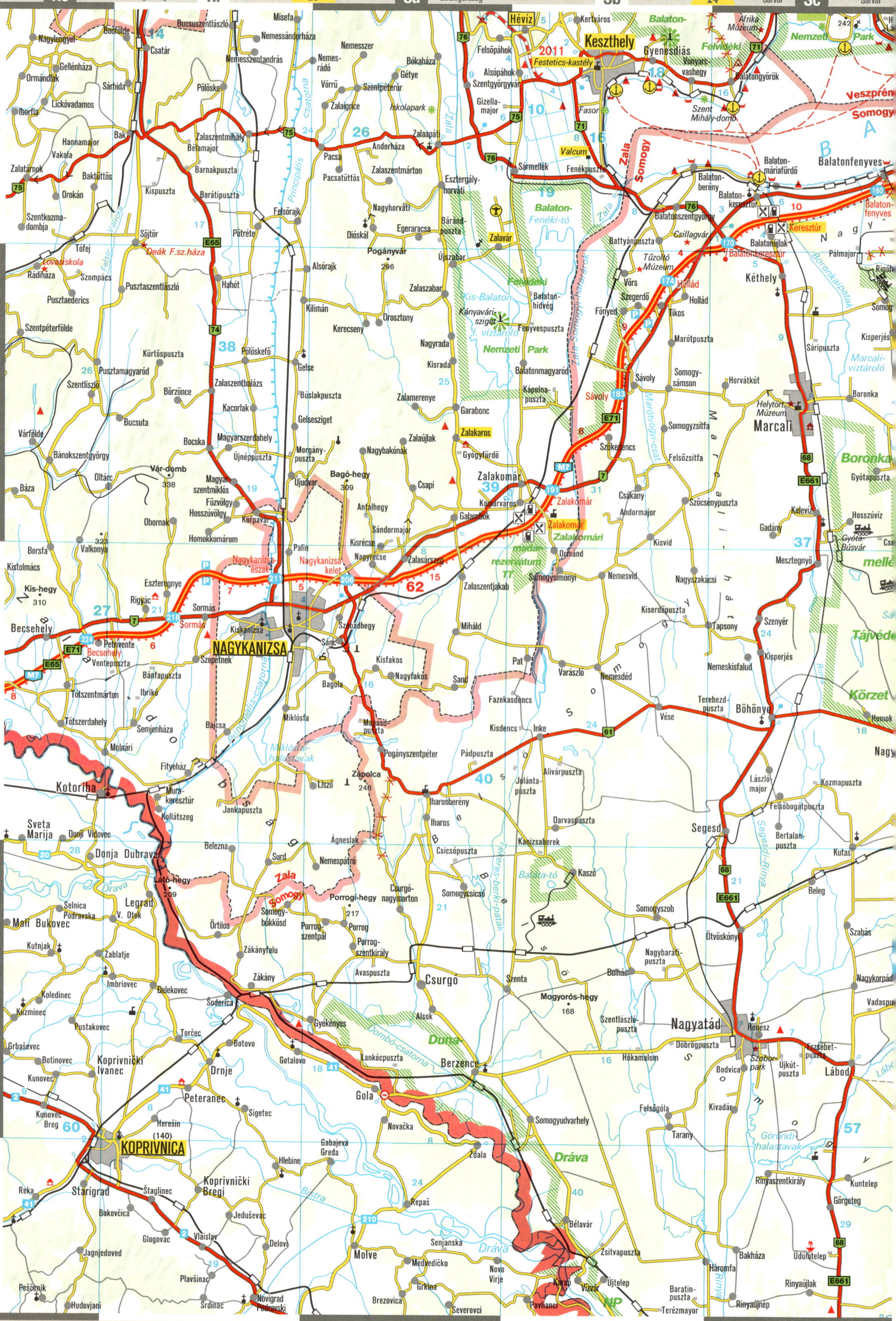

Badacsonytomaj
Egry j. Múzeum
Balatonlelle
Balatonszemes
Kapoli Múzeum
Balatonboglár
Balatonőszöd
Fonyód
Fonyódliget
Balatonboglár/ Lengyeltóti
Ordacsehi
Szőlőskislak
Fonyód/ Lengyeltóti
Alsóbélatelep
Feketebézseny
Jankovich kastély
Kecskeköröm
301
Szőlősgyörök
Látrány
Rádpuszta
Teleki
Szólád
Nezde
Amáliap.
Kereki
Bálványos
Karácsonypuszta
Pusztaszemes
Kis-Koppány
Nagycsepely
Kötcse
Látrányp.
Visz
Somogytúr
Pusztaszentgyörgy-újsor
Mamócs-puszta
Pusztaberény
Riczepuszta
Sandipuszta
Gyugy
Somogybabod
Karád
Imremajor
Feketeakol
Csiszta-puszta
Kund-puszta
Fehérvíz-puszta
Fehérvíz
Skanzen
Buzsák
Lengyeltóti
Hács
Kisberény
Mihálytelep
Kölesdpuszta
Kérpuszta
Fiad
Barátihegy
Gárdonypuszta
Jánvinapuszta
Gamás
Táska
Felsőkölked
Öreglak
Somogyvári Történelmi Emlékhely
Vityapuszta
Vadépuszta
Takácshegy
Nikla
Alsókölked
Somogyvár
Széchenyi kastély
Somogyvámos
Gyuladtelep
Csömend
Hódosháti
Tibolapuszta
Maria-puszta
Pamuk
Polány
Mernyeszentmiklós
Libickozma
Pusztakovácsi
Edde
Somogygeszti
Kürtöspuszta
Osztopán
Alsobogát
Somogyfajsz
Mernye
Felsőkak
Mélyéger
Bodrog
Somogyjád
Desedai
Nadalos
Sörnyepuszta
Magyaregres
Somlóvászaló
Újtelep
Zergeboglár termőhelye
Csombárd
Várda
Mező-csokonya
Újtelep
Noszlopy Kúria
Újvárfalva
Hetes
Középnyírespuszta
Somogysárd
Juta
Kaposfüred
Ebédvesztőpuszta
Baglas
Kaposújlak
Dénesmajor
Toponár
Pálmajor
Kiskorpád
Kaposfő
Kaposmérő
Felső-gyóta
Jákó
Bárdudvarnok
Kaposdada
Kisasszond
Kaposszentjakab
Rippl-Rónai Emlékmúzeum
KAPOSVÁR
Kaposszerdahely
Kisbajom
Olajhegy
Töröcske
Zselickislak
Zselicszentpál
Csököly
Gige
Szend-puszta
Zsippó
Szenna
Szabadtéri Néprajzi Gyűjtemény
Rinyakovácsi
Nagypuszta
Lipótfa
Patca
Zselic
Somogy-szentimre
Szilvásszentmárton
Zselickisfalud
Bánya
Tájvédelmi Körzet
Mike
Kadarkút
Vótapuszta
Kardosfa-puszta
Lencsés
272
Nagyállás
Kápolnásvisnye
Visnyeszéplak
Pacsérvisnye
Alsógyócs
Hedrehely
Hencse
Kökút
Nagysallérpuszta
Visnye
Hárserdőtelep
Rinyabesenyő
Alsótapazd
Vásárosbéc
Kishárságy
Magyarlukafa
Somogyhárságy
Víztároló
Lad
Gyöngyöspuszta
Patosfa
Diósbuszta
Antalfalu
Szentlászló
Homokszentgyörgy
Somogyhatvan
Szulimán
Somogyviszló
Mariettapuszta
Jánosmajor
Ceglédpuszta
Lajoshaza
Merenyei-víztároló
Somogyapáti
Csertő
Békepuszta
Patapoklosi
Basal
Ecseny
Sérsek
Sérsekszőlős
Bótapuszta
Zala
Zichy Emlékmúzeum
Tabi Galéria
Tab
Kapoly
Kapolypuszta
Somogy-meggyes
Flóra-hegy
287
Lulla
Torvaj
Daránypuszta
Bábonymegyer
Kis-Koppány
Nándor-puszta
Somogy
Tolna
Nagyszokoly
Iregszemcse
Tengőd
Kánya
Remetepuszta
Somogyegres
Kér
Zics
Cschipuszta
Okrádpuszta
Hékútpuszta
Újireg
Medgyes-puszta
Andocs
Nágocs
Miklósi
Csaba
Rózsás
Bedegkér
Mecsek
Nagytoldipuszta
Németsürü-puszta
Kára
Pernec-patak
Nagykónyi-víztároló
Értény
Kisbárapáti
Bonnya
Bonnya-puszta
Gerézdpuszta
Szorosad
Törökkoppány
Koppányszántó
Nagykónyi
Somogy-acsa
József-hegy
Somogydöröcske
Ságpuszta
Baki-hegy
255
Felsőmocsolád
Ecseny
Sándorpuszta
Rózsa-hegy
Lapapuszta
Igal
Gadács
Szakcs
Várong
Szakcsimajor
Kocsola
Somogyszil
Ráksi
Lápafő
Borjád
Felső leperd
Dalmand
Újdalmand
Szentgáloskér
Tátompuszta
Nak
Somodor
Kazsok
Magyaratád
Nosztány
Inámpuszta
Alsóleperd
Somodorpuszta
Szilfás
Felsőhetény
Kiskondai-halastavak
Antallmajor
Bússü
Rácegres
Patalom
Gölle
Csepelespuszta
Kiskonda
Nagykonda
Mászlony
Alsóhetény
Szarvasd
Répáspuszta
Zimány
Orci
Kisgyalán
Szentivánpuszta
Gunarasfürdő
Fonó
Gázló-puszta
Dombóvár
Halastó
Taszár
Baté
Mosdós
Csoma
Attala
Kapospula
Szabadi
Kaposhomok
Nagyberki
Kisberki
Homokmajor
Kaposszekcső
Csikóstőttős
Sántos
Kaposkeresztúr
Kercseliget
Jágónak
Szentbalázs
Motocross-pálya
Cserénfa
Vásárosdombó
Gerényes
Ág
Kiskeresztúr
Gödre
Gödreszentmárton
Meződ
Meződdipuszta
Baranyajenő
Ódombó
Tékes
Kisvaszar
Vas Mihály-hegy
284
Simonfa
Kaposgyarmat
Hajmás
Vidák-puszta
Tarrós
Somogy
Baranya
Mésztufa hasadék
Gálosfa
Kistótváros
Baranyaszentgyörgy
Palé
Sásd
Vázsnok
Hörnyék
Felsőegerszeg
Gyümölcsény
Varga
Bőszénfa
Szénáspuszta
Liget
Surján-patak
Tótvárosi-hegy
274
Szágy
Tormás
Mindszentgodisa
Mecsekpölöske
Oroszló
Szatina
Kishertelend
Lukafapuszta
Fazekas-múzeum
Kisbeszterce
Bakóca
Kishajmás
Antalszállás
Terecseny
Szabás
Bodolyabér
Magyarszék
Boldogasszonyfa
Csebény
Hollófészek
358
Karácodfa
Magyarhertelend
Barátúr
Kaecsszénája
Falumúzeum
Horváthertelend
Szentkatalin
Kán
Husztót
Bános
Árpádkori-templom
Almamellék
Helytört. Gyűjtemény
Pipamúzeum
Tekeres
Mecsekszakál
Melegmány-völgy
Ibafa
Kisibafa
Gorica
Okorvölgy
Cseppkő-barlang
Abaliget
Mecsekrákos
Orfű
Zöcsketelep
Almás-patak
Épülő ökofalu
Korpád
Hetvehely
Vízi-malom
Almáskeresztúr
Bükkösd
Megyefa
Petőc-akna
TV-torony
Misina
Mozsgó
Felhagyott uránbánya
Dinnyeberki
Szentdomján
Tubes
611
Jakab-hegy
592
MECSEK SZENTKÚT
534
Alsóhegy
Zsibót
Nyugot-szenterzsébet
Helesfa
Cserdi
Cserdi-Szőlőhegy
219
Bakonya
Boda
Kővágótöttös
Kővágószőlős
Golgota
Cserkút
Székesegyház O'keresztény eml. (UNESCO)
Pécsvárad
Pécs
Tamási

Ta
Siófok
Tb
25
Tc
Enying
Td
Székesfehérvár
Te
68
69
70
71
72
Lulla
Ecseny
Torvaj
Daránypuszta
Bábonymegyer
Tab
Tabi Galéria
Kis-Koppány
Somogy
Tolna
39
Nagyberény
Nándor-puszta
Garáb-hegy
227
Felsőnyék
Magyarkeszi
Kerek-domb
193
Nagyszokoly
Iregszemcse
Fornádpuszta
Kecsege-puszta
Fürged
Halas-tavak
Döbröntepuszta
Ozora
Fenyves
219
Kulsősári-puszta
Sió
Fejér
Vámiszőlőhegy
Kender-gyár
Rétszilasi tavak
Tarnóca-puszta
Igar
Vámpuszta
Simontornya
Sáregres
Csók Emlékmúzeum
Cece
Alap
Alsószent
Szabadság-telep
Szluha-puszta
27
Cser-völgyi-tető
247
Tolnanémedi
Öreg-hegy
258
Vajta
Pálfa
Kist ápéi láprét TT
Remetepuszta
Kánya
Tengőd
Kér
Somogyegres
Csehipuszta
Okrádpuszta
Hékútpuszta
Csaba
Rózsás
Bedegkér
Mecsek
Újireg
Medgyes-puszta
Leokádi-puszta
Tamási
29
Pincehely
Hajagos
274
Kisszékely
Felsőrácegres
Illyés Gy. Emlékmúzeum
Ökör-hegy TT
Bikács
Kistápé
Alsó-rácegres
Nagyszékely
Petőfi Emlékház
Szenes-legelő
Györkóny
Falumúzeum
Pernec-patak
Nagykónyi-víztároló
Értény
Koppányszántó
Törökkoppány
Nagykónyi
Adorjánpuszta
Szarkahegy
Várhegy
Újvár-hegy
Adorjánújtelep
Pacsmagi-tavak TT
Belecska
Keszőhidegkút
Miszla
Báni-patak
Sárszentlőrinc
Uzd
Uzdi Kulcsoház
Nagydorog
Banaitó
Bezzegpuszta
Pusztahencse
Földes-puszta
Tüskös
Majsapuszta
Dádpuszta
Regöly
Udvari
Szigetpuszta
Péli-víz
Gerenyáspuszta
Pári
Ságpuszta
Baki-hegy
255
Magyar tölgyes
Dámvad-rezervátum
50
Száraz
Gyönk
Szakadáti legelő TT
Alsópélpuszta
Petőfi Emlékház
Borjád
Kajdacs
Középtengelic
Csapó-park
Gőzsykastél
Bogárzó-tó
Felsőtengelic
Benyovszky park
Rózsa-hegy
Szakcs
Várong
Szakcsimajor
Kocsola
Ürgevárpuszta
Szakály
Diósberény
Szakadát
Szanatonpuszta
Varsád
Katalinpuszta
Felsőhidvég
Alsó-tengelic
Tengelic
Jánosmajor
Hangospuszta
Lápafő
Borjád
Felső leperd
Dalmand
Gyulaj
Kölesd
Kistormás
Rudolfmajor
Hőgyész
Kalaznó
Tolnai-Hegyhát
Nak
61
Újdalmand
Vörösegyháza
Tárkánypuszta
Düzs
Szállás-puszta
Kishidja
Jegenyés
Júliama
Nosztány
Inámpuszta
Szilfás
Felsőhetény
26
Alsóleperd
Sütvénypuszta
Kapos
Csibrák
Szúnyogcsárda
Murga
Felsőnána
Medina
Szedres
Szőlőhegy
Ifigéniapuszta
Fácánke
Kiskondai-halastavak
34
Csepepuszta
Kiskonda
Nagykonda
Hertelendpuszta
Kurd
Nagytormáspuszta
Kéty
Szedresi tarka sáfrányos TT
Őrgödölö
Mászlony
Alsóhetény
Szarvasd
Döbrököz
Csurgópuszta
Mucsi-hegy
286
Mucsi
Griesen-wald
Juhépuszta
Janyapuszta
Kajmádpuszta
Szentivánpuszta
Dombóvár
Gunarasfürdő
Tolna
Baranya
Frosau újtelep
Mekényes
Mucsi-Hidas-patak
Miklósmajor
Tevel
Lászlómajor
Zomba
Harc
Kapospula
Attala
Csoma
Szabadi
Halastó
Nemerőpuszta
Méhész-patak
Újtelep
Apponyfürdő
Závod
Kovácsi
Kisvejke
Kisdorog
Ördögmalom-puszta
Tabód
Szentgál-puszta
Sióagárd
Palánkpuszta
Homokmajor
Nagyhajmás
Lengyel
Nagyvejke
Bonyhádvarasd
Kistabód
Tabód-szerdahely
Cser-hát-hegy
274
Szekszárd
Kaposszekcső
Mágocs
Csikóstőttős
Szárász
Mucsfa
Józsefmajor
Aparhant
Bonyhádszerdahely
Széptölgyes
Kakasd
Óriás-hegy
279
Felső-város
Wosinszky Mór Múz.
Csatár
Kercseliget
Jágónak
16
Halas-tavak
Bikal
Alsómocsolád
Egyházaskozár
Tófű
Izmény
Sötét-völgyi erdő
Ladomány
Vásárosdombó
Ödombó
Gerényes
Ág
Hegyhátmaróc
Köblény
Győre
Majos
Bonyhád
Völgységi Múzeum
Grábóc
Börzsöny
Szekszárd-dél
Meződ
Meződipuszta
Baranyajenő
Tékes
Tarrós
Vas Mihály-hegy
284
Kisvaszar
Szalatnak
Szászvár
Máza
Bányászati Múzeum
Nagymányok
Váralja
Kismányok
Hidas
Kishidás
Mőcsény
Szálka
Szőlő-hegy
Újberekpuszta
22
Palé
Sásd
Vázsnok
Felsőegerszeg
Hegytető
351
Vékény
Kelet
52
Cikó
Palatinca
Alsónána
Várdomb
Sárpilis
Hörnyék
Gyümölcsény
Varga
Liget
Faluház
Magyaregregy
Zsibrik
Kismórágy
Mindszentgodisa
Mecsekpölöske
Kisbattyán
Dobogó
593
Óbánya
Réka-vár
Rák-patak
Bátaapáti
Mórágy
Lajvérpuszta
Betekints-puszta
Szatina
Oroszló
32
Márévár
Kisújbánya
Templom-hegy
472
Mecseknádasd
Ófalu
Bátaszék
Alsónyék
Kisbeszterce
Kishajmás
Kishertelend
Mecsek-jánosipuszta
Mecsek
Vadászcsárda
Apátvarasd
Apátvarasd
Kövesd-puszta
Karácodfa
Bodolyabér
Magyarhertelend
Kossuthkilénja
Magyarszék
Barátúr
KOMLÓ
Rúzsásoszentlászló
Zobákpuszta
682
Zengő
Zengővárkony
Erdősmecske
Feked
49
Szentkatalin
Husztót
Sikonda
Béta-akna
Füleki Emlékszoba
Pusztakisfalu
Leperdpuszta
Tekeres
Bános
Mánfa
TK
Pécsvárad
Lovászhetény
Véménd
Okorvölgy
Mecsekszakál
Cseppkő-barlang
Abaliget
Mecsekrákos
Árpádkori templom
Árpádtető
Hosszúhetény
Nagypall
(kein Verkehr) (nincs forg.)
Furkótelep
Hetvehely
Orfű
Vizi malom
Melegmányi-völgy
PÉCS
VASAS
SOMOGY
Martonfa
Szilágypuszta
Fazekasboda
Kisgeresd
Szebény
Véménd
Palotabozsok
Palotabozsok
Vemendi-patak
Pécs-bánya
Misina
611
TV-torony
PÉCS-SZABOLCS
MESZES
HIRD
Pereked
Szilágy
Erzsébet
Geresdlak
Geresd
Kékesd
Szűr
Halastó
Sombered
Bakonya
Kővágótöttös
Jakab-hegy
592
MECSEK-SZENTKÚT
Székesegyház Ókeresztény eml.
(UNESCO)
Csontváry Múz.
Bogád
Ramonya
Berkesd
Karasica
Szellő
Himesháza
Maráza
Dunaszekcső
Cserdi-Szőlőhegy
219
Boda
Golgota
Kővágószőlős
Cserkút
ÚJHEGY
M6
E73
Kaposvár
Szigetvár
Donji Miholjac
43
44
Mohács
0 1 2 4 6 8 10 km

Dunaföldvár
Bács-Kiskun
Tolna
Fejér
Kissolt
Tétel-halom
Járáspuszta
Törleymajor
Dunatetétlen
Kovács-major
Soltszentimre
Hollós-hegy
Kiskunsági NP
Orgovány
Felsőjárás
Kispáhi
Tolvajos
Kuller
Páhi
Bölcske
Juhász-tanya
András-puszta
Kalimajor
Bőrtelek
Állampuszta
Mikla
Korhánypuszta
Szülelföld
Harta
Csengőd
Akasztó
Kiskőrösi turjános TT
Tabdi
Kaskantyú
Kiskunsági Nemzeti Park
Magyalospuszta
Bölcskei tátorjános TT
Gabonásvölgyi
Kanacs-puszta
Szlavón tölgyes
Madocsa
Víztároló
Dunakömlödi-csatorna
Paks-centrum
Gyapa
Felső-zátony
Kiskékes
Nagykékes
Kiskunsági
Szelidi-tó TT
Dunakömlöd
Városi Múzeum
Vasúti Múzeum
Akalacspuszta
Rákóczi-fa
Dunapataj
Ordas
Szelidi-tó
Szeliditópart
NP
Kiskőrös
Ökördi
Közúti Gyűjt.
Petőfi Emlékmúz.
Erdőtelek
Felsőcebe
Közép-cebe
Alsócebe
Vadkerti-tó
Vadkertitó
Bócsa
Falutelep
Paks
Biritói-halastavak
Böddnagymajor
Gèderlak
Dunaszentbenedek
Felsőerek
Újtelek
Alsóerek
Gombolyag
Kistény
Öregtény
Csornai-tanyák
Szakmári-Dzsidva-halastó
Szakmár
Csorna
Csont-halom
Soltvadkert
Felsőtelep
Lázár-tó
Paks-dél
Bittópuszta
Forrás-major
Atomerőmű
Uszód
Kisfoktő
Benedek P. Emlékház
Csámpa
Hegyespuszta
Vörösszállás
Berek-erdő
Csábor
Selymes
Szarvas-tó
Homokbuckák
Nagy-tó
Dunaszentgyörgy
Érseki Kastély
Foktő
Székesegyház
Viski K. Múzeum
Füszerpaprika Múzeum
Schöffer M. Múzeum
Kalocsa
Negyvenszállás
Öregcsertő
Mácsa
Halom
Kecel
Szilos
Felsőjárás
Szarkás
Imrehegy
Pirtó
Máriamajor
Tengelic/ Dunaszentgyörgy
Gerjen
Kiskecskemégy
Bátya
Homokmégy
Alsómégy
Lajosmajor
Felsőszállások
Alsószállások
Györgymajor
Drágszél
Vörös-mocsár TT
Kiscsala
Polgárdi
Rakettye-Bogárzó-csatorna
Felső-szőlők
Fejtéki-mocsár TT
Szélmalom
Csipkeház
Thorma Múzeum
Kiskunhalas
Fadd
Felsővárszeg
Hillye
Miske
Középcsala
Heislerpuszta
Dombori
Császártöltés
Tolna
Öregvajka
Fácánkert
Faisz
Vajas-fok
Karasica
Hajós
Vastag-hegy
Hajósi-Kaszáló TT
Hajósi pincék
Kéleshalmi homokbuckák TT
Kun-Fehér-tó
Üdülő-terület
Doromlás
Dusnok
Kéleshalom
Holdrutás erdő TT
Kunfehértó
Bogyiszló
Izsákpuszta
Kall
Hajósi tanyák
Parcelok
Zsivány-hegy
Bárányfok
Duna
Hattő
Hild
Érsekhalma
Nemes-nádudvar
Pulykási-erdő
Kirándulóközpont Vadászati Múzeum
Keselyűs
Szent-györgy
Antallapos
Kisráta
Terézhalom
Kiserdő
Banka-hegy
Kőrös-éri-főcsatorna
Ősüköst
Jánoshalma
Alsószentkata
Túladuna
Gemenci
Sükösd
Kisszállás
Feketemajor
Mórahalom
Ólom-hegy
Boróta
Kígyós-főcsatorna
Vizügyi Múz.
Dunapart
Érsekcsanád
Rém
Felsőcsordajárás
Jankamajor
Öregmajor
Nagy-hegy
Gyöngyösolfal
Sámán-tanya
Kopasz-hegy
Nagyhát
Dráva erdő
Mátételki-Kígyós-csatorna
Duna-völgyi-főcsatorna
Mélykút
Pörböly
Bajaszentistván
Mártonszállás
Dunafürdő
Józsefházapuszta
Csávoly
Felsőszentiván
Sáncdűlő
Nagysumár
Türr István Múz.
Mátéháza
Csávolyi-víztároló
Tataháza
Szabadföld
Sugovica
Baja
Bácsbokodi-víztároló
Mátételke
Ilmamajor
Öregmajor
Piri sor
Szeremle
Nemzeti
Mátéháza-puszta
Bácsalmás
Bácsszőlős
Bácsbokod
Báta
Óalmás
Szászitelep
Csikéria
Vaskút
Telek-szőlők
Leneskert
Dunafalva
Bátmonostor
Bácsborsód
Juliskamajor
Gyapjas gyűszűvirág élőhelye
Mosztongamajor
Kunbaja
Koparhát
gali-főcsatorna
Cérnahát
Zlatan Kraj
Kecskemét
Subotica
68
69
70
71
72

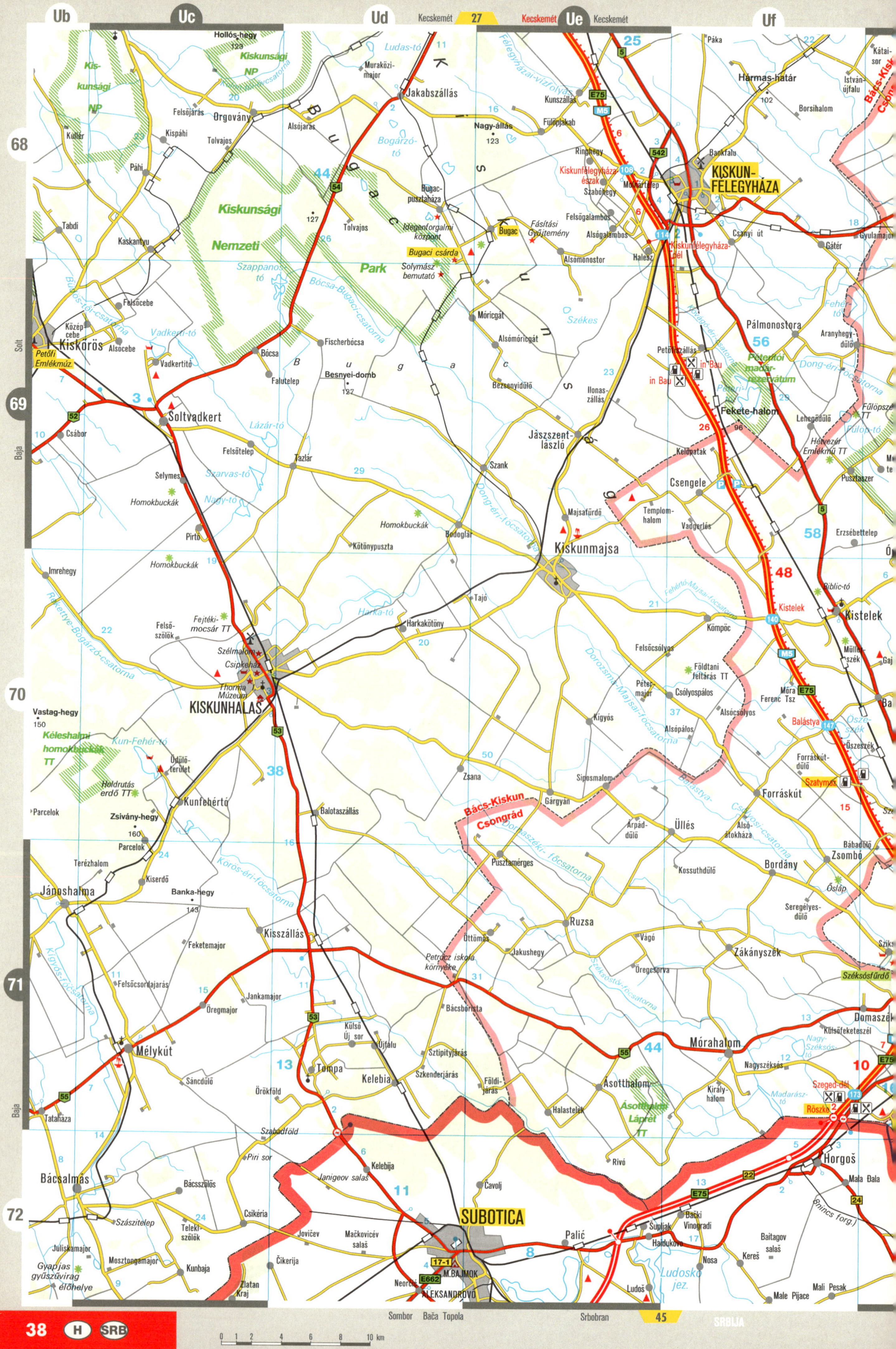

Ub
Uc
Ud
Ue
Uf
Kecskemét 27
Kecskemét
68
69
70
71
72
Solt
Baja
Hollós-hegy 123
Kiskunsági NP
Kis-kunsági NP
Kultér
Felsőjárás
Orgovány
Kispáhi
Tolvajos
Páhi
Alsójárás
Jakabszállás
Ludas-tó
Muraközi-major
Bugac
Bogárzó-tó
Kiskunsági Nemzeti Park
Tabdi
Kaskantyú
Tolvajos
127
Bugac-pusztaháza
Idegenforgalmi központ
Bugaci csárda
Solymász bemutató
Szappanos-tó
Bócsa-Bugaci-csatorna
Felsőcebe
Közép-cebe
Kiskőrös
Alsócebe
Petőfi Emlékmúz.
Vadkerti-tó
Vadkertitó
Bócsa
Fischerbócsa
Falutelep
Besnyei-domb 127
Soltvadkert
Csábor
Lázár-tó
Felsőtelep
Tázlár
Selymes
Szarvas-tó
Nagy-tó
Homokbuckák
Pirtó
Imrehegy
Kötönypuszta
Bodoglár
Szank
Móricgát
Alsómóricgát
Bezsenyidűlő
Ilonas-zállás
Jászszent-lászló
Nagy-állás 123
Kunszállás
Fülöpjakab
Fásítási Gyűjtemény
Ringhegy
Kiskunfélegyháza-észak
Szabóhegy
Molnártelep
Felsőgalambos
Alsógalambos
Alsómonostor
Halesz
Kiskunfélegyháza-dél
KISKUN-FÉLEGYHÁZA
Bankfalu
Páka
Hármas-határ 102
Borsihalom
Kátai-sor
István-újfalu
Csanyi út
Gátér
Gyulamajor
Székes
Dong-éri-főcsatorna
Pálmonostora
Pétőfiszállás
in Bau
Péterfői madár-rezervátum
Fekete-halom 96
Lehegődűlő
Aranyhegy-dűlő
Hétvezér Emlékmű TT
Kelőpatak
Csengele
Templom-halom
Vadgerles
Majsafürdő
Pusztaszer
Erzsébettelep
Kiskunmajsa
Fülöpszállás
Biblic-tó
Kistelek
Müller-szék
Kömpöc
Felsőcsólyos
Földtani feltárás TT
Péter-major
Csólyospálos
Alsócsólyos
Alsópálos
Móra Ferenc Tsz
Balástya
Őszeszék
Forráskút-dűlő
Szatymaz
Forráskút
Tajó
Harka-tó
Harkakötöny
Fejtéki-mocsár TT
Felső-szőlők
Szélmalom
Csipkeház
Thorma Múzeum
KISKUNHALAS
Raketye-Bogárzó-csatorna
Vastag-hegy 150
Kéleshalmi homokbuckák TT
Kun-Fehér-tó
Üdülő-terület
Holdrutás erdő TT
Kunfehértó
Parcelok
Zsivány-hegy 160
Parcelok
Balotaszállás
Zsana
Kigyós
Dorozsma-Majsai-főcsatorna
Siposmalom
Gárgyán
Bács-Kiskun
Csongrád
Árpád-dűlő
Üllés
Alsó-átokháza
Bordány
Zsombó
Bábadűlő
Terézhalom
Jánoshalma
Kiserdő
Banka-hegy 143
Kőrös-éri-főcsatorna
Pusztamérges
Domaszéki-főcsatorna
Kossuthdűlő
Őslap
Seregélyes-dűlő
Ruzsa
Kisszállás
Feketemajor
Öttömös
Jakushegy
Vágó
Zákányszék
Öregcsorva
Szeksóstó-főcsatorna
Széksósfürdő
Petrócz iskola környéke
Kígyós-főcsatorna
Felsőcsordajárás
Jankamajor
Öregmajor
Bácsborista
Mélykút
Sáncdűlő
Külső Új sor
Újfalu
Tompa
Kelebia
Sztipityjárás
Szkenderjárás
Földi-járás
Ásotthalom
Ásotthalmi Láprét TT
Mórahalom
Nagyszéksós
Királyhalom
Madarász-tó
Domaszék
Külsőfeketeszél
Szeged-dél
Röszke
Tataháza
Örökföld
Szabadföld
Piri sor
Halastelek
Rivó
Bácsalmás
Kelebija
Janigeov salaš
Cavolj
Bácsszőlős
Horgoš
Mala Đala
(nincs forg.)
Szászitelep
Teleki-szőlők
Csikéria
SUBOTICA
Palić
Supljak
Bački Vinogradi
Haiduković
Baitagov salaš
Kereš
Juliskamajor
Jovičev
Mačkovićev salaš
Gyapjas gyűszűvirág élőhelye
Mosztongamajor
Kunbaja
Čikerija
M.BAJMOK
Neorčić
ALEKSANDROVO
Zlatan Kraj
Ludoško jez.
Nosa
Ludoš
Male Pijace
Mali Pesak
Sombor
Bača Topola
Srbobran
45
SRBIJA
0 1 2 4 6 8 10 km

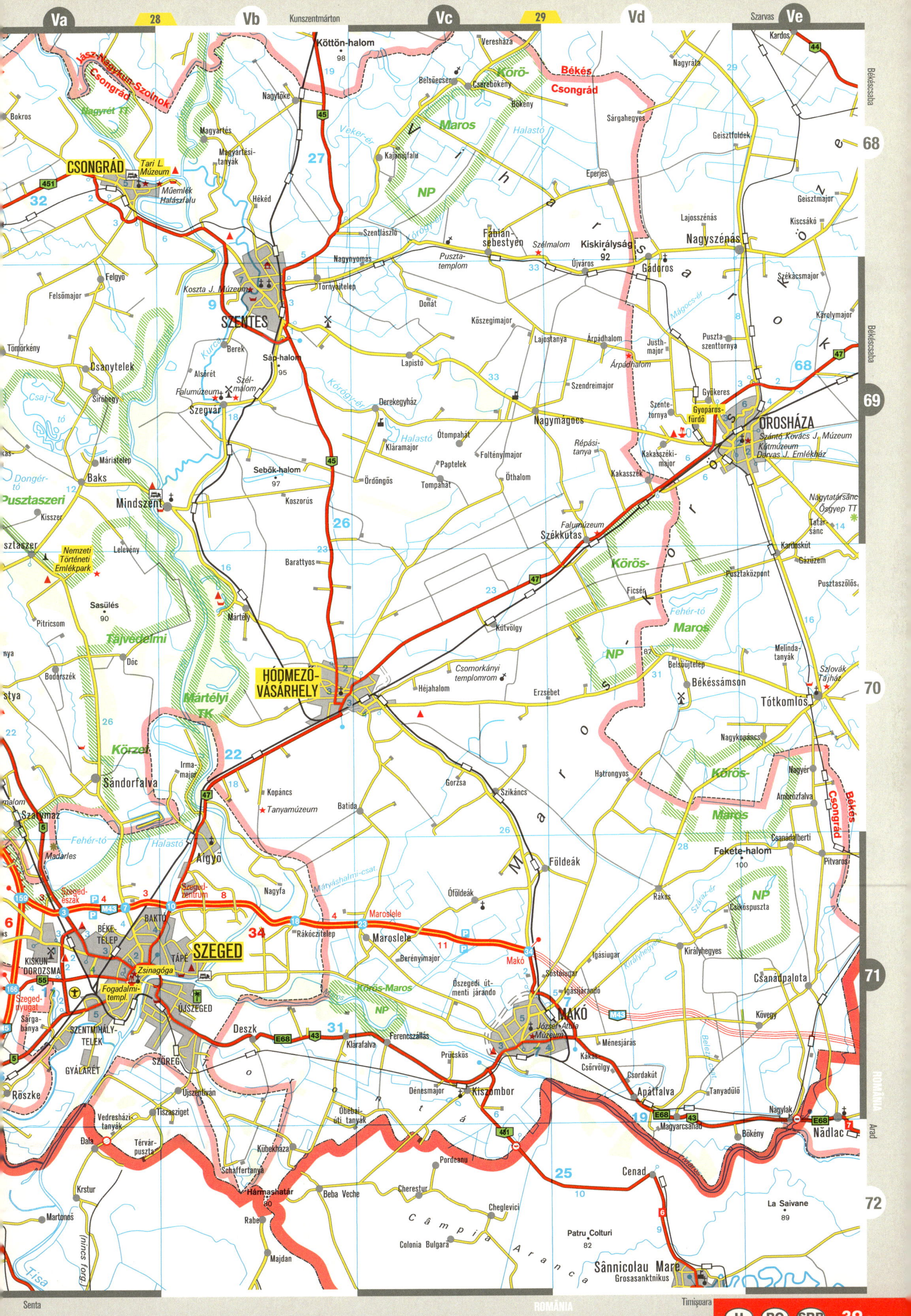

Va
28
Vb
Kunszentmárton
Vc
29
Vd
Szarvas
Ve
Köttön-halom
98
Veresháza
Kardos
44
Nagyrata
Békéscsaba
68
Jász-Nagykun-Szolnok
Csongrád
Bokros
Nagyrét TT
Nagytőke
Belsőecser
Cserebökény
Bökeny
Körös-
Békés
Csongrád
Sárgahegyes
Magyartés
Magyartési-tanyák
Maros
Halastó
Veker-ér
Geisztföldek
CSONGRÁD
Tari L. Múzeum
Műemlék Halászfalu
451
32
27
Kajánújfalu
NP
Eperjes
Geisztmajor
Héked
Lajosszénás
Kiscsákó
Fábián-sebestyén
Szentlászló
Szélmalom
Kiskirályság
92
Nagyszénás
Nagynyomás
Puszta-templom
Újváros
Gádoros
Székácsmajor
Felgyő
Felsőmajor
Koszta J. Múzeum
Tornyaitelep
Donát
SZENTES
Kőszegimajor
Károlymajor
Tömörkény
Berek
Sáp-halom
95
Lajostanya
Árpádhalom
Justh-major
Puszta-szenttornya
Csanytelek
Alsórét
Szél-malom
Lapistó
Kórógy-ér
Árpádhalom
47
68
Falumúzeum
Szegvár
Derekegyház
Szendreimajor
Gyökeres
Sirahegy
Szente-tornya
Gyopáros-fürdő
Nagymágocs
OROSHÁZA
Szántó Kovács J. Múzeum
Kútmúzeum
Darvas J. Emlékház
69
Halastó
Kláramajor
Ötömpahát
Répási-tanya
Máriatelep
Sebők-halom
97
Paptelek
Foltényimajor
Kakasszéki-major
Baks
Ördöngös
Tompahát
Öthalom
Kakasszék
Dongér-tó
Pusztaszeri
Mindszent
Koszorús
Nagytatársánc
Ősgyep TT
Kisszer
26
Falumúzeum
Székkutas
Tatár-sánc
Pusztaszer
Nemzeti Történeti Emlékpark
Lelevény
Barattyos
Körös-
Kardoskút
Gázüzem
23
Pusztaközpont
Pusztaszőlős
Ficsér
Sasülés
90
Pitricsom
Mártély
Kútvölgy
Fehér-tó
Maros
NP
87
Melinda-tanyák
Tájvédelmi
Dóc
Belsőújtelep
Csomorkányi templomrom
Szlovák Tájház
Bodorszék
HÓDMEZŐ-VÁSÁRHELY
Héjahalom
Békéssámson
70
Mártélyi TK
Erzsébet
Tótkomlós
Körzet
22
Nagykopáncs
Irma-major
Hatrongyos
Nagyér
Körös-
Sándorfalva
Gorzsa
Kopáncs
Szikáncs
Ambrózfalva
Tanyamúzeum
Batida
Csongrád
Békés
Szatymaz
Maros
Csanádalberti
Fehér-tó
Halastó
Madarlos
Algyő
26
Fekete-halom
100
Pitvaros
Földeák
28
Nagyfa
Mátyáshalmi-csat.
Rákos
NP
Csikóspuszta
Szeged-észak
159
M43
Szeged-centrum
Óföldeák
Szárazér
Maroslele
BAKTÓ
BÉKE-TELEP
34
Rákóczitelep
Maroslele
Makó
Királyhegyes
KISKUN-DOROZSMA
Zsinagóga
TÁPÉ
SZEGED
Berényimajor
Igásiugar
Sóstóiugar
Királyhegyesi
Csanádpalota
71
166
Szeged-nyugat
Sárga-bánya
Fogadalmi-templ.
ÚJSZEGED
Körös-Maros
NP
Öszegedi út-menti járandó
Igásjárandó
MAKÓ
Kövegy
József Attila Múzeum
SZENTMIHÁLY-TELEK
Deszk
E68
43
31
Klárafalva
Ferencszállás
M43
Ménesjárás
GYÁLARÉT
SZŐREG
Prücskös
Kákás
Csővölgy
Beliczi-csat.
Csordakút
Röszke
Újszentiván
Dénesmajor
Kiszombor
Apátfalva
Tanyadűlő
ROMÂNIA
Vedresházi-tanyák
Tiszasziget
Óbébai-úti tanyák
E68
43
Nagylak
Arad
Dala
Térvár-puszta
Kübekháza
461
Magyarcsanád
Bökény
Nădlac
Maros
Pordeanu
Schäffertanya
25
Cenad
Krstur
Hármashatár
80
Beba Veche
Cherestur
10
6
72
La Saivane
89
Martonos
Rabe
Cheglevici
Câmpia Aranca
Patru Colturi
82
Colonia Bulgara
(nincs forg.)
Tisza
Majdan
Sânnicolau Mare
Grosasanktnikus
Senta
ROMÂNIA
Timișoara

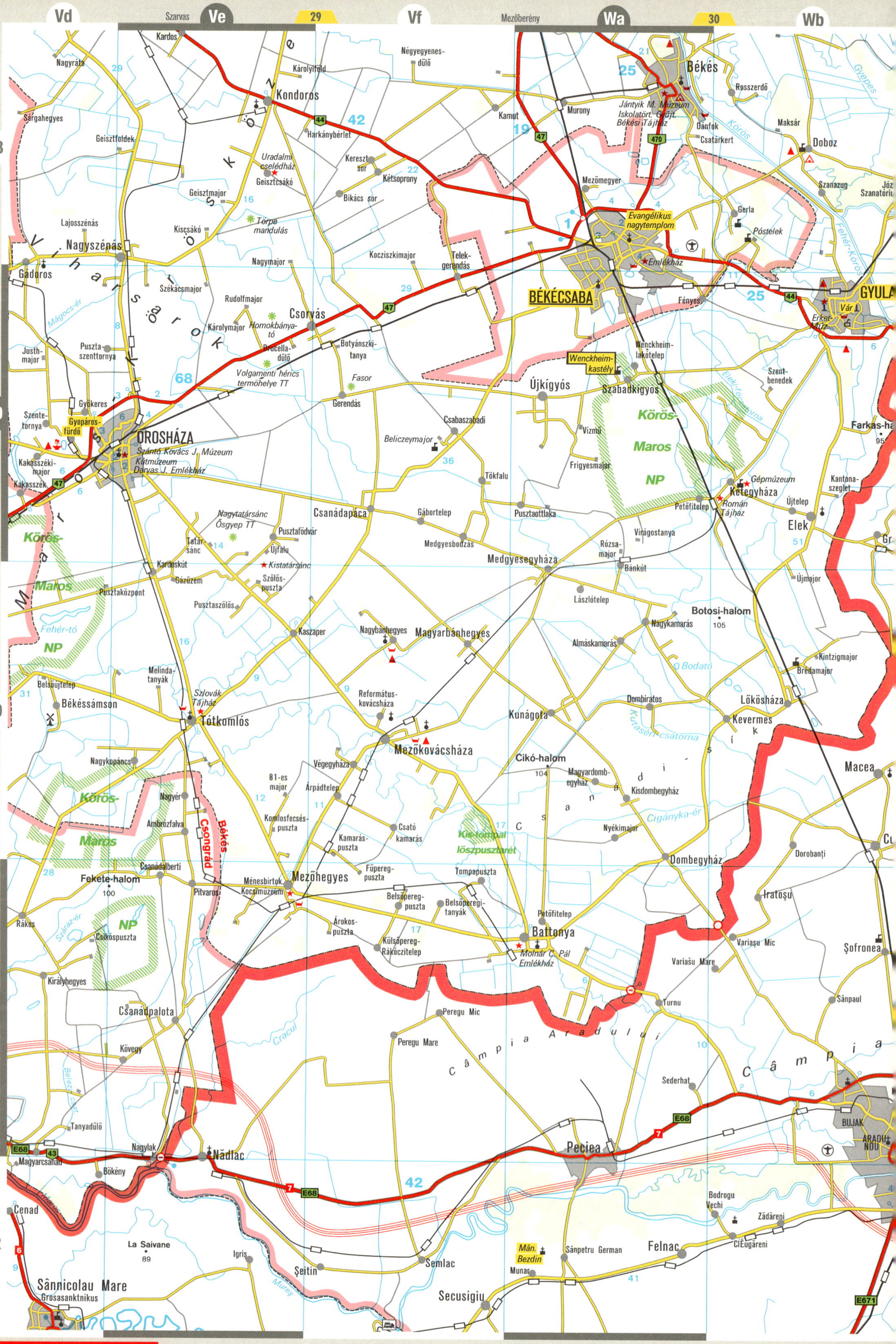
Vd
Szarvas
Ve
29
Vf
Mezőberény
Wa
30
Wb
68
69
70
71
72
Hódmezővásárhely
Makó
Kardos
Nagyrát
Károlyiföld
Négyegyenes-dűlő
Kondoros
Harkánybérlet
Sárgahegyes
Geisztföldek
Uradalmi cselédház
Geisztcsákó
Keresztsor
Kétsoprony
Bikács sor
Geisztmajor
Törpe mandulás
Lajosszénás
Kiscsákó
Nagyszénás
Gádoros
Nagymajor
Kocziszkimajor
Telek-gerendás
Székácsmajor
Rudolfmajor
Csorvás
Homokbánya-tó
Kársoučmajor
Orcella-dűlő
Volgamenti hérics termőhelye TT
Botyánszki-tanya
Fasor
Gerendás
Justh-major
Puszta-szenttornya
Gyökeres
Szente-tornya
Gyopáros-fürdő
OROSHÁZA
Szántó Kovács J. Múzeum
Kútmúzeum
Darvas J. Emlékház
Kakasszéki-major
Kakasszék
Csabaszabadi
Beliczeymajor
Tökfalu
Kamut
Murony
Békés
Jántyik M. Múzeum
Iskolatört. Gyűjt.
Békési Tájház
Dánfok
Csatárkert
Rosszerdő
Maksár
Doboz
Szanazug
Mezőmegyer
Evangélikus nagytemplom
Gerla
Póstelek
Emlékház
BÉKÉCSABA
Fényes
GYULA
Vár
Erkel Múz.
Wenckheim-lakótelep
Wenckheim-kastély
Újkígyós
Szabadkígyós
Szent-benedek
Körös-Maros NP
Vizmű
Frigyesmajor
Farkas-ha
Gépmúzeum
Kétegyháza
Román Tájház
Petőfitelep
Kantona-szeglet
Újtelep
Elek
Csanádapáca
Gábortelep
Medgyesbodzás
Pusztaottlaka
Virágostanya
Rózsa-major
Bánkút
Medgyesegyháza
Nagytatársánc Ősgyep TT
Pusztaföldvár
Tatár-sánc
Újfalu
Kistatársánc
Kardoskút
Gázüzem
Szőlős-puszta
Pusztaközpont
Pusztaszőlős
Fehér-tó
NP
Kaszaper
Nagybánhegyes
Magyarbánhegyes
Lászlótelep
Botosi-halom
105
Nagykamarás
Almáskamarás
Újmajor
Kintzigmajor
Brédamajor
Bodató
Melinda-tanyák
Belsőújtelep
Békéssámson
Szlovák Tájház
Tótkomlós
Református-kovácsháza
Mezőkovácsháza
Kunágota
Dombiratos
Lőkösháza
Kevermes
Kutasér-csatorna
Nagykopáncs
Végegyháza
81-es major
Árpádtelep
Cikó-halom
104
Magyardombegyház
Kisdombegyház
Csanádi puszták
Macea
Nagyér
Ambrózfalva
Csongrád
Békés
Komlósfecsés-puszta
Csató kamarás
Kamarás-puszta
Kis-tompai löszpusztarét
Nyékimajor
Cigánka-ér
Dombegyház
Dorobanți
Csanádalberti
Fekete-halom
100
Pitvaros
Ménesbirtok
Kocsimúzeum
Mezőhegyes
Füpereg-puszta
Tompapuszta
Belsőpereg-puszta
Belsőperegi-tanyák
Iratoșu
Rákos
Csikóspuszta
Árokos-puszta
Külsőpereg-Rákóczitelep
Petőfitelep
Battonya
Molnár C. Pál Emlékház
Variașu Mic
Șofronea
Királyhegyes
Variașu Mare
Turnu
Sânpaul
Csanádpalota
Peregu Mic
Peregu Mare
Câmpia Aradului
Cracul
Kövegy
Sederhat
Tanyadűlő
Pecica
BUJAK
ARAD NOU
Nagylak
Nădlac
Magyarcsanád
Bököny
Cenad
Bodrogu Vechi
Zădăreni
Cil Eugăreni
La Saivane
89
Igriș
Mureș
Șeitin
Semlac
Măn. Bezdin
Sânpetru German
Felnac
Munar
Secusigiu
Sânnicolau Mare
Grosasanktnikus
E68
E671
ROMÂNIA
Timișoara
0 1 2 4 6 8 10 km

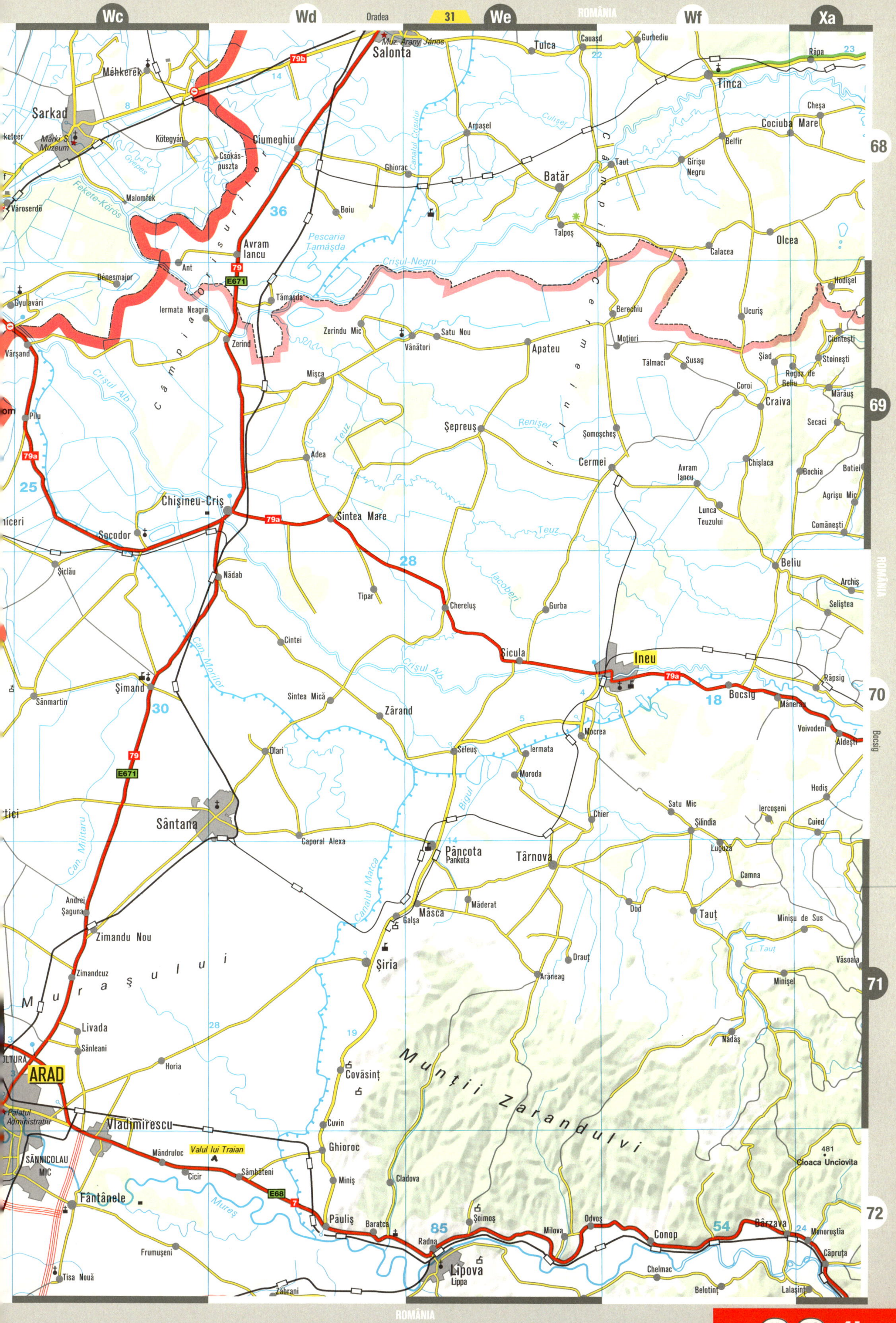
Wc
Wd
Oradea
31
We
ROMÂNIA
Wf
Xa
68
69
70
71
72
Salonta
Muz. Arany János
Tulca
Căuaşd
Gurbediu
Râpa
Tinca
Cheşa
Cociuba Mare
Belfir
Mehkerék
Sarkad
Márki S. Múzeum
Kötegyán
Ciumeghiu
Csökáspuszta
Arpaşel
Ghiorac
Batăr
Tăut
Girişu Negru
Canalul Crişului
Culişer
Câmpia Cermeiului
Gyepes
Fekete-Körös
Malomfok
Városerdő
Boiu
36
Pescaria Tămaşda
Crişul-Negru
Talpoş
Calacea
Olcea
Avram Iancu
Ant
Dénesmajor
Gyulavári
Iermata Neagră
Tămaşda
Câmpia Crişurilor
E671
79
79b
79a
Zerind
Zerindu Mic
Vânători
Satu Nou
Apateu
Berechiu
Motiori
Tălmaci
Susag
Ucuriş
Hodişel
Cintei
Ciunteşti
Stoineşti
Şiad
Rogoz de Beliu
Coroi
Craiva
Mărăuş
Vărşand
Crişul Alb
Mişca
Pilu
Teuz
Adea
Şepreuş
Renişel
Şomoşcheş
Cermei
Secaci
Chişlaca
Avram Iancu
Bochia
Botiei
25
Chişineu-Criş
Sintea Mare
Lunca Teuzului
Agrişu Mic
Comăneşti
Socodor
Şiclău
28
Nădab
Tipar
Chereluş
Iacobeni
Gurba
Beliu
Archiş
Selişte
Cintei
Sicula
Ineu
Can. Morilor
Crişul Alb
Răpsig
Bocsig
18
Mânerău
Voivodeni
Aldeşti
Şimand
Sânmartin
30
Sintea Mică
Zărand
Mocrea
Dlari
Seleuş
Iermata
Moroda
Bigul
Hodiş
Satu Mic
Iercoşeni
Chier
Şilindia
Cuied
Sântana
Can. Militaru
Caporal Alexa
Pâncota
Pankota
Târnova
Luguzău
Camna
Andrei Şaguna
Zimandu Nou
Canalul Matca
Măderat
Dud
Tauţ
Minişu de Sus
Mâsca
Galşa
L. Tauţ
Vasoaia
Zimandcuz
Câmpia Mureşului
Şiria
Drauţ
Arăneag
Minişel
Livada
Sânleani
19
Nadăş
ARAD
Horia
Covăsinţ
Munţii Zărandului
Palatul Administrativ
Vladimirescu
Cuvin
Sânnicolau Mic
Mândruloc
Valul lui Traian
Ghioroc
481
Cioaca Unciovita
Cicir
Sâmbăteni
Miniş
Cladova
E68
7
Fântânele
Mureş
Păuliş
Şoimoş
Baratca
85
Milova
Odvoş
Conop
54
Bârzava
Monoroştia
Radna
Căpruţa
Frumuşeni
Lipova
Lippa
Chelmac
Tisa Nouă
Zăbrani
Belotinţ
Lalaşinţ
ROMÂNIA

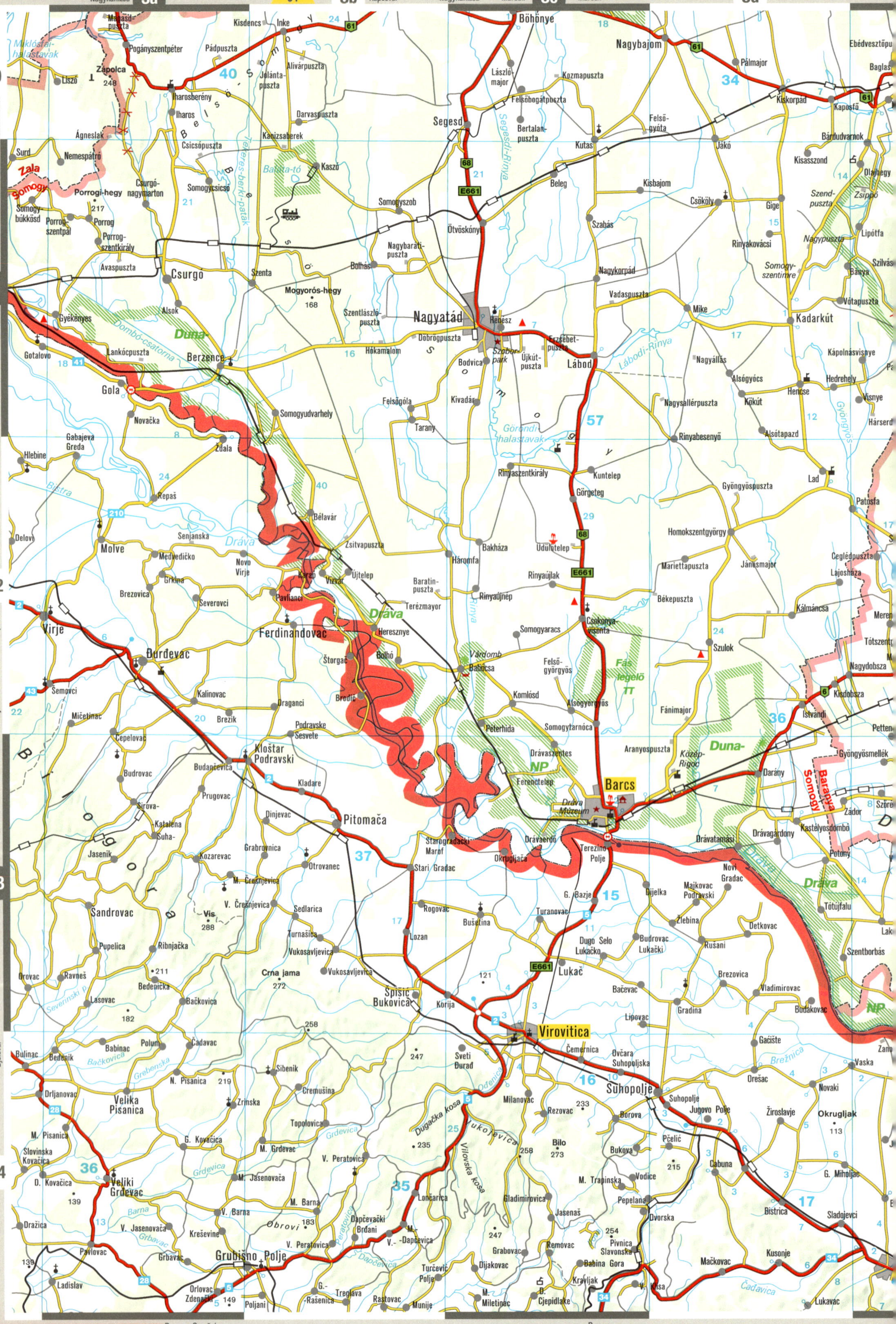

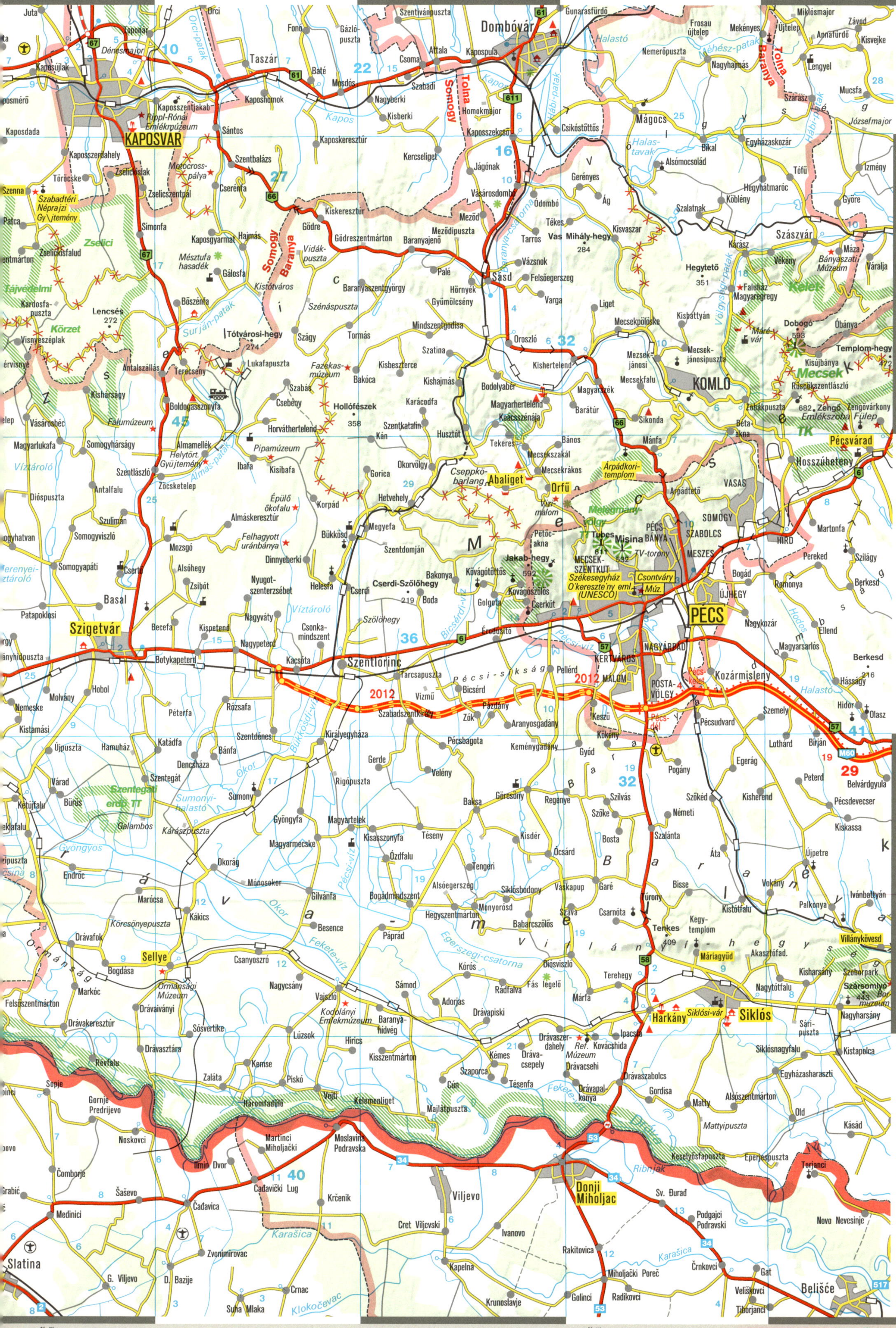

70
71
72
73
74

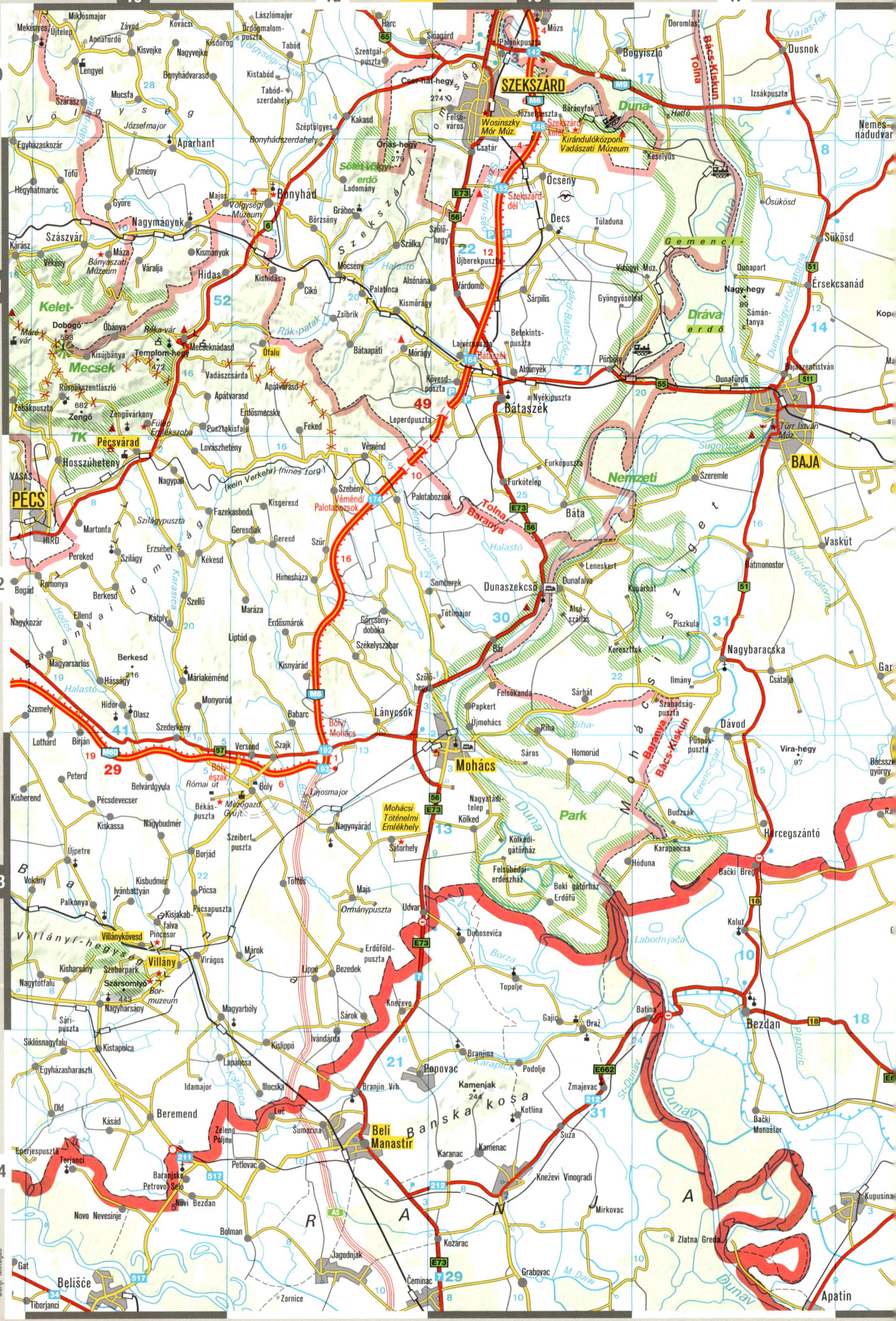

0 1 2 4 6 8 10 km

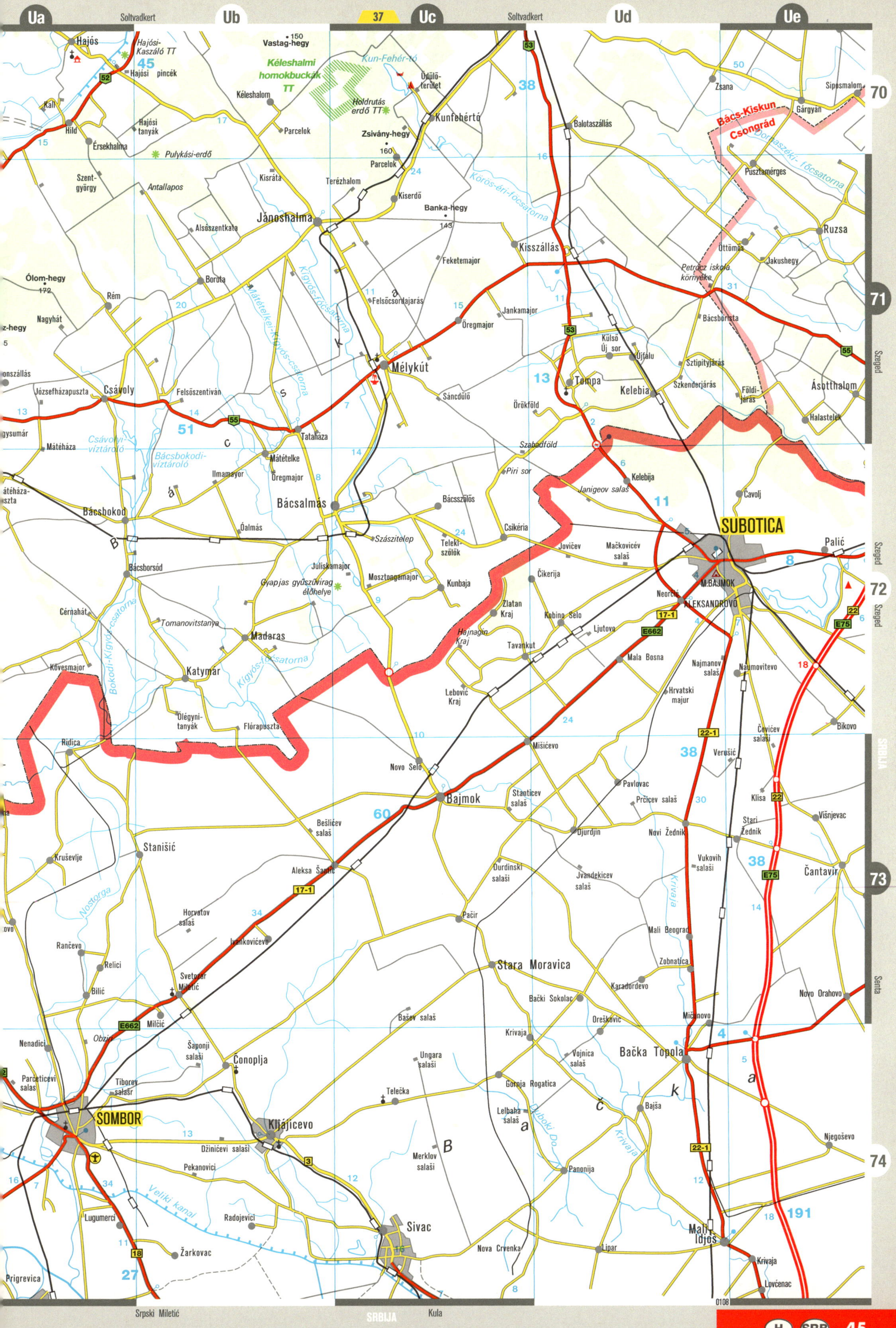
Ua
Soltvadkert
Ub
37
Uc
Soltvadkert
Ud
Ue
70
71
72
73
74
Hajós
Hajósi-Kaszáló TT
45
Hajósi pincék
52
Kall
Hild
Érsekhalma
Szent-györgy
Vastag-hegy
150
Kéleshalmi homokbuckák TT
Kéleshalom
Parcelok
Hajósi tanyák
17
15
Pulykási-erdő
Antallapos
Kisráta
Alsószentkata
Jánoshalma
Boruta
Ólom-hegy
172
Rém
Nagyhát
z-hegy
onszállás
Józsefházapuszta
Csávoly
Felsőszentiván
13
14
55
51
Tataháza
gysumár
Mátéháza
Csávolyi-víztároló
Bácsbokodi-víztároló
Mátételke
Dregmajor
Ilmamajor
átéháza-uszta
Bácsbokod
Bácsborsód
Óalmás
Bácsalmás
Cérnahát
Tomanovitstanya
Madaras
Kövesmajor
Bokodi-Kigyós-csatorna
Katymár
Kigyós-főcsatorna
Ólegyni-tanyák
Flórapuszta
Ridica
Kun-Fehér-tó
Üdülő-terület
Holdrutás erdő TT
Kunfehértó
Zsivány-hegy
160
Parcelok
Terézhalom
24
Kiserdő
Banka-hegy
143
Feketemajor
Felsőcsordajárás
Mátételkei-Kigyós-csatorna
Kigyós-főcsatorna
Mélykút
7
Öregmajor
Jankamajor
Sáncdűlő
Bácsszőlős
Szászitelep
Teleki-szőlők
Juliskamajor
Mosztongamajor
Gyapjas gyűszűvirág élőhelye
Kunbaja
9
53
38
Balotaszállás
16
Kőrös-éri-főcsatorna
Kisszállás
11
53
Külső Új sor
Újfalu
Tompa
13
Kelebia
Örökföld
2
Szabadföld
Piri sor
Csikéria
Zsana
50
Sipos-malom
Gárgyán
Bács-Kiskun
Csongrád
Domaszéki-főcsatorna
Pusztamérges
Ruzsa
Öttömös
Jakushegy
Petőcz iskola környéke
31
Bácsborista
Sztipityjárás
55
Szkenderjárás
Földi-járás
Ásotthalom
Halastelek
Szeged
Kelebija
6
Janigeov salaš
11
Čavolj
SUBOTICA
Palić
8
Szeged
Szeged
Jovičev
Mačkovićev salaš
Čikerija
M.BAJMOK
Neorčić
ALEKSANDROVO
Zlatan Kraj
Kobino Selo
Ljutovo
17-1
E662
22
E75
Hajnagin Kraj
Tavankut
Mala Bosna
Najmanov salaš
Naumovitevo
18
Lebović Kraj
Hrvatski majur
24
Bikovo
Čavićev salaš
22-1
Mišićevo
38
Verušić
SRBIJA
10
Novo Selo
Pavlovac
Bajmok
Stančicev salaš
Prčicev salaš
30
Klisa
22
60
Bešličev salaš
Djurdjin
Novi Žednik
Stari Žednik
Višnjevac
Stanišić
Kruševlje
Aleksa Šantić
Đurđinski salaši
Jvandekicev salaš
Vukovih salaši
38
E75
Čantavir
Krivaja
Nostorga
17-1
Horvatov salaš
34
Pačir
14
Mali Beograd
Rančevo
Ivankovićevo
Relici
Stara Moravica
Zobnatica
Svetozar Miletić
Karađorđevo
Bilić
Bački Sokolac
Novo Orahovo
Senta
E662
Milčić
Bašev salaš
Oreškovic
Mićunovo
Nenadići
Obzir
Šaponji salaši
Krivaja
4
Vojnica salaš
Bačka Topola
5
Conoplja
Ungara salaši
Parčetićevi salaš
Tiborov salašr
Telečka
Gornja Rogatica
k
a
SOMBOR
Kljajićevo
Lelbaha salaš
Bajša
Duboki Do
Krivaja
Njegoševo
13
Džinićevi salaši
Merklov salaši
B
22-1
16
7
34
3
Pekanovici
Panonija
Veliki kanal
12
12
Lugumerci
Radojevići
Sivac
18
191
11
18
Žarkovac
Mali Iđoš
Nova Crvenka
Lipar
Krivaja
27
Prigrevica
8
Lovćenac
0108
Srpski Miletić
SRBIJA
Kula

1 : 20.000

H	GB	D	F	I	E
Autópálya	Motorway	Autobahn	Autoroute	Autostrada	Autopista
Négysávos út	Road with four lanes	Vierspurige Straße	Route à quatre voies	Strada a quattro corsie	Carretera de cuatro carriles
Átmenő út	Thoroughfare	Durchgangsstraße	Route de transit	Strada di attraversamento	Carretera de tránsito
Főút	Main road	Hauptstraße	Route principale	Strada principale	Carretera principal
Egyéb utak	Other roads	Sonstige Straßen	Autres routes	Altre strade	Otras carreteras
Egyirányú utca - Sétáló utca	One-way street - Pedestrian zone	Einbahnstraße - Fußgängerzone	Rue à sens unique - Zone piétonne	Via a senso unico - Zona pedonale	Calle de dirección única - Zona peatonal
Információ - Parkolóhely	Information - Parking place	Information - Parkplatz	Information - Parking	Informazioni - Parcheggio	Información - Aparcamiento
Fővasútvonal állomással	Main railway with station	Hauptbahn mit Bahnhof	Chemin de fer principal avec gare	Ferrovia principale con stazione	Ferrocarril principal con estación
Egyéb vasútvonal	Other railway	Sonstige Bahn	Autre ligne	Altra ferrovia	Otro ferrocarril
Földalatti vasút	Underground	U-Bahn	Métro	Metropolitana	Metro
Villamos	Tramway	Straßenbahn	Tramway	Tram	Tranvía
Repülőtéri autóbusz	Airport bus	Flughafenbus	Bus d'aéroport	Autobus per l'aeroporto	Autobús al aeropuerto
Rendőrség - Postahivatal	Police station - Post office	Polizeistation - Postamt	Poste de police - Bureau de poste	Posto di polizia - Ufficio postale	Comisaria de policia - Correos
Kórház - Ifjúsági szálló	Hospital - Youth hostel	Krankenhaus - Jugendherberge	Hôpital - Auberge de jeunesse	Ospedale - Ostello della gioventù	Hospital - Albergue juvenil
Templom - Látványos templom	Church - Church of interest	Kirche - Sehenswerte Kirche	Église - Église remarquable	Chiesa - Chiesa interessante	Iglesia - Iglesia de interés
Zsinagóga - Mecset	Synagogue - Mosque	Synagoge - Moschee	Synagogue - Mosquée	Sinagoga - Moschea	Sinagoga - Mezquita
Emlékmű - Torony	Monument - Tower	Denkmal - Turm	Monument - Tour	Monumento - Torre	Monumento - Torre
Beépítés, középület	Built-up area, public building	Bebaute Fläche, öffentliches Gebäude	Zone bâtie, bâtiment public	Caseggiato, edificio pubblico	Zona edificada, edificio público
Iparvidék	Industrial area	Industriegelände	Zone industrielle	Zona industriale	Zona industrial
Park, erdő	Park, forest	Park, Wald	Parc, bois	Parco, bosco	Parque, bosque

CZ	PL	SK	NL	HR	SLO
Dálnice	Autostrada	Diaľnica	Autosnelweg	Autocesta	Avtocesta
Čtyřstopá silnice	Droga o czterech pasach ruchu	Štvorprúdová cesta	Weg met vier rijstroken	Cesta sa četiri traka	Štiripasovna cesta
Průjezdní silnice	Droga przelotowa	Prejazdná cesta	Weg voor doorgaand verkeer	Tranzitna cesta	Tranzitna cesta
Hlavní silnice	Droga główna	Hlavná cesta	Hoofdweg	Glavna cesta	Glavna cesta
Ostatní silnice	Drogi inne	Ostatné cesty	Overige wegen	Ostale ceste	Druge ceste
Jednosměrná ulice - Pěší zóna	Ulica jednokierunkowa - Strefa ruchu pieszego	Jednosmerná cesta - Pešia zóna	Straat met eenrichtingsverkeer - Voetgangerszone	Jednosmjerna ulica - Pješačka zona	Enosmerna cesta - Površine za pešce
Informace - Parkoviště	Informacja - Parking	Informácie - Parkovisko	Informatie - Parkeerplaats	Informacije - Parkiralište	Informacije - Parkirišče
Hlavní železnice s stanice	Kolej główna z dworcami	Hlavná železnica so stanicou	Belangrijke spoorweg met station	Glavna željeznička pruga sa kolodvorom	Glavna železniška proga z železniško postajo
Ostatní železnice	Kolej drugorzędna	Ostatné železnice	Overige spoorweg	Ostala željeznička traka	Druga železniška proga
Metro	Metro	Podzemná dráha	Ondergrondse spoorweg	Podzemna željeznica	Podzemska železnica
Tramvaj	Linia tramwajowa	Električka	Tram	Tramvaj	Tramvaj
Letištní autobus	Autobus dojazdowy na lotnisko	Letiskový autobus	Vliegveldbus	Autobus zračnog pristaništa	Letališki avtobus
Policie - Poštovní úřad	Komisariat - Poczta	Polícia Poštový úrad	Politiebureau - Postkantoor	Policijska postaja - Pošta	Policijska postaja - Pošta
Nemocnice - Ubytovna mládeže	Szpital - Schronisko młodzieżowe	Nemocnica - Mládežnícka ubytovňa	Ziekenhuis - Jeugdherberg	Bolnica - Omladinski hotel	Bolnišnica - Mladinski hotel
Kostel - Zajímavý kostel	Kościół - Kościół zabytkowy	Kostol - Pozoruhodný kostol	Kerk - Bezienswaardige kerk	Crkva - Znamenita crkva	Cerkev - Zanimiva cerkev
Synagoga - Mešita	Synagoga - Meczet	Synagóga - Mešita	Synagoge - Moskee	Sinagoga - Džamija	Sinagoga - Džamija
Pomník - Věž	Pomnik - Wieża	Pomník - Veža	Monument - Toren	Spomenik - Toranj	Spomenik - Stolp
Zastavěná plocha, veřejná budova	Obszar zabudowany, budynek użyteczności publicznej	Zastavaná plocha, verejná budova	Bebouwing, openbaar gebouw	Izgradnja, javna zgrada	Stanovanjske zgradbe, javna zgradba
Průmyslová plocha	Obszar przemysłowy	Priemyselná plocha	Industrieterrein	Industrijska zona	Industrijske zgradbe
Park, les	Park, las	Park, les	Park, bos	Park, šuma	Park, gozd

1:20 000 / 1cm = 200m

Budapest
Debrecen
Győr
Miskolc
Pécs
Sopron
Szeged
Wien (A)

Budapest H

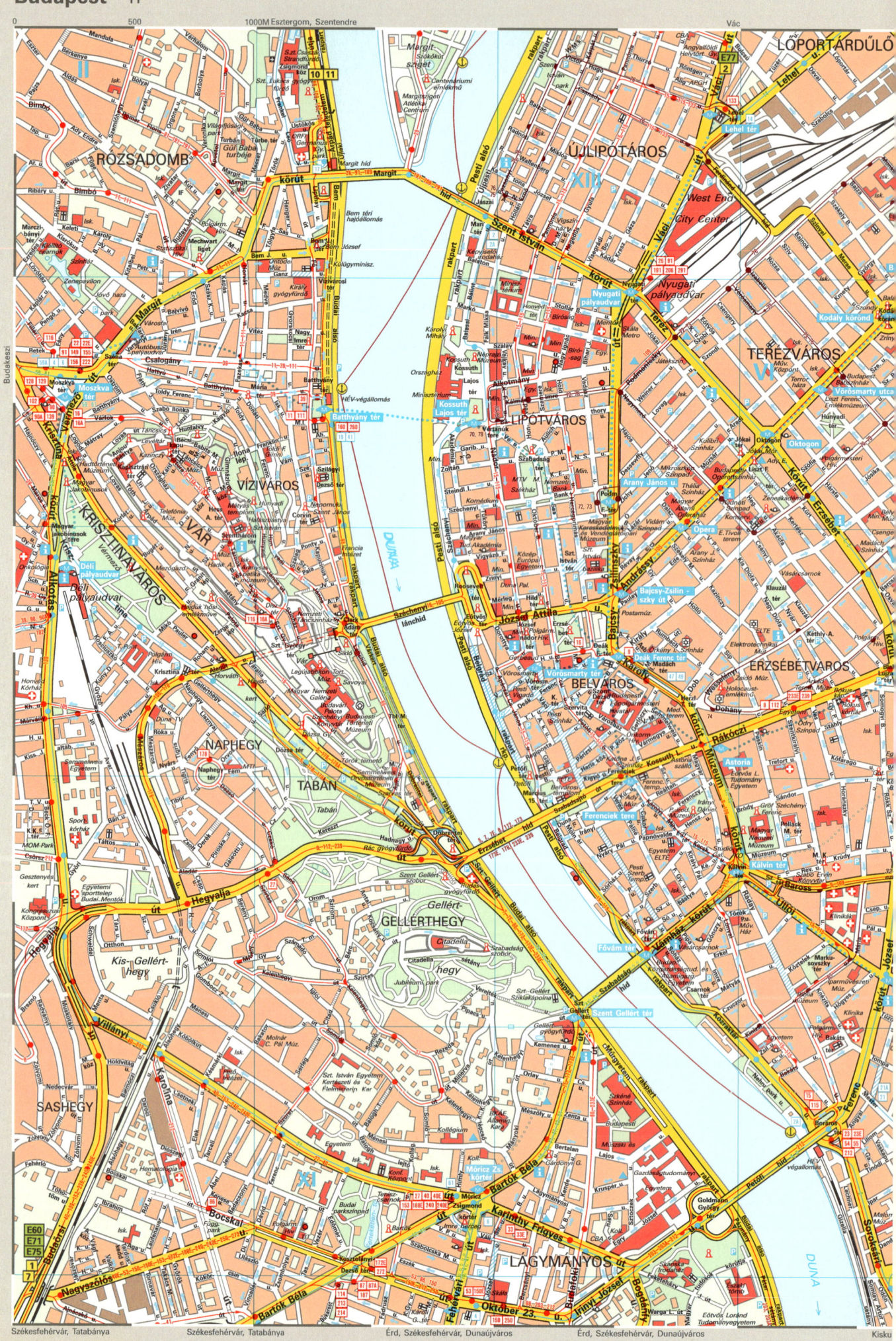

Esztergom, Szentendre
Gödöllő, Hatvan
Gödöllő, Hatvan
Állatkert
Széchenyi fürdő
Hősök tere
HERMINAMEZŐ
ZUGLÓ
XIV
Bosnyák tér
Róna út
Hungária körút
ISTVÁNMEZŐ
TÖRÖKŐR
Millenáris Sporttelep
Puskás Ferenc Stadion
Papp László Sportaréna
Stadionok
Dózsa György út
Keleti pályaudvar
Kerepesi út
Thököly út
Blaha Lujza tér
Népszínház utca
Rákóczi tér
Kerepesi temető
LAPOSDŰLŐ
VIII
JÓZSEFVÁROS
Salgótarjáni
MÁV LAKÓTELEP
Kőbányai út
KEREPESDŰLŐ
Ferenc körút
Klinikák
Orczy-kert
TISZTVISELŐ-TELEP
NÉPLIGET
Szabadság park
Nagyvárad tér
IX
Népliget
Üllői út
Könyves Kálmán körút
Csömör
Gödöllő, Hatvan
Gödöllő, Jászberény
Érd, Székesfehérvár, Dunaújváros, Kiskunlacháza, Kecskemét
Cegléd, Szolnok
Kiskunlacháza, Dabas

Debrecen H

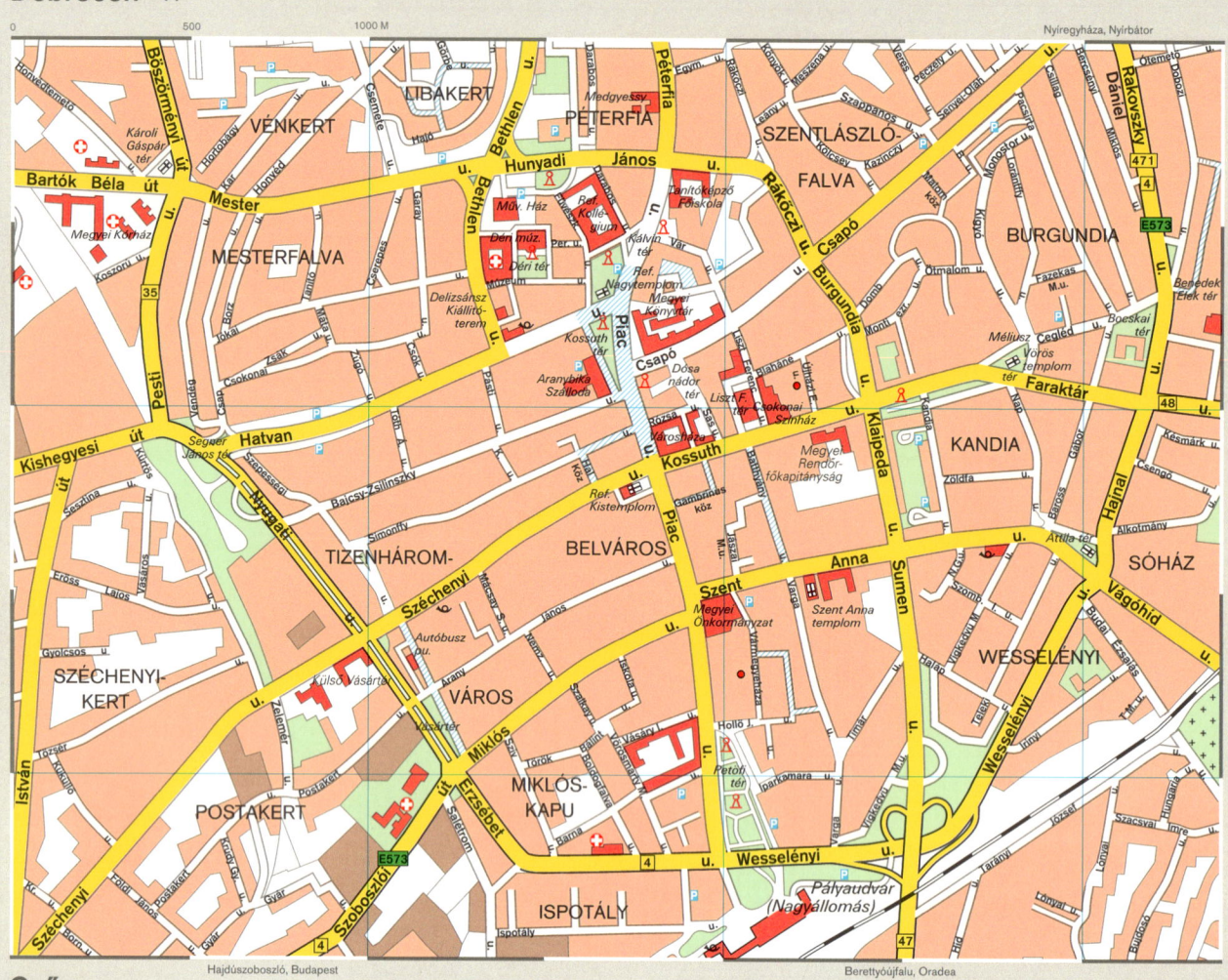

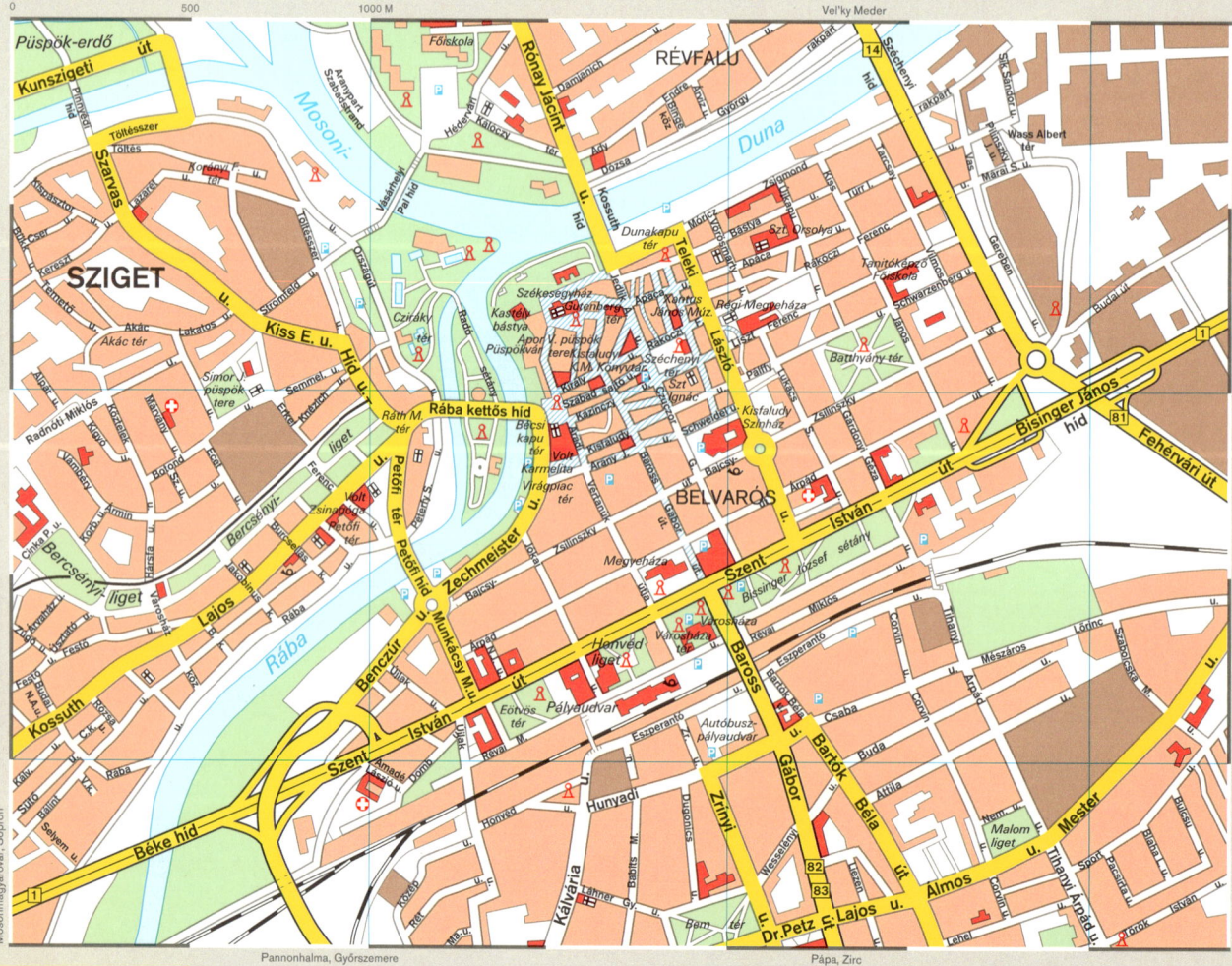

Győr H

H Miskolc

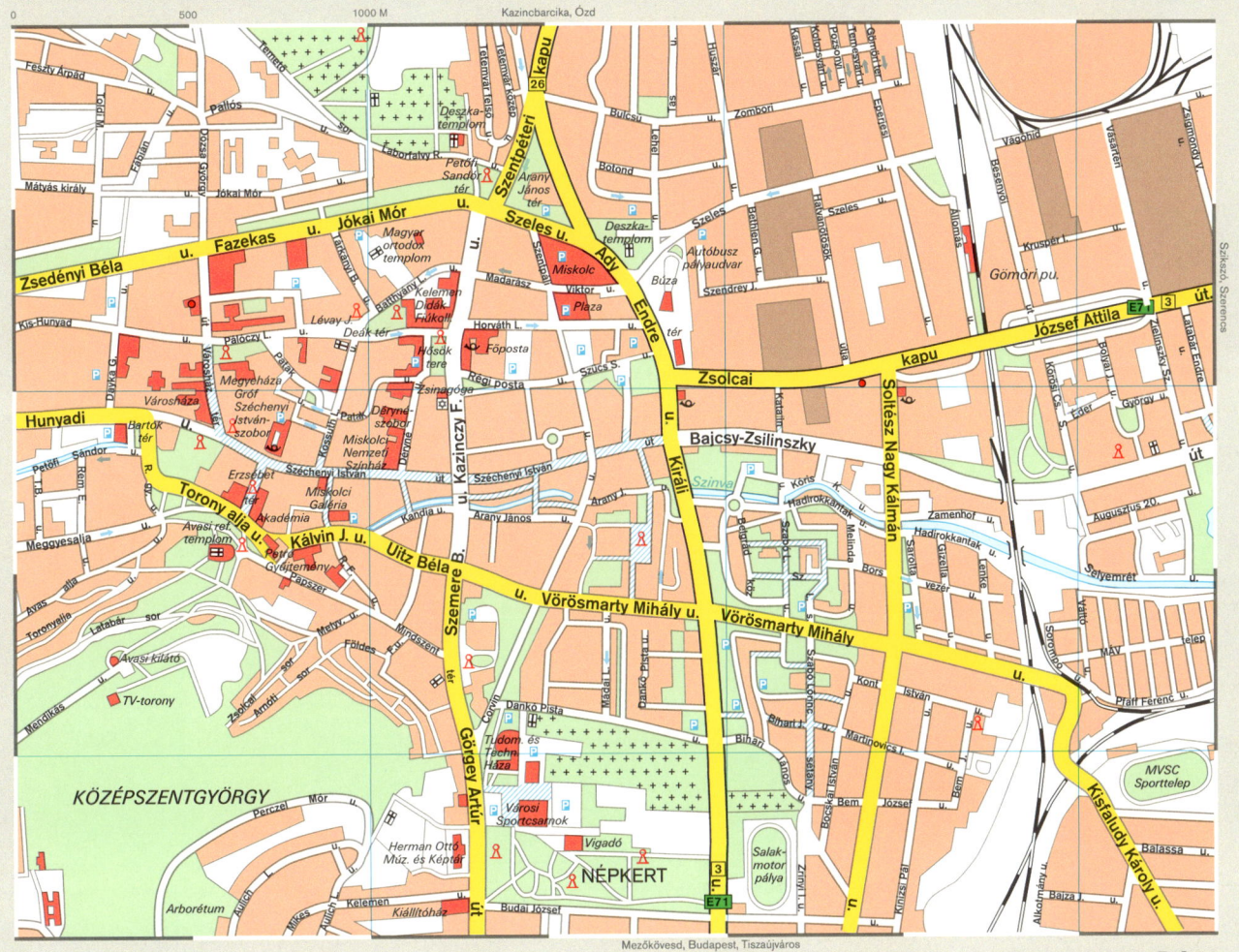

H Pécs

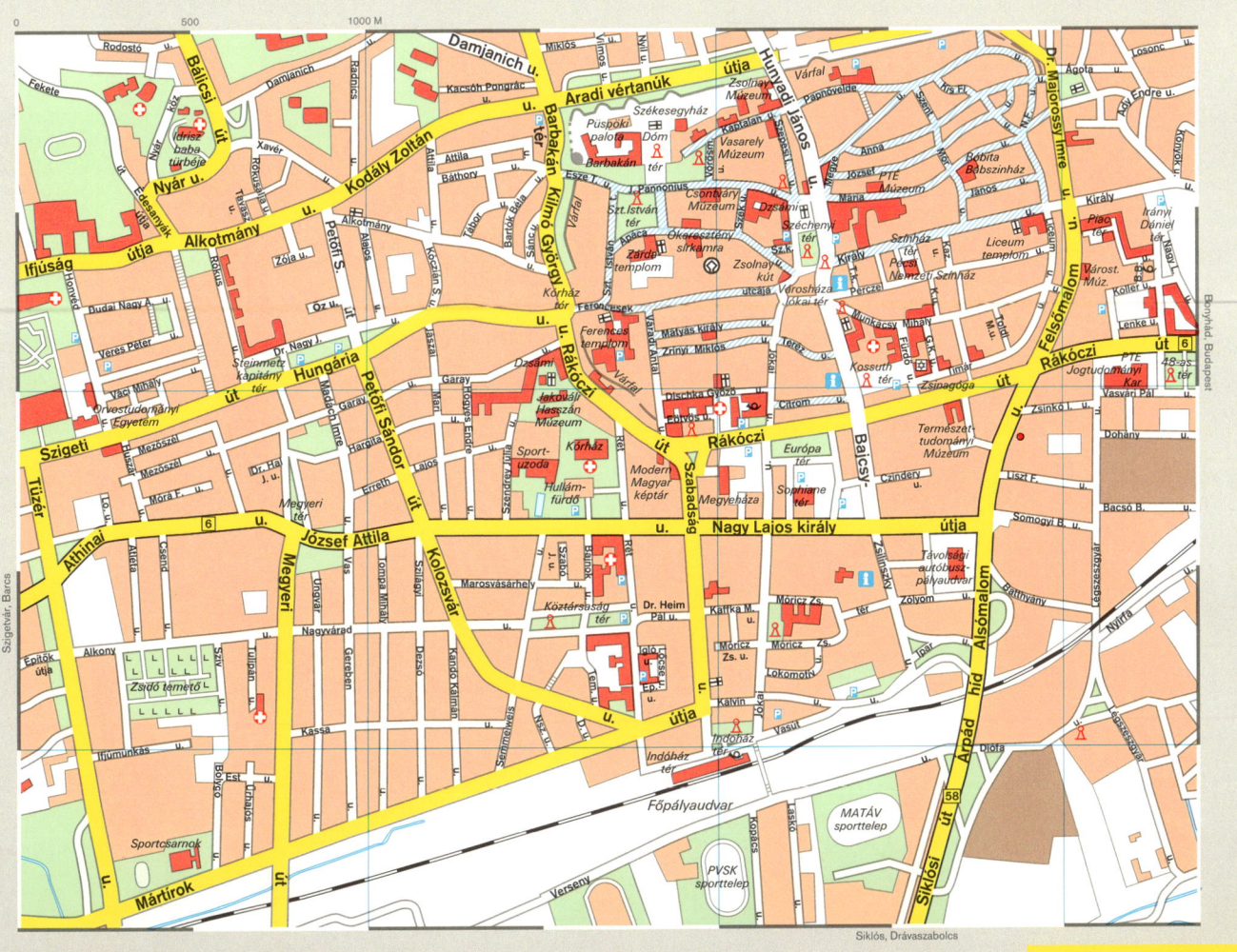

H 51

Sopron H

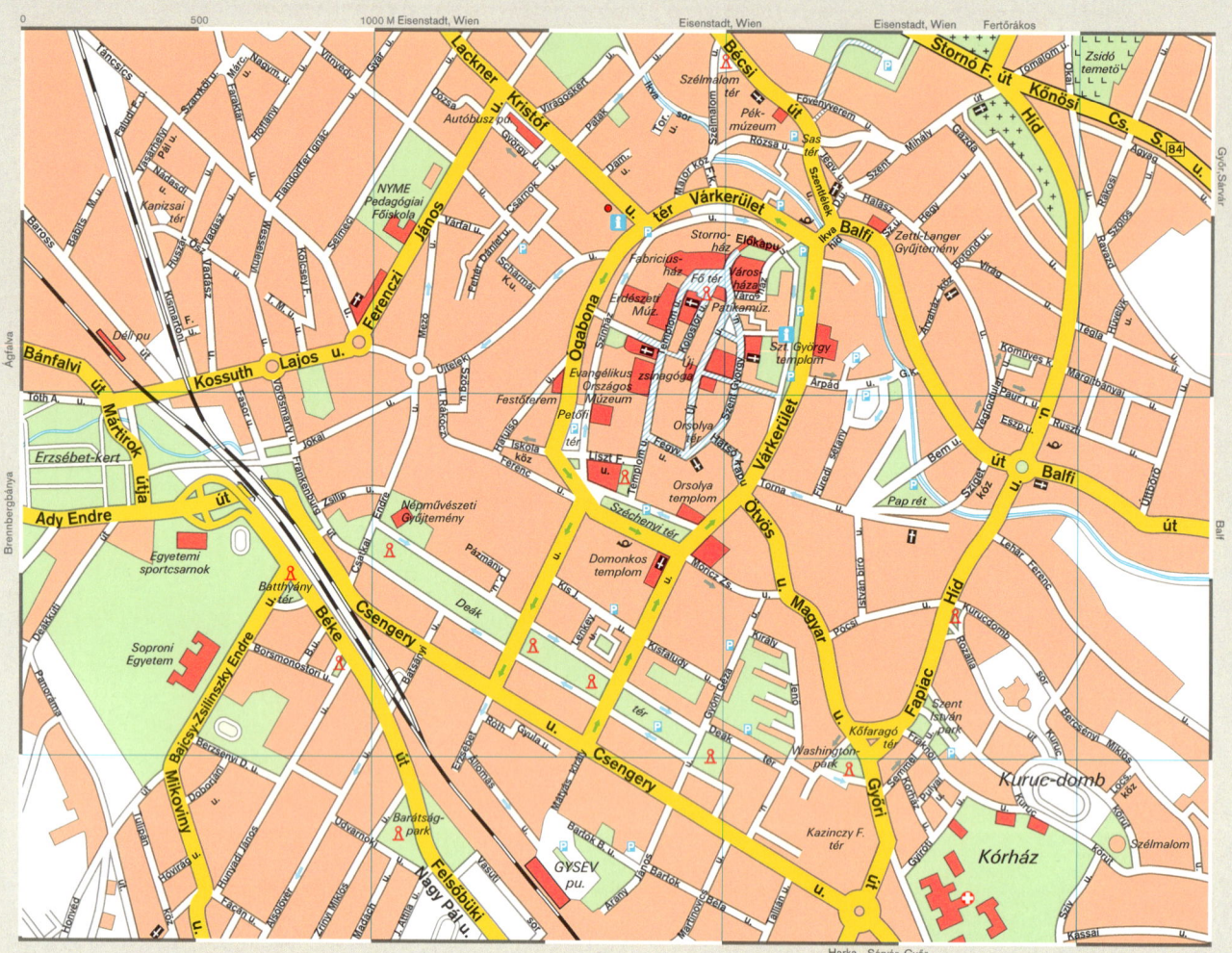

Szeged H

W.-Floridsdorf, A22 Stockerau
Stockerau
0
500
1000M
Linz
Stockerau, UNO-City
Wien (Schwechat)
A23 Wiener Neustadt
A2 Schloß Schönbrunn, Linz
Eisenstadt, A23 Wiener Neustadt
ALSERGRUND
IX
XX
WIEDEN
IV
MARGARETEN
V
VII
III
Augarten
Frachtenbf. Nordwestbf.
Frachtenbahnhof
Praterstern
Wien Nord Praterstern
Rathaus
Burg-theater
Hofburg
Schwedenpl.
Stephans-pl.
Karlspl.
Oper
Stadtpark
W.-Mitte Landstr.
Museumsquartier
Volks-theater
Südtiroler Pl.
Landstraßer Gürtel
Wiedner Gürtel
Obere Donau-str.
Untere Donau-str.
Lerchenfelder Str.
Alser Str.
Neubau-gasse
Pilgram-gasse
Kettenbrücken-gasse
Taubst.-G.
Schottentor Univ.
Schottenring
Friedens-brücke
Roßauer Lände
Nußdorf. Str.
Währinger Str. Volksoper
Nestroypl.
Stubentor
Rochusgasse
Tahorstr.
Herren-gasse

**Névjegyzék | Index of names | Namenverzeichnis | Index des noms
Elenco dei nomi | Índice de nombres | Rejstřík jmen | Skorowidz nazw
Register názvov | Namenregister | Kazalo imena | Imensko kazalo**

①	②	③	④	⑤
1011 *	Budapest	(Bp)	16-17	Ua 64
~	Balaton		24-25	Sc 68
★	Hollókő		16-17	Ud 60

①
- (H) Irányítószám
- (GB) Postal code
- (D) Postleitzahl
- (F) Code postal
- (I) Codice postale
- (E) Código postal
- (CZ) Poštovní směrovací číslo
- (PL) Kod pocztowy
- (SK) Poštové smerovacie číslo
- (NL) Postcode
- (HR) Poštanski broj
- (SLO) Pôstna številka

*
- Több irányítószámmal rendelkező helységeknél a legalacsonyabb irányítószám
- Lowest postcode number for places having several postcodes
- Niedrigste Postleitzahl bei Orten mit mehreren Postleitzahlen
- Code postal le plus bas pour les localités à plusieurs codes posteaux
- Codice di avviamento postale riferito a città comprendenti più codici di avviamento postale
- Código postal más bajo en lugares con varios códigos postales
- Nejnižší poštovní směrovací číslo v městech s vícenásobnými poštovními směrovacími čísly
- Najwyższy kod pocztowy w przypadku miej-scowości z wieloma kodami pocztowymi
- Najmenšie poštové smerovacie číslo v miestach s viacerými poštovými smerovacími číslami
- Laagste postcode bij gemeenten met meerdere postcodes
- Najniži poštanski broj u mjestima sa više poštanskih brojeva
- Najmanjša poštna številka v mestih z več poštnimi številkami

★
- (H) Látványosság
- (GB) Place of interest
- (D) Sehenswürdigkeit
- (F) Curiosité
- (I) Curiosità
- (E) Curiosidade
- (CZ) Pozoruhodnost
- (PL) Interesujące obiekt
- (SK) Zaujímavost
- (NL) Bezienswaardigheid
- (HR) Zanimljivost
- (SLO) Zaminivost

~
- Vizek
- Waters
- Gewässer
- Eaux
- Acque
- Aguas
- Vodstvo
- Wody
- Vodstvo
- Wateren
- Vode
- Vodóvje

②
- (H) Név
- (GB) Name
- (D) Name
- (F) Nom
- (I) Nome
- (E) Nombre
- (CZ) Název
- (PL) Nazwa
- (SK) Názov
- (NL) Naam
- (HR) Ime
- (SLO) Imé

③
- Megye
- District
- Bezirk
- Arondissement
- Distretto
- Distrito
- Okres
- Okręg
- Kraj
- District
- Kotar
- Okràj

④
- Oldalszám
- Page number
- Seitenzahl
- Numéro de page
- Numero di pagina
- Número de página
- Číslo strany
- Numer strony
- Číslo strany
- Paginanummer
- Broj stranica
- Številka strani

⑤
- Keresőadat
- Grid search reference
- Suchfeldangabe
- Coordonnées
- Riquadro nel quale si trova il nome
- Coordenadas de localización
- Údaje hledacího čtverce
- Współrzędne skorowidzowe
- Udanie hl'adaciehoštvorca
- Zoekveld-gegevens
- Koordinatna podjela
- Položajna koordinata

A – B – C ...
1, 2, 3 ...
A, Á – B – C – Cs – D – Dzs – E, È – F – G – Gy – H – I, Í – J – K – L – Ly – M – N – Ny – O, Ó – Ö, Ő – P – R – S – Sz – T – Ty – U, Ú – Ü, Ű – V – W – X – Z – Zs

54 (H)

Megye | District | Bezirk | Arrondissement
Distretto | Distrito | Okres | Okręg
Kraj | District | Kotar | Okràj

(Bar)	Baranya	(Kom)	Komárom-Esztergom
(BAZ)	Borsod-Abaúj-Zemplén	(Nóg)	Nógrád
(Bék)	Békés	(Pest)	Pest
(BKk)	Bács-Kiskun	(Szo)	Jász-Nagykun-Szolnok
(Bp)	Budapest	(SzSz)	Szabolcs-Szatmár-Bereg
(Cso)	Csongrád	(Tol)	Tolna
(Fej)	Fejér	(Vas)	Vas
(GyS	Győr-Moson-Sopron	(Vesz)	Veszprém
(HB)	Hajdú-Bihar	(Zala)	Zala
(Hev)	Heves	(Som)	Somogy

1, 2, 3 ...

-

A, Á

8127 Aba (Fej) 26-27 Td66
5241 Abádszalók (Szo) 18-19 Vd64
7678 Abaliget (Bar) 36-37 Ta72
4233 Abapuszta (SzSz) 20-21 Wf62
3261 Abasár (Hev) 16-17 Va62
3882 Abaújalpár (BAZ) 8-9 Wb59
3860 Abaújdevecser (BAZ) 8-9 Wa58
3882 Abaújkér (BAZ) 8-9 Wb59
3815 Abaújlak (BAZ) 8-9 Vf58
3881 Abaújszántó (BAZ) 8-9 Wb59
3809 Abaújszolnok (BAZ) 8-9 Vf58
3898 Abaújvár (BAZ) 8-9 Wb57
9151 Abda (GyS) 14-15 Sd62
3753 Abod (BAZ) 8-9 Ve58
2740 Abony (Pest) 28-29 Va65
8256 Ábrahámhegy (Ves) 24-25 Sd68
2941 Ács (Kom) 14-15 Ta62
2683 Acsa (Pest) 16-17 Uc62
9746 Acsád (Vas) 22-23 Re65
9168 Acsalag (GyS) 12-13 Sb62
2615 Acsaújlak (Pest) 16-17 Uc62
2887 Ácsteszér (Kom) 14-15 Ta64
3292 Adács (Hev) 16-17 Uf62
8653 Ádánd (Som) 24-25 Ta67
4123 Ádánytanya (HB) 30-31 We65
8500 Adásztevel (Ves) 24-25 Sd65
2457 Adony (Fej) 26-27 Tf66
8497 Adorjánháza (Ves) 24-25 Sb65
7090 Adorjánpuszta (Tol) 36-37 Tc69
7090 Adorjánújtelep (Tol) 36-37 Tc69
7841 Adorjas (Bar) 42-43 Ta73
3778 Adriántelep (BAZ) 8-9 Vd60
7362 Ág (Bar) 34-35 Tb71
2484 Agárd (Fej) 26-27 Td65
6070 Agárdytelep (BKk) 26-27 Uc68
6076 Ágasegyháza (BKk) 26-27 Uc67
6070 Ágasegyházitanyák (BKk) 26-27 Uc67
4352 Ágerdőmajor (SzSz) 20-21 Xc62
9423 Ágfalva (GyS) 12-13 Rd62
3759 Aggtelek (BAZ) 8-9 Vd58
7562 Ágneslak (Zala) 42-43 Sa70
~ Ágói-patak 16-17 Uf63
8134 Ágostonpuszta (Fej) 24-25 Tb67
2835 Agostyán (Kom) 14-15 Tc63
9442 Agyagosszergény (GyS) 12-13 Rf63
4525 Ajak (SzSz) 10-11 Xa59
8400 Ajka (Ves) 24-25 Sd66
8448 Ajkarendek (Ves) 24-25 Sd66
2862 Aka (Kom) 14-15 Ta64
7030 Akalacspuszta (Tol) 36-37 Te69
5526 Akasztó (Bék) 28-29 Wa66
6221 Akasztó (BKk) 36-37 Ub68
7800 Akasztófadűlő (Bar) 44-45 Tb73
5340 Akasztóhalom (Szo) 28-29 Vd64
8420 Akli (Ves) 24-25 Sf65
3608 Aknatelep (BAZ) 8-9 Vb59
3700 Alacska (Kazincbarcika) (BAZ) 8-9 Vd59
2120 Alagimajor (Pest) 16-17 Ua63
7011 Alap (Fej) 26-27 Te68
5142 Alattyán (Szo) 16-17 Va64
3182 Albertakna (Nóg) 6-7 Ue60
2730 Alberti (Pest) 26-27 Ud65
2730 Albertirsa (Pest) 26-27 Ud65
9243 Albert Kázmér-puszta (GyS) 12-13 Sa61
5008 Alcsisziget (Szo) 28-29 Vb66
8087 Alcsútdoboz (Fej) 14-15 Td64
3353 Aldebrö (Hev) 16-17 Vb62
6750 Algyő (Szeged) (Cso) 38-39 Vb70
8921 Alibánfa (Zala) 22-23 Rf67
8724 Alivárpuszta (Som) 42-43 Sb70
6327 Állampuszta (BKk) 36-37 Ua68
★ Állatkert (Ves) 24-25 Sf66
7934 Almamellék (Bar) 34-35 Sf72
3304 Almár (Eger) (Hev) 18-19 Vc61
2899 Almásfüzitő (Kom) 14-15 Tb62
8935 Almásháza (Zala) 22-23 Sa67
4164 Almásitanya (HB) 30-31 Wc65
5747 Almáskamarás (Bék) 40-41 Wa70
7932 Almáskeresztúr (Bar) 34-35 Sf72
2899 Almáspuszta (Kom) 14-15 Tb62
5463 Almássymajor (Szo) 28-29 Vb67
4285 Álmosd (HB) 20-21 Wf64
4142 Álomzug (HB) 30-31 Wc66
~ Alpár-Nyárlőrinci-csatorna 28-29 Uf67
6793 Alsóátokháza (Cso) 38-39 Uf70
8646 Alsóbélatelep (Som) 34-35 Sd68
3980 Alsóberecki (BAZ) 10-11 We58
7443 Alsóbogát (Som) 34-35 Se69
6200 Alsócebe (BKk) 36-37 Uc69
6135 Alsócsólyos (BKk) 38-39 Uf70
3717 Alsódobsza (BAZ) 8-9 Wa59
7834 Alsóegerszeg (Bar) 42-43 Ta73
6337 Alsóerek (BKk) 36-37 Ua69
2760 Alsó-Feketeerdő (Pest) 26-27 Ue64
3837 Alsógagy (BAZ) 8-9 Wa58
6100 Alsógalambos (BKk) 38-39 Ue68
2131 Alsógöd (Pest) 16-17 Ua62
7512 Alsógyócs (Som) 42-43 Sd71
7557 Alsógyörgyös (Som) 42-43 Sc72
7681 Alsóhegy (Bar) 42-43 Sf72
7251 Alsóhetény (Tol) 34-35 Ta70
6077 Alsójárás (BKk) 38-39 Ud68
8840 Alsok (Som) 34-35 Sa71
8707 Alsókölked (Som) 34-35 Sd69
6050 Alsólajos (BKk) 26-27 Ud66
7211 Alsóleperd (Tol) 36-37 Ta70
9738 Alsómajor (Vas) 22-23 Re64
6341 Alsómégy (BKk) 36-37 Ua70
5452 Alsómesterszállás (Szo) 28-29 Vc67
7345 Alsómocsolád (Bar) 42-43 Tb71
6114 Alsómonostor (BKk) 38-39 Ue68
6132 Alsómóricgát (BKk) 38-39 Ue69
5100 Alsómuszáj (Szo) 16-17 Uf64
7147 Alsónána (Tol) 44-45 Te71
2351 Alsónémedi (Pest) 26-27 Ua65
8921 Alsónemesapáti (Zala) 22-23 Rf67
7148 Alsónyék (Tol) 36-37 Te71
8226 Alsóörs (Ves) 24-25 Sf67
2065 Alsóőrspuszta (Fej) 14-15 Te63
8394 Alsópáhok (Zala) 24-25 Sb68
2200 Alsópakony (Pest) 26-27 Ub65
6135 Alsópálos (BKk) 38-39 Ue70
4400 Alsópázsit (SzSz) 20-21 We61
7066 Alsópélpuszta (Tol) 36-37 Td69
8414 Alsópere (Ves) 24-25 Sf65
2617 Alsópetény (Nóg) 16-17 Ub61
7047 Alsórácegres (Tol) 36-37 Td69
8767 Alsórajk (Zala) 34-35 Rf69
3989 Alsóregmec (BAZ) 10-11 Wd58
5400 Alsórészinyomás (Szo) 28-29 Vd67
5400 Alsórészitanya (Szo) 28-29 Vd66
5400 Alsórészivízköz (Bék) 28-29 Vd67
6635 Alsórét (Cso) 38-39 Vb69
2194 Alsórét (Pest) 16-17 Ud63
9500 Alsóság (Vas) 24-25 Sa65
2688 Alsósarlóspuszta (Nóg) 16-17 Uc62
6513 Alsószállás (BKk) 44-45 Te72
6351 Alsószállások (BKk) 36-37 Tf70
8552 Alsószalmavár (Ves) 14-15 Sd64
5053 Alsószászberek (Szo) 28-29 Va65
8872 Alsószemenye (Zala) 32-33 Rd70
3863 Alsószend (BAZ) 8-9 Wa58
8973 Alsószenterzsébet (Zala) 32-33 Rc68
7012 Alsószentiván (Fej) 26-27 Te68
6445 Alsószentkata (BKk) 44-45 Ub71
6031 Alsószentkirály (BKk) 28-29 Uf67
7826 Alsószentmárton (Bar) 42-43 Tb74
9983 Alsószölnök (Vas) 22-23 Rb67
6080 Alsószőlők (BKk) 26-27 Ub67
3726 Alsószuha (BAZ) 8-9 Vd58
5136 Alsótanyairész (Szo) 16-17 Vb63
7530 Alsótapazd (Som) 42-43 Sd71
~ Alsó-Tápió 16-17 Ud64
3757 Alsótelekes (BAZ) 8-9 Vd58
7054 Alsótengelic (Tol) 36-37 Te69
3067 Alsótold (Nóg) 6-7 Ud61
7000 Alsótöbörzsök (Fej) 26-27 Td67
9842 Alsóújlak (Vas) 22-23 Rf66
3811 Alsóvadász (BAZ) 8-9 Vf59
8000 Alsóváros (Székesfehérvár) 26-27 Tc65
6086 Alsóőszenttamás (BKk) 26-27 Ua67
3571 Alsózsolca (BAZ) 8-9 Vf60
★ Altemplom, XI.szazadi (Hev) 18-19 Vb62
3136 Amáliaakna (Nóg) 6-7 Ue60
8618 Amáliapuszta (Som) 24-25 Sf68
6916 Ambrózfalva (Cso) 38-39 Ve70
3882 Ananyospuszta (BAZ) 8-9 Wb59
4600 Anarcs (SzSz) 10-11 Xa59
4100 Andaháza (HB) 30-31 Wc65
8675 Andocs (Som) 34-35 Sf69
8741 Andorháza (Zala) 34-35 Sa68
8735 Andormajor (Ves) 34-35 Sb69
3399 Andornaktálya (Hev) 18-19 Vc61
9811 Andrásfa (Vas) 22-23 Re67
8904 Andráshida (Zala) 22-23 Re67
7025 Andráspuszta (Tol) 36-37 Tf68
3780 Andrástanya (BAZ) 8-9 Ve58
1131 Angyalföld (Bp) 16-17 Ua63
4262 Angyaltelek (HB) 20-21 Wf63
7184 Annafürdő (Tol) 42-43 Tc70
2071 Annavadászh. (Pest) 14-15 Tf63
2529 Annavölgyibánya (Kom) 14-15 Td62
7925 Antalfalu (Bar) 34-35 Se72
8821 Antalhegy (Zala) 34-35 Sa69
7452 Antallmajor (Som) 34-35 Sf70
3768 Antalmajor (BAZ) 8-9 Vf57
7475 Antalszállás (Som) 34-35 Sf71
9600 Antóniamajor (Vas) 22-23 Rf65
3100 Apácapuszta (Nóg) 16-17 Ud60
8491 Apácatorna (Ves) 24-25 Sb66
4553 Apagy (SzSz) 10-11 Wf61
2345 Apaj (Pest) 26-27 Ua66
7186 Aparhant (Tol) 36-37 Tc71
6931 Apátfalva (Cso) 38-39 Vd71
3188 Apátipuszta (Nóg) 6-7 Ud60
9982 Apátistranfalva (Vas) 22-23 Rb67
★ Apátság (Ves) 24-25 Sf65
★ Apátság (Ves) 24-25 Sf67
★ Apátságitemplon (Vas) 22-23 Rd66
7720 Apátvarasd (Bar) 36-37 Tc71
7723 Apátvarasd (Bar) 36-37 Td71
3032 Apc (Hev) 16-17 Ue62
2338 Áporka (Pest) 26-27 Ua65
6088 Apostag (BKk) 26-27 Tf67
3950 Apróhomok (BAZ) 10-11 Wd59
4252 Aradvanypuszta (HB) 20-21 We63
9228 Arak (GyS) 12-13 Sc61
6080 Aranyegyháza (BKk) 26-27 Ub67
6646 Aranyhegy-dűlő (BKk) 38-39 Uf69
2424 Aranykülsőtanya (Fej) 26-27 Te68
8790 Aranyod (Zala) 22-23 Sa67
5241 Aranyos (Szo) 28-29 Ve64
4634 Aranyosapáti (SzSz) 10-11 Xb59
7671 Aranyosgadány (Bar) 42-43 Ta72
~ Aranyos-patak 34-35 Sd70
7570 Aranyospuszta (Som) 42-43 Sc73
4200 Aranyszeg (HB) 18-19 Wc64
★ Arborétum (Fej) 14-15 Td64
★ Arborétum (Pest) 16-17 Ub62
2750 Árboz (Pest) 28-29 Uf66
3885 Arka (BAZ) 8-9 Wb58
8060 Árkipuszta (Fej) 14-15 Tb64
4071 Árkus (HB) 18-19 Wa63
5463 Árkusdűlő (BKk) 28-29 Va67
3663 Arló (BAZ) 8-9 Vb59
3713 Arnót (BAZ) 8-9 Vf60
5820 Árokospuszta (Bék) 40-41 Vf71
3467 Ároktő (BAZ) 18-19 Vf62
6794 Árpáddűlő (Cso) 38-39 Ue70
6623 Árpádhalom (Cso) 38-39 Vd69
★ Árpádkori templom (Bar) 34-35 Tb72
★ Árpádkori templom (GyS) 12-13 Sc62
6065 Arpádszállás (BKk) 28-29 Uf67
5811 Árpádtelep (Bék) 40-41 Vf70
6066 Árpádtelep (BKk) 28-29 Uf67
8500 Árpádtelep (Ves) 24-25 Sb65
7304 Árpádtető (Bar) 36-37 Tb72
9132 Árpás (GyS) 12-13 Sc63
4115 Ártánd (HB) 30-31 We66
6783 Ásotthalom (Cso) 38-39 Ue71
4262 Asszonyrész (HB) 20-21 Wf63

1, 2, 3... A, Á B C Cs D Dzs E, È F G Gy H I, Í J K L Ly M N Ny O, Ó Ö, Ő P R S Sz T Ty U, Ú Ü, Ű V W X Z Zs

Asszonyrész (H) 55

9177 Ásványráró (GyS) 12-13 Sd62
3841 Aszaló (BAZ) 8-9 Vf59
2881 Ászár (Kom) 14-15 Sf63
2170 Aszód (Pest) 16-17 Uc63
8241 Aszófő (Ves) 24-25 Sf67
7763 Áta (Bar) 42-43 Tb73
3371 Átány (Hev) 18-19 Vc63
3213 Atkár (Hev) 16-17 Uf62
7030 Atomerőmű (Tol) 36-37 Tf69
7252 Attala (Tol) 42-43 Ta70
4069 Attilatelep (HB) 18-19 Vf63
2500 Autógyár (Kom) 14-15 Te62
8858 Avaspuszta (Som) 42-43 Sa71

B

6792 Bábadűlő (Cso) 38-39 Uf70
7757 Babarc (Bar) 44-45 Td72
7814 Babarcszőlős (Bar) 42-43 Ta73
2100 Babatpuszta (Pest) 16-17 Uc63
9097 Babilónia (Kom) 14-15 Sf63
2943 Bábolna (Kom) 14-15 Sf63
8658 Bábonymegyer (Som) 24-25 Ta68
8983 Babosdöbréte (Zala) 22-23 Re68
9351 Babót (GyS) 12-13 Sa63
5310 Babó-Turgony (Szo) 28-29 Ve65
8127 Bacosótanya (Fej) 26-27 Td66
9061 Bácsa (Győr) (GyS) 14-15 Sd62
6430 Bácsalmás (BKk) 38-39 Uc72
6453 Bácsbokod (BKk) 36-37 Ua72
~ Bácsbokodi-víztároló 36-37 Ub72
6423 Bácsborista (Cso) 38-39 Ud71
6454 Bácsborsód (BKk) 44-45 Ua72
4183 Bácsdűlő (HB) 30-31 Wb64
6511 Bácsszentgyörgy (BKk) 44-45 Ua73
6425 Bácsszőlős (BKk) 38-39 Uc72
★ Badacsony (Ves) 24-25 Sd68
8258 Badacsonytomaj (Ves) 24-25 Sd68
8263 Badacsonytördemic (Ves) 24-25 Sc68
2191 Bag (Pest) 16-17 Uc63
4286 Bagamér (HB) 20-21 Wf64
4163 Bagditanya (HB) 30-31 Wa65
2347 Baghyürbőpuszta (Pest) 26-27 Ub66
8976 Baglad (Zala) 32-33 Rc68
7521 Baglas (Som) 42-43 Se70
3136 Baglyasalja (Salgótarján) 6-7 Ue60
3441 Baglyostanya (BAZ) 18-19 Ve62
8994 Bagod (Zala) 22-23 Re67
8617 Bagóhegy (Som) 24-25 Sf68
8831 Bagola 34-35 Sa70
3235 Bagolyírtás (Hev) 16-17 Uf61
4075 Bagota (HB) 18-19 Wb62
9145 Bägyogszovat (GyS) 12-13 Sc63
2890 Baj (Kom) 14-15 Tc63
6500 Baja (BKk) 36-37 Tf71
9944 Bajánsenye (Vas) 22-23 Rc68
6503 Bajaszentistván (BKk) 36-37 Tf71
8835 Bajcsa 34-35 Rf70
2525 Bajna (Kom) 14-15 Td63
4517 Bajorhegy (SzSz) 10-11 Wf60
2533 Bajót (Kom) 14-15 Td62
8945 Bak (Zala) 32-33 Rf68
7585 Bakháza (Som) 34-35 Sc72
7393 Bakóca (Bar) 42-43 Sf71
4074 Bakóhát (HB) 18-19 Wc62
4164 Bakonszeg (HB) 30-31 Wc65
7675 Bakonya (Bar) 42-43 Ta72
2885 Bakonybánk (Kom) 14-15 Sf64
8564 Bakonybél (Ves) 24-25 Se65
8056 Bakonycsernye (Fej) 24-25 Ta65
8448 Bakonygyepes (Ves) 24-25 Sd66
8433 Bakonygyirót (Ves) 14-15 Se64
8581 Bakonyjákó (Ves) 24-25 Sd65
8571 Bakonykoppány (Ves) 24-25 Se65
8046 Bakonykúti (Fej) 24-25 Tb65
8181 Bakonymajor (Ves) 24-25 Tb66
8416 Bakonynána (Ves) 24-25 Sf65
8418 Bakonyoszlop (Ves) 24-25 Sf64
8595 Bakonypölöske (Ves) 24-25 Sc65
8557 Bakonyság (Ves) 14-15 Sd64
2861 Bakonysárkány (Kom) 14-15 Ta64
8557 Bakonyszentiván (Ves) 14-15 Se64
8430 Bakonyszentkirály (Ves) 24-25 Sf64
8431 Bakonyszentlászló (Ves) 14-15 Se64
2884 Bakonyszombathely (Kom) 14-15 Sf64
8572 Bakonyszücs (Ves) 24-25 Se64
8555 Bakonytamási (Ves) 14-15 Se64
2678 Bakópuszta (Nóg) 16-17 Ub60
5331 Bakosmajor (Szo) 28-29 Vd65
6768 Baks (Cso) 38-39 Va69
7834 Baksa (Bar) 42-43 Ta73
3183 Baksaháza (Nóg) 6-7 Ue60
3836 Baktakék (BAZ) 8-9 Wa58
4561 Baktalórántháza (SzSz) 10-11 Xa61
6728 Baktó (Szeged) (Cso) 38-39 Vb71
8946 Baktüttös (Zala) 34-35 Re68
2300 Balabánsziget (Pest) 26-27 Tf65
3780 Balajt (BAZ) 8-9 Ve59
6764 Balástya (Cso) 38-39 Va70
~ Balástya-Csólyosi-csatorna 38-39 Uf70
3347 Balaton (Hev) 8-9 Vb60
~ Balaton 24-25 Sc68
8243 Balatonakali (Ves) 24-25 Se67
8174 Balatonakarattya (Ves) 24-25 Ta66
8171 Balatonaliga (Ves) 24-25 Tb67
8220 Balatonalmádi (Ves) 24-25 Ta66
8649 Balatonberény (Som) 34-35 Sb68
8630 Balatonboglár (Som) 24-25 Sd68
8131 Balatonbozsok (Fej) 24-25 Tb67
8272 Balatoncsicsó (Ves) 24-25 Se67
8312 Balatonederics (Ves) 24-25 Sc68
8613 Balatonendréd (Som) 24-25 Sf67
8646 Balatonfenyves (Som) 34-35 Sc68
8163 Balatonfőkajár (Ves) 24-25 Tb66
8623 Balatonföldvár (Som) 24-25 Sf67
8230 Balatonfüred (Ves) 24-25 Sf67
8175 Balatonfűzfő (Ves) 24-25 Ta66
8313 Balatongyörök (Zala) 24-25 Sc68
8275 Balatonhenye (Ves) 24-25 Sd67
8392 Balatonhídvég (Zala) 34-35 Sb69
8174 Balatonkenese (Ves) 24-25 Ta66
8647 Balatonkeresztúr (Som) 34-35 Sc68
8638 Balatonlelle (Som) 24-25 Se68
8753 Balatonmagyaród (Zala) 34-35 Sb69
8647 Balatonmáriafürdő (Som) 34-35 Sc68
8636 Balatonőszöd (Som) 24-25 Se68
8256 Balatonrendes (Ves) 24-25 Sd68
8651 Balatonszabadi (Som) 24-25 Ta67
8624 Balatonszárszó (Som) 24-25 Sf68
8636 Balatonszemes (Som) 24-25 Se68
8710 Balatonszentgyörgy (Som) 34-35 Sb68
8252 Balatonszepezd (Ves) 24-25 Sd67
8230 Balatonszőlős (Ves) 24-25 Se67
8242 Balatonudvari (Ves) 24-25 Se67
8712 Balatonújlak (Som) 34-35 Sc68
6080 Balázs (BKk) 26-27 Uc67
6085 Balázspuszta (BKk) 26-27 Uc67
4103 Balázspuszta (HB) 30-31 Wc66
9494 Balffürdő (Sopron) (GyS) 12-13 Re63
8055 Balinka (Fej) 24-25 Tb65
8054 Balinkabánya (Fej) 24-25 Ta65
4233 Balkány (SzSz) 20-21 Wf62
5212 Balla (Szo) 28-29 Vc65
5420 Ballai (Szo) 28-29 Ve66
5212 Ballapuszta (Szo) 28-29 Vc65
6035 Ballószög (BKk) 26-27 Ud67
4060 Balmazújváros (HB) 18-19 Wc63
4100 Baloghtanya (HB) 30-31 Wc65
9771 Balogunyom (Vas) 22-23 Rd66
6412 Balotaszállás (BKk) 44-45 Ud70
4467 Balsa (SzSz) 8-9 Wd59
8614 Bálványos (Som) 24-25 Sf68
2944 Bana (Kom) 14-15 Sf63
8443 Bánd (Ves) 24-25 Se66
7914 Bánfa (Bar) 42-43 Sf73
8866 Bánfapuszta (Zala) 32-33 Rf70
4445 Bánfibokor (SzSz) 8-9 Wd61
5349 Bánhalma (Szo) 28-29 Vd65
Bánhalma (Szo) 28-29 Ve65
4266 Bánháza (HB) 20-21 Xa63
2800 Bánhida (Tatabánya) 14-15 Tc63
3642 Bánhorváti (BAZ) 8-9 Vd59
~ Báni-patak 36-37 Td69
2653 Bánk (Nóg) 16-17 Ub61
4079 Bánk (Debrecen) (HB) 20-21 We64
6100 Bankfalu (Kiskunfélegyháza) (BKk) 38-39 Uf68
2340 Bankháza (Pest) 26-27 Ua65
5752 Bánkút (Bék) 40-41 Wa69
8891 Bánokszentgyörgy (Zala) 34-35 Re69
5241 Bánomszőlő (HB) 18-19 Vd64
7677 Bános (Bar) 36-37 Ta72
3654 Bánréve (BAZ) 8-9 Vc59
3651 Bánszállás (BAZ) 8-9 Vc59
7478 Bánya (Som) 34-35 Sd71
8082 Bányatelep (Fej) 24-25 Tc64
3259 Bányatelep (Hev) 16-17 Vb60
2023 Bányatelep (Pest) 16-17 Ua62
8444 Bányatelep (Ves) 24-25 Se66
8087 Bányavölgy (Fej) 26-27 Te64
7711 Bár (Bar) 44-45 Te72
Barabás (SzSz) 10-11 Xc59
2427 Baracs (Fej) 26-27 Tf67
2471 Baracska (Fej) 26-27 Te65
★ Baradlabarlang (BAZ) 8-9 Vc58
4161 Báránd (HB) 30-31 Wb65
8765 Bárándpuszta (Zala) 34-35 Sa68
~ Baranya-csatorna 36-37 Ta71
7841 Baranyahídvég (Bar) 42-43 Ta73
7384 Baranyajenő (Bar) 34-35 Ta71
7385 Baranyaszentgyörgy (Bar) 34-35 Ta71
7100 Bárányfok (Tol) 44-45 Te70
2431 Bárányjárás (Fej) 26-27 Te66
7585 Baratinpuszta (Som) 42-43 Sb72
8897 Barátipuszta (Zala) 34-35 Rf68
2500 Barátkút (Kom) 16-17 Te62
8785 Barátsziget (Zala) 22-23 Sa67
6636 Barattyos (Cso) 38-39 Vb70
7394 Barátúr (Bar) 34-35 Tb71
9169 Barbacs (GyS) 12-13 Sb63
5510 Barcé (Bék) 28-29 Vf66
7570 Barcs (Som) 42-43 Sc73
7523 Bárdudvarnok (Som) 34-35 Se71
8948 Barlahida (Zala) 32-33 Re68
3126 Bárna (Nóg) 6-7 Uf60
8291 Barnag (Ves) 24-25 Se67
8897 Barnakpuszta (Zala) 32-33 Rf68
8695 Barótihegy (Som) 34-35 Sd69
5331 Bársonyház (Szo) 28-29 Ve65
2883 Bársonyos (Kom) 14-15 Sf63
8960 Bárszentmihályfa (Zala) 32-33 Rd69
5212 Barta (Szo) 28-29 Vc65
2900 Bartusekpuszta (Kom) 14-15 Ta62
2028 Basaharc (Kom) 16-17 Te62
7923 Basal (Bar) 42-43 Se72
4446 Bashalom (SzSz) 18-19 Wd60
3881 Baskó (BAZ) 8-9 Wb59
7149 Báta (Tol) 36-37 Te72
7164 Bátaapáti (Tol) 44-45 Td71
7140 Bátaszék (Tol) 36-37 Te71
7258 Baté (Som) 42-43 Sf70
6800 Batida (Cso) 38-39 Vc70
6528 Bátmonostor (BKk) 44-45 Tf72
3078 Bátonyterenye (Nóg) 6-7 Ue61
3336 Bátor (Hev) 8-9 Vb61
4343 Bátorliget (SzSz) 20-21 Xb62
3794 Battatanya (BAZ) 8-9 Ve59
5830 Battonya (Bék) 40-41 Wa71
2870 Battyánpuszta (Kom) 14-15 Ta63
8710 Battyánpuszta (Som) 34-35 Sb68
6331 Bátya (BKk) 36-37 Tf70
8797 Batyk (Zala) 22-23 Sa67
8887 Báza (Zala) 32-33 Re69
8888 Bázakerettye (Zala) 32-33 Re69
★ Bazaltorgonák (Ves) 24-25 Sc67
★ Bazilika (Kom) 14-15 Te62
8983 Bazita (Zala) 22-23 Re68
8352 Bazsi (Ves) 24-25 Sb67
8558 Béb (Ves) 24-25 Sd64
7900 Becefa (Bar) 42-43 Sf72
8866 Becsehely (Zala) 34-35 Re70
2693 Becske (Nóg) 16-17 Uc61
3963 Becsked (BAZ) 10-11 We59
3768 Becskeháza (BAZ) 8-9 Vf57
8985 Becsvölgye (Zala) 22-23 Re68
2700 Bede (Pest) 26-27 Uf66
8666 Bedegkér (Som) 34-35 Ta69
3075 Bedepuszta (Nóg) 16-17 Ud60
4128 Bedő (HB) 30-31 We66
4461 Bedőbokor (SzSz) 10-11 Wd61
9683 Bejcgyertyános (Vas) 22-23 Rf66
8515 Békás (Ves) 24-25 Sc65
2011 Békásmegyer (Bp) 16-17 Ua63
7754 Békáspuszta (Bar) 44-45 Tc73
★ Békebarlang (BAZ) 8-9 Vd58
3903 Bekecs (BAZ) 8-9 Wd60
5671 Békécsaba (Bék) 40-41 Wa68
5008 Bekehalom (Szo) 28-29 Vb66
7555 Békepuszta (Som) 42-43 Sd72
5630 Békés (Bék) 30-31 Wa68
5946 Békéssámson (Bék) 40-41 Vd70
5561 Békésszentandrás (Bék) 28-29 Vc67
4233 Béketelep (SzSz) 20-21 We62
6728 Béketelep (Szeged) (Cso) 38-39 Va71
3343 Bekölce (Hev) 8-9 Vb60
8929 Bélamajor (Zala) 32-33 Rf68
3346 Bélapátfalva (Hev) 18-19 Vc60
3973 Bélatanya (BAZ) 10-11 Wf59
7589 Bélavár (Som) 34-35 Sb72
7061 Belecska (Tol) 36-37 Tc69
9343 Beled (GyS) 12-13 Sa64
7543 Beleg (Som) 34-35 Sc71
3563 Belegrád (BAZ) 8-9 Vf60
4446 Belegrád (SzSz) 18-19 Wd60
8855 Belezna (Zala) 34-35 Rf71
5643 Bélmegyer (Bék) 30-31 Wb67
2455 Beloiannisz (Fej) 26-27 Te65
8127 Belsőbáránd (Fej) 24-25 Td66
6600 Belsőecser (Cso) 28-29 Vc68
2746 Belsőenő (Pest) 28-29 Va66
2746 Belsőjenő (Szo) 28-29 Va66
2370 Belsőmántelek (Pest) 26-27 Ub65
4164 Belsőmóka (HB) 30-31 Wc65
5820 Belsőperegitanyák (Bék) 40-41 Vf71
5820 Belsőperegpuszta (Bék) 40-41 Vf71
8978 Belsősárd (Zala) 32-33 Rc69
3964 Belsőtanya (BAZ) 10-11 Wf58
5946 Belsőújtelep (Bék) 40-41 Vd70
3124 Belsőzabar (Nóg) 6-7 Va60
7747 Belvárdgyula (Bar) 44-45 Tc73
5083 Bemapótelep (Szo) 28-29 Vc66
★ Bencés templom (Sopron) (GyS) 12-13 Rd62
3165 Benczúrfalva (Nóg) 6-7 Ud60
6050 Bene (BKk) 26-27 Ud66
4644 Benk (SzSz) 10-11 Xb59
9739 Benkeházamajor (Vas) 22-23 Rd65
2216 Bénye (Pest) 26-27 Ud64
3045 Bér (Nóg) 16-17 Ud61
9831 Bérbaltavár (Vas) 22-23 Rf66
2687 Bercel (Nóg) 16-17 Uc61
4934 Beregdaróc (SzSz) 10-11 Xd59
4933 Beregsurány (SzSz) 10-11 Xd60
5510 Berek (Bék) 28-29 Vf66
6600 Berek (Cso) 38-39 Vb69
4116 Berekböszörmény (HB) 30-31 We66
5300 Berekfürdő (Szo) 28-29 Ve64
9756 Berekmajor (Vas) 22-23 Rf65
7827 Beremend (Bar) 44-45 Tc74
3700 Berente (Kazincbarcika) (BAZ) 8-9 Vd59
6921 Berényimajor (Cso) 38-39 Vc71
5123 Berényi utid dűlő (Szo) 16-17 Uf63
3834 Beret (BAZ) 8-9 Wa58
4103 Berettyószentmárton (HB) 30-31 Wd65
4100 Berettyóújfalu (HB) 30-31 Wd65
2745 Beretvás (Pest) 28-29 Va66
8181 Berhida (Ves) 24-25 Ta66
2642 Berkenye (Nóg) 16-17 Ua61
7664 Berkesd (Bar) 44-45 Tc72
4521 Berkesz (SzSz) 10-11 Wf60
3368 Bernáthegy (Hev) 18-19 Vb63
2421 Bernátkut (Fej) 26-27 Tf67
2639 Bernecebaráti (Pest) 16-17 Tf60
2024 Bersekbánya (Kom) 14-15 Tc62
7562 Bertalanpuszta (Som) 42-43 Sc70
3324 Bervailakótelep (Hev) 8-9 Vc61
3575 Berzék (BAZ) 18-19 Vf60
7516 Berzence (Som) 34-35 Sa71
7838 Besence (Bar) 42-43 Sf73
4555 Besenyőd (SzSz) 10-11 Xa61
3373 Besenyőtelek (Hev) 18-19 Vc62
5071 Besenyszög (Szo) 28-29 Vb65
2456 Besnyő (Fej) 26-27 Te65
4502 Beszeterc (SzSz) 10-11 Wf60
7300 Bétaakna (Bar) 36-37 Tb71
7148 Betekintspuszta (Tol) 36-37 Te71
7782 Bezedek (Bar) 44-45 Td73
9224 Bezenye (GyS) 2-3 Sb61
8934 Bezeréd (Zala) 22-23 Sa67
9161 Bezi (GyS) 12-13 Sc62
5540 Bezinaiszőlők (Bék) 28-29 Vd68
6326 Bezzegpuszta (Tol) 36-37 Td69
6132 Bezsenyidűlő (BKk) 38-39 Ue69
2051 Biatorbágy (Pest) 16-17 Te64

56 (H) Ásványráró

7671 Bicsérd (Bar) 42-43 Ta72
2060 Bicske (Fej) 14-15 Td64
4175 Bihardancsháza (HB) 30-31 Wb65
4110 Biharkeresztes (HB) 30-31 We66
4172 Biharnagybajom (HB) 30-31 Wb65
4173 Bihartorda (HB) 30-31 Wc65
5538 Biharugra (Bék) 30-31 Wd67
7043 Bikács (Tol) 36-37 Te68
5674 Bikács sor (Bék) 40-41 Vf68
7346 Bikal (Bar) 42-43 Tb71
2944 Bikarét (Kom) 14-15 Sf63
5123 Bikarétdűlő (Szo) 16-17 Uf63
2543 Bikol (Kom) 14-15 Tc62
4235 Biri (SzSz) 20-21 Wf62
~ Biritói-halastavak 36-37 Te69
7030 Biritópuszta (Tol) 36-37 Te69
7761 Birján (Bar) 42-43 Tc72
4551 Birketanya (SzSz) 20-21 Wf61
7811 Bisse (Bar) 42-43 Tb73
~ Bivalyhalmi-tó 18-19 Wa62
5650 Blankamajor (Bék) 28-29 Wa68
9542 Boba (Vas) 24-25 Sb65
8943 Bocfölde (Zala) 22-23 Rf68
3368 Boconád (Hev) 16-17 Vb63
4103 Bócs (HB) 30-31 Wc65
6235 Bócsa (BKk) 36-37 Uc69
8776 Bocska (Zala) 34-35 Rf69
4241 Bocskaiker (HB) 20-21 Wd63
7672 Boda (Bar) 42-43 Ta72
8053 Bodajk (Fej) 24-25 Tb65
8127 Bodakajtor (Fej) 26-27 Tc66
4224 Bodaszőlő (HB) 20-21 Wd63
5650 Bódishát (Bék) 28-29 Wa67
8080 Bodmér (Fej) 14-15 Td64
6120 Bodoglár (BKk) 38-39 Ud69
7394 Bodolyabér (Bar) 36-37 Ta71
9134 Bodonhely (GyS) 12-13 Sc63
3243 Bodony (Hev) 16-17 Va61
8471 Bodorfa (Ves) 24-25 Sc66
6766 Bodorszék (Cso) 38-39 Va70
2676 Bodóvölgy (Nóg) 6-7 Uc61
7439 Bodrog (Som) 34-35 Sd70
3950 Bodroghalász (BAZ) 8-9 Wd59
3987 Bodroghalom (BAZ) 10-11 We59
3916 Bodrogkeresztúr (BAZ) 8-9 Wc60
3916 Bodrogkisfalud (BAZ) 8-9 Wc59
3943 Bodrogolaszi (BAZ) 8-9 Wd59
3767 Bódvalenke (BAZ) 8-9 Ve57
3764 Bódvarákó (BAZ) 8-9 Ve57
3763 Bódvaszilas (BAZ) 8-9 Ve57
7500 Bodvica (Som) 34-35 Sc71
5630 Bodzászug (Bék) 28-29 Wa68
3412 Bogács (BAZ) 18-19 Vd61
7742 Bogád (Bar) 44-45 Tb72
7836 Bogádmindszent (Bar) 42-43 Ta73
7966 Bogdása (Bar) 42-43 Se73
7132 Bogyiszló (Tol) 44-45 Te70
9324 Bogyoszló (GyS) 12-13 Sb63
4114 Bojt (HB) 30-31 We65
8762 Bókaháza (Zala) 22-23 Sa68
7717 Boki gátőrház (Bar) 44-45 Te73
2855 Bokod (Kom) 14-15 Tb64
~ Bokodi-Kígyós-csatorna 44-45 Ua72
8484 Bokodpuszta (Vas) 24-25 Sa65
3066 Bokor (Nóg) 16-17 Ud61
4103 Bokoritanya (HB) 30-31 Wd65
4100 Bokros (Bék) 28-29 Vf66
6648 Bokros (Cso) 38-39 Va68
3016 Boldog (Hev) 16-17 Ue63
7937 Boldogasszonyfa (Bar) 34-35 Sf71
2911 Boldogasszonypuszta (Kom) 14-15 Tb62
3884 Boldogkőújfalu (BAZ) 8-9 Wb59
3885 Boldogkőváralja (BAZ) 8-9 Wb58
3794 Boldva (BAZ) 8-9 Ve59
7517 Bolhás (Som) 34-35 Sb71
7587 Bolhó (Som) 42-43 Sb72
5300 Bolonás (Szo) 28-29 Vf65
7754 Bóly (Bar) 44-45 Td73
8992 Boncodfölde (Zala) 22-23 Re67
7281 Bonnya (Som) 34-35 Sf69
7281 Bonnyapuszta (Som) 34-35 Sf69
7150 Bonyhád (Tol) 36-37 Td71
7158 Bonyhádvarasd (Tol) 44-45 Tc70
8081 Borbála (Fej) 24-25 Tc65
4400 Borbánya (Nyíregyháza) (SzSz) 20-21 We61
6000 Borbás 26-27 Ue67
5243 Borbélytanya (Szo) 18-19 Vd63
6795 Bordány (Cso) 38-39 Uf71
9673 Borgáta (Vas) 22-23 Sa66
7756 Borjád (Bar) 44-45 Tc73
7213 Borjád (Tol) 36-37 Ta70
7052 Borjád (Tol) 36-37 Td69
2254 Borjújárás (Pest) 16-17 Ue64
9155 Bormászpuszta (GyS) 12-13 Sb62
8700 Boronka (Som) 34-35 Sc69
~ Boronkaipatak 34-35 Sc68
5556 Borosdűlő (Bék) 28-29 Ve68
6445 Borota (BKk) 36-37 Ub71
8885 Borsfa (Zala) 34-35 Re70
5233 Borshalom (Szo) 28-29 Vd64
6067 Borsihalom (BKk) 28-29 Uf68
3658 Borsodbóta (BAZ) 8-9 Vc59
3426 Borsodgeszt (BAZ) 8-9 Ve61
3462 Borsodivánka (BAZ) 18-19 Vd62
3671 Borsodnádasd (BAZ) 8-9 Vb60
3623 Borsodszentgyörgy (BAZ) 8-9 Vb59
3796 Borsodszirák (BAZ) 8-9 Ve59
2644 Borsosberény (Nóg) 6-7 Ua61
8511 Borsosgyör (Ves) 24-25 Sc65
5510 Borszeg (Bék) 28-29 Vf66
8481 Borszörcsök (Ves) 24-25 Sc66
4161 Borz (Bék) 28-29 Vf66
8429 Borzavár (Ves) 24-25 Se65
4511 Borzsova (SzSz) 10-11 Wf60
7811 Bosta (Bar) 42-43 Tb73
8660 Bótapuszta (Som) 24-25 Ta68
8900 Botfa (Zala) 22-23 Rf68
4955 Botpalád (SzSz) 20-21 Xe60
2091 Botpuszta (Fej) 14-15 Te64
5920 Botyánszkitanya (Bék) 40-41 Vf69
7900 Botykapeterd (Bar) 42-43 Sf72
9751 Bozzai (Vas) 22-23 Re65
9625 Bő (Vas) 22-23 Re64
3574 Bőcs (BAZ) 18-19 Vf60
6328 Bőddnagymajor (BKk) 36-37 Tf69
8991 Böde (Zala) 22-23 Re67
8969 Bödeháza (Zala) 32-33 Rc69
4065 Bödönhát (HB) 18-19 Wa62
9612 Bögöt (Vas) 22-23 Re65
9676 Bögöte (Vas) 22-23 Sa66
8719 Böhönye (Som) 34-35 Sc70
6600 Bökény (Cso) 28-29 Vc68
6932 Bökény (Cso) 40-41 Vd72
4231 Bököny (SzSz) 20-21 We62
5537 Bölcsipuszta (Bék) 30-31 Wc67
7025 Bölcske (Tol) 36-37 Tf68
9073 Bőny (GyS) 14-15 Sf63
9152 Börcs (GyS) 14-15 Sc62
8000 Börgönd 26-27 Td66
6327 Börtelek (BKk) 36-37 Ua68
4763 Börvelyi úti tanyák (SzSz) 20-21 Xd62
8772 Börzönce (Zala) 32-33 Rf69
7150 Börzsöny (Tol) 44-45 Td71
2624 Börzsönyliget (Pest) 16-17 Ua61
9167 Bősárkány (GyS) 12-13 Sb62
7475 Bőszénfa (Som) 34-35 Sf71
6090 Bösztör (BKk) 26-27 Ub67
9727 Bozsok (Vas) 22-23 Rc65
3998 Bózsva (BAZ) 10-11 Wc58
5743 Brédamajor (Bék) 40-41 Wb70
9408 Brennbergbánya (GyS) 12-13 Rc63
3271 Brezováitanya (Hev) 16-17 Uf62
5920 Brucelladűlő (Bék) 40-41 Ve69
★ Brunszvikkastély (Fej) 26-27 Te65
2500 Búbánatvögly (Kom) 16-17 Te62
2365 Bucka (Pest) 26-27 Uc65
5527 Bucsa (Bék) 30-31 Vf65
9792 Bucsu (Vas) 22-23 Rc65
8925 Bucsuszentlászló (Zala) 22-23 Rf68
8893 Bucsuta (Zala) 32-33 Rf69
4264 Budaábrány (HB) 20-21 Wf63
8999 Budafa (Zala) 22-23 Rd67
8872 Budafapuszta (Zala) 32-33 Re69
1112 Budafok (Bp) 16-17 Ua64
2738 Budaiút (Pest) 28-29 Ue65
2093 Budajenő (Pest) 16-17 Te63
2011 Budakalász (Pest) 16-17 Ua63
2092 Budakeszi (Pest) 16-17 Tf63
1112 Budaörs (Pest) 16-17 Tf64
1112 Budaőrsi-Kamaraerdő (Pest) 16-17 Tf64
1054 Budapest (Bp) 16-17 Ua64
8999 Budata (Zala) 22-23 Rd67
1224 Budatétény (Bp) 16-17 Tf64
★ Budavári Palota (Budapest) (Bp) 16-17 Ua63
6524 Budzsák (BKk) 44-45 Tf73
6114 Bugac (BKk) 38-39 Ue68
★ Bugaci csárda (BKk) 38-39 Ud68
6114 Bugacpusztaháza (BKk) 38-39 Ud68
2347 Bugyi (Pest) 26-27 Ua65
4483 Buj (SzSz) 10-11 Wd60
2672 Burjaspuszta (Nóg) 6-7 Uc60
8774 Búslakpuszta (Zala) 34-35 Rf69
4400 Butyka (Nyíregyháza) (SzSz) 20-21 We61
4246 Butyka sor (SzSz) 20-21 We61
4263 Buzita (HB) 20-21 Wf63
3752 Büdöskútpuszta (BAZ) 8-9 Ve58
~ Büdös-tói-csatorna 38-39 Ud69
6080 Büge (BKk) 26-27 Ub67
9737 Bük (Vas) 22-23 Re64
3557 Bükk (BAZ) 18-19 Vd60
3423 Bükkábrány (BAZ) 18-19 Ve61
3554 Bükkaranyos (BAZ) 8-9 Ve61
3648 Bükkmogyorósd (BAZ) 8-9 Vc60
★ Bükkősd (Bar) 34-35 Sf72
3335 Bükkszék (Hev) 8-9 Vb61
3257 Bükkszenterzsébet (Hev) 18-19 Va60
3557 Bükkszentkereszt (BAZ) 8-9 Vd60
3517 Bükkszentlászló (Miskolc) (BAZ) 8-9 Vd60
3346 Bükkszentmárton (Hev) 8-9 Vb60
3414 Bükkzsérc (BAZ) 8-9 Vd61
7973 Bürüs (Bar) 42-43 Se73
7273 Büssü (Som) 34-35 Sf70
3821 Büttös (BAZ) 8-9 Wa58
8695 Buzsák (Som) 34-35 Sd69

C

9725 Cák (Vas) 22-23 Rd64
9165 Cakóháza (GyS) 12-13 Sb62
7013 Cece (Fej) 26-27 Td68
4732 Cégénydányád (SzSz) 20-21 Xd61
2700 Cegléd (Pest) 26-27 Ue65
2737 Ceglédbercel (Pest) 26-27 Ue65
7921 Ceglédpuszta (Bar) 42-43 Se72
9511 Celldömölk (Vas) 24-25 Sa65
3651 Center (BAZ) 8-9 Vc59
3123 Cered (Nóg) 6-7 Uf60
4141 Cerepestanya (HB) 30-31 Wc66
6430 Cérnahát (BKk) 44-45 Ua72
9625 Chernelházadamonya (Vas) 22-23 Rf64
4233 Cibak (SzSz) 20-21 Wf62
5462 Cibakháza (Szo) 28-29 Vb67
2700 Cifrakertdűlő (Pest) 28-29 Ue65
4372 Cifraszállás (SzSz) 20-21 Xa62
3973 Cigánd (BAZ) 10-11 Wf59
4445 Cigánybokor (SzSz) 18-19 Wd61
~ Cigányka-ér 40-41 Wa70
7161 Cikó (Tol) 44-45 Td71
9226 Cikolasziget (GyS) 12-13 Sc61
9364 Cirák (GyS) 12-13 Sa64
4145 Cirkópuszta (HB) 30-31 Wc66
5082 Cukorgyárimajor (Szo) 28-29 Vc66
7843 Cún (Bar) 42-43 Ta74

Cs

8666 Csaba (Som) 34-35 Ta69
5551 Csabacsűd (Bék) 28-29 Vd68
5609 Csabaszabadi (Bék) 40-41 Vf69
2064 Csabdi (Fej) 14-15 Td63
6230 Csábor (BKk) 38-39 Ub69
8474 Csabrendek (Ves) 24-25 Sb66
8795 Csáford (Zala) 22-23 Sa67
9375 Csáfordjánosfa (GyS) 12-13 Rf64
4967 Csaholc (SzSz) 10-11 Xe61
8163 Csajág (Ves) 24-25 Tb66
8735 Csákány (Som) 34-35 Sb69
9919 Csákánydoroszló (Vas) 22-23 Rd67
8073 Csákberény (Fej) 24-25 Tb64
8083 Csákvár (Fej) 26-27 Tc64
7030 Csámpa (Tol) 36-37 Tf69
6915 Csanádalberti (Cso) 38-39 Ve71
5662 Csanádapáca (Bék) 40-41 Vf69
6913 Csanádpalota (Cso) 38-39 Ve71
6087 Csanádpuszta (BKk) 26-27 Ua67
9365 Csánig (Vas) 12-13 Sa64
3015 Csány (Hev) 16-17 Ue63
6100 Csanyi út (BKk) 38-39 Uf68
7964 Csanyoszró (Bar) 42-43 Sf73
6647 Csanytelek (Cso) 38-39 Va69
8756 Csapi (Zala) 34-35 Sa69
2344 Csaplártanya (Pest) 26-27 Ua66
9372 Csapod (GyS) 12-13 Rf63
2746 Csárdalapos (Pest) 28-29 Va66
3294 Csárdamajor (Hev) 16-17 Va63
5621 Csárdaszállás (Bék) 28-29 Vf67
7811 Csarnóta (Bar) 42-43 Tb73
4844 Csaroda (SzSz) 10-11 Xc60
2858 Császár (Kom) 14-15 Ta63
5091 Császárdűlő (Szo) 28-29 Va66
9241 Császárrét (GyS) 12-13 Sa62
6239 Császártöltés (BKk) 36-37 Ub70
4973 Császló (SzSz) 20-21 Xe61
6523 Csátalja (BKk) 44-45 Tf72
7100 Csatár (Tol) 36-37 Te71
8943 Csatár (Zala) 22-23 Rf68
8443 Csatárhegy (Ves) 24-25 Se66
9168 Csatárimajor (GyS) 12-13 Sb63
5630 Csatárkert (Bék) 40-41 Wa68
2889 Csatárpuszta (Kom) 24-25 Sf64
5064 Csataszög (Szo) 28-29 Vc65
~ Csátés-főcsatorna 16-17 Va64
2888 Csatka (Kom) 24-25 Sf64
5820 Csató kamarás (Bék) 40-41 Vf70
6448 Csávoly (BKk) 36-37 Ua71
~ Csávolyi-víztároló 36-37 Ua71
7935 Csebény (Bar) 34-35 Sf71
5083 Cseberér (Szo) 28-29 Vb66
3053 Csécse (Nóg) 16-17 Ud61
4742 Csegöld (SzSz) 20-21 Xe61
8445 Csehbánya (Ves) 24-25 Se65
9833 Csehi (Vas) 22-23 Rf66
9833 Csehimindszent (Vas) 22-23 Rf66
3752 Csehipuszta (BAZ) 8-9 Ve58
7095 Csehipuszta (Tol) 36-37 Ta68
8400 Csékút (Ves) 24-25 Sd66
2949 Csém (Kom) 14-15 Ta62
2942 Csemerház (Kom) 14-15 Sf63
9222 Csemeztanya (GyS) 12-13 Sa61
2713 Csemő (Pest) 26-27 Ue66
9764 Csempeszkopács (Vas) 22-23 Re66
9799 Csencsberek (Vas) 22-23 Rd66
6765 Csengele (Cso) 38-39 Uf69
4765 Csenger (SzSz) 20-21 Xe61
4745 Csengersima (SzSz) 20-21 Xe61
4763 Csengerújfalu (SzSz) 20-21 Xd62
6222 Csengőd (BKk) 36-37 Ub68
9611 Csénye (Vas) 22-23 Rf65
3837 Csenyéte (BAZ) 8-9 Wa58
2946 Csép (Kom) 14-15 Ta63
5475 Csépa (Szo) 28-29 Va68
1214 Csepel (Bp) 16-17 Ua64
9735 Csepreg (Vas) 22-23 Re64
9375 Csér (GyS) 12-13 Rf64
7683 Cserdi (Bar) 42-43 Sf72
6600 Cserebökény (Cso) 28-29 Vc68
3950 Cseredűlő (BAZ) 10-11 Wd59
4281 Cserekert (HB) 30-31 Wf65
7472 Cserénfa (Som) 34-35 Sf71
5526 Cserepes (Bék) 28-29 Wa66
7272 Cserepespuszta (Tol) 34-35 Ta70
4341 Cserepestanya (SzSz) 20-21 Xb62
3413 Cserépfalu (BAZ) 18-19 Vd61
3417 Cserépváralja (BAZ) 18-19 Vd61
8716 Cserfekvés (Ves) 34-35 Sc69
4363 Cserhágó (SzSz) 20-21 Xa62
2694 Cserháthaláp (Nóg) 6-7 Uc61
2676 Cserhátsurány (Nóg) 6-7 Uc61
3066 Cserhátszentiván (Nóg) 16-17 Ud61
5465 Cserkeszőlő (Szo) 28-29 Vb67
7673 Cserkút (Bar) 42-43 Ta72
9371 Csermajor (GyS) 12-13 Rf63
8874 Csernec (Zala) 32-33 Rd70
3648 Csernely (BAZ) 8-9 Vc60
5643 Cserormágy (Bék) 30-31 Wb67
8360 Cserszegtomaj (Zala) 24-25 Sb68
8951 Csertalakos (Zala) 32-33 Re69
7900 Csertő (Bar) 42-43 Se72
2697 Cservölgypuszta (Nóg) 16-17 Uc61
8430 Csesznek (Ves) 24-25 Sf64
8973 Csesztreg (Zala) 32-33 Rd68
2678 Csesztve (Nóg) 16-17 Ub60
8417 Csetény (Ves) 24-25 Sf65
2735 Csetnekitelep (Pest) 26-27 Ud65
2212 Csévharaszt (Pest) 26-27 Uc65
7225 Csibrák (Tol) 36-37 Tc70
8726 Csicsópuszta (Som) 42-43 Sa71
4144 Csiff (HB) 30-31 Wb66
4232 Csiffytanya (SzSz) 20-21 We62
5525 Csíkér (Bék) 30-31 Wb66
6424 Csikéria (BKk) 36-37 Uc72
8056 Csiklingvár (Fej) 24-25 Ta65
5144 Csikoítanyák (Szo) 28-29 Va65
6911 Csikóspuszta (Cso) 40-41 Vd71
7341 Csikóstőttős (Tol) 42-43 Ta70
9127 Csikvánd (Ves) 14-15 Sc64
2750 Csíkvárdűlő (Pest) 28-29 Ue66
1039 Csillaghegy (Bp) 16-17 Ua63
4172 Csillagtanya (HB) 30-31 Wb65
3442 Csincse (BAZ) 18-19 Ve61
9836 Csipkerek (Vas) 22-23 Rf66
3517 Csipkéskút (BAZ) 8-9 Vc60

Csipkéskút (H) 57

2483 Csiribpuszta (Fej) 26-27 Td66
8695 Csisztapuszta (Som) 34-35 Sd68
2672 Csitár (Nóg) 16-17 Uc60
3848 Csobád (BAZ) 8-9 Wa59
3926 Csobaj (BAZ) 18-19 Wc60
2014 Csobánka (Pest) 16-17 Tf63
8074 Csókakő (Fej) 24-25 Tb64
5725 Csókáspuszta (Bék) 40-41 Wd68
7555 Csokonyavisonta (Som) 42-43 Sc72
3647 Csokvaomány (BAZ) 8-9 Vc60
2521 Csolnok (Kom) 14-15 Te62
6135 Csólyospálos (BKk) 38-39 Uf70
7253 Csoma (Tol) 42-43 Ta70
2161 Csomád (Pest) 16-17 Ub63
3163 Csomapuszta (Nóg) 6-7 Ud60
7434 Csombárd (Som) 34-35 Sd70
6640 Csongrád (Cso) 38-39 Va68
8918 Csonkahegyhát (Zala) 22-23 Re68
7940 Csonkamindszent (Bar) 42-43 Sf72
★ Csontváry Múz. (Bar) 42-43 Tb72
8229 Csopak (Ves) 24-25 Sf67
8041 Csór (Fej) 24-25 Tb65
5310 Csorba (Szo) 28-29 Vd66
6931 Csordakút (Cso) 38-39 Vd71
6311 Csorna (BKk) 36-37 Ua69
9300 Csorna (GyS) 12-13 Sb63
6336 Csornaitanyák (BKk) 36-37 Ua69
5920 Csorvás (Bék) 40-41 Ve69
8558 Csót (Ves) 24-25 Sd64
8468 Csótapuszta (Ves) 24-25 Sc66
8999 Csöde (Zala) 22-23 Rd67
8495 Csögle (Ves) 24-25 Sb65
4145 Csökmő (HB) 30-31 Wb66
7526 Csököly (Som) 42-43 Sd71
8700 Csömend (Som) 34-35 Sc69
8957 Csömöder (Zala) 32-33 Rd69
2141 Csömör (Pest) 16-17 Ub63
9513 Csönge (Vas) 24-25 Sa64
8913 Csöngetmajor (Zala) 22-23 Rf67
8873 Csörnyeföld (Zala) 32-33 Rd70
2600 Csörög (Pest) 16-17 Ub62
9962 Csörötnek (Vas) 22-23 Rc67
8122 Csősz (Fej) 24-25 Tc66
8056 Csőszpuszta (Ves) 24-25 Ta65
2615 Csővár (Pest) 16-17 Ub62
5525 Csukakert (Bék) 30-31 Wb66
5621 Csukás (Bék) 28-29 Vf67
~ Csukás-éri-főcsatorna 28-29 Ue67
8840 Csurgó (Som) 42-43 Sa71
8858 Csurgónagymarton (Som) 42-43 Sa71
7226 Csurgópuszta (Tol) 36-37 Tb70

D

2370 Dabas (Pest) 26-27 Ub65
2373 Dabasiszőlők (Pest) 26-27 Uc65
8344 Dabronc (Ves) 22-23 Sb66
9533 Dabrony (Ves) 24-25 Sb65
2854 Dad (Kom) 14-15 Tb63
6033 Dádpuszta (Tol) 36-37 Tc69
2522 Dág (Kom) 14-15 Te63
8593 Dáka (Ves) 24-25 Sc65
7211 Dalmand (Tol) 34-35 Tb70
3780 Damak (BAZ) 8-9 Ve59
3978 Dámóc (BAZ) 10-11 Xa58
5630 Dánfok (Bék) 40-41 Wa68
3425 Dankótelep (BAZ) 8-9 Vd61
2735 Dánszentmiklós (Pest) 26-27 Ud65
2118 Dány (Pest) 16-17 Ud63
2740 Darabosdűlő (Pest) 28-29 Uf65
9917 Daraboshegy (Vas) 22-23 Rd67
7988 Darány (Som) 42-43 Sd73
2943 Darányitelep (Kom) 14-15 Sf63
8655 Daránypuszta (Som) 24-25 Ta68
4060 Darassa (HB) 18-19 Wb62
4963 Darnó (SzSz) 10-11 Xd61
9232 Darnózseli (GyS) 12-13 Sc61
2422 Daruhegy (Fej) 26-27 Tf67
2433 Darumajor (Fej) 26-27 Te66
3837 Daruszállás (BAZ) 8-9 Wa58
4144 Darvas (HB) 30-31 Wc66
7564 Darvaspuszta (Som) 42-43 Sb70
4263 Darvastanya (HB) 20-21 Wf63
2091 Dávidmajor (Fej) 14-15 Te64
6524 Dávod (BKk) 44-45 Tf73
2694 Debercsény (Nóg) 6-7 Ub61
4027 Debrecen (HB) 20-21 Wd63
3769 Debréte (BAZ) 8-9 Vf57
7144 Decs (Tol) 44-45 Te71
5556 Décsipuszta (Bék) 28-29 Ve67
8978 Dedeskecskés (Zala) 32-33 Rc69
3643 Dédestapolcsány (BAZ) 8-9 Vc59
8135 Dég (Fej) 26-27 Tc67
2649 Dejtár (Nóg) 16-17 Ub60
2337 Délegyháza (Pest) 26-27 Ua65
4516 Demecser (SzSz) 10-11 Wf60
3395 Demjén (Hev) 18-19 Vc62
7914 Dencsháza (Bar) 42-43 Sf73
9365 Dénesfa (GyS) 12-13 Sa64
5711 Dénesmajor (Bék) 40-41 Wc69
6775 Dénesmajor (Cso) 38-39 Vc71
9484 Dénesmajor (GyS) 12-13 Re63
4130 Derecske (HB) 30-31 Wd64
~ Derecskei-Kálló 30-31 Wd64
6621 Derekegyház (Cso) 38-39 Vc69
~ Desedai-víztároló 34-35 Se70
6772 Deszk (Cso) 38-39 Vb71
3834 Detek (BAZ) 8-9 Wa59
3275 Detk (Hev) 16-17 Va62
5510 Dévaványa (Bék) 28-29 Vf66
8460 Devecser (Ves) 24-25 Sc66
3812 Dicháza (BAZ) 8-9 Vf59
★ Dinnyeberki (Bar) 42-43 Sf72
2485 Dinnyés (Fej) 26-27 Td65
2700 Dinnyéshalom (Pest) 28-29 Ue66
7072 Diósberény (Tol) 36-37 Tc69
2049 Diósd (Pest) 16-17 Tf64
3517 Diosgyőr (Miskolc) (BAZ) 8-9 Vd60
2643 Diósjenő (Nóg) 16-17 Ua61
8764 Dióskál (Zala) 34-35 Sa68
7926 Dióspuszta (Bar) 34-35 Se72
2890 Dióspuszta (Kom) 14-15 Tb63
3712 Dióstanya (BAZ) 8-9 Ve59
7817 Diósviszló (Bar) 42-43 Tb73
8297 Diszel (Ves) 24-25 Sc67
4002 Disznórét (Szo) 28-29 Vf64
8482 Doba (Ves) 24-25 Sc66
5536 Dobaipuszta (HB) 30-31 Wc67
5071 Dobapuszta (Szo) 28-29 Vb65
3762 Dobódél (BAZ) 8-9 Ve58
2099 Dobogókő (Pest) 16-17 Tf62
9225 Doborgazsziget (GyS) 4-5 Sc61
5624 Doboz (Bék) 40-41 Wb68
8874 Dobri (Zala) 32-33 Rd69
8918 Dobronnegy (Zala) 22-23 Re68
6766 Dóc (Cso) 38-39 Va70
2740 Dohányosdűlő (Pest) 28-29 Uf66
3900 Dohányosmajor (BAZ) 8-9 Wa60
2011 Dolinapuszta (Pest) 16-17 Tf63
3627 Domaháza (BAZ) 8-9 Va59
6781 Domaszék (Cso) 38-39 Va71
5836 Dombegyház (Bék) 40-41 Wa70
5745 Dombiratos (Bék) 40-41 Wa70
7133 Dombori (Tol) 36-37 Tf70
4002 Dombos (Debrecen) (HB) 20-21 We63
7200 Dombóvár (Tol) 42-43 Ta70
4492 Dombrád (SzSz) 10-11 Wf59
2182 Domonvölgy (Pest) 16-17 Uc63
2182 Domony (Pest) 16-17 Uc63
3263 Domoszló (Hev) 16-17 Va62
6600 Donát (Cso) 38-39 Vc69
~ Dong-éri-főcsatorna 38-39 Ue69
5462 Dóramajor (Szo) 28-29 Va67
2225 Dórapuszta (Pest) 26-27 Ub64
3950 Dorkó (BAZ) 10-11 Wd59
3374 Dormánd (Hev) 18-19 Vc62
~ Dornaszéki-főcsatorna 44-45 Ue70
2510 Dorog (Kom) 14-15 Te62
3152 Dorogháza (Nóg) 6-7 Uf61
6351 Doromlas (Tol) 36-37 Tf70
~ Dorozsma-Majsai-főcsatorna 38-39 Ue70
9791 Dozmat (Vas) 22-23 Rd65
9913 Döbörhegy (Vas) 22-23 Re67
8357 Döbröce (Zala) 24-25 Sb67
7500 Döbrögpuszta (Som) 42-43 Sb71
7228 Döbrököz (Tol) 36-37 Tb70
8597 Döbrönte (Ves) 24-25 Sd65
7086 Döbröntepuszta (Tol) 24-25 Tc68
4495 Döge (SzSz) 10-11 Xa59
8956 Dömefölde (Zala) 32-33 Rd69
2027 Dömös (Kom) 16-17 Tf62
2344 Dömsöd (Pest) 26-27 Ua66
9300 Dör (GyS) 12-13 Sb63
8244 Dörgicse (Ves) 24-25 Se67
9913 Döröske (Vas) 22-23 Re66
8500 Dörzeménypuszta (Ves) 24-25 Sc64
8932 Dötk (Zala) 22-23 Sa67
3726 Dövény (BAZ) 8-9 Vd58
9011 Dózsamajor (GyS) 14-15 Se62
4266 Dózsa sor (HB) 20-21 Xa63
3462 Dózsatelep (BAZ) 18-19 Vd62
2769 Dózsatelep (Pest) 28-29 Uf65
5094 Dózsatelep (Szo) 28-29 Va66
6033 Dózsa Tsz lakótelepe (BKk) 28-29 Ue67
6342 Drágszél (BKk) 36-37 Ua70
7849 Drávacsehi (Bar) 42-43 Tb74
7846 Drávacsepely (Bar) 42-43 Ta74
7570 Drávaerdő (Som) 42-43 Sc73
7967 Drávafok (Bar) 42-43 Se73
7977 Drávagárdony (Som) 42-43 Sd73
7960 Drávaiványi (Bar) 42-43 Se73
7967 Drávakeresztúr (Bar) 42-43 Se73
7850 Drávapalkonya (Bar) 42-43 Tb74
7843 Drávapiski (Bar) 42-43 Ta73
7851 Drávaszabolcs (Bar) 42-43 Tb74
7570 Drávaszentes (Som) 42-43 Sc73
7847 Drávaszerdahely (Bar) 42-43 Ta73
7960 Drávasztára (Bar) 42-43 Se74
7979 Drávatamási (Som) 42-43 Sd73
2646 Drégelypalánk (Nóg) 16-17 Ua60
3635 Dubicsány (BAZ) 8-9 Vc59
8416 Dudar (Ves) 24-25 Sf65
9556 Duka (Vas) 24-25 Sa66
~ Duna 16-17 Ua63
2545 Dunaalmás (Kom) 14-15 Tb62
2023 Dunabogdány (Pest) 16-17 Ua62
6323 Dunaegyháza (BKk) 26-27 Tf67
6513 Dunafalva (BKk) 44-45 Te72
7020 Dunaföldvár (Tol) 26-27 Tf68
6500 Dunafürdő (BKk) 36-37 Tf71
2330 Dunaharaszti (Pest) 26-27 Ua64
2400 Dunai-vasmű (Fej) 26-27 Tf67
2120 Dunakeszi (Pest) 16-17 Ua63
9225 Dunakiliti (GyS) 4-5 Sb61
7027 Dunakömlöd (Tol) 36-37 Tf69
2336 Dunanagyvarsány (Pest) 26-27 Ua65
6347 Dunapart (BKk) 36-37 Tf71
2028 Dunapart (Kom) 14-15 Tf62
2318 Dunapart (Pest) 26-27 Tf65
6328 Dunapataj (BKk) 36-37 Ua69
9235 Dunaremete (GyS) 12-13 Sc61
9174 Dunaszeg (GyS) 14-15 Sd62
7712 Dunaszekcső (Bar) 44-45 Te72
6333 Dunaszentbenedek (BKk) 36-37 Tf69
7135 Dunaszentgyörgy (Tol) 36-37 Te69
2897 Dunaszentmiklós (Kom) 14-15 Tc62
9175 Dunaszentpál (GyS) 12-13 Sd62
9226 Dunasziget (GyS) 12-13 Sc61
6320 Dunatetétlen (BKk) 26-27 Ua68
~ Duna-Tisza-csatorna 26-27 Ua65
2400 Dunaújváros (Fej) 26-27 Tf67
2336 Dunavarsány (Pest) 26-27 Ua65
6087 Dunavecse (BKk) 26-27 Tf67
~ Duna-völgyi-főcsatorna 36-37 Ub69
6353 Dusnok (BKk) 44-45 Tf70
3770 Dusnokpuszta (BAZ) 8-9 Ve59
7192 Dúzs (Tol) 36-37 Tc70

Dzs

–

E, É

7521 Ebédvesztőpuszta (Som) 42-43 Se70
9451 Ebergőc (GyS) 12-13 Re63
4211 Ebes (HB) 20-21 Wc64
2529 Ebszőnybánya (Kom) 14-15 Td62
9083 Écs (GyS) 14-15 Se63
3013 Ecséd (Hev) 16-17 Ue62
3053 Ecseg (Nóg) 16-17 Ud61
5515 Ecsegfalva (Bék) 28-29 Vf66
7457 Ecseny (Som) 34-35 Sf69
8660 Ecseny (Som) 24-25 Ta68
2233 Ecser (Pest) 16-17 Ub64
7444 Edde (Som) 34-35 Se69
3780 Edelény (BAZ) 8-9 Ve59
5622 Edeles (Bék) 28-29 Vf67
9343 Edve (GyS) 12-13 Sa64
5501 Egeihalom (Bék) 28-29 Vf67
3300 Eger (Hev) 18-19 Vc61
7763 Egerág (Bar) 42-43 Tb73
8497 Egeralja (Ves) 24-25 Sb65
8765 Egeraracsa (Zala) 34-35 Sa68
3321 Egerbakta (Hev) 18-19 Vb61
3337 Egerbocs (Hev) 18-19 Vb60
~ Eger-csatorna 18-19 Vc62
3341 Egercsehi (Hev) 8-9 Vb60
3379 Egerfarmos (Hev) 18-19 Vd62
3461 Egerlövő (BAZ) 18-19 Vd62
3394 Egerszalók (Hev) 18-19 Vb61
~ Egerszegi-csatorna 42-43 Ta73
3328 Egerszólát (Hev) 18-19 Vb61
3757 Égerszög (BAZ) 8-9 Vd58
8913 Egervár (Zala) 22-23 Rf67
9684 Egervölgy (Vas) 22-23 Rf66
2760 Egreskáta (Pest) 16-17 Ue64
9314 Egyed (GyS) 12-13 Sc63
8868 Egyeduta (Zala) 32-33 Re70
4069 Egyek (HB) 18-19 Vf63
3043 Egyházasdengeleg (Nóg) 16-17 Ud62
9473 Egyházasfalu (GyS) 12-13 Re64
3185 Egyházasgerge (Nóg) 6-7 Ud59
7824 Egyházasharaszti (Bar) 42-43 Tc74
9554 Egyházashetye (Vas) 24-25 Sa65
9912 Egyházashollós (Vas) 22-23 Re66
8523 Egyházaskesző (Ves) 12-13 Sb65
7347 Egyházaskozár (Bar) 44-45 Tb71
9783 Egyházasrádóc (Vas) 22-23 Rd66
5742 Elek (Bék) 40-41 Wb69
3035 Elektanya (Hev) 16-17 Ue62
4064 Elep (HB) 18-19 Wb63
7744 Ellend (Bar) 42-43 Tc72
★ Előembertelep (Kom) 14-15 Tc63
2424 Előszállás (Fej) 26-27 Te68
4354 Előtelek (SzSz) 20-21 Xc62
4335 Emmamajor (SzSz) 10-11 Xb61
3432 Emőd (BAZ) 18-19 Ve61
3860 Encs (BAZ) 8-9 Wa59
4374 Encsencs (SzSz) 20-21 Xa62
4644 Endespuszta (SzSz) 10-11 Xb59
9442 Endrédújmajor (GyS) 12-13 Rf63
3135 Endrefalva (Nóg) 6-7 Ud60
7973 Endrőc (Bar) 42-43 Se73
5502 Endrőd (Gyomaendrőd) (Bék) 28-29 Ve67
9143 Enese (GyS) 12-13 Sc63
8130 Enying (Fej) 24-25 Tb67
6624 Eperjes (Cso) 38-39 Vd68
4646 Eperjeske (SzSz) 10-11 Xb58
7824 Eperjespuszta (Bar) 44-45 Tb74
3443 Eperjestanya (BAZ) 18-19 Vf62
8413 Eplény (Ves) 24-25 Sf65
2526 Epöl (Kom) 14-15 Td63
7675 Ércdúsító (Bar) 42-43 Ta72
2451 Ercsi (Fej) 26-27 Tf65
8133 Ercsimajor (Fej) 24-25 Tc67
2035 Érd (Pest) 14-15 Tf64
2373 Erdőalatti út (Pest) 26-27 Uc66
3932 Erdőbényefürdő (BAZ) 8-9 Wb59
7782 Erdőföldpuszta (Bar) 44-45 Td73
7717 Erdőfű (Bar) 44-45 Te73
2462 Erdőhát (Fej) 26-27 Te64
3935 Erdőhorváti (BAZ) 8-9 Wc59
2113 Erdőkertes (Pest) 16-17 Ub62
3252 Erdőkövesd (Hev) 16-17 Va60
2176 Erdőkürt (Nóg) 16-17 Uc62
9374 Erdőlakmajor (GyS) 12-13 Rf64
2435 Erdőmajor (Fej) 26-27 Td67
2038 Erdőmajor (Fej) 26-27 Te64
3932 Erdőnénye (BAZ) 8-9 Wc59
7735 Erdősmárok (Bar) 44-45 Td72
7723 Erdősmecske (Bar) 44-45 Td71
9100 Erdősor (GyS) 14-15 Sd63
2760 Erdőszőlő (Pest) 28-29 Ue64
4372 Erdőtanya (SzSz) 20-21 Xa62
2177 Erdőtarcsa (Nóg) 16-17 Ud62
6200 Erdőtelek (BKk) 36-37 Ub69
3358 Erdőtelek (Hev) 18-19 Vb62
4486 Érhát (SzSz) 10-11 We59
3295 Erk (Hev) 16-17 Va63
2941 Ernőmajor (Kom) 14-15 Sf62
3273 Erőmű (Gyöngyös) (Hev) 16-17 Va62
3022 Erőmű (Lőrinci) (Hev) 16-17 Ue62
2800 Erőműtelep (Tatabánya) 14-15 Tb63
2336 Erőspuszta (Pest) 26-27 Ua65
4245 Érpatak (SzSz) 20-21 We62
6347 Érsekcsanád (BKk) 36-37 Tf71
6348 Érsekhalma (BKk) 44-45 Ua70
★ Érseki Kastély (BKk) 36-37 Tf69
2659 Érsekvadkert (Nóg) 6-7 Ub61
7093 Értény (Tol) 36-37 Ta69
7661 Erzsébet (Bar) 44-45 Tc72
6800 Erzsébet (Cso) 38-39 Vc70
6096 Erzsébetmajor (BKk) 26-27 Ub66

58 (H) Csiribpuszta

Code	Name	Page
4064	Erzsébetmajor (Szo)	18-19 Ve64
7500	Erzsébetpuszta (Som)	42-43 Sc71
3973	Erzsébettanya (BAZ)	10-11 Wf59
6769	Erzsébettelep (Cso)	38-39 Uf69
4138	Esisziktanya (HB)	30-31 Wc66
★	Esterházykastély (GyS)	12-13 Rf63
★	Esterházykastély (Som)	12-13 Sc65
4124	Esztár (HB)	30-31 We65
8883	Eszteregnye (Zala)	32-33 Rf70
8742	Esztergályhorváti (Zala)	34-35 Sa68
2500	Esztergom (Kom)	14-15 Te62
2500	Esztergom-Kertváros (Kom)	14-15 Te62
2870	Ete (Kom)	14-15 Ta63
3136	Etes (Nóg)	6-7 Ue60
2091	Etyek (Fej)	14-15 Te64
4114	Évakla kórház (HB)	30-31 We65
5540	Ezüstszőlők (Bék)	28-29 Vd67

F

Code	Name	Page
4354	Fábiánháza (SzSz)	20-21 Xc61
6625	Fábiánsebestyén (Cso)	38-39 Vc68
7136	Fácánkert (Tol)	36-37 Te70
7136	Fácánkertpuszta (Tol)	36-37 Te70
2769	Fadd (Pest)	28-29 Uf65
7133	Fadd (Tol)	36-37 Te70
3865	Fáj (BAZ)	8-9 Wa58
6352	Fajsz (BKk)	36-37 Tf70
3235	Fallóskút (Hev)	16-17 Uf61
7332	Faluház (Bar)	36-37 Tb71
3418	Falutag (BAZ)	18-19 Ve62
6235	Falutelep (BKk)	38-39 Uc69
3036	Falzat (Hev)	16-17 Ue61
3855	Fancsal (BAZ)	8-9 Wa58
7538	Fánimajor (Som)	42-43 Sc72
9321	Farád (GyS)	12-13 Sb63
9981	Farkasfa (Vas)	22-23 Rb67
8088	Farkasfapuszta (Fej)	26-27 Td64
4079	Farkasgaz (HB)	20-21 We64
8581	Farkasgyepű (Ves)	24-25 Sd65
2943	Farkaskút (Kom)	14-15 Ta63
3600	Farkaslyuk (BAZ)	8-9 Vb59
2765	Farmos (Pest)	26-27 Uf64
5516	Fáspuszta (Bék)	30-31 We67
2119	Fáytanya (Pest)	16-17 Uc64
7732	Fazekasboda (Bar)	36-37 Tc72
8724	Fazekasdencs (Som)	34-35 Sa70
3258	Fedémes (Hev)	16-17 Vb60
5231	Fegyvernek (Szo)	28-29 Vd65
4900	Fehérgyarmat (SzSz)	10-11 Xd61
5643	Fehérhát (Bék)	30-31 Wd67
~	Fehérháti-halastó	28-29 Wa67
9163	Fehértó (GyS)	12-13 Sc62
~	Fehér-tó	38-39 Va71
4141	Fehértóitanya (HB)	30-31 Wc66
~	Fehértoi-víztároló	30-31 We64
8052	Fehérvárcsurgó (Fej)	24-25 Tb65
8695	Fehérvízpuszta (Ves)	34-35 Sd69
7723	Feked (Bar)	36-37 Td71
8695	Feketeakol (Som)	34-35 Sd68
8640	Feketebézseny (Som)	34-35 Sd68
5720	Fcketoér (Bék)	40-41 Wb68
9211	Feketeerdő (GyS)	12-13 Sb61
4483	Feketehalom (SzSz)	10-11 Wd60
8000	Feketehegy (Székesfehérvár)	24-25 Tc65
6440	Feketemajor (BKk)	36-37 Uc71

Code	Name	Page
4516	Feketetanya (SzSz)	10-11 Wf59
2456	Feksőbesnyő (Fej)	26-27 Te65
8086	Felcsút (Fej)	14-15 Td64
3352	Feldebrő (Hev)	16-17 Vb62
~	Félegyházai-vízfolyás	28-29 Ue68
6645	Felgyő (Cso)	38-39 Va69
4069	Félhalom (HB)	18-19 Vf63
6320	Félixháza (BKk)	26-27 Ua68
★	Fellegvár Királyi palota (Pest)	16-17 Tf62
3304	Felnémet (Eger) (Hev)	18-19 Vc61
2611	Felsőpetény (Nóg)	16-17 Ub61
2473	Felsőpuszta (Fej)	24-25 Tb65
7042	Felsőrácegres (Tol)	36-37 Td68
8767	Felsőrajk (Zala)	34-35 Rf68
3989	Felsőregmec (BAZ)	10-11 Wd58
5400	Felsőrészinyomás	28-29 Ve66
5400	Felsőrészitanya (Szo)	28-29 Vc66
5400	Felsőrészi-vízköz (Bék)	28-29 Ve67
6351	Felsőszállások (BKk)	36-37 Tf70
6447	Felsőszentiván (BKk)	36-37 Ub71
2340	Felsőszentiván (Pest)	26-27 Ua66
7968	Felsőszentmárton (Bar)	42-43 Se73
9985	Felsőszölnök (Vas)	22-23 Ra67
6400	Felsőszőlők	38-39 Uc70
3178	Felsőtábpuszta (Nóg)	16-17 Uc60
5136	Felsőtanyairész (Szo)	18-19 Va63
~	Felső-Tápió	28-29 Ud64
3324	Felsőtárkány (Hev)	8-9 Vc61
3735	Felsőtelekes (BAZ)	8-9 Vd58
6236	Felsőtelep (BKk)	36-37 Uc69
7054	Felsőtengelic (Tol)	36-37 Te69
3067	Felsőtold (Nóg)	6-7 Ud61
8126	Felsőtöbötzsök (Fej)	26-27 Td67
3123	Felsőutaspuszta (Nóg)	6-7 Ud60
3814	Felsővadász (BAZ)	8-9 Vf58
7100	Felsőváros (Tol)	44-45 Te70
7133	Felsővárszeg (Tol)	36-37 Tf70
8735	Felsőzsitfa (Ves)	34-35 Sb69
3501	Felsőzsolca (BAZ)	8-9 Vf60
8973	Felsőszenterzsébet (Zala)	32-33 Rc68
5600	Fényes (Bék)	40-41 Wa69
4621	Fényeslitke (SzSz)	10-11 Xa59
4242	Fényestelep (HB)	20-21 We63
8432	Fenyőfő (Ves)	24-25 Se64
2174	Fenyőharaszt (Pest)	16-17 Ud62
2943	Fenyves (Kom)	14-15 Sf63
8753	Fenyvespuszta (Zala)	34-35 Sb69
4461	Ferenctanya (SzSz)	20-21 Wd60
7570	Ferenctelep (Som)	42-43 Sc73
1097	Ferencváros (Bp)	16-17 Ua64
6774	Ferencszállás (Cso)	38-39 Vc71
2700	Fertályoskaszálák (Pest)	28-29 Uf66
9494	Fertőboz (GyS)	12-13 Re63
9431	Fertőd (GyS)	12-13 Rf63
9431	Fertőendréd (GyS)	12-13 Rf63
9491	Fertőhomok (GyS)	12-13 Re63
9421	Fertőrákos (GyS)	12-13 Rd62
9444	Fertőszentmiklós (GyS)	12-13 Rf63
9436	Fertőszéplak (GyS)	12-13 Rf63
★	Fertőújlak (GyS)	12-13 Rf62
★	Festetich-kastély (Fej)	26-27 Tc67
★	Festetics-kastély (Zala)	24-25 Sb68
7282	Fiad (Som)	34-35 Sf69
6821	Ficsér (Cso)	38-39 Vd70

Code	Name	Page
9798	Felső nyirvárimajor (Vas)	22-23 Rd66
5130	Felsőnyomás (Szo)	16-17 Va63
8227	Felsőörs (Ves)	24-25 Sf66
2065	Felsőörspuszta (Fej)	14-15 Td63
8394	Felsőpáhok (Zala)	22-23 Sa68
2363	Felsőpakony (Pest)	26-27 Ub64
4431	Felsőpázsit (Nyíregyháza) (SzSz)	10-11 Wd61
8414	Felsőpere (Ves)	24-25 Sf65

Code	Name	Page
4375	Figulatanya (SzSz)	20-21 Xb62
3994	Filkeháza (BAZ)	10-11 Wc58
3580	Finomito (BAZ)	18-19 Wa61
6235	Fischerbócsa (BKk)	38-39 Ud69
8834	Fityeház (Zala)	34-35 Rf70
5137	Fiúágitanyák (Szo)	28-29 Vb64
6455	Flórapuszta (BKk)	44-45 Ub72
4561	Flóratanya (SzSz)	10-11 Xa61
5534	Fokitanya (BKk)	30-31 Wc67
5071	Fokorúpuszta (Szo)	28-29 Vd65
6331	Foktő (BKk)	36-37 Tf69
6622	Foltényimajor (Cso)	38-39 Vc69
4090	Folyás (HB)	18-19 Wa62
7271	Fonó (Som)	42-43 Sf70
3893	Fony (BAZ)	8-9 Wb58
8640	Fonyód (Som)	24-25 Sd68
8640	Fonyódliget (Som)	24-25 Sd68
★	Forgáchkastély (Nóg)	6-7 Ud60
8083	Forna (Fej)	24-25 Tc64
7090	Fornádpuszta (Tol)	36-37 Tb68
6793	Forráskút (Cso)	38-39 Uf70
6793	Forráskútdűlő (Cso)	38-39 Uf70
5471	Forrásmajor (Tol)	36-37 Te69
5065	Forráspart (Szo)	28-29 Vc65
8081	Forráspuszta (Fej)	24-25 Tc64
3849	Forró (BAZ)	8-9 Wa59
2151	Fót (Pest)	16-17 Ub63
6922	Földeák (Cso)	38-39 Vc71
4177	Földes (HB)	30-31 Wc65
7038	Földespuszta (Tol)	36-37 Te69
8154	Földestanya (Fej)	24-25 Tb66
6423	Földijárás (BKk)	44-45 Ue71
9346	Földerdőmajor (GyS)	12-13 Sa64
8732	Fönyed (Som)	34-35 Sb69
★	Fő tér (Pest)	16-17 Ua63
8558	Franciavágás (Ves)	24-25 Sd64
5661	Frigyesmajor (Bék)	40-41 Wa69
5510	Fudér (Bék)	28-29 Wa66
9143	Fudipuszta (GyS)	12-13 Sc63
3864	Fulókércs (BAZ)	8-9 Wa58
5553	Furkópuszta (Tol)	36-37 Te72
7149	Furkótelep (Tol)	36-37 Te72
4142	Furta (HB)	30-31 Wc66
5561	Furugyiszőlők (Bék)	28-29 Vc69
3860	Fügöd (BAZ)	8-9 Wa59
8157	Füle (Fej)	24-25 Tb66
2378	Fülemajor (Pest)	26-27 Ud65
4964	Fülesd (SzSz)	20-21 Xe60
4266	Fülöp (HB)	20-21 Xa63
6042	Fülöpháza (BKk)	26-27 Uc67
6116	Fülöpjakab (BKk)	38-39 Ue68
6085	Fülöpszállás (BKk)	26-27 Ub68
4752	Fülpösdaróc (SzSz)	20-21 Xc61
5820	Füperegpuszta (Bék)	40-41 Vf71
5362	Fürdőtelep (Szo)	18-19 Ve64
7087	Fürged (Tol)	36-37 Tb68
4173	Füstpuszta (HB)	30-31 Wc65
3996	Füzér (BAZ)	10-11 Wc57
3994	Fűzérkajata (BAZ)	8-9 Wc57
3997	Fűzérkomlós (BAZ)	10-11 Wc57
3993	Fűzérradvány (BAZ)	8-9 Wd58
3390	Füzesabony (Hev)	18-19 Vc62
2740	Füzesérdülő (Pest)	28-29 Va66
5525	Füzesgyarmat (Bék)	30-31 Wb66
6321	Füzhalom (BKk)	26-27 Ua67
8777	Füzvölgy (Zala)	34-35 Rf69

G

Code	Name	Page
4122	Gáborján (HB)	30-31 Wd65
8969	Gáborjánháza (Zala)	32-33 Rc69
5664	Gábortelep (Bék)	40-41 Vf69
3565	Gabriellatanya (BAZ)	18-19 Wa60
4972	Gacsály (SzSz)	20-21 Xe61
7276	Gadács (Som)	34-35 Sa69
8716	Gadány (Som)	34-35 Sc69
3815	Gadna (BAZ)	8-9 Vf58
5932	Gádoros (Bék)	38-39 Vd68
3837	Gagyapáti (BAZ)	8-9 Wa58

Code	Name	Page
3817	Gagybátor (BAZ)	8-9 Vf58
3816	Gagyvendégi (BAZ)	8-9 Vf58
★	Gaja-szurdok (Fej)	24-25 Tb65
6764	Gajgonya (Cso)	38-39 Va70
5234	Galambdúc (Szo)	18-19 Vc64
8756	Galambok (Zala)	34-35 Sa69
2691	Galgaguta (Nóg)	16-17 Uc61
2681	Galgagyörk (Pest)	16-17 Uc62
2192	Galgahévíz (Pest)	16-17 Ud63
2183	Galgamácsa (Pest)	16-17 Uc62
6320	Gálháza (BKk)	26-27 Ua68
2678	Galibapuszta (Nóg)	16-17 Ub60
2337	Gallatanya (Pest)	26-27 Ua65
2682	Galombospuszta (Pest)	16-17 Ub62
7473	Gálosfa (Som)	34-35 Sf71
4144	Gáltanya (HB)	30-31 Wc66
3752	Galvács (BAZ)	8-9 Ve58
3154	Galyatető (Hev)	16-17 Uf61
★	Galyatető (Hev)	16-17 Uf61
8685	Gamás (Som)	34-35 Se69
2635	Ganádpuszta (Pest)	16-17 Te61
8597	Ganna (Ves)	24-25 Sd65
8082	Gánt (Fej)	26-27 Tc64
6522	Gara (BKk)	44-45 Ua72
3067	Garáb (Nóg)	6-7 Ud61
8747	Garabonc (Zala)	34-35 Sa69
3873	Garadna (BAZ)	8-9 Wb58
5525	Garatanya (Bék)	30-31 Wa66
4977	Garbolc (SzSz)	20-21 Xf61
2483	Gárdony (Fej)	26-27 Td65
8694	Gárdonypuszta (Som)	34-35 Se69
7813	Garé (Bar)	42-43 Tb73
6120	Gárgyán (BKk)	44-45 Ue70
8172	Gáspártelep (Ves)	24-25 Ta66
4252	Gasstanya (HB)	20-21 We63
9952	Gasztony (Vas)	22-23 Rc67
6111	Gátér (BKk)	38-39 Uf68
4471	Gávavencselló (SzSz)	10-11 Wd59
7091	Gázlópuszta (Som)	42-43 Sf70
5945	Gázüzem (Bék)	38-39 Ve70
4754	Géberjén (SzSz)	20-21 Xc61
8543	Gecse (Ves)	14-15 Sd64
6334	Géderlak (BKk)	36-37 Tf69
4517	Gégény (SzSz)	10-11 Wf60
5553	Geisztcsákó (Bék)	40-41 Ve68
5931	Geisztfoldek (Cso)	40-41 Vd68
5900	Geisztmajor (Bék)	40-41 Ve68
3444	Gelej (BAZ)	18-19 Ve62
~	Geleji víztároló	18-19 Ve61
~	Gelénes (SzSz)	10-11 Xc59
8983	Gellénháza (Zala)	22-23 Re68
8774	Gelse (Zala)	34-35 Rf69
8774	Gelseisziget (Zala)	34-35 Rf69
4567	Gemzse (SzSz)	10-11 Xb60
9721	Gencsapáti (Vas)	22-23 Rd65
2100	Gépgyár (Pest)	16-17 Uc63
9672	Gérce (Vas)	22-23 Sa65
7951	Gerde (Bar)	42-43 Ta73
5925	Gerendás (Bék)	40-41 Vf69
7064	Gerenyáspuszta (Tol)	36-37 Tc69
7362	Gerényes (Tol)	34-35 Tb71
7733	Geresd (Bar)	36-37 Td72
7733	Geresdlak (Bar)	36-37 Td72
7283	Gerézdpuszta (Som)	34-35 Sf69
4800	Gergelyiugornya (SzSz)	10-11 Xc60
4400	Gerhátbokor (SzSz)	20-21 Wd61
7134	Gerjen (Tol)	36-37 Tf70
2713	Gerjetelep (Pest)	28-29 Ue66
5623	Gerla (Bék)	40-41 Wb68
9914	Gersekarát (Vas)	22-23 Re67
5734	Geszt (Bék)	30-31 Wd67
3715	Gesztely (BAZ)	8-9 Vf60
4232	Geszteréd (SzSz)	20-21 We62
8762	Gétye (Zala)	22-23 Sa68
8419	Gézaháza (Ves)	24-25 Sf65
3854	Gibárt (BAZ)	8-9 Wa58

Gibárt (H) 59

8435 Gic (Ves) **14-15 Se64**
7527 Gige (Som) **42-43 Sd71**
7954 Gilvánfa (Bar) **42-43 Sf73**
3577 Girincs (BAZ) **8-9 Vf61**
8391 Gizellamajor (Zala) **24-25 Sa68**
5083 Gododűlő (Szo) **28-29 Vc66**
8346 Gógánfa (Ves) **24-25 Sb66**
2750 Gógánydűlő (Pest) **26-27 Ue66**
7675 Golgota (Bar) **42-43 Ta72**
3881 Golop (BAZ) **8-9 Wb59**
2217 Gomba (Pest) **26-27 Ud64**
6334 Gombolyag (BKk) **36-37 Ua69**
8985 Gombosszeg (Zala) **32-33 Re68**
9737 Gór (Vas) **22-23 Re64**
7853 Gordisa (Bar) **42-43 Tb74**
7681 Gorica (Bar) **34-35 Ta72**
★ Gorsium (Fej) **26-27 Tc66**
6800 Gorzsa (Cso) **38-39 Vc70**
8978 Gosztola (Zala) **32-33 Rd69**
★ Gótikustemplom (Som) **24-25 Sf67**
8087 Göböljárás (Fej) **14-15 Td64**
2711 Göbölyjárás (Pest) **26-27 Ue64**
9372 Göbösmajor (GyS) **12-13 Rf63**
★ Göcseji falumúzeum (Zala) **22-23 Re67**
2132 Göd (Pest) **16-17 Ua62**
2100 Gödöllő (Pest) **16-17 Uc63**
6045 Gödörállásidűlő (BKk) **26-27 Uc66**
7386 Gödre (Bar) **34-35 Sf71**
7385 Gödreszentmárton (Bar) **34-35 Sf71**
7272 Gölle (Som) **34-35 Ta70**
3728 Gömörszőlős (BAZ) **8-9 Vc58**
3895 Gönc (BAZ) **8-9 Wb58**
3895 Göncruszka (BAZ) **8-9 Wb58**
9071 Gönyű (GyS) **14-15 Se62**
4075 Görbeháza (HB) **18-19 Wb62**
5061 Görbemajor (Szo) **28-29 Vb64**
5527 Görbesziget (Bék) **28-29 Wa66**
7833 Görcsöny (Bar) **42-43 Ta73**
7728 Görcsönydoboka (Bar) **44-45 Td72**
4232 Gőrénypuszta (SzSz) **20-21 Wf62**
7553 Görgeteg (Som) **34-35 Sc72**
4445 Görögszállás (SzSz) **8-9 Wd61**
3519 Gőrömbőly (Miskolc) (BAZ) **18-19 Ve60**
8913 Gősfa (Zala) **22-23 Rf67**
7038 Gőzsykastély (Tol) **36-37 Te69**
7162 Gráboc (Tol) **44-45 Td71**
★ Grassalkovichkastély (Hev) **16-17 Ue62**
★ Grassalkovichkastély (Pest) **16-17 Uc63**
2899 Grebicspuszta (Kom) **14-15 Tb62**
7181 Griesenwald (Tol) **36-37 Tc70**
4842 Gulács (SzSz) **10-11 Xc60**
7200 Gunarasfürdő (Tol) **36-37 Ta70**
8951 Gutorfölde (Zala) **32-33 Re69**
8045 Gúttamási (Fej) **24-25 Tb65**

Gy

2360 Gyál (Pest) **26-27 Ub64**
6757 Gyálarét (Szeged) (Cso) **38-39 Va71**
9476 Gyalóka (GyS) **12-13 Re64**
9775 Gyanógererye (Vas) **22-23 Re66**
7027 Gyapa (Tol) **36-37 Te68**
8092 Gyár (Fej) **26-27 Td65**
6321 Gyármajor (BKk) **26-27 Ua67**
9127 Gyarmat (Ves) **14-15 Sc64**
2073 Gyarmatpuszta (Kom) **14-15 Td63**
2421 Gyártelep (Fej) **26-27 Te67**
4502 Gyártelep (SzSz) **10-11 Wf60**
8196 Gyártelep (Ves) **24-25 Ta66**
9011 Gyárváros (Győr) (GyS) **14-15 Se62**
8851 Gyékényes (Som) **34-35 Sa71**
8315 Gyenesdiás (Zala) **24-25 Sb68**
8473 Gyepükaján (Ves) **24-25 Sb66**
2821 Gyermely (Kom) **14-15 Td63**
9019 Gyirmót (Győr) **14-15 Sd63**
7668 Gyód (Bar) **42-43 Tb73**
8749 Gyógyfürdő (Zala) **34-35 Sa69**
5501 Gyoma (Gyomaendrőd) (Bék) **28-29 Vf67**
5501 Gyomaendrőd (Bék) **28-29 Ve67**
2373 Gyón (Pest) **26-27 Uc66**
5904 Gyopárosfürdő (Bék) **40-41 Vd69**
9363 Gyóró (GyS) **12-13 Sa64**
9084 Győrság (GyS) **14-15 Se63**
8700 Gyótapuszta (Som) **34-35 Sc69**
5900 Gyökeres (Bék) **40-41 Vd69**
9124 Gyömöre (GyS) **14-15 Sd64**
2230 Gyömrő (Pest) **16-17 Uc64**
3571 Gyömrőpuszta (BAZ) **18-19 Vf60**
7954 Gyöngyfa (Bar) **42-43 Sf73**
3200 Gyöngyös (Hev) **16-17 Uf62**
9723 Gyöngyösfalu (Vas) **22-23 Rd65**
3212 Gyöngyöshalász (Hev) **16-17 Uf62**
7972 Gyöngyösmellék (Bar) **42-43 Se73**
7144 Gyöngyösoldal (Tol) **44-45 Te71**
3211 Gyöngyösoroszi (Hev) **16-17 Uf62**
3035 Gyöngyöspata (Hev) **16-17 Ue62**
7537 Gyöngyöspuszta (Som) **34-35 Sd72**
3231 Gyöngyössolymos (Hev) **16-17 Uf62**
3036 Gyöngyöstarján (Hev) **16-17 Uf62**
5359 Gyöngytanya (Szo) **18-19 Vf63**
7064 Gyönk (Tol) **36-37 Tc69**
9022 Győr (GyS) **14-15 Sd62**
9093 Győrasszonyfa (GyS) **14-15 Se64**
7352 Györe (Tol) **42-43 Tc71**
7134 Györgymajor (Tol) **36-37 Tf70**
3954 Györgytarló (BAZ) **10-11 Wd59**
7045 Györköny (Tol) **36-37 Te69**
9174 Győrladamér (GyS) **14-15 Sd62**
4625 Győröcske (SzSz) **10-11 Xa58**
9161 Győrsövényház (GyS) **12-13 Sc62**
9028 Győrszábadhegy (Győr) (GyS) **14-15 Se62**
9121 Győrszemere (GyS) **14-15 Sd63**
9011 Győrszentiván (Győr) (GyS) **14-15 Se62**
4752 Győrtelek (SzSz) **20-21 Xc61**
9081 Győrújbarát (GyS) **14-15 Sd63**
9171 Győrújfalu (GyS) **14-15 Sd62**
9821 Győrvár (Vas) **22-23 Rf67**
9173 Győrzámoly (GyS) **14-15 Sd62**
8692 Gyugy (Som) **34-35 Se68**
8618 Gyugypuszta (Som) **24-25 Sf68**
5700 Gyula (Bék) **40-41 Wb69**
3078 Gyulaakna (Nóg) **16-17 Uf60**
8685 Gyuládtelep (Som) **34-35 Se69**
8412 Gyulafirátót (Ves) **24-25 Sf66**
4545 Gyulaháza (SzSz) **10-11 Xa60**
2700 Gyulaidűlő (Pest) **28-29 Ue65**
7227 Gyulaj (Tol) **36-37 Tb69**
8286 Gyulakeszi (Ves) **24-25 Sc67**
6111 Gyulamajor (BKk) **38-39 Uf68**
9175 Gyulamajor (GyS) **14-15 Sd62**
3245 Gyulamajor (Hev) **6-7 Va61**
4087 Gyúlás (HB) **18-19 Wd62**
4461 Gyulatanya (SzSz) **20-21 Wd60**
5711 Gyulavári (Bék) **40-41 Wb69**
2464 Gyúró (Fej) **26-27 Te64**
4732 Gyügye (SzSz) **20-21 Xd61**
8788 Gyülevész (Zala) **24-25 Sa67**
7391 Gyümölcsény (Bar) **42-43 Ta71**
4813 Gyüre (SzSz) **10-11 Xb59**
8932 Gyűrűs (Zala) **22-23 Rf67**

H

4485 Haastanya (SzSz) **10-11 We60**
~ Hábi-patak **42-43 Ta70**
8693 Hács (Som) **34-35 Se69**
7003 Hadnagypuszta (Fej) **26-27 Td68**
8998 Hagyárjosbörönd (Zala) **22-23 Re67**
8992 Hagyáros (Zala) **22-23 Re67**
6041 Hagymafalu (BKk) **26-27 Uc67**
8771 Hahót (Zala) **34-35 Rf69**
4273 Hajdúbagos (HB) **30-31 Wd64**
4220 Hajdúböszörmény (HB) **18-19 Wd62**
4087 Hajdúdorog (HB) **18-19 Wd62**
4242 Hajdúhadház (HB) **20-21 We62**
4080 Hajdúnánás (HB) **18-19 Wc61**
4251 Hajdúsámson (HB) **20-21 We63**
4200 Hajdúszoboszló (HB) **18-19 Wc64**
4212 Hajdúszovát (HB) **30-31 Wc64**
4086 Hajdúvid (HB) **18-19 Wd62**
7473 Hajmás (Som) **34-35 Sf71**
8192 Hajmáskér (Ves) **24-25 Ta66**
6344 Hajós (BKk) **36-37 Ua70**
6344 Hajósi pincék (BKk) **44-45 Ua70**
6344 Hajósi tanyák (BKk) **44-45 Ub70**
4078 Haláp (Debrecen) (HB) **20-21 We63**
5520 Halas (Bék) **30-31 Wb66**
~ Halas-tavak **42-43 Tb71**
6783 Halastelek (Cso) **44-45 Ue71**
4071 Halastó (HB) **18-19 Wa63**
9915 Halastó (Vas) **22-23 Re67**
~ Halastó **34-35 Tb70**
~ Halastó **38-39 Va71**
3950 Halászhomok (BAZ) **10-11 Wd59**
9228 Halászi (GyS) **12-13 Sb61**
2316 Halásztelek (Pest) **26-27 Tf64**
6100 Halesz (BKk) **38-39 Ue68**
2211 Halesz (Pest) **26-27 Uc65**
5476 Halesz (Szo) **28-29 Vb68**
5538 Halgazdaság (Bék) **30-31 Wd67**
8452 Halimba (Ves) **24-25 Sd66**
9122 Halipuszta (GyS) **12-13 Sd63**
5500 Halmagy (Bék) **28-29 Vf67**
3842 Halmaj (BAZ) **8-9 Wa59**
3273 Halmajugra (Hev) **16-17 Va62**
4353 Halmostanya (SzSz) **20-21 Xc62**
9917 Halogy (Vas) **22-23 Rd67**
6300 Halom (BKk) **36-37 Ua69**
9085 Halomalja (GyS) **14-15 Se63**
3517 Hámor (Miskolc) (BAZ) **8-9 Vd60**
7915 Hamuház (Bar) **42-43 Se73**
3780 Hangács (BAZ) **8-9 Vf59**
2750 Hangácsdűlő (Pest) **26-27 Ue67**
5464 Hangácsmajor (Szo) **28-29 Vb67**
3626 Hangony (BAZ) **8-9 Vb59**
2459 Hangosmajor (Fej) **26-27 Tf66**
7054 Hangospuszta (Tol) **36-37 Te69**
8945 Hannamajor (Zala) **34-35 Re68**
9242 Hanságfalva (GyS) **12-13 Sa62**
9241 Hanságliget (GyS) **12-13 Sb62**
9241 Hanság-Nagyerdő (GyS) **12-13 Sa62**
2879 Hánta (Kom) **14-15 Ta64**
2713 Hantháza (Pest) **26-27 Ud66**
2434 Hantos (Fej) **26-27 Te67**
2434 Hantostelep (Fej) **26-27 Te66**
3718 Harangodtanya (BAZ) **8-9 Wa60**
9113 Haraszt (GyS) **14-15 Sd63**
9784 Harasztifalu (Vas) **22-23 Rd66**
7172 Harc (Tol) **36-37 Td70**
5561 Harcsásiüdülősor (Szo) **28-29 Vc67**
3775 Haricabányatelep (BAZ) **8-9 Vd59**
9422 Harka (GyS) **12-13 Rd63**
6136 Harkakötöny (BKk) **38-39 Ud70**
7815 Harkány (Bar) **42-43 Tb73**
5553 Harkánybérlet (Bék) **40-41 Ve68**
3922 Harkányitanya (BAZ) **8-9 Wa60**
7585 Háromfa (Som) **34-35 Sc72**
7839 Háromfadűlő (Bar) **42-43 Sf74**
2113 Háromház (Pest) **16-17 Uc62**
3936 Háromhuta (BAZ) **8-9 Wc58**
1214 Háros (Bp) **26-27 Ua64**
3555 Harsány (BAZ) **8-9 Ve61**
2114 Hársas (Pest) **16-17 Uc64**
7533 Hárserdőtelep (Som) **34-35 Se71**
9244 Hársfamajor (GyS) **12-13 Sb62**
8442 Hárskút (Ves) **24-25 Se65**
6326 Harta (BKk) **36-37 Ua68**
7745 Hásságy (Bar) **42-43 Tc72**
3065 Hasznos (Nóg) **16-17 Ue61**
~ Hataréri-főcsatorna **30-31 Wb67**
3972 Határszél (BAZ) **10-11 We59**
8452 Határvölgy (Ves) **24-25 Sd66**
8435 Hathalom (Ves) **14-15 Se64**
6900 Hatrongyos (Cso) **38-39 Vd70**
3381 Hatrongyos (Hev) **18-19 Vc64**
3000 Hatvan (Hev) **16-17 Ud63**
7019 Hatvanpuszta (Fej) **26-27 Td67**
8263 Ház Lábdi (Ves) **24-25 Sc68**
9232 Hédervár (GyS) **14-15 Sc62**
7533 Hedrehely (Som) **34-35 Sd71**
9671 Hegyalja (Vas) **24-25 Sa65**
5300 Hegyesbokor (Szo) **28-29 Vf65**
8297 Hegyesd (Ves) **24-25 Sd67**
9222 Hegyeshalom (GyS) **12-13 Sa61**
7030 Hegyespuszta (Tol) **36-37 Te69**
9631 Hegyfalu (Vas) **22-23 Rf64**
9915 Hegyháthodász (Vas) **22-23 Rd67**
7348 Hegyhátmaróc (Bar) **42-43 Tc71**
9915 Hegyhátsál (Vas) **22-23 Rd67**
9934 Hegyhátszentjakab (Vas) **22-23 Rd67**
9931 Hegyhátszentmátron (Vas) **22-23 Rc67**
9821 Hegyhátszentpéter (Vas) **22-23 Re67**
9437 Hegykő (GyS) **12-13 Re63**
9600 Hegyközség (Vas) **22-23 Rf65**
8265 Hegymagas (Ves) **24-25 Sc67**
3786 Hegymeg (BAZ) **8-9 Vf59**
7837 Hegyszentmárton (Bar) **42-43 Ta73**
3043 Héhalom (Nóg) **16-17 Ud62**
7130 Heislerpuszta (Tol) **36-37 Te70**
6800 Héjahalom (Cso) **38-39 Vc70**
3892 Hejce (BAZ) **8-9 Wb58**
6000 Héjjastanya **26-27 Ue67**
3596 Hejőbába (BAZ) **18-19 Vf61**
3508 Hejőcsaba (Miskolc) (BAZ) **8-9 Ve60**
3597 Hejőkeresztúr (BAZ) **8-9 Vf61**
3588 Hejőkürt (BAZ) **18-19 Vf61**
3594 Hejőpapi (BAZ) **18-19 Vf61**
3595 Hejőszalonta (BAZ) **18-19 Vf61**
6600 Hékéd (Cso) **38-39 Vb68**
8666 Hékútpuszta (Tol) **36-37 Ta69**
7683 Helesfa (Bar) **42-43 Sf72**
6034 Helvécia (BKk) **26-27 Ud68**
4123 Hencida (HB) **30-31 We65**
7532 Hencse (Som) **34-35 Sd71**
7500 Henész (Som) **42-43 Sc71**
3720 Herbolya (Kazincbarcika) (BAZ) **8-9 Vd59**
2053 Herceghalom (Pest) **14-15 Te64**
4333 Herceghtanya (SzSz) **20-21 Xb61**
3958 Hercegkút (BAZ) **8-9 Wd58**
6525 Hercegszántó (BKk) **44-45 Tf73**
3011 Heréd (Hev) **16-17 Ud62**
2832 Héreg (Kom) **14-15 Td63**
3178 Herencsény (Nóg) **6-7 Uc61**
8440 Herend (Ves) **24-25 Se66**
7588 Heresznye (Som) **42-43 Sb72**
4735 Hermánszeg (SzSz) **20-21 Xd61**
2376 Hernád (Pest) **26-27 Uc66**
3853 Hernádbűd (BAZ) **8-9 Wa59**
3887 Hernádcéce (BAZ) **8-9 Wb58**
3563 Hernádkak (BAZ) **8-9 Vf60**
3846 Hernádkércs (BAZ) **8-9 Wa59**
3564 Hernádnémeti (BAZ) **8-9 Vf60**
3874 Hernádpetri (BAZ) **8-9 Wa58**
3852 Hernádszentandrás (BAZ) **8-9 Wa59**
3876 Hernádszurdok (BAZ) **8-9 Wb58**
3874 Hernádvécse (BAZ) **8-9 Wb58**
8957 Hernyék (Zala) **32-33 Rd69**
7224 Hertelendpuszta (Tol) **36-37 Tc70**
8517 Hertelendyújhely (Ves) **24-25 Sb64**
3655 Hét (BAZ) **8-9 Vc59**
4843 Hetefejércse (SzSz) **10-11 Xc60**
6044 Hetényegyháza **26-27 Ud67**
7432 Hetes (Som) **34-35 Se70**
7681 Hetvehely (Bar) **34-35 Ta72**
8344 Hetyefő (Ves) **24-25 Sa66**
3360 Heves (Hev) **18-19 Vb63**
3337 Hevesaranyos (Hev) **16-17 Vb60**
3383 Hevesvezekény (Hev) **18-19 Vc63**
8380 Hévíz (Zala) **24-25 Sb68**
2191 Hévízgyörk (Pest) **16-17 Ud63**
7696 Hidas (Bar) **36-37 Tc71**
3876 Hidasnémeti (BAZ) **8-9 Wb58**
8247 Hidegkút (Ves) **24-25 Se67**
8992 Hidegmayor (Zala) **22-23 Re67**
9491 Hidegség (GyS) **12-13 Re63**
5300 Hidláb (HB) **28-29 Wa64**
7745 Hidor (Bar) **44-45 Tc72**
3768 Hidvégardó (BAZ) **8-9 Vf57**
6344 Hild (BKk) **44-45 Ua70**
6341 Hillye (BKk) **36-37 Ua70**
7735 Himesháza (Bar) **44-45 Td72**
9362 Himod (GyS) **12-13 Sa63**
7693 Hird (Pécs) (Bar) **42-43 Tc72**
7838 Hirics (Bar) **42-43 Sf74**
7971 Hobol (Bar) **42-43 Se72**
4335 Hodász (SzSz) **20-21 Xb61**
6800 HódmezŐvásárhely (Cso) **38-39 Vb70**
3662 Hodoscsépany (Ózd) (BAZ) **8-9 Vb59**
8706 Hódoshát (Som) **34-35 Sd69**
6525 Hóduna (BKk) **44-45 Te73**
8849 Hókamalom (Som) **42-43 Sb71**
8731 Hollád (Som) **34-35 Sb69**
8135 Holland Ház (Fej) **26-27 Tc67**
3999 Hollóháza (BAZ) **8-9 Wc57**
3175 Hollókő (Nóg) **16-17 Ud60**
★ Hollókő **16-17 Ud60**
9111 Hollómajor (GyS) **14-15 Sd63**
3557 Hollóstető (BAZ) **8-9 Vd60**
~ Holt-Sebes-Körös **30-31 Wc67**
8563 Homokbödöge (Ves) **24-25 Sd65**
2254 Homokerdő (Pest) **16-17 Ue64**
8777 Homokkomárom (Zala) **34-35 Rf69**
7357 Homokmajor (Tol) **42-43 Ta70**
6341 Homokmégy (BKk) **36-37 Ua70**
6086 Homokpuszta (BKk) **26-27 Ua67**
8719 Homokpuszta (Som) **34-35 Sc70**
2730 Homokrész (Pest) **26-27 Ud65**

7537 Homokszentgyörgy (Som) 34-35 Sd72
4485 Homoktanya (SzSz) 10-11 We60
3145 Homokterenye (Nóg) 16-17 Uf60
7716 Homorúd (Bar) 44-45 Te73
3812 Homrogd (BAZ) 8-9 Vf59
2647 Hont (Nóg) 16-17 Tf60
2015 Horány (Pest) 16-17 Ua62
2658 Horpács (Nóg) 6-7 Ua61
~ Hór-patak 18-19 Vd61
3014 Hort (Hev) 16-17 Ue62
4071 Hortobágy (HB) 18-19 Wa63
~ Hortóbágy-Berettyó 28-29 Wa64
3360 Hortváthdűlő (Szo) 16-17 Vb63
7935 Horváthertelend (Bar) 34-35 Sf71
4211 Horváthtanya (HB) 18-19 Wd64
8733 Horvátkút (Som) 34-35 Sc69
9796 Horvátlövő (Vas) 22-23 Rc65
9909 Horvátnádalja (Vas) 22-23 Rd66
9733 Horvátzsidány (Vas) 12-13 Rd64
2225 Hossúberek útja (Pest) 26-27 Uc64
4274 Hosszúgaz (HB) 20-21 We64
4162 Hosszúhát (HB) 30-31 Wa65
7694 Hosszúheteny (Bar) 36-37 Tc72
4274 Hosszúpályi (HB) 30-31 We64
9676 Hosszúpereszteg (Vas) 22-23 Sa66
4103 Hosszúsziget (Bék) 30-31 Wb66
8716 Hosszúvíz (Som) 34-35 Sc69
8777 Hosszúvölgy (Zala) 34-35 Rf69
8475 Hosztót (Ves) 24-25 Sb66
8991 Hottó (Zala) 22-23 Re67
2854 Hőerőmű (Kom) 14-15 Tb63
7191 Hőgyész (Tol) 36-37 Tc70
7370 Hörnyék (Bar) 36-37 Ta71
9361 Hövej (GyS) 12-13 Sa63
8564 Hubertlak (Ves) 24-25 Se65
2672 Hugyag (Nóg) 6-7 Uc60
★ Hungaroring (Pest) 16-17 Ub63
5555 Hunya (Bék) 28-29 Vf68
5063 Hunyadfalva (Szo) 28-29 Vc65
2700 Huszárdűlő (Pest) 26-27 Ue65
8564 Huszárokelpuszta (Ves) 24-25 Sd65
7391 Husztót (Bar) 34-35 Ta71
4074 Huttertanya (HB) 18-19 Wb62
5100 Hűtőgépgyár (Szo) 16-17 Uf64

I, Í

7935 Ibafa (Bar) 34-35 Sf72
8984 Iborfia (Zala) 32-33 Re68
4484 Ibrány (SzSz) 10-11 We60
8862 Ibrikó (Zala) 32-33 Rf70
7827 Idamajor (Bar) 44-45 Tc74
7056 Ifigéniapuazta (Tol) 36-37 Te70
7275 Igal (Som) 34-35 Sf69
~ Igali-föcsatorna 36-37 Tf72
8052 Igar (Fej) 24-25 Tb65
7015 Igar (Fej) 26-27 Td68
6900 Igásijárandó (Cso) 38-39 Vd71
6900 Igásiugar (Cso) 38-39 Vd71
3459 Igrici (BAZ) 18-19 Vf61
8581 Iharkút (Ves) 24-25 Sd65
8726 Iharos (Som) 42-43 Sa70
8725 Iharosberény (Som) 42-43 Sa70
8531 Ihász (Ves) 14-15 Sc64
4566 Ilk (SzSz) 10-11 Xb60
9756 Ikervár (Vas) 22-23 Rf65
2181 Iklad (Pest) 16-17 Uc63
9736 Iklanbereny (Vas) 12-13 Re64
8960 Iklódbördőce (Zala) 32-33 Rd69
9141 Ikrény (GyS) 12-13 Sd63
2673 Iliny (Nóg) 16-17 Uc60
2100 Ilkamajor (Pest) 16-17 Uc63
7775 Illocska (Bar) 44-45 Td74
6452 Ilmamayor (BKk) 36-37 Ub72
6527 Ilmány (BKk) 44-45 Tf72
6133 Ilonaszállás (BKk) 38-39 Ue69
9124 Ilonkapuszta 14-15 Sd64
3735 Imola (BAZ) 8-9 Vd58
6238 Imrehegy (BKk) 38-39 Ub70
8696 Imremajor (Som) 34-35 Sd68
8419 Imremajor (Ves) 24-25 Sf65
7272 Inámpuszta (Som) 34-35 Ta70
3851 Ináncs (BAZ) 8-9 Wa59
2365 Inárcs (Pest) 26-27 Ub65
8724 Inke (Som) 34-35 Sb70
8103 Inota (Ves) 24-25 Tb65
8056 Inotapuszta (Fej) 24-25 Ta65
★ Intercisa (Fej) 26-27 Tf67
7847 Ipacsfa (Bar) 42-43 Tb74
2631 Ipolydamásd (Pest) 16-17 Te61
2649 Ipolyszög (Nóg) 16-17 Ub60
3138 Ipolytarnóc (Nóg) 6-7 Ud59
2633 Ipolytölgyes (Pest) 16-17 Te61
2669 Ipolyvece (Nóg) 6-7 Ua60
7095 Iregszemcse (Tol) 34-35 Tb68
2600 Irénmajor (GyS) 12-13 Sa61
6750 Irmamajor (Cso) 38-39 Vb70
3786 Irota (BAZ) 8-9 Vf58
8999 Irsapuszta (Zala) 22-23 Rd68
2851 Irtáspuszta (Kom) 14-15 Tc63
2117 Isaszeg (Pest) 16-17 Uc63
9941 Ispánk (Vas) 22-23 Rc67
3253 Istenmezeje (Hev) 6-7 Va60
7987 Istvándi (Som) 42-43 Sd72
5440 Istvánháza (Szo) 28-29 Vb67
2943 Istvánházapuszta (Kom) 14-15 Ta63
3432 Istvánmajor (BAZ) 18-19 Ve61
2635 Istvánmajor (Pest) 6-7 Te61
4361 Istvántanya (SzSz) 20-21 Xa62
6067 Istvánújfalu (BKk) 28-29 Uf68
8043 Iszkaszentgyörgy (Fej) 24-25 Tb65
8492 Iszkáz (Ves) 24-25 Sb65
8045 Isztimér (Fej) 24-25 Tb65
3248 Ivád (Hev) 16-17 Va60
9374 Iván (GyS) 12-13 Rf64
7772 Ivánbattyán (Bar) 44-45 Tc73
9931 Ivánc (Vas) 22-23 Rc67
2454 Iváncsa (Fej) 26-27 Te66
7781 Ivándárda (Bar) 44-45 Td73
2000 Izbég (Pest) 16-17 Ua62
7353 Izmény (Tol) 44-45 Tc71
6070 Izsák (BKk) 26-27 Uc68
9541 Izsákfa (Vas) 24-25 Sa65
6353 Izsákpuszta (BKk) 44-45 Tf70
3741 Izsófalva (BAZ) 8-9 Vd59

J

8660 Jabapuszta (Som) 24-25 Ta68
7357 Jágónak (Tol) 36-37 Ta71
3564 Jajhalom (BAZ) 8-9 Wa60
2381 Jajmajor (Pest) 26-27 Uc66
9798 Ják (Vas) 22-23 Rd66
9955 Jakabháza (Vas) 22-23 Rb67
6078 Jakabszállás (BKk) 26-27 Ud68
2433 Jakabszállás (Fej) 26-27 Td66
2114 Jakabszállás (Pest) 16-17 Uc64
9643 Jákfa (Vas) 22-23 Rf64
3721 Jákfalva (BAZ) 8-9 Vd59
7525 Jákó (Som) 42-43 Sd70
6784 Jakushegy (Cso) 44-45 Ue71
2712 Jalsoviczkymajor (Pest) 28-29 Uf66
4841 Jánd (SzSz) 10-11 Xc60
6449 Jankamajor (BKk) 36-37 Uc71
8855 Jankapuszta (Zala) 34-35 Rf70
4741 Jánkmaitis (SzSz) 20-21 Xd61
3592 Jánosér (BAZ) 18-19 Vf61
6440 Jánoshalma (BKk) 38-39 Ub71
9545 Jánosháza (Vas) 24-25 Sa66
9985 Jánoshegy (Vas) 22-23 Ra67
5143 Jánoshida (Szo) 28-29 Va64
8156 Jánosmajor (Fej) 24-25 Tc67
9146 Jánosmajor (GyS) 12-13 Sb63
7537 Jánosmajor (Som) 42-43 Sd72
7054 Jánosmajor (Tol) 36-37 Td69
8542 Jánosmajor (Ves) 14-15 Sd64
9241 Jánossomorja (GyS) 12-13 Sa62
8685 Janvinapuszta (Som) 34-35 Se69
7172 Janyapuszta (Tol) 36-37 Td70
3284 Járásitanyairész (Szo) 18-19 Va63
6320 Járáspuszta (BKk) 26-27 Ua68
3664 Járdánháza (BAZ) 8-9 Vb60
4337 Jármi (SzSz) 10-11 Xb61
8552 Járóháza (Ves) 24-25 Sd64
8417 Jásd (Ves) 24-25 Ta65
3015 Jászágó (Szo) 16-17 Uf63
5143 Jászalsószentgyörgy (Szo) 28-29 Va64
5130 Jászapáti (Szo) 18-19 Va63
5123 Jászárokszállás (Szo) 16-17 Uf63
5100 Jászberény (Szo) 16-17 Uf63
5144 Jászboldogháza (Pest) 28-29 Uf64
5122 Jászdózsa (Szo) 16-17 Va63
5111 Jászfelsőszentgyörgy (Szo) 16-17 Ue63
5126 Jászfényszaru (Szo) 16-17 Ue63
5135 Jászivány (Szo) 18-19 Vb63
5121 Jászjákóhalma (Szo) 16-17 Uf63
2746 Jászkarajenő (Pest) 28-29 Va66
5137 Jászkisér (Szo) 16-17 Vb64
5055 Jászladány (Szo) 18-19 Va64
5136 Jászszentandrás (Szo) 16-17 Vb63
6133 Jászszentlászló (BKk) 38-39 Ue69
5141 Jásztelek (Szo) 16-17 Va64
3517 Jávurkút (BAZ) 8-9 Vd60
7056 Jegenyés (Tol) 36-37 Te70
2941 Jegespuszta (Kom) 14-15 Sf62
4464 Jegestanya (SzSz) 18-19 Wc60
4611 Jéke (SzSz) 10-11 Xa59
8146 Jenő (Fej) 24-25 Tb66
5527 Jenőmajor (Bék) 30-31 Wa65
4464 Jenőmajor (SzSz) 10-11 Wc60
9323 Jobaháza (GyS) 12-13 Sb63
3063 Jobbágyi (Nóg) 16-17 Ue62
8724 Jolántapuszta (Som) 42-43 Sb70
3758 Jósvafő (BAZ) 8-9 Vd58
4224 Józsa (Debrecen) (HB) 18-19 Wd63
4440 Józsefháza (SzSz) 18-19 Wb61
6448 Józsefházapuszta (BKk) 36-37 Ua71
8868 Józsefhegy (Zala) 32-33 Re70
9012 Józsefmajor (GyS) 12-13 Sa64
7100 Józsefpuszta (Tol) 44-45 Te70
5720 József Szanatórium (Bék) 40-41 Wb68
7025 Juhásztanya (Tol) 36-37 Tf68
7159 Juhépuszta (Tol) 36-37 Tc70
2694 Júliamajor (Nóg) 16-17 Uc61
7054 Júliamajor (Tol) 36-37 Te70
6430 Juliskamajor (BKk) 38-39 Ub72
5082 Jurenáktanya (Szo) 28-29 Vc66
★ Jurisics-var (Vas) 22-23 Rc64
9730 Jurisics-vár (Vas) 22-23 Rc64
5900 Justhmajor (Bék) 38-39 Vd69
7431 Juta (Som) 34-35 Se70
8200 Jutas (Ves) 24-25 Sf66

K

4183 Kaba (HB) 30-31 Wb64
4481 Kabalas (SzSz) 10-11 We61
4200 Kabalútfél (HB) 18-19 Wb64
2821 Kablásmajor (Kom) 14-15 Td63
8130 Kabókapuszta (Fej) 24-25 Tb67
8773 Kacorlak (Zala) 34-35 Rf69
3424 Kács (BAZ) 8-9 Vd61
~ Kácsi-patak 18-19 Vd61
7940 Kacsóta (Bar) 42-43 Sf72
6008 Kadafalva 26-27 Ud67
7530 Kadarkút (Som) 42-43 Sd71
8411 Kádárta (Ves) 24-25 Sf66
6600 Kajánújfalu (Cso) 38-39 Vc68
9123 Kajárpéc (GyS) 14-15 Sd64
2472 Kajászó (Fej) 26-27 Te65
7051 Kajdacs (Tol) 36-37 Td69
7054 Kajmádpuszta (Tol) 36-37 Td70
5540 Kákaifőmajor (Bék) 28-29 Vd68
6043 Kákás (BKk) 26-27 Uc67
6931 Kákás-Csőrvölgy (Cso) 38-39 Vd71
7122 Kakasd (Tol) 44-45 Td70
6821 Kakasszék (Cso) 38-39 Vd69
6821 Kakasszékimajor (Bék) 38-39 Vd69
7958 Kákics (Bar) 42-43 Sf73
2366 Kakucs (Pest) 26-27 Uc65
3350 Kál (Hev) 18-19 Vb62
7194 Kalaznó (Tol) 36-37 Tc69
9673 Káld (Vas) 22-23 Sa66
6320 Kalimajor (BKk) 36-37 Tf68
6344 Kall (BKk) 44-45 Ua70
2175 Kálló (Nóg) 16-17 Uc62
8785 Kallósd (Zala) 22-23 Sa67
4324 Kállósemjén (SzSz) 20-21 Wf61
7538 Kálmáncsa (Som) 42-43 Sd72
4434 Kálmánháza (SzSz) 20-21 Wd61
8988 Kálócfa (Zala) 22-23 Rd68
6300 Kalocsa (BKk) 36-37 Tf69
4623 Kálongatanya (SzSz) 10-11 Xa59
8124 Káloz (Fej) 26-27 Tc67
9841 Kám (Vas) 22-23 Rf66
8956 Kámaháza (Zala) 32-33 Re69
5820 Kamaráspuszta (Bék) 40-41 Vf70
9544 Kamond (Ves) 24-25 Sb66
5673 Kamut (Bék) 28-29 Vf68
7681 Kán (Bar) 34-35 Ta72
7039 Kanacspuszta (Tol) 36-37 Tf68
8726 Kanizsaberek (Som) 42-43 Sb70
3757 Kánó (BAZ) 8-9 Vd58
5742 Kantonaszeglet (Bék) 40-41 Wb69
4335 Kántorjánosi (SzSz) 20-21 Xa61
3821 Kány (BAZ) 8-9 Wa57
8667 Kánya (Som) 34-35 Ta68
~ Kánya-patak 18-19 Vd61
3077 Kányástelep (Nóg) 6-7 Ue61
8956 Kányavár (Zala) 32-33 Re69
6065 Kapásfalu (BKk) 28-29 Uf67
8294 Kapolcs (Ves) 24-25 Sd67
3355 Kápolna (Hev) 18-19 Vb62
8753 Kápolnapuszta (Zala) 34-35 Sb69
2475 Kápolnásnyék (Fej) 26-27 Te65
7533 Kápolnásvisnye (Som) 42-43 Se71
8671 Kapoly (Som) 34-35 Sf68
8671 Kapolypuszta (Som) 34-35 Sf68
~ Kapos 42-43 Sf70
7478 Kaposdada (Som) 34-35 Se71
7523 Kaposfő (Som) 42-43 Sd70
7409 Kaposfüred (Som) 34-35 Se70
7473 Kaposgyarmat (Som) 42-43 Sf71
7261 Kaposhomok (Som) 42-43 Sf70
7258 Kaposkeresztúr (Som) 42-43 Sf71
7523 Kaposmérő (Som) 42-43 Se70
7251 Kapospula (Tol) 42-43 Ta70
7361 Kaposszekcső (Tol) 36-37 Ta71
7400 Kaposszentjakab (Som) 42-43 Sf70
7476 Kaposszerdahely (Som) 34-35 Se71
7522 Kaposújlak (Som) 42-43 Se70
7400 Kaposvár (Som) 42-43 Se70
★ Káptalandomb (GyS) 14-15 Sd62
8471 Káptalanfa (Ves) 24-25 Sc66
8220 Káptalanfüred (Ves) 24-25 Ta66
8283 Káptalantóti (Ves) 24-25 Sd67
3905 Kaptártanya (BAZ) 8-9 Wa59
9330 Kapuvár (GyS) 12-13 Sa63
7285 Kára (Som) 34-35 Ta69
7681 Karácodfa (Bar) 34-35 Ta71
3281 Karácsond (Hev) 16-17 Va62
8618 Karácsonypuszta (Som) 24-25 Sf68
8676 Karád (Som) 34-35 Sf68
9547 Karakó (Vas) 24-25 Sb66
8477 Karakószörcsök (Ves) 24-25 Sb66
3181 Karancsalja (Nóg) 6-7 Ue60
3137 Karancsberény (Nóg) 6-7 Ue59
3183 Karancskeszi (Nóg) 6-7 Ue60
3182 Karancslapujtő (Nóg) 6-7 Ue60
3163 Karancsság (Nóg) 6-7 Ud60
7588 Karap (Som) 42-43 Sb72
6525 Karapancsa (BKk) 44-45 Tf73
7333 Kárász (Bar) 44-45 Tb71
5643 Kárászmegyer (Bék) 30-31 Wa67
5300 Karcag (Szo) 28-29 Vf65
3963 Karcsa (BAZ) 10-11 We59
5552 Kardos (Bék) 28-29 Ve68
7477 Kardosfapuszta (Som) 42-43 Se71
5945 Kardoskút (Bék) 38-39 Ve70
8420 Kardosrét (Ves) 24-25 Sf65
8354 Karmacs (Zala) 24-25 Sb67
5520 Károlyderék (Bék) 30-31 Wa66
3944 Károlyfalva (BAZ) 10-11 Wd58
9181 Károlyháza (GyS) 12-13 Sc62
5553 Károlyiföld (Bék) 28-29 Ve68
4804 Károlyitanya (SzSz) 10-11 Xb60
2723 Károlyitelep (Pest) 26-27 Uc65
5920 Károlymajor (Bék) 40-41 Ve69
3211 Károlytáro (Hev) 16-17 Uf61
3962 Karos (BAZ) 10-11 We59
2173 Kartal (Pest) 16-17 Ud62
7827 Kásád (Bar) 44-45 Tc74
6211 Kaskantyu (BKk) 36-37 Uc68
7977 Kastélyosdombó (Som) 42-43 Sd73
5948 Kaszaper (Bék) 40-41 Ve70
8849 Kaszó (Som) 34-35 Sb71
7915 Katádfa (Bar) 42-43 Sf73
9915 Katafa (Vas) 22-23 Rd67
6067 Kátaisor (BKk) 28-29 Va68
3070 Katalinakna (Nóg) 16-17 Ue61
2071 Katalinhegy (Pest) 14-15 Tf64
3769 Katalinmajor (BAZ) 8-9 Vf57
2600 Katalinpuszta (Pest) 16-17 Ua61
7051 Katalinpuszta (Tol) 36-37 Td69
7661 Kátoly (Bar) 44-45 Tc72
6000 Katonatelep 26-27 Ue67
6455 Katymár (BKk) 44-45 Ub72
4553 Kauzsaytanya (SzSz) 20-21 Wf61
2217 Káva (Pest) 26-27 Ud64
8994 Kávás (Zala) 22-23 Re67
3127 Kazár (Nóg) 16-17 Uf60
3700 Kazincbarcika (BAZ) 8-9 Vd59
3831 Kázsmárk (BAZ) 8-9 Vf59
7274 Kazsok (Som) 34-35 Sf70
7011 Kazsokitanya (Fej) 26-27 Te68
6237 Kecel (BKk) 36-37 Ub69
7090 Kecsegepuszta (Tol) 36-37 Tb68
4494 Kécske (SzSz) 10-11 Xa59
2852 Kecskéd (Kom) 14-15 Tb63
3176 Kecskédpuszta (Nóg) 6-7 Ud61
6000 Kecskemét 26-27 Ue67
4485 Kecskés (SzSz) 10-11 We60
7811 Kegytemplom (Bar) 42-43 Tb73
★ Kegytemplom (Pest) 16-17 Uc63

Kegytemplom (H) 61

8784 Kehidakustány (Zala) **24-25 Sa67**
4511 Kék (SzSz) **10-11 Wf60**
3899 Kéked (BAZ) **8-9 Wc57**
7661 Kékesd (Bar) **44-45 Tc72**
3233 Kékestető (Hev) **16-17 Uf61**
8254 Kékkút (Ves) **24-25 Sd67**
6423 Kelebia (BKk) **44-45 Ud71**
2694 Kelecsénypuszta (Nóg) **6-7 Uc61**
9549 Keléd (Vas) **24-25 Sa66**
7838 Kelemenliget (Bar) **42-43 Sf74**
3728 Kelemér (BAZ) **8-9 Vc58**
1118 Keleneöld (Bp) **16-17 Ua64**
6444 Kéleshalom (BKk) **44-45 Ub70**
~ Keleti-főcsatorna **30-31 Wc64**
8714 Kelevíz (Som) **34-35 Sc69**
6765 Kelőpatak (Cso) **38-39 Uf69**
3379 Kélútköz (Hev) **18-19 Vd62**
4501 Kemecse (SzSz) **10-11 We60**
2638 Kemence (Pest) **14-15 Tf60**
3994 Kemencepatak (BAZ) **8-9 Wc58**
8921 Kemendollár (Zala) **22-23 Rf67**
8516 Kemeneshőgyész (Ves) **24-25 Sb64**
9553 Kemeneskápolna (Vas) **24-25 Sa65**
9551 Kemenes-Kápolna (Vas) **24-25 Sa65**
9522 Kemenesmagasi (Vas) **24-25 Sb65**
9511 Kemenesmihályfa (Vas) **24-25 Sa65**
9544 Kemenespálfa (Vas) **24-25 Sb66**
8514 Kemenespuszta (Vas) **24-25 Sa64**
9517 Kemenessömjén (Vas) **24-25 Sa65**
9521 Kemenesszentmarton (Vas) **22-23 Sb65**
8518 Kemenesszentpéter (Ves) **12-13 Sb65**
8995 Keménfa (Zala) **22-23 Rd67**
7671 Keménygadány (Bar) **42-43 Ta73**
4163 Keménytanya (HB) **30-31 Wa65**
7843 Kémes (Bar) **42-43 Ta74**
9923 Kemestaródfa (Vas) **22-23 Rd67**
7839 Kemse (Bar) **42-43 Sf74**
5331 Kenderes (Szo) **28-29 Ve65**
4233 Kenderes (SzSz) **20-21 Wf62**
2700 Kenderföldek (Pest) **26-27 Ue65**
9242 Kendergyár (GyS) **12-13 Sa62**
7083 Kendergyár (Tol) **36-37 Tc68**
9752 Kenéz (Vas) **22-23 Re65**
3955 Kenézlő (BAZ) **8-9 Wd59**
5083 Kengyel (Szo) **28-29 Vc66**
9514 Kenyeri (Vas) **22-23 Sa64**
4137 Kényesd (HB) **30-31 Wd66**
7095 Kér (Som) **34-35 Ta68**
9945 Kercaszomor (Vas) **22-23 Rc68**
7256 Kercseliget (Som) **34-35 Ta71**
3395 Kerecsend (Hev) **18-19 Vc62**
8745 Kerecseny (Zala) **34-35 Sa69**
6060 Kerekdomb (BKk) **28-29 Va67**
6041 Kerekegyháza (BKk) **26-27 Uc67**
3000 Kerekharaszt (Hev) **16-17 Ud63**
8618 Kereki (Som) **24-25 Sf68**
5520 Kereksziget (Bék) **30-31 Wa66**
2883 Kerékteleki (Kom) **14-15 Sf63**
2500 Kerektó (Kom) **16-17 Te62**
5111 Kerekudvar (Szo) **16-17 Ue63**
2144 Kerepes (Pest) **16-17 Ub63**
2746 Keresztdűlő (Szo) **28-29 Va66**
3821 Keresztéte (BAZ) **8-9 Vf58**
6513 Keresztfok (BKk) **44-45 Te72**
5400 Keresztháti üdülősor (Szo) **28-29 Vc67**
5674 Kereszt sor (Bék) **40-41 Vf68**
2185 Kéripuszta (Pest) **16-17 Uc62**
8971 Kerkabarabás (Zala) **32-33 Rd68**
8973 Kerkafalva (Zala) **22-23 Rc68**
8973 Kerkakutas (Zala) **22-23 Rd68**
9944 Kerkáskápolna (Vas) **22-23 Rc68**
8877 Kerkaszentkirály (Zala) **32-33 Rd69**
8960 Kerkateskánd (Zala) **32-33 Rd69**
2700 Kernácstelep (Pest) **28-29 Ue65**
7282 Kérpuszta (Som) **34-35 Se69**
4912 Kérsemjén (SzSz) **20-21 Xc60**
8492 Kerta (Ves) **24-25 Sb66**
5526 Kertészsziget (Bék) **28-29 Wa66**
5530 Kertmeg (Bék) **30-31 Wb67**
2800 Kertváros (Kom) **14-15 Tc63**
8372 Kertváros (Zala) **24-25 Sb68**
5300 Kertváros (Karcag) (Szo) **28-29 Vf65**
3700 Kertváros (Kazincbarcika) (BAZ) **8-9 Vd59**
7632 Kertváros (Pécs) (Bar) **42-43 Tb72**
9400 Kertváros (Sopron) (GyS) **12-13 Rd62**
7826 Keselyősfapuszta (Bar) **42-43 Tb74**
6353 Keselyűs (Tol) **36-37 Tf71**
5501 Keselyűsitanyák (Bék) **28-29 Vf67**
5650 Keselyűsitanyák (Bék) **28-29 Vf68**
2616 Keszeg (Nóg) **16-17 Ub61**
3579 Kesznyéten (BAZ) **8-9 Wa61**
7062 Keszőhidegkút (Tol) **36-37 Tc69**
8360 Keszthely (Zala) **24-25 Sb68**
2517 Kesztölc (Kom) **16-17 Te62**
7668 Keszü (Bar) **42-43 Tb72**
2655 Kétbodony (Nóg) **16-17 Ub61**
5741 Kétegyháza (Bék) **40-41 Wb69**
4486 Kétérköz (SzSz) **10-11 We59**
5510 Kéthalom (Bék) **28-29 Wa66**
4544 Ketháztanya (SzSz) **10-11 Xa60**
8713 Kéthely (Som) **34-35 Sc69**
5411 Kétpó (Szo) **28-29 Vc66**
5674 Kétsoprony (Bék) **40-41 Vf68**
9098 Kettestanya (GyS) **14-15 Se63**
8591 Kéttornyúlak (Ves) **24-25 Sc65**
4121 Kettőstanya (HB) **30-31 Wd65**
7975 Kétújfalu (Bar) **42-43 Se73**
9982 Kétvölgy (Vas) **22-23 Rb67**
7174 Kéty (Tol) **36-37 Td70**
5744 Kevermes (Bék) **40-41 Wb70**
6120 Kígyós (BKk) **38-39 Ue70**
~ Kígyós-főcsatorna **38-39 Ub71**
8243 Kiliántelep (Ves) **24-25 Se67**
8774 Kilimán (Zala) **34-35 Rf69**
8600 Kiliti (Som) **24-25 Ta67**
9182 Kimle (GyS) **12-13 Sc62**
9735 Kincsédpuszta (Vas) **22-23 Rd64**
8044 Kincsesbánya (Fej) **24-25 Tb65**
6087 Kincsespuszta (BKk) **26-27 Ua67**
6087 Kinitapuszta (BKk) **26-27 Ua67**
5743 Kintzigmajor (Bék) **40-41 Wb70**
3652 Királd (BAZ) **8-9 Vc59**
4080 Királydomb (HB) **18-19 Wb61**
7953 Királyegyháza (Bar) **42-43 Sf73**
1214 Királyerdő (Bp) **16-17 Ua64**
6782 Királyhalom (Cso) **38-39 Uf71**
2638 Királyháza (Pest) **6-7 Tf61**
6911 Királyhegyes (Cso) **40-41 Vd71**
8564 Királykapu (Ves) **24-25 Sd65**
3753 Királykút (BAZ) **8-9 Ve58**
8195 Királyszentistván (Ves) **24-25 Ta66**
★ Kirándulóközpont Vadászati Múzeum **44-45 Te70**
5527 Kiritópuszta (Bék) **30-31 Vf65**
8522 Kisacsád (Ves) **24-25 Sc64**
8284 Kisapáti (Ves) **24-25 Sc67**
2428 Kisapostag (Fej) **26-27 Tf67**
4921 Kisar (SzSz) **10-11 Xd60**
7523 Kisasszond (Som) **42-43 Sd71**
7954 Kisasszonyfa (Bar) **42-43 Ta73**
9133 Kisbabot (GyS) **12-13 Sc63**
3046 Kisbágyon (Nóg) **16-17 Ud62**
9062 Kisbajcs (GyS) **14-15 Se62**
7542 Kisbajom (Som) **42-43 Sc71**
~ Kis-Balaton I. víztároló **34-35 Sa69**
3950 Kisbályányos (BAZ) **10-11 Wd59**
7282 Kisbárapáti (Som) **34-35 Sf69**
3641 Kisbarca (BAZ) **8-9 Vd59**
3075 Kisbárkány (Nóg) **16-17 Ue60**
7305 Kisbattyán (Bar) **36-37 Tb71**
2870 Kisbér (Kom) **14-15 Ta63**
8693 Kisberény (Som) **34-35 Se69**
7255 Kisberki (Som) **42-43 Ta70**
8476 Kisberzseny (Ves) **24-25 Sb66**
7391 Kisbeszterce (Bar) **34-35 Ta71**
9234 Kisbodak (GyS) **12-13 Sc61**
8456 Kisbogdány (Ves) **24-25 Sc66**
4144 Kisbozsód (HB) **30-31 Wc66**
3997 Kisbózsva (BAZ) **10-11 Wc58**
4100 Kisbucsa (Bék) **28-29 Vf65**
8925 Kisbucsa (Zala) **22-23 Rf68**
7756 Kisbudmér (Bar) **44-45 Tc73**
5900 Kiscsákó (Bék) **38-39 Ve68**
6239 Kiscsala (BKk) **36-37 Ub70**
3578 Kiscsécs (BAZ) **8-9 Wa61**
8873 Kiscsehi (Zala) **32-33 Re69**
4065 Kiscserepes (HB) **18-19 Wa62**
8154 Kiscséripuszta (Fej) **24-25 Tc66**
2522 Kiscsévpuszta (Kom) **14-15 Te63**
8494 Kiscsősz (Ves) **24-25 Sb65**
8553 Kisdémpuszta (Ves) **14-15 Se64**
8724 Kisdencs (Som) **34-35 Sa70**
7814 Kisdér (Bar) **42-43 Ta73**
7985 Kisdobsza (Bar) **42-43 Sd72**
5838 Kisdombegyház (Bék) **40-41 Wa70**
7159 Kisdorog (Tol) **44-45 Tc70**
9913 Kisdöbörhegy (Vas) **22-23 Re67**
8244 Kisdörgicse (Ves) **24-25 Se67**
2655 Kisecset (Nóg) **16-17 Ub61**
6440 Kiserdő (BKk) **36-37 Uc71**
8718 Kiserdőpuszta (Som) **34-35 Sb70**
8800 Kisfakos **34-35 Sa70**
6000 Kisfái **28-29 Ue67**
9341 Kisfalud (GyS) **12-13 Sa63**
3100 Kisfalud (Nóg) **16-17 Ue60**
8000 Kisfalud (Székesfehérvár) **26-27 Tc65**
4447 Kisfástanya (SzSz) **10-11 Wc61**
6331 Kisfoktő (BKk) **36-37 Tf69**
3250 Kisfüzes (Hev) **8-9 Va61**
3170 Kisgéc (Nóg) **6-7 Ud60**
7733 Kisgeresd (Bar) **36-37 Td72**
8356 Kisgörbő (Zala) **24-25 Sa67**
7279 Kisgyalán (Som) **34-35 Sf70**
5537 Kisgyanté (Bék) **30-31 Wc67**
5241 Kisgyócs (Szo) **18-19 Vd64**
3556 Kisgyőr (BAZ) **18-19 Ve60**
4100 Kishagymás (Bék) **30-31 Wb66**
7391 Kishajmás (Bar) **34-35 Ta71**
3972 Kishalásztanyák (BAZ) **10-11 We59**
2434 Kishantos (Fej) **26-27 Te67**
3358 Kishanyi (Hev) **18-19 Vc62**
7925 Kishárságy (Bar) **34-35 Se71**
7800 Kisharsány (Bar) **42-43 Tc73**
3162 Kishartyán (Nóg) **6-7 Ue60**
7763 Kisherend (Bar) **44-45 Tb73**
7394 Kishertelend (Bar) **34-35 Tb71**
7696 Kishidas (Tol) **36-37 Td71**
7054 Kishidja (Tol) **36-37 Te69**
4977 Kishódos (SzSz) **10-11 Xf61**
8124 Kishörcsökpuszta (Fej) **26-27 Tc67**
3994 Kishuta (BAZ) **10-11 Wc58**
7935 Kisibafa (Bar) **34-35 Sf72**
2948 Kisigmánd (Kom) **14-15 Ta63**
2634 Kisinóci turistaház (Pest) **14-15 Tf61**
6085 Kisizsák (BKk) **26-27 Ub67**
7773 Kisjakabfalva (Bar) **44-45 Tc73**
8800 Kiskanizsa **34-35 Rf70**
3604 Kiskapud (BAZ) **8-9 Vb59**
7766 Kiskassa (Bar) **42-43 Tc73**
6341 Kiskecskemégy (BKk) **36-37 Ua69**
4233 Kiskecskés (SzSz) **20-21 Wf62**
6326 Kiskékes (BKk) **36-37 Ua68**
7253 Kiskeresztúr (Bar) **34-35 Sf71**
8145 Kiskeszi (Fej) **24-25 Tb66**
3843 Kiskinizs (BAZ) **8-9 Wa59**
2422 Kiskokasd (Fej) **26-27 Te67**
7200 Kiskonda (Tol) **36-37 Ta70**
~ Kiskondai-halastavak **36-37 Ta70**
7524 Kiskorpád (Som) **42-43 Sd70**
2013 Kiskovácsi (Pest) **16-17 Tf63**
3384 Kisköre (Hev) **18-19 Vc63**
6200 Kiskőrös (BKk) **36-37 Ub69**
6034 Kiskőrösiút (BKk) **26-27 Ud67**
6791 Kiskundorozsma (Szeged) (Cso) **38-39 Va71**
6100 Kiskun-Félegyháza (BKk) **38-39 Uf68**
6400 Kiskunhalas (BKk) **38-39 Uc70**
2340 Kiskunlacháza (Pest) **26-27 Ua65**
6120 Kiskunmajsa (BKk) **38-39 Ue70**
~ Kiskunsági-főcsatorna **26-27 Ua68**
8992 Kiskutas (Zala) **22-23 Re67**
8156 Kisláng (Fej) **24-25 Tc67**
8985 Kislengyel (Zala) **22-23 Re68**
4325 Kisléta (SzSz) **20-21 Xa62**
7775 Kislippó (Bar) **44-45 Td74**
7000 Kislók (Fej) **26-27 Te67**
8446 Kislőd (Ves) **24-25 Sd66**
4002 Kismacs (Debrecen) (HB) **18-19 Wd63**
9800 Kismákfa (Vas) **22-23 Re66**
7355 Kismányok (Tol) **36-37 Tc71**
4126 Kismarja (HB) **30-31 We65**
2623 Kismaros (Pest) **16-17 Ua62**
2462 Kismarton (Fej) **26-27 Tf65**
9028 Kismegyer (Győr) (GyS) **14-15 Sd63**
4233 Kismogyorós (SzSz) **20-21 Wf62**
7165 Kismórágy (Tol) **44-45 Td71**
4737 Kisnamény (SzSz) **10-11 Xe61**
3264 Kisnána (Hev) **18-19 Va61**
2165 Kisnémedi (Pest) **16-17 Ub62**
7759 Kisnyárád (Bar) **44-45 Td72**
5720 Kisnyék (Bék) **30-31 Wb67**
2623 Kisoroszi (Pest) **16-17 Ua62**
4373 Kisömböly (SzSz) **20-21 Xb62**
6075 Kispáhi (BKk) **36-37 Uc68**
4955 Kispalád (SzSz) **20-21 Xf60**
8912 Kispáli (Zala) **22-23 Re67**
8717 Kisperjés (Böhönye) (Som) **34-35 Sc70**
8705 Kisperjés (Kéthely) (Som) **34-35 Sc69**
2431 Kisperkáta (Fej) **26-27 Te66**
1192 Kispest (Bp) **16-17 Ua64**
7900 Kispetend (Bar) **42-43 Sf72**
8496 Kispirit (Ves) **24-25 Sb65**
8512 Kispodárpuszta (Ves) **24-25 Sc65**
4074 Kisprőd (HB) **18-19 Wc62**
8123 Kispuszta (Fej) **24-25 Tc66**
8897 Kispuszta (Zala) **32-33 Rf68**
8746 Kisrada (Zala) **34-35 Sa69**
9783 Kisrádóc (Vas) **22-23 Rd66**
9936 Kisrákos (Vas) **22-23 Rd67**
6444 Kisráta (BKk) **36-37 Ub71**
8756 Kisrécse (Zala) **34-35 Sa70**
5310 Kisrét (Szo) **28-29 Ve65**
3965 Kisrozvágy (BAZ) **10-11 Wf58**
5052 Kisrózsásmajor (Szo) **28-29 Va65**
2600 Kissejce (Pest) **16-17 Ua62**
9073 Kiss Ernő-tag (GyS) **14-15 Sf63**
3626 Kissikátor (BAZ) **8-9 Va59**
6320 Kissolt (BKk) **26-27 Ua68**
9555 Kissomlyó (Vas) **24-25 Sa66**
6421 Kisszállás (BKk) **38-39 Uc71**
4060 Kisszeg (HB) **18-19 Wb62**
4244 Kisszeg-Egyháza (SzSz) **18-19 Wd62**
7085 Kisszékely (Tol) **36-37 Td68**
4962 Kisszekeres (SzSz) **10-11 Xd61**
8790 Kisszentgrót (Zala) **22-23 Sa67**
9071 Kisszentjános (GyS) **14-15 Sf62**
7841 Kisszentmárton (Bar) **42-43 Ta74**
2423 Kisszentmiklós (Fej) **26-27 Tf67**
9113 Kisszentpál (GyS) **14-15 Sd63**
6767 Kisszer (Cso) **38-39 Va69**
8957 Kissziget (Zala) **32-33 Re69**
8483 Kisszőlős (Ves) **24-25 Sb65**
7150 Kistabód (Tol) **44-45 Td70**
3399 Kistálya (Hev) **18-19 Vc61**
7981 Kistamási (Bar) **42-43 Se72**
7043 Kistápé (Tol) **36-37 Te68**
7823 Kistapolca (Bar) **42-43 Tc74**
2143 Kistarcsa (Pest) **16-17 Ub63**
6760 Kistelek (Cso) **38-39 Uf70**
2116 Kistelek (Pest) **16-17 Uc64**
6336 Kistény (BKk) **36-37 Ua69**
3128 Kisterenye (Nóg) **16-17 Ue60**
4487 Kistiszahát (SzSz) **10-11 Wf59**
3553 Kistokaj (BAZ) **18-19 Vf60**
8868 Kistolmács (Zala) **32-33 Re70**
7068 Kistormás (Tol) **36-37 Td69**
7768 Kistótfalu (Bar) **42-43 Tb73**
9200 Kisudvar (GyS) **12-13 Sb62**
7694 Kisújbánya (Bar) **42-43 Tc71**
5310 Kisújszállás (Szo) **28-29 Ve65**
9772 Kisunyom (Vas) **22-23 Rd66**
4600 Kisvárda (SzSz) **10-11 Xa59**
4812 Kisvarsány (SzSz) **10-11 Xb60**
8341 Kisvásárhely (Zala) **24-25 Sb67**
7381 Kisvaszar (Bar) **34-35 Tb71**
7182 Kisvejke (Tol) **44-45 Tc70**
8738 Kisvid (Som) **34-35 Sb69**
6775 Kiszombor (Cso) **38-39 Vc71**
9733 Kiszsidány (Vas) **12-13 Rd64**
7500 Kivadár (Som) **34-35 Sc71**
6050 Klábertelep (BKk) **26-27 Ud66**
6773 Klárafalva (Cso) **38-39 Vb71**
6621 Kláramajor (Cso) **38-39 Vc69**
3416 Klementina (BAZ) **18-19 Vd61**
2685 Klokocsimajor (Pest) **16-17 Uc62**
4400 Koácsbokor (Nyíregyháza) (SzSz) **10-11 Wd61**
7678 Koácsszénája (Bar) **36-37 Ta71**
4486 Kocoba (SzSz) **10-11 We59**
5675 Kocziszkimajor (Bék) **40-41 Vf68**
2898 Kocs (Kom) **14-15 Tb63**
2755 Kocsér (Pest) **28-29 Uf66**
7212 Kocsola (Tol) **34-35 Tb69**
4751 Kocsord (SzSz) **20-21 Xc61**
5500 Kocsorhegy (Bék) **28-29 Ve67**
5359 Kócsújfalu (Szo) **18-19 Vf63**
2243 Kóka (Pest) **16-17 Ud64**
4284 Kokad (HB) **30-31 Wf64**
9471 Kokasmajor (GyS) **12-13 Rf64**
8834 Kollátszeg (Zala) **32-33 Rf70**
7300 Kolmó (Bar) **36-37 Tb71**
8468 Kolontár (Ves) **24-25 Sc66**
5061 Kolopfürdő (Szo) **28-29 Vc64**
4138 Komádi (HB) **30-31 Wc66**
2900 Komárom (Kom) **14-15 Ta62**
8751 Komárváros (Zala) **34-35 Sb69**
3765 Komjáti (BAZ) **8-9 Ve57**

62 (H) Kehidakustány

4765 Komlódtótfalu (SzSz) 20-21 Xe61
7582 Komlósd (Som) 42-43 Sc72
5820 Komlosfecséspuszta (Bék) 40-41 Ve70
3937 Komlóska (BAZ) 10-11 Wc58
4622 Komoró (SzSz) 10-11 Xa59
3356 Kompolt (Hev) 18-19 Vb62
3773 Kondó (BAZ) 8-9 Vd59
9943 Kondorfa (Vas) 22-23 Rc67
5553 Kondoros (Bék) 28-29 Ve68
9144 Kóny (GyS) 12-13 Sc63
4071 Kónya (HB) 18-19 Wb63
4133 Konyár (HB) 30-31 We65
~ Konyári-Kálló 30-31 We64
6800 Kopáncs (Cso) 38-39 Vb70
6513 Kopárhát (BKk) 44-45 Te72
9495 Kópháza (GyS) 12-13 Rd63
~ Koppány 34-35 Se69
~ Koppány 36-37 Tb69
2903 Koppánymonostor (Kom) 14-15 Ta62
7094 Koppányszántó (Tol) 36-37 Ta69
6327 Korhánypuszta (BKk) 36-37 Ua68
4100 Korhánysziget (HB) 30-31 Wd65
3886 Korlát (BAZ) 8-9 Wb58
~ Koroknai-vizfolyás 34-35 Sc69
8430 Koromla (Kom) 24-25 Sf64
9113 Koroncó (GyS) 12-13 Sd63
7841 Kórós (Bar) 42-43 Ta73
4145 Kórósszíget (HB) 30-31 Wb66
★ Korpád (Bar) 34-35 Sf72
4002 Korpáddűlő (HB) 18-19 Wb64
8777 Korpavár (Zala) 34-35 Rf69
2600 Kosd (Pest) 16-17 Ub62
2625 Kóspallag (Pest) 16-17 Tf61
6794 Kossuthdűlő (Cso) 38-39 Uf71
4471 Kossuthtelep (SzSz) 10-11 Wd60
6000 Kossuthtsz 28-29 Ud67
6630 Koszorús (Cso) 38-39 Vb69
4482 Kótaj (SzSz) 20-21 We60
5530 Kótpuszta (Bék) 30-31 Wc67
3104 Kotyháza 6-7 Ue60
7847 Kovácshida (Bar) 42-43 Tb74
7182 Kovácsi (Tol) 36-37 Tc70
6085 Kovácsmajor (BKk) 26-27 Ub68
3993 Kovácsvágás (BAZ) 8-9 Wd58
7673 Kovágószőlős (Bar) 42-43 Ta72
3053 Kozárd (Nóg) 16-17 Ud61
7631 Kozármisleny (Bar) 42-43 Tb72
8973 Kozmadombja (Zala) 22-23 Rd68
4100 Kozmapuszta (HB) 30-31 Wc65
7541 Kozmapuszta (Som) 42-43 Sc70
1105 Kőbánya (Bp) 16-17 Ua64
7334 Köblény (Bar) 36-37 Tb71
9484 Köblösmajor (GyS) 12-13 Re63
3755 Köbölkúttanya (BAZ) 8-9 Ve58
9553 Köcsk (Vas) 22-23 Sa65
4123 Kődomb (HB) 30-31 We65
8082 Kőhányás (Fej) 14-15 Tc64
3187 Kőhegyaljapuszta (Nóg) 6-7 Ud60
3994 Kőkapu (BAZ) 10-11 Wc58
7668 Kökény (Bar) 42-43 Tb73
7530 Kőkút (Som) 34-35 Sd71
3332 Kőkútpuszta (Hev) 16-17 Vb61
3102 Kőkútpuszta (Nóg) 6-7 Ue60
4400 Kölapos (Nyíregyháza) (SzSz) 10-11 We61
4965 Kölcse (SzSz) 20-21 Xe60
7052 Kölesd (Tol) 36-37 Td69
8685 Kölesdpuszta (Som) 34-35 Se69
4087 Kölesföld (HB) 18-19 Wd62
5510 Köleshalom (Bék) 28-29 Vf67
7717 Kölked (Bar) 44-45 Te73
7717 Kölkedigátőrház (Bar) 44-45 Te73
3372 Kömlő (Hev) 18-19 Vc63
2853 Kömlőd (Kom) 14-15 Tb63
4943 Kömörő (SzSz) 20-21 Xd60
6134 Kömpöc (BKk) 38-39 Uf70
2451 Köolajfinomító (Pest) 26-27 Tf65
9900 Körmend (Vas) 22-23 Rd66
4482 Körmenditanya (SzSz) 20-21 We60
4135 Körmösdpuszta (HB) 30-31 Wd66
2851 Környe (Kom) 14-15 Tb63
2800 Környebánya (Tatabánya) 14-15 Tc63
3576 Köröm (BAZ) 8-9 Vf61
~ Körös 40-41 Wb68
~ Körös-éri-főcsatorna 44-45 Uc71
8623 Kőröshegy (Som) 24-25 Sf68
5516 Körösladány (Bék) 30-31 Wa67
5539 Körösnagyharsány (Bék) 30-31 Wd66
4136 Körösszakál (HB) 30-31 Wd66
4135 Körösszegapáti (HB) 30-31 Wd66
5622 Köröstarcsa (Bék) 28-29 Wa67
2745 Kőröstetétlen (Pest) 28-29 Va66
5536 Körösújfalu (Bék) 30-31 Wc67
2800 Körtvélyes (Tatabánya) 14-15 Tc63
~ Kösély 18-19 Wb64
8152 Kőszár hegy (Fej) 24-25 Tc66
9730 Kőszeg (Vas) 22-23 Rd64
9725 Kőszegdoroszló (Vas) 22-23 Rd64
9730 Kőszegfalva (Vas) 22-23 Rd64
6622 Kőszegimajor (Cso) 38-39 Vc69
9739 Kőszegpaty (Vas) 22-23 Rd65
9726 Kőszegszerdahely (Vas) 22-23 Rd64
8628 Kötcse (Som) 24-25 Sf68
5725 Kötegyán (Bék) 40-41 Wc68
5062 Kötelek (Szo) 28-29 Vc65
4200 Köteles (HB) 20-21 Wc64
6136 Kötönypuszta (BKk) 38-39 Ud69
8254 Kővágóörs (Ves) 24-25 Sd67
7675 Kővágótőttős (Bar) 42-43 Ta72
6912 Kövegy (Cso) 38-39 Ve71
7140 Kövesdpuszta (Tol) 36-37 Te71
8246 Kövesgyűrpuszta (Ves) 24-25 Se66
8274 Köveskál (Ves) 24-25 Sd67
6454 Kövesmajor (BKk) 44-45 Ua72
5135 Kővesút (Szo) 16-17 Vb63
8136 Középbogárd (Fej) 24-25 Tc67
6200 Középcebe (BKk) 36-37 Uc69
6239 Középcsala (BKk) 36-37 Ub70
2434 Középhantos (Fej) 26-27 Te67
4150 Középháttanya (HB) 28-29 Wa65
3936 Középhuta (BAZ) 8-9 Wc58
5340 Középkert (Szo) 28-29 Vd64
7435 Középnyírespuszta (Som) 34-35 Sd70
6096 Középpeszér (BKk) 26-27 Ub66
7054 Középtengelic (Tol) 36-37 Td69
3821 Krasznok (BAZ) 8-9 Vf58
3821 Krasznokvajda (BAZ) 8-9 Vf58
2765 Krizsán (Pest) 28-29 Uf64
5556 Kujándűlő (Bék) 28-29 Ve67
2458 Kulcs (Fej) 26-27 Tf66
~ Kulcsár-völgyi-patak 8-9 Ve61
6070 Kullér (BKk) 38-39 Ub68
6097 Kunadacs (BKk) 26-27 Ub67
5746 Kunágota (Bék) 40-41 Wa70
6093 Kunbábony (BKk) 26-27 Ub66
6435 Kunbaja (BKk) 44-45 Uc72
6043 Kunbaracs (BKk) 26-27 Uc67
5412 Kuncsorba (Szo) 28-29 Vd66
8695 Kundpuszta (Ves) 34-35 Sd69
6413 Kunfehértó (BKk) 44-45 Uc70
5449 Kungyalu (Szo) 28-29 Vb67
5430 Kunhalom (Szo) 28-29 Vc67
5340 Kunhegyes (Szo) 28-29 Vd64
5321 Kunmadaras (Szo) 18-19 Ve64
6096 Kunpeszér (BKk) 26-27 Ub66
6041 Kunpuszta (BKk) 26-27 Uc67
6115 Kunszállás (BKk) 26-27 Ue68
5440 Kunszentmárton (Szo) 28-29 Vb67
6090 Kunszentmiklós (BKk) 26-27 Ua66
2344 Kunszentmiklósi úti tanyák (Pest) 26-27 Ua66
9184 Kunsziget (GyS) 12-13 Sd62
7553 Kuntelep (Som) 34-35 Sc72
8595 Kup (Ves) 24-25 Sc65
3813 Kupa (BAZ) 8-9 Vf59
7226 Kurd (Tol) 36-37 Tb70
3732 Kurityán (BAZ) 8-9 Vd59
6085 Kurjantó (BKk) 26-27 Ub67
8919 Kustánszeg (Zala) 22-23 Re68
4138 Kutas (HB) 30-31 Wc66
7541 Kutas (Som) 42-43 Sc70
~ Kutaséri-csatorna 40-41 Wa70
3179 Kutasó (Nóg) 16-17 Ud61
5540 Kutatóintézet (Bék) 28-29 Ve67
8879 Kútfej (Zala) 32-33 Rd69
6800 Kútvölgy (Cso) 38-39 Vc70
6755 Kübekháza (Cso) 38-39 Vb72
6781 Külsőfeketeszél (Cso) 38-39 Uf71
5820 Külsőpereg-Rákóczitelep (Bék) 40-41 Vf71
8978 Külsősárd (Zala) 32-33 Rc69
7017 Külsősáripuszta (Fej) 26-27 Tc68
6422 Külső Új sor (BKk) 44-45 Ud71
9532 Külsővat (Ves) 24-25 Sb65
3124 Külsőzabar (Nóg) 6-7 Va60
8162 Küngös (Ves) 24-25 Tb66
8707 Kürtöspuszta (Som) 34-35 Sd69
8772 Kürtöspuszta (Zala) 32-33 Rf69

L

2541 Lábatlan (Kom) 14-15 Tc62
7551 Lábod (Som) 34-35 Sc71
3967 Lácacséke (BAZ) 10-11 Wf58
3700 Lacitanya (BAZ) 8-9 Vd59
7535 Lad (Som) 34-35 Sd72
6045 Ladánybene (BKk) 26-27 Uc66
3780 Ládbesenyő (BAZ) 8-9 Ve58
7122 Ladomány (Tol) 44-45 Td71
3231 Lajosháza (Hev) 16-17 Uf61
7538 Lajosháza (Som) 42-43 Sd72
8136 Lajoskomárom (Fej) 24-25 Tc67
5526 Lajosmajor (Bék) 30-31 Wa66
4103 Lajosmajor (Tol) 36-37 Tf70
6050 Lajosmizse (BKk) 26-27 Ud66
5931 Lajosszénás (Bék) 40-41 Vd68
6622 Lajostanya (Cso) 38-39 Vc69
9223 Lajtapuszta (GyS) 12-13 Sb61
7148 Lajvérpuszta (Tol) 44-45 Te71
3786 Lak (BAZ) 8-9 Vf58
9373 Lakatostanya (GyS) 12-13 Rf63
8913 Lakhegy (Zala) 22-23 Re67
2310 Lakihegy (Pest) 26-27 Ua64
6065 Lakitelek (BKk) 28-29 Uf67
7918 Lakócsa (Som) 42-43 Se73
3022 Lakótelep (Hev) 16-17 Ue62
6000 Lakótelepe 28-29 Ud67
9609 Lánkapuszta (Vas) 22-23 Sa65
7516 Lankócpuszta (Som) 34-35 Sa71
7759 Lánycsók (Bar) 44-45 Td72
7214 Lápafő (Tol) 34-35 Ta69
7775 Lapáncsa (Bar) 44-45 Tc74
7465 Lapapuszta (Som) 34-35 Sf69
6600 Lapistó (Cso) 38-39 Ve69
5474 Lápitanya (Szo) 28-29 Va68
4832 Laposhad (SzSz) 10-11 Xc59
4254 Lárótanya (HB) 20-21 Wf62
4543 Laskod (SzSz) 20-21 Xa60
4060 Lászlóháza (HB) 18-19 Wb62
7562 Lászlómajor (Som) 42-43 Sc70
7159 Lászlómajor (Tol) 36-37 Td70
5137 Lászlómajortanyák (Szo) 28-29 Vb64
5666 Lászlótelep (Bék) 40-41 Wa70
8956 Lasztonya (Zala) 32-33 Re69
~ Lator-patak 18-19 Vd61
3425 Lator út (BAZ) 8-9 Vd61
8681 Látrány (Som) 24-25 Se68
~ Lázár-tó 38-39 Uc69
9089 Lázi (Ves) 14-15 Sf64
2016 Leányfalu (Pest) 16-17 Ua62
2518 Leányvár (Kom) 14-15 Te62
9155 Lébény (GyS) 12-13 Sc62
2619 Legénd (Nóg) 16-17 Ub61
3904 Legyesbénye (BAZ) 8-9 Wa60
3832 Léh (BAZ) 8-9 Vf59
6112 Lehegődűlő (BKk) 38-39 Uf69
6768 Lelevény (Cso) 38-39 Va69
3671 Lemezgyár (BAZ) 8-9 Vb60
3648 Lénárddaróc (BAZ) 8-9 Vc60
4523 Lencséstanya (SzSz) 10-11 Wf59
2750 Lencsésvilágos (Pest) 28-29 Ue66
8978 Lendvadedes (Zala) 32-33 Rd69
8976 Lendvaijakabfa (Zala) 32-33 Rc68
6512 Leneskert (BKk) 44-45 Te72
7184 Lengyel (Tol) 42-43 Tc70
8693 Lengyeltóti (Som) 34-35 Sd68
8960 Lenti (Zala) 32-33 Rd69
8966 Lentikápolna (Zala) 32-33 Rd69
8960 Lentiszombathely (Zala) 32-33 Rd69
7090 Leokádipuszta (Tol) 36-37 Tb69
2026 Lepence (Pest) 16-17 Tf62
7140 Leperdpuszta (Tol) 44-45 Td71
8132 Lepsény (Fej) 24-25 Tb67
8316 Lesencefalu (Ves) 24-25 Sc67
8319 Lesenceistvánd (Ves) 24-25 Sc67
8319 Lesencetomaj (Ves) 24-25 Sc67
8130 Leshegy (Fej) 24-25 Tb67
9100 Lesyárpuszta (GyS) 14-15 Sc63
4281 Létavértes (HB) 30-31 Wf64
8868 Letenye (Zala) 32-33 Re70
2632 Letkés (Pest) 16-17 Te61
9221 Levél (GyS) 12-13 Sb61
4555 Levelek (SzSz) 10-11 Wf61
4501 Libabokor (SzSz) 20-21 We60
5233 Libasor (Szo) 28-29 Vd64
8707 Libickozma (Som) 34-35 Sd69
9176 Lickópuszta (GyS) 12-13 Sc62
8983 Lickóvadamos (Zala) 34-35 Re68
7331 Liget (Bar) 34-35 Tb71
8782 Ligetfalva (Zala) 22-23 Sa68
4288 Ligetpuszta (HB) 20-21 Wf64
4558 Ligettanya (SzSz) 20-21 Xa61
2769 Likina (Pest) 28-29 Uf65
9029 Likócs (Győr) (GyS) 14-15 Sd62
2632 Liliompuszta (Pest) 16-17 Te61
3517 Lillafüred (Miskolc) (BAZ) 8-9 Vd60
9233 Lipót (GyS) 14-15 Sc61
7478 Lipótfa (Som) 42-43 Se71
7781 Lippó (Bar) 44-45 Td73
7757 Liptód (Bar) 44-45 Td72
8888 Lispeszentadorján (Zala) 32-33 Re69
3332 Liszkó (Hev) 16-17 Vb61
2677 Liszkópuszta (Nóg) 16-17 Uc61
8856 Liszó (Zala) 42-43 Sa70
8195 Litér (Ves) 24-25 Ta66
3866 Litka (BAZ) 8-9 Wa58
3186 Litke (Nóg) 6-7 Ud59
4433 Lóczibokor (SzSz) 20-21 Wd61
9634 Lócs (Vas) 22-23 Re64
8425 Lókút (Ves) 24-25 Sf65
4643 Lónya (SzSz) 10-11 Xb59
4100 Lónyaitanya (HB) 30-31 Wc65
5510 Lórés (Bék) 28-29 Vf66
2309 Lórév (Pest) 26-27 Tf66
7761 Lothárd (Bar) 42-43 Tc73
8228 Lovas (Ves) 24-25 Sf67
8093 Lovasberény (Fej) 26-27 Td65
4232 Lovastanya (SzSz) 20-21 We62
7720 Lovászhetény (Bar) 36-37 Tc72
8878 Lovászi (Zala) 32-33 Rd69
8553 Lovászpatona (Ves) 14-15 Sd64
5743 Lőkösháza (Bék) 40-41 Wb70
3021 Lőrinci (Hev) 16-17 Ue62
4171 Lőrincmajor (HB) 30-31 Wb65
9461 Lövő (GyS) 12-13 Re63
4633 Lövőpetri (SzSz) 10-11 Xb59
3129 Lucfalva (Nóg) 16-17 Ue60
3188 Ludányhalászi (Nóg) 6-7 Ud60
3274 Ludas (Hev) 16-17 Va62
4232 Ludastó (SzSz) 20-21 We62
9724 Lukácsháza (Vas) 22-23 Rd65
7934 Lukafapuszta (Bar) 42-43 Sf71
8660 Lulla (Som) 24-25 Ta68
7838 Lúzsok (Bar) 42-43 Sf73

Ly

–

M

4516 Mackótanya (SzSz) 10-11 Wf60
6341 Mácsa (BKk) 36-37 Ua69
5525 Macskás (Bék) 30-31 Wb66
3908 Mád (BAZ) 8-9 Wb59
6456 Madaras (BKk) 44-45 Ub72
7026 Madocsa (Tol) 36-37 Tf68
8831 Magasdpuszta (Som) 34-35 Sa70
4485 Mágasor (SzSz) 10-11 We60
2242 Magdolnatelep (Pest) 16-17 Ud64
9300 Maglóca (GyS) 12-13 Sb63
2234 Maglód (Pest) 16-17 Uc64
7342 Mágocs (Bar) 42-43 Tb70
5520 Mágor (Bék) 30-31 Wb67
4952 Magosliget (SzSz) 10-11 Xf60
4556 Magy (SzSz) 20-21 Wf61
7039 Magyalospuszta (Tol) 36-37 Te68
8071 Magyaralmás (Fej) 24-25 Tb65
7463 Magyaratád (Som) 34-35 Sf70
5667 Magyarbánhegyes (Bék) 40-41 Vf70
4445 Magyarbokor (SzSz) 8-9 Wd61
7775 Magyarbóly (Bar) 44-45 Tc73
6932 Magyarcsanád (Cso) 40-41 Vd71
5746 Magyardombegyház (Bék) 40-41 Wa70
7332 Magyaregregy (Bar) 36-37 Tb71
7441 Magyaregres (Som) 34-35 Se70
8973 Magyarföld (Zala) 22-23 Rc68
3165 Magyargéc (Nóg) 6-7 Ud60
8517 Magyargencs (Ves) 24-25 Sb64
7394 Magyarhertelend (Bar) 36-37 Ta71
4137 Magyarhomorog (HB) 30-31 Wd66
5300 Magyarka (Szo) 28-29 Vf65
9346 Magyarkeresztúr (GyS) 12-13 Sa63
7098 Magyarkeszi (Tol) 24-25 Tb68
2621 Magyarkút (Pest) 16-17 Ua61
9962 Magyarlak (Vas) 22-23 Rc67
7925 Magyarlukafa (Bar) 34-35 Se72
7954 Magyarmecske (Bar) 42-43 Sf73
9909 Magyarnádalja (Vas) 22-23 Rd66
2694 Magyarnándor (Nóg) 6-7 Uc61

Magyarnándor (H) 63

8449	Magyarpolány (Ves)	24-25	Sd65
7761	Magyarsarlós (Bar)	42-43	Tc72
9912	Magyarszecsőd (Vas)	22-23	Rd66
7396	Magyarszék (Bar)	34-35	Tb71
8776	Magyarszentmiklós (Zala)	34-35	Rf69
8776	Magyarszerdahely (Zala)	34-35	Rf69
9946	Magyarszombatfa (Vas)	22-23	Rc68
3600	Magyartanya (BAZ)	8-9	Vb59
7954	Magyartelek (Bar)	42-43	Sf73
6600	Magyartés (Cso)	38-39	Vb68
4103	Magyartésitanyák (Cso)	38-39	Vb68
8960	Máhomfa (Zala)	32-33	Rd69
9522	Majálismajor (Vas)	24-25	Sb64
3265	Majkapuszta (Hev)	16-17	Vb62
★	Majki műemlékegyüttes (Kom)	14-15	Tc63
7841	Majlátpuszta (Bar)	42-43	Ta74
7186	Majos (Tol)	36-37	Tc71
2339	Majosháza (Pest)	26-27	Tf65
7783	Majs (Bar)	44-45	Td73
6120	Majsafürdő (BKk)	38-39	Ue69
7193	Majsapuszta (Tol)	36-37	Tc69
2322	Makád (Pest)	26-27	Tf66
4150	Makkod (HB)	30-31	Wa64
3959	Makkoshotyka (BAZ)	8-9	Wd58
2858	Makkpuszta (Kom)	14-15	Ta63
3397	Maklár (Hev)	18-19	Vc62
6900	Makó (Cso)	38-39	Vc71
5624	Maksár (Bék)	40-41	Wb68
2764	Malachegy (Pest)	26-27	Ue64
7636	Málom	42-43	Tb72
~	Maloméri-főcsatorna	36-37	Ua70
5720	Malomfok (Bék)	40-41	Wc68
5530	Malompuszta (Bék)	30-31	Wb67
8533	Malomsok (Ves)	12-13	Sc64
3434	Mályi (BAZ)	18-19	Ve60
3643	Mályinka (BAZ)	8-9	Vc60
8693	Mamócspuszta (Som)	34-35	Sd68
4941	Mánd (SzSz)	10-11	Xd61
4644	Mándok (SzSz)	10-11	Xb59
7304	Mánfa (Bar)	36-37	Tb72
2065	Mány (Fej)	14-15	Td63
3184	Marakodipuszta (Nóg)	6-7	Ue59
7733	Maráza (Bar)	44-45	Td72
9534	Marcalgergélyi (Ves)	24-25	Sb65
8700	Marcali (Som)	34-35	Sc69
~	Marcaliviztároló	34-35	Sc69
8523	Marcaltő (Ves)	12-13	Sc64
★	Március 15.tér (Pest)	16-17	Ua62
7817	Márfa (Bar)	42-43	Tb73
★	Margitsziget (Budapest)	16-17	Ua63
2473	Mária Annapsz. (Fej)	26-27	Te64
2102	Máriabesnyő (Pest)	16-17	Uc63
7800	Máriagyűd (Bar)	42-43	Tb73
2527	Máriahalom (Kom)	14-15	Te63
9231	Máriakálnok (GyS)	12-13	Sb61
7663	Máriakéménd (Bar)	44-45	Tc72
5310	Márialaka (Szo)	28-29	Vf65
9224	Márialiget (GyS)	2-3	Sa61
4341	Máriamajor (SzSz)	20-21	Xb62
7030	Máriamajor (Tol)	36-37	Tf69
2629	Márianosztra (Pest)	14-15	Tf61
4326	Máriapócs (SzSz)	20-21	Xa61
8698	Mariapuszta (Ves)	34-35	Sd69
2890	Máriapuszta (Kom)	14-15	Tb63
6768	Máriatelep (Cso)	38-39	Va69
9970	Máriaújfalu (Vas)	22-23	Rb67
7537	Mariettapuszta (Som)	42-43	Sd72
3262	Markaz (Hev)	16-17	Va62
~	Markazi-víztároló	16-17	Va62
3129	Márkháza (Nóg)	16-17	Ue60
8441	Márkó (Ves)	24-25	Se66
7967	Markóc (Bar)	42-43	Se73
9164	Markotabödöge (GyS)	12-13	Sb62
9915	Márkus (Zala)	22-23	Re67
8876	Maróc (Zala)	32-33	Rd69
7960	Marócsa (Bar)	42-43	Se73
7773	Márok (Bar)	44-45	Td73
8976	Márokföld (Zala)	32-33	Rc68
4932	Márokpapi (SzSz)	10-11	Xd60
8000	Maroshegy (Székesfehérvár)	24-25	Tc66
6921	Maroslele (Cso)	38-39	Vc71
8732	Marótpuszta (Som)	34-35	Sb69
~	Marótvögyi-csat.	34-35	Sb69
6636	Mártély (Cso)	38-39	Vb70
5435	Martfű (Szo)	28-29	Vb66
4251	Martinka (HB)	20-21	We63
7720	Martonfa (Bar)	36-37	Tc72
6503	Mártonszállás (BKk)	36-37	Ua71
2462	Martonvásár (Fej)	26-27	Te65
3755	Martonyi (BAZ)	8-9	Ve58
7251	Mászlony (Tol)	36-37	Ta70
6500	Mátéháza (BKk)	36-37	Ua71
6500	Mátéházapuszta (BKk)	36-37	Ua72
4700	Mátészalka (SzSz)	10-11	Xb61
6452	Mátételke (BKk)	36-37	Ub72
~	Mátételkei-Kígyós-csatorna	36-37	Ub71
6034	Matkó (BKk)	28-29	Ue68
3154	Mátraalmás (Nóg)	16-17	Uf61
3247	Mátraballa (Hev)	6-7	Va61
3143	Mátracserpuszta (Nóg)	16-17	Uf60
3246	Mátraderecske (Hev)	16-17	Va61
3232	Mátrafüred (Hev)	16-17	Uf61
3231	Mátraháza (Hev)	16-17	Uf61
3235	Mátrakeresztes (Nóg)	16-17	Ue61
3154	Mátramindszent (Nóg)	6-7	Uf61
3143	Mátranovák (Nóg)	16-17	Uf60
3142	Mátraszele (Nóg)	16-17	Uf60
3235	Mátraszentimre (Hev)	16-17	Uf61
3071	Mátraszentistván (Hev)	16-17	Uf61
3154	Mátraszentlászló (Nóg)	16-17	Uf61
3068	Mátraszőlős (Nóg)	6-7	Ue61
3145	Mátraterenye (Nóg)	16-17	Uf60
3077	Mátraverebély (Nóg)	6-7	Ue61
7854	Matty (Bar)	42-43	Tb74
4432	Mátyásbokor (Nyíregyháza) (SzSz)	20-21	Wd60
8134	Mátyásdomb (Fej)	24-25	Tc67
1163	Mátyásföld (Bp)	16-17	Ub63
★	Mátyástemplom (Bp)	16-17	Ua63
4643	Mátyus (SzSz)	10-11	Xb59
8521	Mátyusháza (Ves)	24-25	Sc64
2340	MÁV-telep (Pest)	26-27	Ua65
7349	Máza (Bar)	42-43	Tc71
8666	Mecsek (Som)	34-35	Ta69
7300	Mecsekfalu (Bar)	36-37	Tb71
7300	Mecsekjánosipuszta (Bar)	36-37	Tb71
7695	Mecseknádasd (Bar)	36-37	Tc71
7331	Mecsekpölöske (Bar)	34-35	Tb71
7677	Mecsekrákos (Bar)	36-37	Ta72
7678	Mecsekszakál (Bar)	36-37	Ta72
7635	Mecsekszentkut (Pécs) (Bar)	34-35	Tb72
9176	Mecsér (GyS)	14-15	Sc62
8056	Mecsértelep (Fej)	24-25	Ta65
5663	Medgyesbodzás (Bék)	40-41	Vf69
5666	Medgyesegyháza (Bék)	40-41	Wa70
7092	Medgyespuszta (Tol)	34-35	Tb69
7057	Medina (Tol)	36-37	Td70
5556	Medvegydűlő (Bék)	28-29	Ve67
3962	Medvetanya (BAZ)	10-11	We59
4150	Meggyes (HB)	28-29	Wa64
5130	Meggyesitanyák (Szo)	16-17	Vb64
9757	Meggyeskovácsi (Vas)	22-23	Rf66
5100	Meggyespele (Szo)	16-17	Uf64
3718	Megyaszó (BAZ)	8-9	Wa59
7682	Megyefa (Bar)	34-35	Ta72
9754	Megyehid (Vas)	22-23	Rf65
8348	Megyer (Ves)	24-25	Sb66
★	Megyerhegyi tengerszem (BAZ)	10-11	Wd58
8973	Méhespuszta (Zala)	22-23	Rd68
~	Méhész-patak	42-43	Tb70
5726	Méhkerék (Bék)	30-31	Wc68
4971	Méhtelek (SzSz)	20-21	Xf61
7344	Mekényes (Bar)	42-43	Tc70
4263	Melániatanya (HB)	20-21	Wf63
5940	Melindatanyák (Bék)	38-39	Ve70
2942	Melkovicspuszta (Kom)	14-15	Ta63
6449	Mélykút (BKk)	38-39	Uc71
2421	Mélykút (Fej)	26-27	Te67
4060	Mélykút (HB)	18-19	Wc63
2421	Mélykútpuszta (Fej)	26-27	Te66
8271	Mencshely (Ves)	24-25	Se67
2235	Mende (Pest)	16-17	Uc64
6900	Ménesjárás (Cso)	38-39	Vd71
2422	Ménesmajor (Fej)	26-27	Te67
9012	Ménfőcsanak	14-15	Sd63
3153	Ménkesibánya (Nóg)	6-7	Uf61
6044	Méntelek	26-27	Ud67
4071	Méntelep Máta (HB)	18-19	Wa63
3871	Méra (BAZ)	8-9	Wa58
7981	Merenye (Bar)	42-43	Se72
9136	Mérges (GyS)	14-15	Sc63
4352	Mérk (SzSz)	20-21	Xc62
7453	Mernye (Som)	34-35	Se69
7453	Mernyeszentmiklós (Som)	34-35	Se69
9531	Mersevát (Vas)	24-25	Sb65
4103	Merzatanya (HB)	30-31	Wd66
9662	Mesterháza (Vas)	22-23	Rf64
9551	Mesteri (Vas)	24-25	Sa65
5452	Mesterszállás (Szo)	28-29	Vc67
3754	Meszes (BAZ)	8-9	Ve58
7628	Meszes (Pécs) (Bar)	42-43	Tb72
9738	Meszlen (Vas)	22-23	Re64
8716	Mesztegnyő (Som)	34-35	Sc70
8542	Mézeshegy (Ves)	14-15	Sd64
5650	Mezőberény (Bék)	28-29	Wa68
3450	Mezőcsát (BAZ)	18-19	Vf62
7434	Mezőcsokonya (Som)	34-35	Sd70
7370	Meződ (Bar)	36-37	Ta71
7384	Meződipuszta (Bar)	34-35	Ta71
2422	Mezőfalva (Fej)	26-27	Te67
5732	Mezőgyán (Bék)	30-31	Wd67
5820	Mezőhegyes (Bék)	40-41	Ve71
5453	Mezőhék (Szo)	28-29	Vc67
3441	Mezőkeresztes (BAZ)	18-19	Ve62
8137	Mezőkomárom (Fej)	24-25	Tb68
5800	Mezőkovácsháza (Bék)	40-41	Vf70
3400	Mezőkövesd (BAZ)	18-19	Vd62
4642	Mezőladány (SzSz)	10-11	Xb59
8514	Mezőlak (Ves)	24-25	Sc65
5600	Mezőmegyer (Bék)	40-41	Wa68
3441	Mezőnagymihály (BAZ)	18-19	Ve62
3421	Mezőnyárád (BAZ)	18-19	Ve61
9097	Mezőörs (GyS)	14-15	Sf63
4118	Mezőpeterd (HB)	30-31	Wd65
4134	Mezősas (HB)	30-31	Wd66
3378	Mezőszemere (Hev)	18-19	Vd62
8132	Mezőszentgyörgy (Fej)	24-25	Tb67
7017	Mezőszilas (Fej)	26-27	Tc68
3375	Mezőtárkány (Hev)	18-19	Vc62
5400	Mezőtúr (Szo)	28-29	Vd66
3931	Mezőzombor (BAZ)	8-9	Wb60
7300	Mezsekjánosi (Bar)	36-37	Tb71
8825	Miháld (Zala)	34-35	Sa70
8341	Mihályfa (Zala)	24-25	Sb67
3184	Mihálygerge (Nóg)	6-7	Ud59
4181	Mihályhalma (HB)	18-19	Wa64
8513	Mihályháza (Ves)	24-25	Sc65
9341	Mihályi (GyS)	12-13	Sa63
4138	Mihálytelep (HB)	30-31	Wc67
8685	Mihálytelep (Som)	34-35	Se69
7512	Mike (Som)	42-43	Sd71
2736	Mikebuda (Pest)	26-27	Ud66
8949	Mikekarácsonyfa (Zala)	32-33	Re69
4271	Mikepércs (HB)	20-21	Wd64
6326	Mikla (BKk)	36-37	Ua68
8831	Miklósfa	34-35	Rf70
8674	Miklósi (Som)	34-35	Sf69
9339	Miklósmajor (GyS)	12-13	Sa62
9343	Miklósmajor (GyS)	12-13	Sa64
7184	Miklósmajor (Tol)	42-43	Tc70
9123	Miklósmajor (Ves)	14-15	Sd64
6044	Miklóstelep	26-27	Ud67
3341	Mikófalva (Hev)	18-19	Vb60
3989	Mikóháza (BAZ)	10-11	Wd58
9835	Mikosszéplak (Vas)	22-23	Rf66
8918	Milejszeg (Zala)	22-23	Re68
6087	Milkópuszta (BKk)	26-27	Ua67
4948	Milota (SzSz)	10-11	Xe60
6630	Mindszent (Cso)	38-39	Vb69
7391	Mindszentgodisa (Bar)	34-35	Ta71
8282	Mindszentkálla (Ves)	24-25	Sd67
7003	Mindszentpuszta (Fej)	26-27	Te67
9097	Mindszentpuszta (GyS)	14-15	Se63
8935	Misefa (Zala)	22-23	Rf68
6343	Miske (BKk)	36-37	Ua70
3533	Miskolc (BAZ)	8-9	Ve60
3533	Miskolctapolca (BAZ)	8-9	Ve60
7065	Miszla (Tol)	36-37	Tc69
6050	Mizse (BKk)	26-27	Ud66
3147	Mizserfa (Nóg)	16-17	Uf60
2911	Mocsa (Kom)	14-15	Tb62
3664	Mocsolyás (BAZ)	8-9	Vb60
3556	Mocsolyástelep (BAZ)	8-9	Ve61
2146	Mogyoród (Pest)	16-17	Ub63
4137	Mogyorós (HB)	30-31	Wd66
2535	Mogyorósbánya (Kom)	14-15	Td62
6045	Mogyorósidűlő (BKk)	26-27	Uc66
3893	Mogyoróska (BAZ)	8-9	Wb58
8042	Moha (Fej)	24-25	Tc65
★	Mohács (Bar)	44-45	Te73
4200	Mohácsitanya (HB)	18-19	Wc64
★	Mohácsi Töténelmi Emlékhely (Bar)	44-45	Td73
2698	Mohora (Nóg)	6-7	Uc61
8863	Molnári (Zala)	34-35	Re70
6100	Molnártelep (BKk)	38-39	Ue68
9912	Molnaszecsőd (Vas)	22-23	Re66
7981	Molvány (Bar)	42-43	Se72
7981	Molványhidpuszta (Bar)	42-43	Se72
3812	Monaj (BAZ)	8-9	Vf59
3905	Monok (BAZ)	8-9	Wa59
2200	Monor (Pest)	26-27	Uc64
2213	Monorierdő (Pest)	26-27	Uc65
3345	Mónosbél (Hev)	18-19	Vc60
7957	Mónosokor (Bar)	42-43	Sf73
8296	Monostorapáti (Ves)	24-25	Sd67
★	Monostori Erőd (Kom)	14-15	Ta62
4275	Monostorpályi (HB)	30-31	We64
8273	Monoszló (Ves)	24-25	Sd67
3967	Monyha (BAZ)	10-11	Xa58
7663	Monyoród (Bar)	44-45	Tc72
7837	Monyorósd (Bar)	42-43	Ta73
8060	Mór (Fej)	24-25	Tb64
6764	Móra Ferenc Tsz (Cso)	38-39	Uf70
7165	Mórágy (Tol)	44-45	Td71
6782	Mórahalom (Cso)	38-39	Uf71
8744	Morgánypuszta (Zala)	34-35	Rf69
6132	Móricgát (BKk)	38-39	Ud69
9131	Mórichida (GyS)	12-13	Sc63
5420	Mórictanyák (Szo)	28-29	Ve66
7258	Mosdós (Som)	42-43	Sf70
9200	Mosonmagyaróvár (GyS)	12-13	Sb61
9154	Mosonszentmiklós (GyS)	12-13	Sc62
9245	Mosonszolnok (GyS)	12-13	Sb61
9155	Mosonújhely (GyS)	12-13	Sc62
6430	Mosztongamajor (BKk)	44-45	Uc72
7163	Mőcsény (Tol)	44-45	Td71
7932	Mozsgó (Bar)	34-35	Sf72
7131	Mözs (Tol)	36-37	Te70
7185	Mucsfa (Tol)	44-45	Tc70
7195	Mucsi (Tol)	36-37	Tc70
~	Mucsi-Hidas-patak	36-37	Tc70
3744	Múcsony (BAZ)	8-9	Ve59
3551	Muhi (BAZ)	8-9	Vf61
8960	Mumor (Zala)	32-33	Rd69
6769	Munkastelep (Cso)	38-39	Va69
8834	Murakeresztúr (Zala)	32-33	Rf70
6034	Muraközimajor (BKk)	26-27	Ud68
8868	Murarátka (Zala)	32-33	Re70
8872	Muraszemenye (Zala)	32-33	Rd70
7176	Murga (Tol)	36-37	Tc70
5672	Murony (Bék)	28-29	Wa68
★	Műemlékegyüttes (Nóg)	16-17	Ue61
9652	Műgát (Vas)	22-23	Sa64
6760	Müllerszék (Cso)	38-39	Uf70
3060	Muzsla üdülő (Nóg)	16-17	Ue61

N

4721	Nábrád (SzSz)	20-21	Xc60
7436	Nadalos (Som)	34-35	Sd70
8097	Nadap (Fej)	26-27	Td65
9915	Nádasd (Vas)	22-23	Rd67
8145	Nádasdladány (Fej)	24-25	Tb66
★	Nádasdykastély (Fej)	24-25	Tb66
★	Nádasdy-vár (Vas)	22-23	Rf65
4445	Nádasibokor (SzSz)	18-19	Wd61
4181	Nádudvar (HB)	18-19	Wa64
3145	Nádújfalu (Nóg)	16-17	Uf60
8675	Nágocs (Som)	34-35	Sf69
8521	Nagyacsád (Ves)	24-25	Sc64
8484	Nagyalásony (Ves)	24-25	Sc65
5500	Nagyállás (Bék)	28-29	Ve67
2375	Nagyállás (BKk)	26-27	Ua67
7512	Nagyállás (Som)	34-35	Sd71
4922	Nagyar (SzSz)	20-21	Xd60
7632	Nagyárpád (Pécs) (Bar)	42-43	Tb72
4372	Nagyaszóstanya (SzSz)	20-21	Xa62
7500	Nagyatád (Som)	34-35	Sc71
7717	Nagyatáditelep (Bar)	44-45	Te73
9063	Nagybajcs (GyS)	14-15	Se62
7561	Nagybajom (Som)	42-43	Sd70

64 (H) Magyarpolány

8821 Nagybakónak (Zala) **34-35 Sa69**
5668 Nagybánhegyes (Bék) **40-41 Vf70**
6527 Nagybaracska (BKk) **44-45 Tf72**
7517 Nagybarátipuszta (Som) **42-43 Sb71**
3656 Nagybarca (BAZ) **8-9 Vd59**
3075 Nagybárkány (Nóg) **6-7 Ue61**
8656 Nagyberény (Som) **24-25 Ta68**
7255 Nagyberki (Som) **42-43 Ta70**
8456 Nagybogdány (Ves) **24-25 Sc66**
4150 Nagybojár (HB) **30-31 Wb64**
2634 Nagybörzsöny (Pest) **16-17 Te61**
4144 Nagybozsód (HB) **30-31 Wc66**
7756 Nagybudmér (Bar) **44-45 Tc73**
9485 Nagycenk (GyS) **12-13 Re63**
7838 Nagycsány (Bar) **42-43 Sf73**
3552 Nagycsécs (BAZ) **8-9 Vf61**
8628 Nagycsepely (Som) **24-25 Sf68**
4078 Nagycsere (Debrecen) (HB) **20-21 We63**
8154 Nagycséripuszta (Fej) **24-25 Tc66**
4445 Nagycserkesz (SzSz) **10-11 Wd61**
8553 Nagydém (Ves) **14-15 Se64**
4823 Nagydobos (SzSz) **20-21 Xb60**
7985 Nagydobsza (Bar) **42-43 Sd72**
7044 Nagydorog (Tol) **36-37 Td69**
4355 Nagyecsed (SzSz) **20-21 Xc61**
3443 Nagyecsér (BAZ) **18-19 Ve62**
2060 Nagyegyháza (Fej) **14-15 Td63**
6917 Nagyér (Cso) **38-39 Ve70**
4484 Nagyerdő (SzSz) **10-11 We60**
~ Nagy-éri-csatorna **26-27 Ua68**
8415 Nagyesztergár (Ves) **24-25 Sf65**
6750 Nagyfa (Cso) **38-39 Vb71**
8800 Nagyfakos **34-35 Sa70**
4342 Nagyfenék (SzSz) **20-21 Xb62**
8999 Nagyfernekág (Zala) **22-23 Rd68**
3282 Nagyfüged (Hev) **16-17 Va62**
4765 Nagygéc (SzSz) **20-21 Xe61**
9664 Nagygeresd (Vas) **22-23 Rf64**
3000 Nagygombos (Hev) **16-17 Ue62**
8356 Nagygörbő (Zala) **24-25 Sb67**
5732 Nagygyanté (Bék) **30-31 Wc67**
8551 Nagygyimót (Ves) **24-25 Sd64**
4100 Nagyhagymás (Bék) **30-31 Wa66**
7343 Nagyhajmás (Bar) **42-43 Tb70**
4485 Nagyhalász (SzSz) **10-11 We60**
3374 Nagyhanyi (Hev) **18-19 Vc62**
3282 Nagyhármas (Hev) **18-19 Va62**
7822 Nagyharsány (Bar) **42-43 Tc73**
6448 Nagyhát (BKk) **36-37 Ua71**
4060 Nagyhát (HB) **18-19 Wc63**
9011 Nagyhegy (Győr) (GyS) **14-15 Se62**
4064 Nagyhegyes (HB) **18-19 Wc63**
2900 Nagyherkály (Kom) **14-15 Ta62**
4977 Nagyhódos (SzSz) **10-11 Xf61**
3971 Nagyhomok (BAZ) **10-11 We59**
3927 Nagyhomokos (BAZ) **8-9 Wc60**
4060 Nagyhort (HB) **18-19 Wb63**
8764 Nagyhorváti (Zala) **34-35 Sa68**
7019 Nagyhörcsökpuszta (Fej) **26-27 Td67**
3994 Nagyhuta (BAZ) **10-11 Wc58**
2942 Nagyigmánd (Kom) **14-15 Ta63**
2634 Nagyirtáspuszta (Pest) **14-15 Tf61**
5363 Nagyiván (Szo) **18-19 Vf64**
9791 Nagyjápla (Vas) **22-23 Rd65**
5420 Nagykaba (Szo) **28-29 Ve66**
4320 Nagykálló (SzSz) **20-21 Wf61**
5747 Nagykamarás (Bék) **40-41 Wa70**
8800 Nagykanizsa (Zala) **34-35 Rf70**
8935 Nagykapornak (Zala) **22-23 Rf68**
2425 Nagykarácsony (Fej) **26-27 Te67**
2760 Nagykáta (Pest) **16-17 Ue64**
6326 Nagykékes (BKk) **36-37 Ua68**
4127 Nagykereki (HB) **30-31 We65**
3131 Nagykeresztúr (Nóg) **16-17 Ue60**
3842 Nagykinizs (BAZ) **8-9 Wa59**
7200 Nagykonda (Tol) **36-37 Ta70**
7092 Nagykónyi (Tol) **34-35 Tb69**
~ Nagykónyiviztároló **36-37 Ta69**
5940 Nagykopáncs (Bék) **38-39 Ve70**
7545 Nagykorpád (Som) **34-35 Sc71**
2094 Nagykovácsi (Pest) **14-15 Tf63**
7741 Nagykozár (Bar) **44-45 Tb72**
3012 Nagykökényes (Hev) **16-17 Ud62**
9784 Nagykölked (Vas) **22-23 Rd66**
2750 Nagykörös (Pest) **26-27 Ue66**
5065 Nagykörü (Szo) **28-29 Vc65**
~ Nagykunsági-öntöző-főcsatorna **18-19 Vd64**
5400 Nagykúria (Szo) **28-29 Vd66**
8911 Nagykutas (Zala) **22-23 Re67**
4103 Nagykútrét (Szo) **28-29 Vd67**
6933 Nagylak (Cso) **38-39 Ve71**
8123 Nagyláng (Fej) **26-27 Tc67**
5500 Nagylapos (Bék) **28-29 Ve67**
8917 Nagylengyel (Zala) **22-23 Re68**
3175 Nagylóc (Nóg) **16-17 Ud60**
8126 Nagylók (Fej) **26-27 Td67**
9484 Nagylózs (GyS) **12-13 Re63**
2764 Nagylujzihegy (Pest) **26-27 Ue64**
4063 Nagymacs (Debrecen) (HB) **18-19 Wc63**
6622 Nagymágocs (Cso) **38-39 Vc69**
5920 Nagymajor (Bék) **40-41 Ve68**
6320 Nagymajor (BKk) **26-27 Ua68**
4066 Nagymajor (HB) **18-19 Vf63**
5061 Nagymajoritanyák (Szo) **28-29 Vb64**
9800 Nagymákfa (Vas) **22-23 Re66**
7355 Nagymányok (Tol) **44-45 Tc71**
2626 Nagymaros (Pest) **16-17 Tf62**
4212 Nagymezödülö (HB) **30-31 Wc64**
9915 Nagymizdó (Vas) **22-23 Rd67**
4251 Nagymogyorós (SzSz) **20-21 We62**
3418 Nagymontaj (BAZ) **18-19 Ve62**
7784 Nagynyárád (Bar) **44-45 Td73**
6600 Nagynyomás (Cso) **38-39 Vb68**
2645 Nagyoroszi (Nóg) **16-17 Ua60**
8912 Nagypáli (Zala) **22-23 Rf67**
7731 Nagypall (Bar) **36-37 Tc72**
2898 Nagyparnakpuszta (Kom) **14-15 Tb63**
2431 Nagyperkáta (Fej) **26-27 Te66**
7912 Nagypeterd (Bar) **42-43 Sf72**
9542 Nagypirit (Ves) **24-25 Sb65**
4173 Nagyrábé (HB) **30-31 Wb65**
8746 Nagyrada (Zala) **34-35 Sa69**
9938 Nagyrákos (Vas) **22-23 Rc68**
5551 Nagyráta (Bék) **28-29 Vd68**
8756 Nagyrécse (Zala) **34-35 Sa70**
3214 Nagyréde (Hev) **16-17 Uf62**
5310 Nagyrét (Szo) **28-29 Vf65**
6060 Nagyrév (Szo) **28-29 Va67**
3965 Nagyrozvágy (BAZ) **10-11 Wf58**
7551 Nagysallérpuszta (Som) **34-35 Sd71**
4002 Nagysándortelep (Debrecen) (HB) **18-19 Wd63**
2524 Nagysáp (Kom) **14-15 Td62**
9561 Nagysimonyi (Vas) **22-23 Sa65**
2422 Nagysismánd (Fej) **26-27 Te67**
6503 Nagysumár (BKk) **36-37 Ua71**
8739 Nagyszakácsi (Som) **34-35 Sb70**
5130 Nagyszék (Szo) **18-19 Va63**
7085 Nagyszékely (Tol) **36-37 Td69**
4962 Nagyszekers (SzSz) **10-11 Xd61**
6710 Nagyszéksós (Cso) **38-39 Uf71**
~ Nagy-Széksós-tó **38-39 Uf71**
5931 Nagyszénás (Bék) **38-39 Ve68**
9072 Nagyszentjános (GyS) **14-15 Se62**
9121 Nagyszentpál (GyS) **14-15 Sd63**
7097 Nagyszokoly (Tol) **34-35 Tb68**
4090 Nagyszög (HB) **18-19 Wa62**
2851 Nagytagyospuszta (Kom) **14-15 Tb63**
3398 Nagytálya (Hev) **18-19 Vc62**
3794 Nagytanya (BAZ) **8-9 Vf59**
5420 Nagytanya (Szo) **28-29 Vd66**
4484 Nagytanya (SzSz) **10-11 We60**
2344 Nagytanyák (Pest) **26-27 Ua66**
2142 Nagytarcsa (Pest) **16-17 Ub63**
2882 Nagytarcspuszta (Kom) **14-15 Sf63**
8474 Nagytárkánypuszta (Ves) **24-25 Sc67**
8553 Nagytelep (Ves) **14-15 Sd64**
2036 Nagytétény (Bp) **26-27 Tf64**
8563 Nagytevel (Ves) **24-25 Sd65**
9832 Nagytilaj (Vas) **22-23 Rf67**
~ Nagy-tó **36-37 Uc69**
8675 Nagytoldipuszta (Som) **34-35 Sf69**
7173 Nagytormáspuszta (Tol) **36-37 Td70**
7800 Nagytótfalu (Bar) **42-43 Tc73**
6612 Nagytőke (Cso) **28-29 Vb68**
3357 Nagyút (Hev) **16-17 Vb62**
4812 Nagyvarsány (SzSz) **10-11 Xb60**
7912 Nagyváty (Bar) **42-43 Sf72**
8291 Nagyvázsony (Ves) **24-25 Se67**
7186 Nagyvejke (Tol) **44-45 Tc70**
8065 Nagyveleg (Fej) **24-25 Ta64**
2421 Nagyvenyim (Fej) **26-27 Tf67**
3349 Nagyvisnyó (Hev) **8-9 Vc60**
4405 Nagyzállás (SzSz) **20-21 We61**
4115 Nagyzomlin (HB) **30-31 We66**
5244 Nagyz Zőlő (Szo) **18-19 Ve63**
7215 Nak (Tol) **34-35 Ta70**
8138 Nándorpuszta (Fej) **24-25 Tb68**
2064 Nándorpuszta (Fej) **14-15 Td63**
4552 Napkor (SzSz) **20-21 Wf61**
9797 Nárai (Vas) **22-23 Rd65**
9793 Narda (Vas) **22-23 Rc65**
2899 Naszály (Kom) **14-15 Tb62**
5673 Négyegyenesdűlő (Bék) **28-29 Vf68**
3463 Négyes (BAZ) **18-19 Ve62**
5100 Négyszőllős (Szo) **16-17 Uf63**
6300 Negyvenszállás (BKk) **36-37 Ua69**
3659 Nekészeny (BAZ) **8-9 Vc59**
2750 Nemcsiktanya (Pest) **26-27 Ue67**
2351 Némediszőlő (Pest) **26-27 Ub64**
7342 Nemerőpuszta (Bar) **42-43 Tb70**
8923 Nemesapáti (Zala) **22-23 Rf67**
3592 Nemesbikk (BAZ) **18-19 Vf61**
4942 Nemesborzova (SzSz) **10-11 Xd61**
9749 Nemesbőd (Vas) **22-23 Re65**
8371 Nemesbük (Zala) **22-23 Sa68**
9739 Nemescsó (Vas) **22-23 Rd64**
8722 Nemesdéd (Som) **34-35 Sb70**
8523 Nemesgörzsöny (Ves) **12-13 Sc64**
8284 Nemesgulacs (Ves) **24-25 Sc67**
8471 Nemeshany (Ves) **24-25 Sc66**
8925 Nemeshetés (Zala) **22-23 Rf68**
7981 Nemeske (Bar) **42-43 Se72**
9473 Nemeskér (GyS) **12-13 Re64**
9547 Nemeskeresztúr (Vas) **24-25 Sb66**
8717 Nemeskisfalud (Som) **34-35 Sc70**
9542 Nemeskocs (Vas) **24-25 Sb65**
9775 Nemeskolta (Vas) **22-23 Re66**
9663 Nemesládony (Vas) **22-23 Rf64**
9953 Nemesmedves (Vas) **22-23 Rc67**
6345 Nemesnádudvar (BKk) **44-45 Ua70**
8976 Nemesnép (Zala) **32-33 Rc68**
8858 Nemespátró (Zala) **42-43 Sa71**
2347 Nemesráda (Pest) **26-27 Ua65**
8925 Nemesradó (Zala) **22-23 Sa68**
9782 Nemesrempehollós (Vas) **22-23 Re66**
8925 Nemessándorháza (Zala) **22-23 Rf68**
9533 Nemesszalók (Ves) **24-25 Sb65**
8925 Nemesszentandrás (Zala) **22-23 Rf68**
8915 Nemesszer (Zala) **22-23 Sa68**
8248 Nemesvámos (Ves) **24-25 Sf66**
8737 Nemesvid (Som) **34-35 Sb70**
8311 Nemesvita (Ves) **24-25 Sc68**
8581 Németbánya (Ves) **24-25 Sd65**
8918 Németfalu (Zala) **22-23 Re68**
4324 Németháza (SzSz) **20-21 Wf62**
7811 Németi (Bar) **42-43 Tb73**
7039 Németkér (Tol) **36-37 Te68**
8675 Németsűrűpuszta (Som) **34-35 Sf69**
4324 Nemserdő (SzSz) **20-21 Wf62**
3152 Nemti (Nóg) **16-17 Uf60**
★ Nemzeti Történeti Emlékpark (Cso) **38-39 Va70**
2545 Neszmély (Kom) **14-15 Tc62**
3973 Nétola (SzSz) **10-11 Wf59**
8625 Nezde (Som) **24-25 Sf68**
2618 Nézsa (Nóg) **16-17 Ub61**
9652 Nick (Vas) **22-23 Sa64**
8706 Nikla (Som) **34-35 Sd69**
2642 Nógrád (Nóg) **16-17 Ua61**
2673 Nógrádgárdony (Nóg) **16-17 Uc60**
2691 Nógrádkövesd (Nóg) **16-17 Uc61**
2675 Nógrádmarcal (Nóg) **16-17 Uc60**
3132 Nógrádmegyer (Nóg) **6-7 Ud60**
2685 Nógrádsáp (Nóg) **16-17 Uc61**
3178 Nógrádsipek (Nóg) **16-17 Ud60**
3187 Nógrádszakál (Nóg) **6-7 Ud59**
8591 Nóráp (Ves) **24-25 Sc65**
4283 Noszatiszta (HB) **20-21 Wf64**
8456 Noszlop (Ves) **24-25 Sc65**
7211 Nosztány (Tol) **34-35 Ta70**
3325 Noszvaj (Hev) **18-19 Vc61**
8948 Nova (Zala) **32-33 Re68**
3327 Novaj (Hev) **18-19 Vc61**
3873 Novajidrány (BAZ) **8-9 Wb58**
9181 Novákpuszta (GyS) **12-13 Sc62**
2610 Nőtincs (Nóg) **16-17 Ua61**

Ny

9096 Nyalka (GyS) **14-15 Se63**
8512 Nyárád (Ves) **24-25 Sc65**
2723 Nyáregyháza (Pest) **26-27 Ud65**
3463 Nyárjaspuszta (BAZ) **18-19 Ve62**
9438 Nyárliget (GyS) **12-13 Rf63**
6032 Nyárlőrinc (BKk) **28-29 Uf67**
2712 Nyársapát (Pest) **26-27 Ue66**
5830 Nyékimajor (Bék) **40-41 Wa70**
7148 Nyékipuszta (Tol) **36-37 Te71**
3433 Nyékládháza (BAZ) **8-9 Ve61**
5720 Nyékpuszta (Bék) **30-31 Wb68**
2536 Nyergesújfalu (Kom) **14-15 Td62**
3809 Nyésta (BAZ) **8-9 Vf58**
2882 Nyeszkenyepuszta (Kom) **14-15 Sf63**
4331 Nyícsászári (SzSz) **20-21 Xb61**
2747 Nyilasdűlő (Pest) **28-29 Uf66**
8612 Nyim (Som) **24-25 Ta68**
4264 Nyírábrány (HB) **20-21 Xa63**
4262 Nyíracsád (HB) **20-21 Wf63**
8454 Nyírád (Ves) **24-25 Sc66**
4254 Nyíradony (HB) **20-21 Wf62**
4300 Nyírbátor (SzSz) **20-21 Xa61**
4372 Nyírbéltek (SzSz) **20-21 Xa62**
4361 Nyírbogát (SzSz) **20-21 Xa62**
4511 Nyirbogdány (SzSz) **10-11 Wf60**
4356 Nyírcsaholy (SzSz) **20-21 Xc61**
4332 Nyírderzs (SzSz) **20-21 Xa61**
4400 Nyíregyháza (SzSz) **10-11 We61**
4300 Nyirestanya (SzSz) **20-21 Xa62**
4362 Nyírgelse (SzSz) **20-21 Wf62**
4311 Nyírgyulaj (SzSz) **20-21 Xa61**
3997 Nyíri (BAZ) **10-11 Wc57**
4535 Nyíribrony (SzSz) **20-21 Wf60**
4541 Nyírjákó (SzSz) **20-21 Xa60**
2660 Nyirjes (Nóg) **16-17 Ub60**
4544 Nyírkarász (SzSz) **10-11 Xa60**
4333 Nyírkáta (SzSz) **20-21 Xb61**
4537 Nyírkércs (SzSz) **20-21 Xa60**
8349 Nyirlakpuszta (Zala) **24-25 Sb67**
4632 Nyírlövő (SzSz) **10-11 Xb59**
4371 Nyírlugos (SzSz) **20-21 Xa62**
4564 Nyírmada (SzSz) **10-11 Xb60**
4263 Nyírmártonfalva (HB) **20-21 Wf63**
4722 Nyírmeggyes (SzSz) **20-21 Xb61**
4363 Nyírmihálydi (SzSz) **20-21 Wf62**
4822 Nyírparasznya (SzSz) **20-21 Xb60**
4531 Nyírpazony (SzSz) **10-11 We61**
4375 Nyírpilis (SzSz) **20-21 Xb62**
4482 Nyírszőlős (SzSz) **20-21 We60**
3963 Nyírtanya (BAZ) **10-11 We59**
4522 Nyírtass (SzSz) **10-11 Xa60**
4461 Nyírtelek (SzSz) **20-21 Wd60**
4554 Nyírtét (SzSz) **20-21 Wf60**
4532 Nyirtura (SzSz) **20-21 We60**
4300 Nyírvasvári (SzSz) **20-21 Xb62**
3795 Nyomár (BAZ) **8-9 Ve59**
5471 Nyomásdűlő (Szo) **28-29 Va67**
9682 Nyőgér (Vas) **22-23 Rf65**
4400 Nyírjes (Nyíregyháza) (SzSz) **20-21 We61**
4069 Nyugati fogadóház (HB) **18-19 Vf63**
~ Nyugati-főcsatorna **8-9 Wb61**
7912 Nyugotszenterzsébet (Bar) **42-43 Sf72**
9082 Nyúl (GyS) **14-15 Se63**

O, Ó

6430 Óalmás (BKk) **36-37 Ub72**
7354 Óbánya (Bar) **44-45 Tc71**
2066 Óbarok (Fej) **14-15 Td64**
6755 Óbébaiúti tanyák (Cso) **38-39 Vb71**
8882 Obornak (Zala) **32-33 Rf69**
6062 Óbög (BKk) **28-29 Va67**
2614 Obszervatórium (Pest) **16-17 Ub62**
1033 Óbuda (Bp) **16-17 Ua63**
★ Óbuda Fő tér (Budapest) (Bp) **16-17 Ua63**
8271 Óbudavár (Ves) **24-25 Se67**
2364 Ócsa (Pest) **26-27 Ub65**
3562 Ócsanálos (BAZ) **8-9 Vf60**
3716 Ócsanalosipart (BAZ) **8-9 Vf60**
7814 Ócsárd (Bar) **42-43 Ta73**
2631 Odamásd (Pest) **14-15 Tf61**
7362 Ódombó (Bar) **36-37 Ta71**
7695 Ófalu (Bar) **36-37 Td71**
2030 Ófalu (Pest) **26-27 Tf64**
4558 Ófehértó (SzSz) **20-21 Xa61**
6923 Óföldeák (Cso) **38-39 Vc71**
4067 Ohat (HB) **18-19 Vf63**

Ohat (H) 65

8342	Óhíd (Zala) 22-23 Sb67	4755	Ököritófülpös (SzSz)	8808	Palin (Zala)........34-35 Rf70	2668	Patvarc (Nóg).........6-7 Uc60	5830	Petőfitelep (Battonya) (Bék)
3936	Óhuta (BAZ)...........8-9 Wc58		........20-21 Xd61	3623	Palinapuszta (BAZ)....8-9 Va60	2071	Páty (Pest)........16-17 Te63		........40-41 Wa71
5534	Okány (Bék)........30-31 Wc67	9621	Ölbő (Vas)........22-23 Rf65	2300	Pálinkaházpuszta (Fej)	4766	Pátyod (SzSz)........20-21 Xd61	5741	Petőfitelep (Kétegyháza) (Bék)
7957	Okorág (Bar)........42-43 Sf73	2943	Ölbőpuszta (Kom)....14-15 Sf63		........26-27 Td66	8136	Paulapuszta (Fej)....24-25 Tc67		........40-41 Wa69
7681	Okorvölgy (Bar)....34-35 Ta72	4373	Ömböly (SzSz)........20-21 Xb62	4242	Palinkásdűlő (HB)....20-21 We63	7671	Pázdány (Bar)........42-43 Ta72	9443	Petőháza (GyS)........12-13 Rf63
8668	Okrádpuszta (Tol)....36-37 Ta69	9339	Öntésmajor (GyS)....12-13 Sa63	7771	Palkonya (Bar).......42-43 Tc73	2476	Pázmánd (Fej)........26-27 Td65	8921	Petőhenye (Zala)....22-23 Rf67
6060	Oláhhazdűlő (BKk)....28-29 Va67	4562	Őr (SzSz)........10-11 Xb61	4014	Pallag (Debrecen) (HB)	9085	Pázmándfalu (GyS) 14-15 Se63	9826	Petőmihályfa (Vas)....22-23 Re67
7478	Olajhegy (Som)......34-35 Se71	2162	Őrbottyán (Pest)....16-17 Ub62		........20-21 Wd63	2119	Pécel (Pest)........16-17 Ub64	8984	Petrikeresztúr (Zala)
7745	Olasz (Bar).........44-45 Tc72	4103	Ördögmalompuszta (Tol)	4461	Pallagpuszta (SzSz)	9754	Pecöl (Vas)........22-23 Re65		........32-33 Re69
9824	Olaszfa (Vas).......22-23 Rf66		........44-45 Td70		........20-21 Wd60	7625	Pécs (Bar)........42-43 Tb72	8866	Petrivente (Zala)....34-35 Re70
8414	Olaszfalu (Ves)......24-25 Sf65	6621	Ördöngős (Cso)........38-39 Vc69	8134	Pálmajor (Fej)........24-25 Tc67	7951	Pécsbagota (Bar)....42-43 Ta73	8879	Petróczpuszta (Zala)
3933	Olaszliszka (BAZ)....8-9 Wc59	6311	Öregcsertő (BKk)....36-37 Ua69	2483	Pálmajor (Fej)........26-27 Td65	7627	Pécsbánya (Pécs) (Bar)		........32-33 Rd69
4142	Olasztanya (HB)......30-31 Wc66	6786	Öregcsorva (Cso)....38-39 Ue71	8713	Pálmajor (Som).......24-25 Sc68		........36-37 Tb72	7980	Pettend (Bar)........42-43 Se73
4804	Olcsva (SzSz)........10-11 Xb60	7056	Öregfalu (Tol)........36-37 Te70	7561	Pálmajor (Som).......42-43 Sd70	7766	Pécsdevecser (Bar) 42-43 Tc73	2475	Pettend (Fej)........26-27 Te65
4826	Olcsvaapáti (SzSz)....10-11 Xc60	9095	Öreghegy (Kom)......14-15 Sf63	6113	Pálmonostora (BKk) 38-39 Uf69	8245	Pécsely (Ves)........24-25 Se67	3135	Piliny (Nóg)...........6-7 Ud60
7824	Old (Bar)........42-43 Tc74	8000	Öreghegy (Székesfehérvár)	5465	Pálóczipuszta (Szo) 28-29 Vb67	7762	Pécsudvard (Bar)....42-43 Tb72	2721	Pilis (Pest)........26-27 Ud65
6455	Ólégynitanyák (BKk)		........26-27 Tc65	7726	Palotabozsok (Bar) 36-37 Tb72	7720	Pécsvárad (Bar)....36-37 Tc72	2097	Pilisborosjenő (Pest) 16-17 Tf63
	........44-45 Ub72	8697	Öreglak (Som).......34-35 Sd69	3042	Palotás (Nóg)........16-17 Ud62	4232	Pefofjtelep (SzSz)....20-21 We62	2081	Piliscsaba (Pest)........16-17 Tf63
3292	Olgamajor (Hev)......16-17 Va62	6452	Öregmajor (BKk)....36-37 Ub72	5071	Palotás (Szo)........28-29 Vb65	2500	Péliföldszentkereszt (Kom)	2519	Piliscsév (Kom)........16-17 Te62
9733	Ólmod (Vas)........12-13 Rd64	6449	Öregmajor (BKk)....38-39 Uc71	8229	Paloznak (Ves)........24-25 Sf67		........14-15 Td62	2080	Pilisjászfalu (Pest)....16-17 Tf63
8886	Oltárc (Zala)........32-33 Rf69	5502	Öregszőlő (Bék)....28-29 Ve67	3042	Páltelekpuszta (Hev)	7831	Pellérd (Bar)........42-43 Ta72	2028	Pilismarót (Kom)......14-15 Tf62
3517	Ómassa (Miskolc) (BAZ)	2738	Öregszőlő (Pest)....26-27 Ue65		........16-17 Ud62	8138	Pélpuszta (Fej)........24-25 Tb68	2095	Pilisszántó (Pest)....14-15 Tf63
	........8-9 Vd60	6328	Öregtény (BKk)....36-37 Ua69	★	Pálvölgyi (Bp)........16-17 Ua63	3381	Pély (Hev)........18-19 Vc64	2084	Pilisszentiván (Pest) 14-15 Tf63
4484	Oncsa (SzSz)........10-11 We60	7130	Öregvajka (Tol)......36-37 Te70	3821	Pamlény (BAZ).........8-9 Vf58	8698	Pamuk (Som)........34-35 Sd69	2098	Pilisszentkereszt (Pest)
3900	Ond (BAZ)...........8-9 Wb59	★	Öregvár (Kom)......14-15 Tb63	2614	Penc (Nóg)........16-17 Ub62		........16-17 Tf62
4002	Ondód (Debrecen) (HB)	2671	Őrhalom (Nóg).........6-7 Uc60	2214	Pánd (Pest)........26-27 Ud64	4267	Penészlek (SzSz)....20-21 Xa63	2009	Pilisszentlászló (Pest)
	........20-21 Wc63	3978	Őrhegy (BAZ)........10-11 Xa58	9937	Pankasz (Vas)........22-23 Rc67	4071	Pentezug (HB)........18-19 Wa63		........16-17 Tf62
3562	Onga (BAZ)...........8-9 Vf60	9933	Őrimagyarósd (Vas)	9090	Pannonhalma (GyS)	8426	Pénzesgyőr (Ves)....24-25 Se65	2508	Pilisszentlélek (Kom)
3562	Ongaújfalu (BAZ)......8-9 Vf60		........22-23 Rd67		........14-15 Se63	4941	Penyige (SzSz)........10-11 Xd61		........14-15 Tf62
3551	Ónod (BAZ)........18-19 Vf60	9941	Őriszentpéter (Vas) 22-23 Rc67	★	Pannonhalmi-főapátság (GyS)	4252	Penyigetanya (HB) 20-21 We63	2085	Pilisvörösvár (Pest)...16-17 Tf63
4821	Ópályi (SzSz)........10-11 Xb61	9073	Őrkény (GyS)........14-15 Se63		........14-15 Se63	9099	Pér (GyS)........14-15 Se63	7084	Pincehely (Tol)........36-37 Tc68
6767	Ópusztaszer (Cso)....38-39 Va70	2377	Örkény (Pest)........26-27 Uc66	3898	Pányok (BAZ).........8-9 Wc57	2074	Perbál (Pest)........14-15 Te63	9922	Pinkamindszent (Vas)
8935	Orbányosfa (Zala)....22-23 Rf67	5222	Örményes (Szo)....28-29 Vd65	4824	Panyola (SzSz)........20-21 Xc60	3853	Pere (BAZ)...........8-9 Wa59		........22-23 Rc66
7400	Orci (Som)........34-35 Sf70	5556	Örménykút (Bék)....28-29 Ve68	4631	Pap (SzSz)........10-11 Xa59	3518	Pereces (Miskolc) (BAZ)	9481	Pinnye (GyS)........12-13 Re63
~	Orci-patak........34-35 Sf70	6422	Örökföld (BKk)....38-39 Uc71	8500	Pápa (Ves)........24-25 Sc65		........8-9 Vd60	3100	Pintértelep (Salgótarján)
8635	Ordacsehi (Som)....24-25 Sd68	7018	Őrspuszta (Fej)........26-27 Td67	8593	Pápadereske (Ves) 24-25 Sc65	3821	Perecse (BAZ).........8-9 Vf57		........6-7 Uf60
6335	Ordas (BKk)........36-37 Tf69	2162	Őrszentmiklós (Pest)	8596	Pápakovácsi (Ves)....24-25 Sc65	6097	Peregadacs (BKk)....26-27 Ub67	9151	Pinyed Gorkijváros (Győr)
2677	Ordaspuszta (Nóg) 16-17 Uc61		........16-17 Ub62	8552	Pápanyögér (Ves)....14-15 Sd64	6062	Pereghalom (BKk)....28-29 Va67		(GyS)........14-15 Sd62
9982	Orfalu (Vas)........22-23 Rb67	8854	Örtilos (Som)........34-35 Rf71	8594	Pápasalamon (Ves) 24-25 Sc65	7664	Pereked (Bar)........42-43 Tc72	5440	Pipásdűlő (Szo)....28-29 Vb67
7677	Orfű (Bar)........36-37 Ta72	8242	Örvényes (Ves)......24-25 Sf67	8556	Pápateszér (Ves)....24-25 Se64	8182	Peremarton gyártelep (Ves)	4375	Piricse (SzSz)........20-21 Xa62
6077	Orgovány (BKk)....38-39 Uc68	2616	Ősagárd (Nóg)........16-17 Ub61	5516	Paphalom (Bék)....28-29 Vf67		........24-25 Ta66	2423	Piripócs (Tol)........26-27 Tf67
8752	Ormánd (Zala)........34-35 Sb70	8161	Ősi (Ves)........24-25 Tb66	7700	Papkert (Bar)........44-45 Te72	9722	Perenye (Vas)........22-23 Rd65	5000	Piroska (Szo)........28-29 Va66
8984	Ormándlak (Zala)....22-23 Re68	8191	Öskü (Ves)........24-25 Ta66	8183	Papkeszi (Ves)........24-25 Ta66	9734	Peresznye (Vas)......12-13 Rd64	6414	Pirtó (BKk)........36-37 Uc69
3743	Ormosbánya (BAZ)...8-9 Vd58	6764	Őszeszék (Cso)....38-39 Uf70	9344	Pápoc (Vas)........12-13 Sa64	9485	Pereszteg (GyS)....12-13 Re63	7838	Piskó (Bar)........42-43 Sf74
8947	Orokán (Zala)........34-35 Re68	6821	Öthalom (Cso)........38-39 Vc69	4338	Papos (SzSz)........10-11 Xb61	9700	Perint (Vas)........22-23 Rd65	2017	Pismány (Pest)........16-17 Ua62
8072	Orondpuszta (Fej)....24-25 Tb64	3368	Őtödrésziszőlő (Hev)	7838	Páprád (Bar)........42-43 Ta73	2431	Perkáta (Fej)........26-27 Te66	2541	Piszke (Kom)........14-15 Tc62
4551	Oros (Nyíregyháza) (SzSz)		........16-17 Vb63	4060	Paprét (HB)........18-19 Wb63	4233	Perkedpuszta (SzSz)	6527	Piszkula (BKk)........44-45 Tf72
	........10-11 We61	9153	Öttevény (GyS)......14-15 Sc62	★	Pap-réti templom (Vas)		........20-21 Wf62	6767	Pitricsom (Cso)....38-39 Va70
5900	Orosháza (Bék)....38-39 Ve69	6784	Öttömös (Cso)......44-45 Ud71		........32-33 Rc68	3756	Perkupa (BAZ).........8-9 Ve58	6914	Pitvaros (Cso)........40-41 Ve71
5537	Orosipuszta (Bék) 30-31 Wc67	8345	Ötvös (Ves)........24-25 Sa66	6041	Papszékdűlő (BKk) 26-27 Ud67	~	Pernec-patak........36-37 Ta69	★	Pityerszer (Vas)........22-23 Rb67
8482	Oroszi (Ves)........24-25 Sc66	7511	Ötvöskónyi (Som)...34-35 Sc71	3458	Paptanya (BAZ)....18-19 Vf62	4173	Pernyéspuszta (HB)	9421	Piuszpuszta (GyS)....12-13 Rd62
8653	Oroszipuszta (Som)	4511	Özetanya (SzSz)....20-21 Wf60	6621	Paptelek (Cso)........38-39 Vc69		........30-31 Wb65	7756	Pócsa (Bar)........44-45 Tc73
	........24-25 Tb67			3243	Parád (Hev)........16-17 Va61	2637	Perőcsény (Pest).........6-7 Tf61	4125	Pocsaj (HB)........30-31 We65
2840	Oroszlány (Kom)......14-15 Tb64		**P**	3243	Parádfürdő (Hev)....16-17 Va61	4074	Perzsete (HB)........18-19 Wb62	7756	Pócsapuszta (Bar)....44-45 Tc73
7370	Oroszló (Bar)........36-37 Ta71			3240	Parádóhuta (Hev)....16-17 Va61	1203	Pesterzsébet (Bp)....16-17 Ua64	2017	Pócsmegyer (Pest) 16-17 Ua62
8745	Orosztony (Zala)....34-35 Sa69	3964	Pácin (BAZ)........10-11 Wf58	3242	Parádsasvár (Hev)....16-17 Uf61	2090	Pesthidegkút (Bp)....16-17 Tf63	4327	Pócspetri (SzSz)....20-21 Wf61
★	Országház (Bp)........16-17 Ua63	8761	Pacsa (Zala)........34-35 Sa68	5130	Parajos (Szo)........16-17 Va64	1188	Pestszentimre (Bp) 16-17 Ub64	★	Podmaniczkykastély (Pest)
8954	Ortaháza (Zala)......32-33 Re69	8761	Pacsatüttös (Zala)....34-35 Sa68	2647	Parassapuszta (Nóg)	1181	Pestszentlőrinc (Bp)		........16-17 Uc63
9354	Osli (GyS)........12-13 Sa63	7925	Pacsérvisnye (Bar) 42-43 Se71		........16-17 Tf60			7666	Pogány (Bar)........42-43 Tb73
9512	Ostffyasszonyfa (Vas)	~	Pacsmagihalastó........36-37 Tb69	8919	Parasza (Zala)........22-23 Rd68	7766	Peterd (Bar)........42-43 Tc73	4080	Pogánylapos (HB) 18-19 Wc61
	........22-23 Sa65	9823	Pácsony (Vas)........22-23 Rf66	3777	Parasznya (BAZ).........8-9 Vd59	7915	Péterfa (Bar)........42-43 Sf72	8831	Pogányszentpéter (Som)
3326	Ostoros (Hev)........18-19 Vc61	8935	Padár (Zala)........22-23 Sa67	6444	Parcelok (BKk)......44-45 Ub70	9756	Péterfapuszta (Vas) 22-23 Rf65		........42-43 Sa70
~	Ostoros-patak........18-19 Vc61	8725	Pádpuszta (Som)....42-43 Sa70	6413	Parcelok (BKk)......44-45 Uc70	4327	Péterhalom (SzSz)....20-21 Wf61	~	Pogány-völgyi-víz....34-35 Se70
6900	Őszegedi útmenti járando	8451	Padrag (Ves)........24-25 Sd66	7090	Pári (Tol)........36-37 Tb69	9162	Péterházapuszta (GyS)	3729	Pogonyipuszta (BAZ)...8-9 Vc59
	(Cso)........38-39 Vc71	8451	Padragkút (Ves)....24-25 Sd66	2035	Parkváros (Pest)......14-15 Tf64		........12-13 Sc63	5500	Póhalom (Bék)....28-29 Ve66
9825	Oszkó (Vas)........22-23 Rf66	6222	Páhi (BKk)........36-37 Uc68	5502	Páskumitanyák (Bék)	7582	Péterhida (Som)....42-43 Sc72	8932	Pókaszepetk (Zala) 22-23 Rf67
3591	Oszlár (BAZ)........18-19 Wa61	6100	Páka (BKk)........28-29 Uf68		........28-29 Ve67	2209	Péteri (Pest)........26-27 Uc64	4485	Poklondos (SzSz)....10-11 We60
7444	Osztopán (Som)....34-35 Se69	8956	Páka (Zala)........32-33 Rd69	4475	Paszab (SzSz)......10-11 We60	9483	Petermajor (GyS)....12-13 Re63	2767	Pokoltanya (Pest)....28-29 Uf65
6621	Ótompahát (Cso)....38-39 Vc69	8799	Pakod (Zala)........22-23 Sa67	4471	Paszabosúcs (SzSz)	6135	Petermajor (BKk)....38-39 Ue70	7458	Polány (Som)........34-35 Se69
2400	Óváros (Fej)........26-27 Tf67	8095	Pákozd (Fej)........26-27 Td65		........10-11 Wd60	3250	Pétervására (Hev)....16-17 Va60	4090	Polgár (HB)........18-19 Wa61
2030	Óváros (Pest)........26-27 Tf64	7030	Paks (Tol)........36-37 Tf69	3060	Pásztó (Nóg)........16-17 Ue61	8100	Pétfürdő (Ves)........24-25 Ta66	6238	Polgárdi (BKk)........36-37 Ub70
3600	Ózd (BAZ)...........8-9 Vb59	7100	Palánkpuszta (Tol) 44-45 Te70	5420	Pásztóiújtelep (Szo)	5130	Pethesdűlő (Szo)....16-17 Va64	8154	Polgárdi (Fej)........24-25 Tb69
7836	Ózdfalu (Bar)........42-43 Ta73	7163	Palatinca (Tol)......44-45 Td71		........28-29 Vd66	4542	Petneháza (SzSz)....10-11 Xa60	8154	Polgárditekeres (Fej)
8998	Ozmánbük (Zala)....22-23 Re67	7384	Palé (Bar)........34-35 Ta71	9300	Pásztori (GyS)........12-13 Sb63	7304	Petőcakna (Bar)....36-37 Ta72		........24-25 Tb66
7086	Ozora (Tol)........24-25 Tc68	7042	Pálfa (Tol)........36-37 Td68	8825	Pat (Zala)........34-35 Sb70	3031	Petőfibánya (Hev)....16-17 Ue62	~	Polgári-halastó........18-19 Wa61
		8985	Pálfiszeg (Zala)....22-23 Re68	2648	Patak (Nóg)........16-17 Ua60	★	Petőfi Emlékmúzeum (BKk)	4400	Polyákbokor (SzSz)
	Ö, Ő	2407	Pálhalma (Fej)........26-27 Tf67	7463	Patalom (Som)........34-35 Sf70		........38-39 Ud69		........20-21 Xd61
		3994	Pálháza (BAZ).........8-9 Wd58	7923	Patapoklosi (Bar)....42-43 Se72	6113	Petőfiszállás (BKk) 38-39 Uf69	2013	Pomáz (Pest)........16-17 Ua63
8292	Öcs (Ves)........24-25 Sd66	8500	Pálházapuszta (Ves)	7477	Patca (Som)........42-43 Se71	4434	Petőfitag (SzSz)....20-21 Wd61	8533	Ponyvád (Ves)........12-13 Sc64
7143	Öcsény (Tol)........36-37 Te71		........24-25 Sc64	8092	Pátka (Fej)........26-27 Tc65	4566	Petőfitanya (SzSz)....10-11 Xb60	★	Porcelánmúzeum (Ves)
5451	Öcsöd (Szo)........28-29 Vc67	9345	Páli (GyS)........12-13 Sa64	9111	Pátka-puszta (GyS) 14-15 Sc63	6320	Petőfitelep (BKk)....26-27 Tf68		........24-25 Se66
8156	Ödönbereke (Fej)....24-25 Tc67	2889	Pálihálaspuszta (Ves)	7535	Patosfa (Som)........34-35 Se72	4266	Petőfitelep (HB)....20-21 Xa63	4761	Porcsalma (SzSz)....20-21 Xd61
6200	Ökördi (BKk)........36-37 Ub69		........24-25 Sc65	4523	Pátroha (SzSz)........10-11 Wf61	9719	Petőfitelep (Vas)....22-23 Rd65	9796	Pornóapáti (Vas)....22-23 Rc66

3388 Poroszló (Hev) 18-19 Vd63
9612 Porpác (Vas) 22-23 Re65
8858 Porrog (Som) 42-43 Sa71
8858 Porrogszentkirály (Som) 34-35 Sa71
8858 Porrogszentpál (Som) 42-43 Sa71
8986 Pórszombat (Zala) 32-33 Rd68
5100 Portelek (Szo) 16-17 Uf64
8429 Porva (Ves) 24-25 Se65
9636 Pósfa (Vas) 22-23 Rf64
7636 Postavölgy (Pécs) (Bar) 42-43 Tb72
7977 Potony (Som) 42-43 Sd73
9324 Potyond (GyS) 12-13 Sb63
8908 Pózva (Zala) 22-23 Rf67
8929 Pölöske (Zala) 34-35 Rf68
8772 Pölöskefő (Zala) 34-35 Rf69
8553 Pölöskeitanya (Ves) 14-15 Sd64
7144 Pörböly (Tol) 36-37 Te71
8956 Pördefölde (Zala) 32-33 Re69
3188 Pösténypuszta (Nóg) 6-7 Ud60
8767 Pötréte (Zala) 34-35 Rf68
4074 Pród (HB) 18-19 Wc62
★ Prónaykastély (Pest) 16-17 Uc62
6775 Prücsös (Cso) 38-39 Vc71
3925 Prügy (BAZ) 8-9 Wb60
8291 Pula (Ves) 24-25 Sd67
8988 Pusztaapáti (Zala) 22-23 Rd68
5451 Pusztabábocka (Szo) 28-29 Vc67
5400 Pusztabánréve (Szo) 28-29 Vd67
8693 Pusztaberény (Som) 34-35 Sd68
2658 Pusztaberki (Nóg) 6-7 Ub61
9373 Pusztacsalád (GyS) 12-13 Rf64
3360 Pusztacsász (Hev) 18-19 Vb63
9739 Pusztacsó (Vas) 22-23 Rd65
4565 Pusztadobos (SzSz) 20-21 Xb60
8946 Pusztaederics (Zala) 34-35 Re69
7018 Pusztaegres (Fej) 26-27 Td67
3995 Pusztafalu (BAZ) 10-11 Wc57
5919 Pusztaföldvár (Bék) 40-41 Ve69
8551 Pusztagyimót alsó (Ves) 24-25 Sd64
7038 Pusztahencse (Tol) 36-37 Te69
4080 Pusztakereszt (HB) 18-19 Wc61
7720 Pusztakisfalu (Bar) 36-37 Tc71
2696 Pusztakiskér (Nóg) 16-17 Uc61
8707 Pusztakovácsi (Som) 34-35 Sd69
5945 Pusztaközpont (Bék) 40-41 Vd70
9673 Pusztalánc (Vas) 22-23 Sa66
2225 Pusztalöb (Pest) 26-27 Ub64
8895 Pusztamagyaród (Zala) 34-35 Re69
6785 Pusztamérges 44-45 Ue71
8455 Pusztamiske (Ves) 24-25 Sc66
5125 Pusztamonostor (Szo) 16-17 Ue63
5665 Pusztaottlaka (Bék) 40-41 Wa69
3874 Pusztaradvány (BAZ) 8-9 Wa58
4700 Pusztasándor (SzSz) 10-11 Xc61
9242 Pusztasomorja (GyS) 12-13 Sa62
2490 Pusztaszabolcs (Fej) 26-27 Te66
2651 Pusztaszántó (Nóg) 16-17 Ua61
★ Pusztaszemes (Som) 24-25 Sf68
8693 Pusztaszentgyörgyújsor (Som) 34-35 Sd68
2241 Pusztaszentistván (Pest) 16-17 Uc64
8896 Pusztaszentlászló (Zala) 32-33 Rf69
2400 Pusztaszentmihályfa (Fej) 24-25 Tb67
5900 Pusztaszenttornya (Bék) 40-41 Vd69
6769 Pusztaszer (Cso) 38-39 Uf69
3390 Pusztaszíkszó (Hev) 18-19 Vc62
5940 Pusztaszőlős (Bék) 38-39 Ve70
5520 Pusztatanya (Bék) 28-29 Wa66
5235 Pusztataskony (Szo) 18-19 Vd64
5241 Pusztatomaj (Szo) 18-19 Vd64
2378 Pusztavacs (Pest) 26-27 Ud65
8066 Pusztavám (Fej) 14-15 Tb64
2039 Pusztazámor (Pest) 16-17 Te64
3630 Putnok (BAZ) 8-9 Vc59
9235 Püski (GyS) 12-13 Sc61
9097 Püspökalap (GyS) 14-15 Sf63
2683 Püspökhatvan (Pest) 16-17 Uc62
4150 Püspökladány (HB) 30-31 Wa65
9776 Püspökmolnári (Vas) 22-23 Re66
6524 Püspökpuszta (BKk) 44-45 Tf72
2166 Püspökszilágy (Pest) 16-17 Ub62

R

9641 Rábabogyoszló (Vas) 22-23 Rf65
9312 Rábacsanak (GyS) 12-13 Sb63
9136 Rábacsécsény (GyS) 12-13 Sc63
9955 Rábafüzes (Vas) 22-23 Rb67
9951 Rábagyarmat (Vas) 22-23 Rc67
9777 Rábahídvég (Vas) 22-23 Re66
9344 Rábakecöl (GyS) 12-13 Sa64
9514 Rábakecskéd (Vas) 22-23 Sa64
9970 Rábakethely (Vas) 22-23 Rb67
9643 Rábakövesd (Vas) 22-23 Rf65
9142 Rábapatona (GyS) 14-15 Sc63
9641 Rábapaty (Vas) 22-23 Rf65
9146 Rábapordány (GyS) 12-13 Sb63
9083 Rába-próbapálya (GyS) 14-15 Se63
9327 Rábasebes (GyS) 12-13 Sb65
9608 Rábasömjén (Vas) 22-23 Rf65
9316 Rábaszentandrás (GyS) 12-13 Sb65
9135 Rábaszentmihály (GyS) 12-13 Sc63
9133 Rábaszentmiklós (GyS) 12-13 Sc63
9322 Rábatamási (GyS) 12-13 Sb63
9766 Rábatöttös (Vas) 22-23 Re66
9165 Rábcakapi (GyS) 12-13 Sb62
2459 Rácalmás (Fej) 26-27 Tf66
7463 Rácegres (Som) 34-35 Sf70
2465 Ráckeresztúr (Fej) 26-27 Te65
2300 Ráckeve (Pest) 26-27 Tf66
2200 Rácszentpéter (Fej) 26-27 Te65
2612 Rád (Pest) 16-17 Ub62
7817 Rádfalva (Bar) 42-43 Ta73
8951 Rádiháza (Zala) 34-35 Re69
9784 Rádóckölked (Vas) 22-23 Rd66
3775 Radostyán (BAZ) 8-9 Vd59
8638 Rádpuszta (Som) 24-25 Se68
4060 Ragadozómadár kiállítás (HB) 18-19 Wa62
3724 Ragály (BAZ) 8-9 Vd58
8917 Ragánpuszta (Zala) 22-23 Rd68
9224 Rajka (GyS) 2-3 Sb61
3825 Rakaca (BAZ) 8-9 Vf58
3826 Rakacaszend (BAZ) 8-9 Vf58
4465 Rakamaz (SzSz) 10-11 Wc60
3382 Rákhát (Hev) 18-19 Vc63
5085 Rákóczifalva (Szo) 28-29 Vb66
4562 Rákóczitanya (SzSz) 20-21 Xb60
6750 Rákóczitelep (Cso) 38-39 Vb71
3127 Rákóczitelep (Nóg) 16-17 Uf60
2376 Rákóczitelep (Pest) 26-27 Uc65
5084 Rákócziújfalu (Szo) 28-29 Vb66
4496 Rákóczi út (SzSz) 10-11 Xa59
5527 Rakoncás (Bék) 28-29 Wa65
6900 Rákos (Cso) 38-39 Vd71
1171 Rákoscsaba (Bp) 16-17 Ub64
1174 Rákoshegy (Bp) 16-17 Ub64
1106 Rákoskersztúr (Bp) 16-17 Ub64
1171 Rákoskert (Bp) 16-17 Ub64
1172 Rákosliget (Budapest) 16-17 Ub64
1158 Rákosszentmihály (Bp) 16-17 Ua63
7464 Ráksi (Som) 34-35 Sf69
9944 Ramocsa (Vas) 22-23 Rc68
4536 Ramocsaháza (SzSz) 20-21 Wf60
4756 Rápolt (SzSz) 20-21 Xd61
8300 Raposka (Ves) 24-25 Sc67
3187 Rárospuszta (Nóg) 6-7 Ud59
3833 Rásonysápberencs (BAZ) 8-9 Vf59
3908 Rátka (BAZ) 8-9 Wb59
9951 Rátót (Vas) 22-23 Rc67
3182 Rauakna (Nóg) 6-7 Ue60
9091 Ravazd (GyS) 14-15 Se63
Rázompuszta (SzSz) 18-19 Wb60
8138 Rebecpuszta (Fej) 24-25 Tb68
3245 Recsk (Hev) 16-17 Va61
2886 Réde (Kom) 14-15 Sf64
8978 Rédics (Zala) 32-33 Rc69
★ Református fa harangláb (Vas) 22-23 Rd67
★ Református fa harangláb (Zala) 32-33 Rc68
5800 Reformátuskovácsháza (Bék) 40-41 Vf70
★ Reformátustemplom (Pest) 26-27 Ub65
3893 Regéc (BAZ) 8-9 Wc58
7833 Regenye (Bar) 42-43 Tb73
7193 Regöly (Tol) 36-37 Tc69
7011 Réhpuszta (Fej) 26-27 Te67
4456 Rejetanya (SzSz) 8-9 Wb61
~ Rekettye-Bogárzó-csatorna 38-39 Ub70
6446 Rém (BKk) 44-45 Ua71
2426 Reménysor (Fej) 26-27 Tf67
8660 Remetepuszta (Som) 36-37 Ta68
2094 Remeteszőlős (Pest) 16-17 Tf63
8581 Remigpuszta (Ves) 24-25 Sd65
3559 Répáshuta (BAZ) 18-19 Vd60
Répáspuszta (Som) 34-35 Sf70
9653 Répcelak (Vas) 12-13 Sa64
9374 Répceszemere (GyS) 12-13 Rf64
9623 Répceszentgyörgy (Vas) 22-23 Rf64
9475 Répcevis (GyS) 12-13 Re64
8977 Resznek (Zala) 32-33 Rc68
9074 Rétalap (GyS) 14-15 Sf63
2738 Rétidűlő (Pest) 28-29 Ue65
4525 Rétközberencs (SzSz) 10-11 Xa59
2651 Rétság (Nóg) 16-17 Ua61
7003 Rétszilas (Fej) 26-27 Td68
7967 Révfalu (Bar) 42-43 Se74
8253 Révfülöp (Ves) 24-25 Sd68
4252 Revickymajor (HB) 20-21 Wf63
3976 Révleányvar (BAZ) 10-11 Xa59
8373 Rezi (Zala) 24-25 Sb67
8693 Riczepuszta (Som) 34-35 Sd68
3974 Ricse (BAZ) 10-11 Wf59
8348 Rigács (Ves) 24-25 Sb66
8705 Rigóháza (Som) 34-35 Sc69
7953 Rigópuszta (Bar) 42-43 Sf73
~ Rigós 18-19 Vf61
8883 Rigyác (Zala) 32-33 Rf70
7715 Riha (Bar) 44-45 Te72
9935 Rimány (Vas) 22-23 Rd67
3177 Rimóc (Nóg) 16-17 Ud60
6100 Ringhegy (BKk) 38-39 Ue68
~ Rinya 34-35 Sc70
7552 Rinyabesenyő (Som) 42-43 Sd71
7527 Rinyakovácsi (Som) 42-43 Sd71
7513 Rinyaszentkirály (Som) 34-35 Sc72
7556 Rinyaújlak (Som) 42-43 Sc72
7585 Rinyaújnép (Som) 42-43 Sc72
6783 Rívó (Cso) 38-39 Ue72
2424 Róbertvölgy (Fej) 26-27 Te67
2471 Roboztanya (Fej) 26-27 Te65
4563 Rohod (SzSz) 20-21 Xa60
2740 Rókalyukasdűlő (Pest) 28-29 Uf65
4060 Rollaháza (HB) 18-19 Wb62
★ Római castrum (Som) 24-25 Ta67
1038 Rómaifürdő (Bp) 16-17 Ua63
8434 Románd (Ves) 14-15 Se64
2654 Romhány (Nóg) 16-17 Ub61
7742 Romonya (Bar) 42-43 Tc72
5520 Romváritanya (Bék) 30-31 Wa66
3100 Rónabánya (Salgótarján) 6-7 Uf60
3141 Rónafalu (Salgótarján) 6-7 Uf60
5630 Rosszerdő (Bék) 30-31 Wb68
3893 Rostallo (BAZ) 8-9 Wc58
1239 Rostáspuszta (Ves) 24-25 Ta66
9451 Röjökmuzsaj (GyS) 12-13 Re63
9953 Rönök (Vas) 22-23 Rc67
6758 Röszke (Cso) 38-39 Va71
7914 Rózsafa (Bar) 42-43 Sf72
3368 Rózsahegy (Hev) 18-19 Vb63
2721 Rózsahegy (Pest) 26-27 Ud65
4971 Rozsály (SzSz) 20-21 Xe61
5666 Rózsamajor (Bék) 40-41 Wa69
8666 Rózsás (Som) 34-35 Ta69
3950 Rózsástanya (BAZ) 10-11 Wd59
3033 Rózsaszentmárton (Hev) 16-17 Ue62
4433 Rozsrétszőlő (SzSz) 20-21 We61
3733 Rudabánya (BAZ) 8-9 Vd58
3945 Rudabányácska (BAZ) 10-11 Wd58
5920 Rudolfmajor (Bék) 40-41 Ve69
7067 Rudolfmajor (Tol) 36-37 Td70
3741 Rudolftelep (BAZ) 8-9 Ve59
9766 Rum (Vas) 22-23 Rf66
7694 Rüspökszentlászló (Bar) 42-43 Tc71
6786 Ruzsa (Cso) 38-39 Ue71

S

2251 Sági út (Pest) 16-17 Ud64
8900 Ságod (Zala) 22-23 Re67
6033 Ságpuszta (Tol) 34-35 Tb69
3163 Ságújfalu (Nóg) 6-7 Ue60
8654 Ságvár (Som) 24-25 Ta67
3770 Sajóbábony (BAZ) 8-9 Ve59
3793 Sajóecseg (BAZ) 8-9 Ve59
3636 Sajógalgóc (BAZ) 8-9 Vd59
3576 Sajóhídvég (BAZ) 8-9 Vf61
3720 Sajóivánka (BAZ) 8-9 Vd59
3770 Sajókápolna (BAZ) 8-9 Ve59
3720 Sajókaza (BAZ) 8-9 Vd59
3793 Sajókeresztúr (BAZ) 8-9 Ve59
3572 Sajólád (BAZ) 18-19 Vf60
3773 Sajólászlófalva (BAZ) 8-9 Ve59
3656 Sajómercse (BAZ) 8-9 Vc59
3652 Sajónémeti (BAZ) 8-9 Vc59
3578 Sajóörös (BAZ) 8-9 Wa61
3714 Sajópálfala (BAZ) 8-9 Vf60
3573 Sajópetri (BAZ) 18-19 Vf60
3653 Sajópüspöki (BAZ) 8-9 Vc59
3712 Sajósenye (BAZ) 8-9 Ve59
3779 Sajószentpéter (BAZ) 8-9 Vd59
3599 Sajószöged (BAZ) 18-19 Vf61
3712 Sajóvámos (BAZ) 8-9 Ve59
3656 Sajóvelezd (BAZ) 8-9 Vc59
9632 Sajtoskál (Vas) 22-23 Rf64
8256 Salföld (Ves) 24-25 Sd67
3109 Salgóbánya (Salgótarján) 6-7 Uf60
3100 Salgótarján 6-7 Ue60
9742 Salköveskút (Vas) 22-23 Re65
8995 Salomvar (Zala) 22-23 Rd67
3425 Sály (BAZ) 18-19 Vd61
6347 Sámántanya (BKk) 36-37 Tf71
7841 Sámod (Bar) 42-43 Ta73
3075 Sámsonháza (Nóg) 6-7 Ue61
4251 Sámsonikert (HB) 20-21 We63
8800 Sánc 34-35 Sa70
6449 Sáncdűlő (BKk) 38-39 Uc71
8725 Sand (Zala) 34-35 Sa70
8693 Sandipuszta (Som) 34-35 Sd68
6762 Sándorfalva (Cso) 38-39 Va70
8157 Sándorkapuszta (Fej) 24-25 Tb66
2473 Sándormajor (Fej) 24-25 Tb65
8821 Sándormajor (Zala) 34-35 Sa69
★ Sándor Mórickastély (Kom) 14-15 Td63
5300 Sándorok (Szo) 28-29 Vf65
4133 Sándorostanya (HB) 30-31 We64
7456 Sándorpuszta (Som) 34-35 Sf69
2118 Sándorszállás (Pest) 16-17 Uc64
6070 Sándortelep (BKk) 26-27 Uc68
7479 Sántos (Som) 42-43 Sf70
4176 Sáp (HB) 30-31 Wc65
4272 Sáránd (HB) 20-21 Wd64
3942 Sárazsadány (BAZ) 10-11 Wc59
7000 Sárbogárd (Fej) 26-27 Td67
7014 Sáregres (Fej) 26-27 Td68
9814 Sárfimizdó (Vas) 22-23 Re67
6728 Sárgabánya (Cso) 38-39 Va71
4341 Sárgaháza (SzSz) 20-21 Xb62
5551 Sárgahegyes (Cso) 38-39 Vd68
3360 Sárgapuszta (Hev) 16-17 Vb63
6062 Sárhalom (BKk) 28-29 Va67
7715 Sárhát (BKk) 44-45 Te72
8944 Sárhida (Zala) 32-33 Rf68
2371 Sári (Pest) 26-27 Ub65
6511 Sáripuszta (Bar) 42-43 Tc73
8709 Sáripuszta (Ves) 34-35 Sc69
2523 Sárisáp (Kom) 14-15 Te62
5720 Sarkad (Bék) 40-41 Wc68
5731 Sarkadkeresztúr (Bék) 30-31 Wc68
~ Sarkad-Sároséri-főcsatorna 18-19 Ve63
3574 Sarkadtanya (BAZ) 18-19 Wa60
8051 Sárkeresztes (Fej) 24-25 Tc65
8125 Sárkeresztúr (Fej) 26-27 Td66
8144 Sárkeszi (Fej) 24-25 Tb66
2375 Sarlósár (Pest) 26-27 Uc66
8391 Sármellék (Zala) 34-35 Sb68
7781 Sárok (Bar) 44-45 Td73
7714 Sáros (Bar) 44-45 Te73
2433 Sárosd (Fej) 26-27 Td66
3950 Sárospatak (BAZ) 10-11 Wd59
8143 Sárpentele (Fej) 24-25 Tc66
7145 Sárpilis (Tol) 36-37 Te71
4171 Sárrétudvari (HB) 30-31 Wb65
9435 Sarród (GyS) 12-13 Rf63
8126 Sárszentágota (Fej) 26-27 Td67
7047 Sárszentlőrinc (Tol) 36-37 Td69
8143 Sárszentmihály (Fej) 24-25 Tb66
7003 Sárszentmiklos (Fej) 26-27 Td67
5525 Sársziget (Bék) 30-31 Wb66
3386 Sarud (Hev) 18-19 Vd63
9600 Sárvár (Vas) 22-23 Rf65
~ Sárviz 36-37 Td70
1124 Sasad (Bp) 16-17 Tf64
7370 Sásd (Bar) 36-37 Ta71
4173 Sásérdűlő (HB) 30-31 Wb65
1141 Sashalom (Bp) 16-17 Ua63

Sashalom (H) 67

2740 Sashalomdűlő (Pest) 28-29 Va65
8308 Sáska (Ves) 24-25 Sc67
3659 Sáta (BAZ) 8-9 Vc59
3980 Sátoraljaújhely (BAZ) 10-11 Wd58
7785 Sátorhely (Bar) 44-45 Td73
8732 Sávoly (Som) 34-35 Sb69
8500 Sávolypuszta (Ves) 24-25 Sd65
★ Savoyaikastély (Pest) 26-27 Tf65
6771 Schaffertanya (Cso) 38-39 Vb72
3368 Schwartztanya (Hev) 18-19 Vb62
9789 Sé (Vas) 22-23 Rd65
7562 Segesd (Som) 42-43 Sc70
7960 Sellye (Bar) 42-43 Sf73
3809 Selyeb (BAZ) 8-9 Vf58
6230 Selymes (BKk) 36-37 Uc69
3031 Selyp (Hev) 16-17 Ud62
3974 Semjén (BAZ) 10-11 Wf58
8862 Semjenháza (Zala) 32-33 Rf70
8788 Sénye (Zala) 24-25 Sa67
4532 Sényő (SzSz) 20-21 Wf60
8111 Seregélyes (Fej) 26-27 Td66
6795 Seregélyesdűlő (Cso) 38-39 Uf71
3729 Serényfalva (BAZ) 8-9 Vc59
9226 Sérfenyősziget (GyS) 4-5 Sc61
8660 Sérsek (Som) 24-25 Sf68
8660 Sérsekszőlős (Som) 24-25 Ta68
8439 Sikátor (Ves) 14-15 Sf64
7800 Siklós (Bar) 42-43 Tb73
7837 Siklósbodony (Bar) 42-43 Ta73
★ Siklósi-vár (Bar) 42-43 Tb73
7823 Siklósnagyfalu (Bar) 42-43 Tc74
7396 Sikonda (Bar) 42-43 Tb71
3881 Sima (BAZ) 8-9 Wb59
9633 Simaság (Vas) 12-13 Rf64
5510 Simasziget (Bék) 28-29 Wa66
7474 Simonfa (Som) 42-43 Se71
2030 Simonpuszta (Fej) 26-27 Tf65
7081 Simontornya (Tol) 26-27 Td68
2453 Sinatelep (Fej) 26-27 Tf65
~ Sió 36-37 Td70
7171 Sióagárd (Tol) 44-45 Td70
8600 Siófok (Som) 24-25 Sf67
8652 Siójut (Som) 24-25 Ta67
6120 Siposmalom (BKk) 44-45 Ue70
5451 Sirató (Bék) 28-29 Vc67
6647 Siróhegy (Cso) 38-39 Va69
3332 Sirok (Hev) 16-17 Vb61
9671 Sitke (Vas) 22-23 Sa65
★ Skanzen (Pest) 16-17 Ua62
9315 Sobor (GyS) 12-13 Sc64
9112 Sokorópátka (GyS) 14-15 Se64
6320 Solt (BKk) 26-27 Ua68
6223 Soltszentimre (BKk) 26-27 Ub68
6230 Soltvadkert (BKk) 36-37 Uc69
8193 Sóly (Ves) 24-25 Ta66
2083 Solymár (Pest) 16-17 Tf63
8655 Som (Som) 24-25 Ta68
7728 Somberek (Bar) 44-45 Td72
8427 Somhegypuszta (Ves) 24-25 Se65
7452 Somlogyaszaló (Som) 34-35 Se70
8477 Somlójenő (Ves) 24-25 Sc66
8483 Somlószőlős (Ves) 24-25 Sc65
8481 Somlóvásárhely (Ves) 24-25 Sc66
8484 Somlóvecse (Ves) 24-25 Sc65
3100 Somlyóbánya (Salgótarján) 6-7 Ue60
7454 Somodor (Som) 34-35 Sf70
2822 Somodorpuszta (Kom) 14-15 Td63
7454 Somodorpuszta (Som) 34-35 Sf70
7691 Somogy (Pécs) (Bar) 36-37 Tb72
7283 Somogyacsa (Som) 34-35 Sf69
7922 Somogyapáti (Bar) 42-43 Se72
7584 Somogyaracs (Som) 42-43 Sc72
8684 Somogybabod (Som) 34-35 Se68
8852 Somogybükkösd (Som) 42-43 Rf71
8840 Somogycsicsó (Som) 42-43 Sa71
7284 Somogydöröcske (Som) 34-35 Ta69
8660 Somogyegres (Som) 34-35 Ta68
8708 Somogyfajsz (Som) 34-35 Sd69
7443 Somogygeszti (Som) 34-35 Se69
7925 Somogyhárságy (Bar) 34-35 Se72
7921 Somogyhatvan (Bar) 34-35 Se72
7443 Somogyjád (Som) 34-35 Se70
8673 Somogymeggyes (Som) 34-35 Sf68
8733 Somogysámson (Som) 34-35 Sb69
7435 Somogysárd (Som) 34-35 Sd70
8737 Somogysimonyi (Som) 34-35 Sb70
8705 Somogyszentpál (Som) 34-35 Sc69
7276 Somogyszil (Som) 34-35 Sf69
7517 Somogyszob (Som) 42-43 Sb71
7557 Somogytarnóca (Som) 42-43 Sc72
8683 Somogytúr (Som) 34-35 Se68
7515 Somogyudvarhely (Som) 34-35 Sb71
8699 Somogyvámos (Som) 34-35 Se69
8698 Somogyvár (Som) 34-35 Sd69
★ Somogyvári Történelmi Emlékhely (Som) 34-35 Sd69
7924 Somogyviszló (Bar) 34-35 Se72
8736 Somogyzsitfa (Som) 34-35 Sb69
3109 Somoskő (Salgótarján) 6-7 Uf59
3121 Somoskőújfalu (Salgótarján) 6-7 Ue60
4100 Somotatanya (HB) 30-31 Wd65
3600 Somsályfő (BAZ) 8-9 Vb59
4965 Sonkád (SzSz) 20-21 Xe60
8123 Soponya (Fej) 26-27 Tc66
9400 Sopron (GyS) 12-13 Rd62
9463 Sopronhorpács (GyS) 12-13 Re64
9407 Sopronkőhida (Sopron) (GyS) 12-13 Rd62
9483 Sopronkövesd (GyS) 12-13 Re63
9324 Sopronnémeti (GyS) 12-13 Sb63
9774 Sorkifalud (Vas) 22-23 Re66
9774 Sorkikápolna (Vas) 22-23 Re66
8881 Sormás (Zala) 34-35 Rf70
9773 Sorokpolány (Vas) 22-23 Re66
1238 Soroksár (Bp) 16-17 Ua64
3161 Sóshartyán (Nóg) 6-7 Ue60
3036 Sósirét (Hev) 16-17 Uf61
2750 Sóskút (BKk) 26-27 Ua68
2038 Sóskút (Pest) 16-17 Te64
5449 Sósmajor (Szo) 28-29 Vb67
4274 Sóstó (HB) 30-31 We65
8600 Sóstó (Som) 24-25 Ta67
3716 Sóstófalva (BAZ) 8-9 Vf60
4482 Sóstógyógyfürd Református (Nyíregyháza) (SzSz) 20-21 We60
6900 Sóstóiugar (Cso) 38-39 Vc71
7960 Sósvertike (Bar) 42-43 Sf73
9681 Sótony (Vas) 22-23 Rf65
8897 Söjtör (Zala) 32-33 Rf68
9743 Söpte (Vas) 22-23 Rd65
9086 Söptérpuszta (GyS) 14-15 Se63
8072 Söréd (Fej) 24-25 Tb65
2711 Söregpuszta (Pest) 28-29 Ue65
3574 Sörgyár (BAZ) 18-19 Vf60
7435 Sörnyepuszta (Som) 34-35 Sd70
4263 Sterntanya (HB) 20-21 Wf63
3324 Stimecház (BAZ) 18-19 Vc60
8096 Sukoró (Fej) 26-27 Td65
~ Sulymos-fősatorna 18-19 Vf62
7960 Sumony (Bar) 42-43 Sf73
2889 Súr (Kom) 24-25 Ta64
2017 Surány (Pest) 16-17 Ua62
8855 Surd (Zala) 42-43 Rf71
~ Surján-patak 34-35 Sf71
5212 Surjány (Szo) 28-29 Vc65
3600 Susa (BAZ) 8-9 Vb59
6347 Sükösd (BKk) 44-45 Tf71
2858 Sültfejmajor (Vas) 22-23 Sa65
2242 Sülysáp (Pest) 16-17 Ud64
8330 Sümeg (Ves) 24-25 Sb67
8357 Sümegcsehi (Zala) 24-25 Sb67
8351 Sümegprága (Ves) 24-25 Sb67
2543 Süttő (Kom) 14-15 Tc62
7228 Sütvénypuszta (Tol) 36-37 Tb70
3853 Süvegestanya (BAZ) 8-9 Wa59

Sz

★ Székesegyház O'kereszte'ny eml. (UNESCO) (Bar) 42-43 Tb72
8151 Szabadbattyán (Fej) 24-25 Tc66
2432 Szabadegyháza (Fej) 26-27 Te66
8800 Szabadhegy 34-35 Sa70
9028 Szabadhegy (Győr) (GyS) 14-15 Sd63
8138 Szabadhidvég (Fej) 24-25 Tb68
7253 Szabadi (Som) 42-43 Ta70
8600 Szabadifürdő (Som) 24-25 Ta67
5712 Szabadkígyós (Bék) 40-41 Wa69
8934 Szabad Néptelep (Zala) 24-25 Sa67
7715 Szabadságpuszta (Bar) 44-45 Tf72
4812 Szabadságtanya (SzSz) 10-11 Xb60
7012 Szabadságtelep (Fej) 26-27 Te68
2340 Szabadságtelep (Pest) 26-27 Ua65
5084 Szabadságtelep (Szo) 28-29 Vb66
4371 Szabadságtelep (SzSz) 20-21 Xa63
2370 Szabadság út (Pest) 26-27 Uc65
6080 Szabadszállás (BKk) 26-27 Ub67
7951 Szabadszentkirály (Bar) 42-43 Ta72
★ Szabadtéri Néprajzi Gyűjtemény (Som) 42-43 Se71
7383 Szabás (Bar) 34-35 Sf71
7544 Szabás (Som) 42-43 Sc71
6100 Szabóhegy (BKk) 38-39 Ue68
4467 Szabolcs (SzSz) 8-9 Wd59
7628 Szabolcs (Pécs) (Bar) 36-37 Tb72
4545 Szabolcsbáka (SzSz) 10-11 Xa60
4496 Szabolcsveresmart (SzSz) 10-11 Xa59
6035 Szabó Sándor-lakótelep (BKk) 26-27 Ud67
4273 Szabótiszta (HB) 20-21 We64
2112 Szada (Pest) 16-17 Ub63
7383 Szágy (Bar) 34-35 Sf71
7753 Szajk (Bar) 44-45 Td73
3334 Szajla (Hev) 8-9 Va61
5081 Szajol (Szo) 28-29 Vb65
2856 Szák (Kom) 14-15 Tb63
3786 Szakácsi (BAZ) 8-9 Vf58
7071 Szakadát (Tol) 36-37 Tc69
3597 Szakáld (BAZ) 18-19 Vf61
5212 Szakállaspuszta (Szo) 28-29 Vc65
7192 Szakály (Tol) 36-37 Tc69
7213 Szakcs (Tol) 36-37 Ta69
7213 Szakcsimajor (Tol) 34-35 Ta69
6336 Szakmár (BKk) 36-37 Ua69
~ Szakmári-Dzsidva-halastó 36-37 Ua69
9934 Szaknyér (Vas) 22-23 Rd67
4234 Szakoly (SzSz) 20-21 Wf62
4254 Szakolykert (HB) 20-21 Wf62
9474 Szakony (GyS) 12-13 Re64
9983 Szakonyfalu (Vas) 22-23 Rb67
2856 Szákszend (Kom) 14-15 Tb63
9942 Szalafő (Vas) 22-23 Rc67
7811 Szalánta (Bar) 42-43 Tb73
8796 Szalapa (Zala) 24-25 Sa67
3863 Szalaszend (BAZ) 8-9 Wa58
7334 Szalatnak (Bar) 42-43 Tb71
7121 Szálka (Tol) 44-45 Td71
6086 Szalkszentmárton (BKk) 26-27 Ua67
4232 Szállásföld (SzSz) 20-21 We62
4087 Szállásföld Közép (HB) 18-19 Wd61
7224 Szálláspuszta (Tol) 36-37 Tc70
4274 Szalmástanya (HB) 30-31 We64
3134 Szalmatercs (Nóg) 6-7 Ud60
4762 Szalmaváros (SzSz) 20-21 Xd62
5241 Szalókirét (Szo) 18-19 Vd64
3754 Szalonna (BAZ) 8-9 Ve58
3579 Szamárhát (BAZ) 8-9 Wa61
4767 Szamosangyalos (SzSz) 20-21 Xd61
4745 Szamosbecs (SzSz) 20-21 Xe61
4721 Szamoskér (SzSz) 20-21 Xc60
4735 Szamossályi (SzSz) 20-21 Xd61
4824 Szamosszeg (SzSz) 20-21 Xc60
4746 Szamostatárfalva (SzSz) 20-21 Xd61
4733 Szamosújlak (SzSz) 20-21 Xd61
7064 Szanatonpuszta (Tol) 36-37 Td69
5624 Szanazug (Bék) 40-41 Wb68
2696 Szanda (Nóg) 16-17 Uc61
5008 Szandaszőlős (Szo) 28-29 Vb66
2697 Szandaváralja (Nóg) 16-17 Uc61
6131 Szank (BKk) 38-39 Ue69
3815 Szanticska (BAZ) 8-9 Vf58
8622 Szántódirév (Som) 24-25 Sf67
9317 Szany (GyS) 12-13 Sb65
8423 Szápár (Ves) 24-25 Ta65
5213 Szapárfalu (Szo) 28-29 Vd65
★ Szapáry-Kastély (Vas) 22-23 Re64
7843 Szaporca (Bar) 42-43 Ta74
~ Szappanos-tó 38-39 Uc69
2066 Szár (Fej) 14-15 Td64
7188 Szárász (Tol) 42-43 Tc70
7063 Szárazd (Tol) 36-37 Tc69
9352 Szárföld (GyS) 12-13 Sa63
2102 Szárito puszta (Pest) 16-17 Uc63
7090 Szarkahegy (Tol) 36-37 Tb69
6237 Szarkás (BKk) 36-37 Ub70
2800 Szárliget (Fej) 14-15 Tc63
5540 Szarvas (Bék) 28-29 Vd67
7200 Szarvasd (Tol) 36-37 Ta70
3051 Szarvasgede (Nóg) 16-17 Ud62
9913 Szarvaskend (Vas) 22-23 Re67
3323 Szarvaskő (Hev) 8-9 Vb61
~ Szarvas-tó 36-37 Uc69
~ Szarvas-tó Nagy-tó 36-37 Uc69
5053 Szászberek (Szo) 28-29 Va65
3821 Szászfa (BAZ) 8-9 Vf58
4071 Szásztelek (HB) 18-19 Wa63
7349 Szászvár (Bar) 42-43 Tc71
7391 Szatina (Bar) 34-35 Ta71
4945 Szatmárcseke (SzSz) 10-11 Xd60
4483 Szátóhalomtanya 10-11 Wd60
2656 Szátok (Nóg) 6-7 Ub61
9938 Szatta (Vas) 22-23 Rc68
6763 Szatymaz (Cso) 38-39 Va70
7813 Szava (Bar) 42-43 Tb73
4900 Százastanya (SzSz) 10-11 Xd61
2440 Százhalombatta (Pest) 26-27 Tf65
~ Szckszárd-Bátai-főcsat 36-37 Te71
7725 Szebény (Bar) 36-37 Td72
★ Szechenyikastély (Vas) 22-23 Rd65
2692 Szécsénke (Nóg) 16-17 Ub61
3170 Szécsény (Nóg) 6-7 Ud60
3187 Szécsényfelfalu (Nóg) 6-7 Ud60
8879 Szécsisziget (Zala) 32-33 Rd69
7751 Szederkény (Bar) 44-45 Tc73
3124 Szederkénypuszta (Hev) 6-7 Va60
7056 Szedres (Tol) 36-37 Te70
6724 Szeged (Cso) 38-39 Va71
8732 Szegerdő (Som) 34-35 Sb69
5520 Szeghalom (Bék) 30-31 Wb66
3918 Szegi (BAZ) 8-9 Wc59
3933 Szegilong (BAZ) 8-9 Wc59
6635 Szegvár (Cso) 38-39 Vb69
7754 Szeibert puszta (Bar) 44-45 Tc73
5920 Székácsmajor (Bék) 38-39 Ve69
4534 Székely (SzSz) 10-11 Wf60
7737 Székelyszabar (Bar) 44-45 Td72
3664 Szekeresbükk (BAZ) 8-9 Vb60
★ Székesegyház (BKk) 36-37 Tf69
★ Székesegyház (Pest) 16-17 Ua62
★ Székesegyház (Székesfehérvár) 24-25 Tc65
8000 Székesfehérvár 24-25 Tc65
3728 Székipuszta (BAZ) 8-9 Vc58
6821 Székkutas (Cso) 38-39 Vd69
★ Széksósfürdő (Cso) 38-39 Va71
~ Széksóstói-főcsatorna 38-39 Ue71
7100 Szekszárd (Tol) 44-45 Te70
3762 Szelcepuszta (BAZ) 8-9 Vd57
9622 Szeleste (Vas) 22-23 Re65
5476 Szelevény (Szo) 28-29 Vb68
6328 Szelidítópart (BKk) 36-37 Ua69
7661 Szellő (Bar) 44-45 Tc72
7763 Szemely (Bar) 44-45 Tb72
9685 Szemenye (Vas) 22-23 Rf66
3866 Szemere (BAZ) 8-9 Wa58
2856 Szend (Kom) 14-15 Ta63
2640 Szendehely (Nóg) 16-17 Ua61
6622 Szendreimajor (Cso) 38-39 Vd69
3752 Szendrő (BAZ) 8-9 Ve58
3751 Szendrőlád (BAZ) 8-9 Ve58
3964 Szenna (BAZ) 10-11 Wf59
7477 Szenna (Som) 42-43 Se71
3600 Szenna (Ózd) (BAZ) 8-9 Vb59
8849 Szenta (Som) 34-35 Sb71
4262 Szentannapuszta (HB) 20-21 Wf63
8272 Szentantalfa (Ves) 24-25 Se67
7472 Szentbalázs (Som) 34-35 Sf71
8281 Szentbékkálla (Ves) 24-25 Sd67
5700 Szentbenedek (Bék) 40-41 Wb69
7918 Szentborbás (Som) 42-43 Sd73
7913 Szentdénes (Bar) 42-43 Sf72
7682 Szentdomján (Bar) 34-35 Ta72
3259 Szentdomonkos (Hev) 8-9 Vb60
2659 Szente (Nóg) 6-7 Ub61

68 (H) Sashalomdűlő

7915 Szentegát (Bar) 42-43 Se73
2000 Szentendre (Pest) 16-17 Ua63
6600 Szentes (Cso) 38-39 Vb69
5905 Szentetornya (Bék) 40-41 Vd69
8444 Szentgál (Ves) 24-25 Se66
7465 Szentgáloskér (Som) 34-35 Sf69
7173 Szentgálpuszta (Tol) 44-45 Td70
9970 Szentgotthárd (Vas) 22-23 Rb67
6344 Szentgyörgy (BKk) 36-37 Ua71
2117 Szentgyörgypuszta (Pest) 16-17 Uc63
8393 Szentgyörgyvár (Zala) 24-25 Sa68
8975 Szentgyörgyvölgy (Zala) 32-33 Rc68
8475 Szentimrefalva (Ves) 24-25 Sb66
9954 Szentimreitanya (Vas) 22-23 Rc67
9100 Szentimrepuszta (GyS) 14-15 Sc63
2723 Szentimretelep (Pest) 26-27 Uc65
3418 Szentistván (BAZ) 18-19 Vd62
3842 Szentistvánbaksa (BAZ) 8-9 Wa59
7272 Szentivánpuszta (Tol) 34-35 Ta70
8272 Szentjakabfa (Ves) 24-25 Se67
7681 Szentkatalin (Bar) 34-35 Ta71
6031 Szentkirály (BKk) 28-29 Uf67
8225 Szentkirályszabadja (Ves) 24-25 Sf66
4100 Szentkozma (HB) 30-31 Wc65
8947 Szentkozmadombja (Zala) 32-33 Re68
9100 Szentkút (GyS) 14-15 Sc64
3077 Szentkút (Nóg) 6-7 Ue61
7936 Szentlászló (Bar) 34-35 Se72
6600 Szentlászló (Cso) 38-39 Vc68
2465 Szentlászlópuszta (Fej) 26-27 Te65
7517 Szentlászlópuszta (Som) 42-43 Sb71
3645 Szentlélek (BAZ) 8-9 Vd60
8893 Szentliszló (Zala) 34-35 Re69
7940 Szentlőrinc (Bar) 42-43 Sf72
2255 Szentlőrinckáta (Pest) 16-17 Ue63
2659 Szentlőrincpuszta (Nóg) 16-17 Ub60
8873 Szentmargitfalva (Zala) 32-33 Rd70
2254 Szentmártonkáta (Pest) 16-17 Ue64
2942 Szentmihályi iskolasor (Kom) 14-15 Ta63
8785 Szentmihálypuszta (Zala) 24-25 Sa67
6710 Szentmihálytelek (Szeged) (Cso) 38-39 Va71
8992 Szentpál (Zala) 22-23 Re67
9799 Szentpéterfa (Vas) 22-23 Rc66
8953 Szentpéterfölde (Zala) 32-33 Re69
4121 Szentpéterszeg (HB) 30-31 Wd65
8761 Szentpéterúr (Zala) 24-25 Sa68
3625 Szentsimon (BAZ) 8-9 Vb59
5200 Szenttamás (Szo) 28-29 Vc66
★ Szent Vid kápolna (Vas) 22-23 Rc64
8717 Szenyér (Som) 34-35 Sc70
8419 Szépalmapuszta (Ves) 24-25 Se65
4002 Szepes (Debrecen) (HB) 20-21 Wd64
8861 Szepetnek (Zala) 34-35 Rf70
8253 Szepezdfürdő (Ves) 24-25 Sd67
3988 Széphalom (BAZ) 10-11 Wd58
8609 Széplak (Som) 24-25 Ta67
2633 Széppatakpuszta (Pest) 14-15 Te61
7122 Széptölgyes (Tol) 44-45 Td70
★ Szerbtemplom (Pest) 26-27 Tf66
9124 Szerecseny (Ves) 14-15 Sd64
6500 Szeremle (BKk) 36-37 Tf72
3900 Szerencs (BAZ) 8-9 Wb60
4163 Szerep (HB) 30-31 Wa65
9523 Szergény (Vas) 24-25 Sb65
2432 Szeszgyártelep (Fej) 26-27 Te66
2321 Szigetbecse (Pest) 26-27 Tf66
2317 Szigetcsép (Pest) 26-27 Tf65
2315 Szigethalom (Pest) 26-27 Ua65
2015 Szigetmonostor (Pest) 16-17 Ua62
4220 Szigetorr (HB) 18-19 Wc62
7044 Szigetpuszta (Tol) 36-37 Td69
2318 Szigetszentmárton (Pest) 26-27 Tf65
2310 Szigetszentmiklós (Pest) 26-27 Ua64
2319 Szigetújfalu (Pest) 26-27 Tf65
7900 Szigetvár (Bar) 42-43 Se72
8264 Szigliget (Ves) 24-25 Sc68
3377 Szihalom (Hev) 18-19 Vc62
8969 Szijártóháza (Zala) 32-33 Rc69
6800 Szikáncs (Cso) 38-39 Vc70
4171 Szikmegitanya (HB) 30-31 Wb65
5734 Szikpuszta (Bék) 30-31 Wd67
6791 Sziksós (Cso) 38-39 Va71
3800 Szikszó (BAZ) 8-9 Vf59
9345 Szil (GyS) 12-13 Sb63
7664 Szilágy (Bar) 36-37 Tc72
3125 Szilaspogony (Nóg) 6-7 Va60
5538 Szilaspuszta (Bék) 30-31 Wd67
7200 Szilfás (Tol) 36-37 Ta70
9325 Szilipuszta (GyS) 12-13 Sb63
6237 Szilos (BKk) 36-37 Ub69
9312 Szilsárkány (GyS) 12-13 Sb63
8986 Szilvágy (Zala) 32-33 Rd68
7811 Szilvás (Bar) 42-43 Tb73
7477 Szilvásszentmárton (Som) 42-43 Se71
3348 Szilvásvárad (Hev) 8-9 Vc60
3761 Szin (BAZ) 8-9 Vd58
9707 Szinesemajor (Vas) 22-23 Rd65
3761 Szinpetri (BAZ) 8-9 Vd58
8097 Szintezési ősjegy (Fej) 26-27 Td65
3045 Szirák (Nóg) 16-17 Ud62
3521 Szirma (Miskolc) (BAZ) 8-9 Ve60
3711 Szirmabesenyő (BAZ) 8-9 Ve60
5556 Szironydűlő (Bék) 28-29 Ve67
2347 Szittyóürbő (Pest) 26-27 Ub66
6423 Szkenderjárás (BKk) 38-39 Ud71
7039 Szluhapuszta (Fej) 36-37 Te68
2628 Szob (Pest) 14-15 Tf62
7822 Szoborpark (Bar) 42-43 Tc73
2624 Szokolya (Pest) 16-17 Ua61
8625 Szólád (Som) 24-25 Sf68
5000 Szolnok (Szo) 28-29 Vb65
9700 Szombathely (Vas) 22-23 Rd65
4274 Szomjúhát (HB) 30-31 We64
2896 Szomód (Kom) 14-15 Tc62
3411 Szomolya (BAZ) 18-19 Vc61
4103 Szomolyom (HB) 30-31 Wd66
2821 Szomor (Kom) 14-15 Td63
9945 Szomoróe (Vas) 22-23 Rb68
8946 Szompács (Zala) 34-35 Re69
4441 Szorgalmatos (SzSz) 8-9 Wc61
4002 Szórópuszta (Szo) 28-29 Vb65
7285 Szorosad (Som) 34-35 Ta69
3070 Szorospatak (Nóg) 16-17 Uf61
8452 Szőc (Ves) 24-25 Sd66
9935 Szőce (Vas) 22-23 Rd67
8734 Szőcsénypuszta (Som) 34-35 Sb69
2134 Sződ (Pest) 16-17 Ub62
2600 Sződliget (Pest) 16-17 Ua62
3762 Szögliget (BAZ) 8-9 Ve57
9062 Szőgye (GyS) 14-15 Se62
7811 Szőke (Bar) 42-43 Tb73
7763 Szőkéd (Bar) 42-43 Tb73
8736 Szőkedencs (Som) 34-35 Sb69
7700 Szőlőhegy (Bar) 44-45 Te72
8111 Szőlőhegy (Fej) 26-27 Td66
2422 Szőlőhegy (Fej) 26-27 Te67
2889 Szőlőhegy (Kom) 24-25 Ta64
7144 Szőlőhegy (Tol) 36-37 Td71
9073 Szőlőhegy (Bőny) (GyS) 14-15 Se62
9121 Szőlőhegy (Győrszemere) (GyS) 14-15 Sd63
7057 Szőlőhegy (Szekszárd) (Tol) 36-37 Td70
7054 Szőlőhegy (Tengelic) (Tol) 36-37 Te69
3757 Szőlősardó (BAZ) 8-9 Vd58
8692 Szőlősgyörök (Som) 34-35 Se68
8691 Szőlőskislak (Som) 24-25 Se68
5919 Szőlőspuszta (Bék) 40-41 Ve70
2900 Szőny (Kom) 14-15 Ta62
6754 Szőreg (Szeged) (Cso) 38-39 Va71
7976 Szörény (Bar) 42-43 Se73
2768 Szőrösparcella (Pest) 28-29 Uf65
★ Szt. Istvántemplom (Pest) 16-17 Te61
6423 Sztipityjárás (BKk) 38-39 Ud71
3341 Szúcs (Hev) 18-19 Vb60
3153 Szuha (Nóg) 6-7 Uf61
3726 Szuhafő (BAZ) 8-9 Vc58
3732 Szuhakálló (BAZ) 8-9 Vd59
∼ Szuha-patak 16-17 Ud61
3734 Szuhogy (BAZ) 8-9 Ve58
7932 Szulimán (Bar) 34-35 Se72
7539 Szulok (Som) 42-43 Sd72
7191 Szúnyogcsárda (Tol) 36-37 Tc70
4123 Szunyoghtanya (HB) 30-31 We65
3078 Szúpatak (Nóg) 16-17 Ue60
3064 Szurdokpüspöki (Nóg) 16-17 Ue61
3034 Szűcsi (Hev) 16-17 Ue62
2347 Szűcsráda (Pest) 26-27 Ub65
2699 Szügy (Nóg) 16-17 Ub60
6326 Szüleiföld (BKk) 36-37 Ua68
7735 Szűr (Bar) 36-37 Td72

T

8660 Tab (Som) 34-35 Ta68
8088 Tabajd (Fej) 26-27 Td64
6224 Tabdi (BKk) 38-39 Ub68
7159 Tabód 44-45 Tc70
7150 Tabódszerdahely (Tol) 44-45 Td70
2381 Táborfalva (Pest) 26-27 Uc66
8121 Tác (Fej) 24-25 Tc66
8272 Tagyon (Ves) 24-25 Se67
2022 Tahitótfalu (Pest) 16-17 Ua62
6120 Tajó (BKk) 38-39 Ue70
2364 Tájv.Körzet fogadóháza (Pest) 26-27 Ub65
8706 Takácshegy (Ves) 34-35 Sd69
8541 Takácsi (Ves) 14-15 Sc64
4845 Tákos (SzSz) 10-11 Xc60
2335 Taksony (Pest) 26-27 Ua65
3926 Taktabáj (BAZ) 8-9 Wb60
3921 Taktaharkány (BAZ) 8-9 Wa60
3924 Taktakenéz (BAZ) 18-19 Wb60
3921 Taktaszada (BAZ) 8-9 Wb60
6000 Talfája 28-29 Ue67
8295 Taliándörögd (Ves) 24-25 Sd67
3907 Tállya (BAZ) 8-9 Wb59
4445 Tamásbokor (SzSz) 8-9 Wd61
7090 Tamási (Tol) 36-37 Tb69
4252 Tamásipuszta (HB) 20-21 We63
9762 Tanakajd (Vas) 22-23 Re65
5453 Tancsicsmajor (Szo) 28-29 Vc66
4244 Táncsicstag (SzSz) 20-21 Wd62
4320 Táncsicstelep (SzSz) 20-21 Wf62
4266 Tánicsicstelep (HB) 20-21 Xa63
2700 Tanítóföld (Pest) 28-29 Uf66
6932 Tanyadűlő (Cso) 40-41 Vd71
9095 Táp (GyS) 14-15 Se63
6723 Tápé (Szeged) (Cso) 38-39 Vb71
2764 Tápióbicske (Pest) 26-27 Ue64
2767 Tápiógyörgye (Pest) 28-29 Uf64
2253 Tápióság (Pest) 26-27 Ud64
2241 Tápiósáp (Pest) 16-17 Uc64
2242 Tápiósüly (Pest) 16-17 Ud64
2251 Tápiószecső (Pest) 16-17 Ud64
2766 Tápiószele (Pest) 28-29 Uf65
2711 Tápiószentmárton (Pest) 26-27 Ue64
9761 Táplánszentkereszt (Vas) 22-23 Re65
9086 Táplánypuszta (GyS) 14-15 Se63
2711 Táplószőlős (Pest) 26-27 Ue65
8300 Tapolca (Ves) 24-25 Sc67
8598 Tapolcafő (Ves) 24-25 Sd65
8718 Tapsony (Som) 34-35 Sc70
9095 Tápszentmiklós (GyS) 14-15 Sf64
3073 Tar (Nóg) 16-17 Ue61
7514 Tarany (Som) 34-35 Sb71
3915 Tarcal (BAZ) 8-9 Wc60
7940 Tarcsapuszta (Bar) 42-43 Ta72
3416 Tard (BAZ) 18-19 Vd61
3643 Tardona (BAZ) 8-9 Vd59
2834 Tardos (Kom) 14-15 Tc63
5630 Tarhos (Bék) 30-31 Wb68
2831 Tarján (Kom) 14-15 Td63
9092 Tarjánpuszta (GyS) 14-15 Se63
2945 Tárkány (Kom) 14-15 Ta63
7192 Tárkánypuszta (Tol) 36-37 Tb70
3369 Tarnabod (Hev) 16-17 Vb62
4333 Tarnaitanya (SzSz) 20-21 Xb61
3258 Tarnalelesz (Hev) 16-17 Vb60
3284 Tarnaméra (Hev) 18-19 Va63
3294 Tarnaörs (Hev) 16-17 Va63
3331 Tarnaszentmária (Hev) 16-17 Vb61
3382 Tarnaszentmiklós (Hev) 18-19 Vc63
3283 Tarnazsadány (Hev) 18-19 Va62
8123 Tarnóca (Fej) 24-25 Tc66
∼ Tarnóca 18-19 Va62
7014 Tarnócapuszta (Fej) 26-27 Td68
2461 Tárnok (Pest) 14-15 Tf64
9165 Tárnokréti (GyS) 12-13 Sb62
4931 Tarpa (SzSz) 10-11 Xd60
7362 Tarrós (Bar) 36-37 Ta71
8696 Táska (Som) 34-35 Sd69
3213 Tas-puszta (Hev) 16-17 Uf62
6098 Tass (BKk) 26-27 Ua66
7261 Taszár (Som) 42-43 Sf70
2534 Tát (Kom) 14-15 Td62
2890 Tata (Kom) 14-15 Tb63
2800 Tatabánya 14-15 Tc63
6451 Tataháza (BKk) 38-39 Ub71
5609 Tatársánc (Bék) 38-39 Ve69
2375 Tatárszentgyörgy (Pest) 26-27 Uc66
7463 Tátompuszta (Som) 34-35 Sf70
★ Tavasbarlang (Ves) 24-25 Sc67
6236 Tazlár (BKk) 38-39 Ud69
4085 Tedej (HB) 18-19 Wc61
4243 Téglás (HB) 20-21 We62
4172 Téglavető (HB) 30-31 Wb65
9225 Tejfalusziget (GyS) 4-5 Sb61
8793 Tekenye (Zala) 24-25 Sa67
7678 Tekeres (Bar) 36-37 Ta71
∼ Tekeres-berki-patak 42-43 Sa70
7381 Tékes (Bar) 34-35 Tb71
7973 Teklafalu (Bar) 42-43 Se73
5500 Telek (Bék) 28-29 Vf66
2300 Telek (Pest) 26-27 Tf65
9812 Telekes (Vas) 22-23 Re67
4220 Telekföld (HB) 20-21 Wc62
4060 Telekföld (HB) 18-19 Wc63
5675 Telekgerendás (Bék) 40-41 Vf69
4067 Telekháza (HB) 18-19 Vf63
8626 Teleki (Som) 24-25 Se68
★ Telekikastély (Nóg) 16-17 Ud62
5820 Telekiszőlők (BKk) 36-37 Uc72
5462 Telekmajor (Szo) 28-29 Vb67
5643 Telekmegyer (Bék) 30-31 Wb67
5440 Telekpartitanyák (Szo) 28-29 Vb68
5130 Telekrész (Szo) 18-19 Va63
2089 Telki (Pest) 16-17 Te63
3896 Telkibánya (BAZ) 8-9 Wc58
★ Templom (Gyöngyöspata) (Hev) 16-17 Ue62
★ Templom és kolosto, XIII. szazadi (Pest) 14-15 Te63
6765 Templomhalom 38-39 Ue69
2426 Templomos (Fej) 26-27 Tf67
7054 Tengelic (Tol) 36-37 Te69
7834 Tengeri (Bar) 42-43 Ta73
8668 Tengőd (Som) 36-37 Ta68
3359 Tenk (Hev) 18-19 Vc63
9111 Tényő (GyS) 14-15 Sd63
5008 Tenyősziget (Szo) 28-29 Vb66
4132 Tépe (HB) 30-31 Wd65
3375 Tepélypuszta (Hev) 18-19 Vc62
8719 Terebezdpuszta (Som) 34-35 Sb70
7934 Terecseny (Som) 42-43 Sf71
7815 Terehegy (Bar) 42-43 Tb73
4342 Terem (SzSz) 20-21 Xb62
2696 Terény (Nóg) 16-17 Uc61
2652 Tereske (Nóg) 16-17 Ub61
3757 Teresztenye (BAZ) 8-9 Vd58
6440 Terézhalom (BKk) 38-39 Ub71
5622 Teréziamajor (Bék) 28-29 Vf67
7587 Terézmayor (Som) 42-43 Sb72
3334 Terpes (Hev) 8-9 Va61
Térvárpuszta (Cso) 38-39 Va72
8109 Tés (Ves) 24-25 Ta65
2636 Tésa (Pest) 14-15 Tf60
7843 Tésenfa (Bar) 42-43 Ta74
7834 Tésény (Bar) 42-43 Ta73
8991 Teskánd (Zala) 22-23 Re67
9100 Tét (GyS) 12-13 Sd63
4184 Tetétlen (HB) 30-31 Wb65
∼ Tetvespatak 34-35 Se69
7181 Tevel (Tol) 36-37 Tc70
★ Thury-vár (Ves) 24-25 Ta65
8707 Tibolapuszta (Ves) 34-35 Sd69
3423 Tibolddaróc (BAZ) 18-19 Vd61
4353 Tiborszállás (SzSz) 20-21 Xc62
8237 Tihany (Ves) 24-25 Sf67
8237 Tihanyi-rév (Ves) 24-25 Sf67
8731 Tikos (Som) 34-35 Sb69
8935 Tilaj (Zala) 22-23 Sa68
8935 Tilaj-Újhegy (Zala) 22-23 Sa68
4150 Tilalmastanya (HB) 30-31 Wa64
5300 Tilamas (Szo) 28-29 Vf64
4466 Timár (SzSz) 10-11 Wc60
8060 Timárpuszta (Fej) 24-25 Ta64
2086 Tinnye (Pest) 16-17 Te63
∼ Tisa 38-39 Va72
6067 Tiszaújfalu (BKk) 28-29 Va68
4833 Tiszaadony (SzSz) 10-11 Xb59
6066 Tiszaalpár (BKk) 28-29 Uf68
3465 Tiszabábolna (BAZ) 18-19 Ve62
4951 Tiszabecs (SzSz) 10-11 Xe60
4474 Tiszabercel (SzSz) 10-11 Wd60
4624 Tiszabezdéd (SzSz) 10-11 Xa58
5232 Tiszabő (Szo) 28-29 Vc65
6062 Tiszabög (BKk) 28-29 Va67
5235 Tiszabura (Szo) 18-19 Vc64
4947 Tiszacsécse (SzSz) 10-11 Xe60
4066 Tiszacsege (HB) 18-19 Vf62
3972 Tiszacsermely (BAZ) 10-11 We59

Tiszacsermely H 69

4455 Tiszadada (SzSz) 18-19 Wb60
5243 Tiszaderzs (Szo) 18-19 Vd63
4456 Tiszadob (SzSz) 18-19 Wb60
3466 Tiszadorogma (BAZ) 18-19 Vf62
4464 Tiszaeszlár (SzSz) 18-19 Wc60
5430 Tiszaföldvár (Szo) 28-29 Vb67
5358 Tiszafüred (Szo) 18-19 Ve63
~ Tiszafüredi Öntöző-főcsatorna 18-19 Ve63
5233 Tiszagyenda (Szo) 28-29 Vd64
4097 Tiszagyulaháza (HB) 18-19 Wa61
4487 Tiszahát (SzSz) 10-11 We59
5361 Tiszaigar (Szo) 18-19 Ve63
5464 Tiszainoka (Szo) 28-29 Va67
5092 Tiszajenő (Szo) 28-29 Va66
4493 Tiszakanyár (SzSz) 10-11 Wf59
3971 Tiszakarad (BAZ) 10-11 We59
6060 Tiszakécske (BKk) 28-29 Va67
4834 Tiszakerecseny (SzSz) 10-11 Xb59
3458 Tiszakeszi (BAZ) 18-19 Vf62
4946 Tiszakóród (SzSz) 10-11 Xe60
5471 Tiszakürt (Szo) 28-29 Va67
3929 Tiszaladány (BAZ) 8-9 Wc60
4450 Tiszalök (SzSz) 18-19 Wc60
3565 Tiszalúc (BAZ) 18-19 Wa60
4646 Tiszamogyorós (SzSz) 10-11 Xb59
4463 Tiszanagyfalu (SzSz) 10-11 Wc60
3385 Tiszanána (Hev) 18-19 Vd63
5362 Tiszaörs (Szo) 18-19 Ve63
5358 Tiszaörvény (Szo) 18-19 Ve63
3587 Tiszapalkonya (BAZ) 18-19 Wa61
5211 Tiszapüspöki (Szo) 28-29 Vb65
4503 Tiszarád (SzSz) 10-11 We60
5234 Tiszaroff (Szo) 28-29 Vc64
5474 Tiszasas (Szo) 28-29 Va68
5061 Tiszasüly (Szo) 28-29 Vc64
4831 Tiszaszalka (SzSz) 10-11 Xb59
5322 Tiszaszentimre (Szo) 18-19 Ve64
4628 Tiszaszentmárton (SzSz) 10-11 Xb58
6756 Tiszasziget (Cso) 38-39 Va71
5244 Tiszaszőlős (Szo) 18-19 Ve63
3928 Tiszatardos (BAZ) 18-19 Wc60
3589 Tiszatarján (BAZ) 18-19 Wa62
4487 Tiszatelek (SzSz) 10-11 We59
5082 Tiszatenyő (Szo) 28-29 Vc66
~ Tisza-tó (Kiskörei-viztároló) 18-19 Vd63
6064 Tiszaug (Szo) 28-29 Va67
3464 Tiszavalk (BAZ) 18-19 Ve62
~ Tiszavalki-főcsatorna 18-19 Ve62
5092 Tiszavárkony (Szo) 28-29 Vb66
4440 Tiszavasvári (SzSz) 8-9 Wc61
4832 Tiszavid (SzSz) 10-11 Xb59
4968 Tisztaberek (SzSz) 10-11 Xe61
4921 Tivadar (SzSz) 10-11 Xd60
4254 Tivorány (HB) 20-21 Wf62
2252 Tóalmás (Pest) 16-17 Ue63
3353 Tófalu (Hev) 18-19 Vb62
8946 Tófej (Zala) 34-35 Re68
3910 Tokaj (SzSz) 8-9 Wc60
2531 Tokod (Kom) 14-15 Td62
2534 Tokodaltáró (Kom) 14-15 Td62
9561 Tokorcs (Vas) 24-25 Sa65
3600 Tólápa (BAZ) 8-9 Vc59
3934 Tolcsva (BAZ) 10-11 Wc59
4117 Told (HB) 30-31 Wd66
2657 Tolmács (Nóg) 16-17 Ua61
7130 Tolna (Tol) 36-37 Te70
7083 Tolnanémedi (Tol) 36-37 Tc68
6077 Tolvajos (BKk) 38-39 Uc68
6114 Tolvajos (BKk) 38-39 Ud68
5324 Tomajmonostora (Szo) 18-19 Ve64
3787 Tomor (BAZ) 8-9 Vf59
6422 Tompa (BKk) 44-45 Ud71
6621 Tompahát (Cso) 38-39 Vc69
9662 Tompaládony (Vas) 22-23 Rf64
5830 Tompapuszta (Bék) 40-41 Vf71
7400 Toponár (Som) 42-43 Se70
2463 Tordas (Fej) 26-27 Te64
8876 Tormafölde (Zala) 32-33 Rd69
7383 Tormás (Bar) 34-35 Sf71
9473 Tormásliget (Vas) 12-13 Re64
3765 Tornabarakony (BAZ) 8-9 Ve58
3761 Tornakápolna (BAZ) 8-9 Vd58
3767 Tornanádaska (BAZ) 8-9 Ve57
3765 Tornaszentandrás (BAZ) 8-9 Ve57
3769 Tornaszentjakab (BAZ) 8-9 Vf57
6600 Tornyaitelep (Cso) 38-39 Vb69
8877 Tornyiszentmiklós (Zala) 32-33 Rd69
2831 Tornyó (Kom) 14-15 Td63
3877 Tornyosnémeti (BAZ) 8-9 Wb57
4642 Tornyospálca (SzSz) 10-11 Xb59
9791 Torony (Vas) 22-23 Rd65
8660 Torvaj (Som) 24-25 Ta68
8400 Tósokberénd (Ves) 24-25 Sd66
5091 Tószeg (Szo) 28-29 Va66
2021 Tótfalu (Pest) 16-17 Ua62
7728 Tótimajor (Bar) 44-45 Te72
5940 Tótkomlós (Bék) 40-41 Ve70
7981 Tótszentgyörgy (Bar) 42-43 Se72
8865 Tótszentmárton (Zala) 34-35 Re70
8864 Tótszerdahely (Zala) 34-35 Re70
7918 Tótújfalu (Som) 42-43 Sd73
3123 Tótújfalupuszta (Nóg) 6-7 Uf60
8246 Tótvázsony (Ves) 24-25 Se66
2890 Tóváros (Kom) 14-15 Tb63
2073 Tök (Pest) 14-15 Te63
5663 Tökfalu (Bék) 40-41 Vf69
2316 Tököl (Pest) 26-27 Tf65
4496 Tölgyesszögtanya (SzSz) 10-11 Xa59
4492 Tölgyestanya (SzSz) 10-11 Wf59
5537 Tölgyfástanya (Bék) 30-31 Wc67
9086 Töltéstava (GyS) 14-15 Se63
9738 Tömörd (Vas) 22-23 Re64
2000 Tömördpuszta (Kom) 14-15 Ta63
6646 Tömörkény (Cso) 38-39 Va69
8609 Töreki (Som) 24-25 Ta67
6044 Törekvés Tsz Lakótelepe 26-27 Ud67
6320 Törleymajor (BKk) 26-27 Ua68
7400 Töröcske 34-35 Se71
2045 Törökbálint (Pest) 16-17 Tf64
7285 Törökkoppány (Som) 34-35 Ta69
5200 Törökszentmiklós (Szo) 28-29 Vc65
2747 Törtel (Pest) 28-29 Uf66
8500 Törzsökhegy (Ves) 24-25 Sd65
6065 Tőserdő (BKk) 28-29 Uf67
5100 Tőtevény (Szo) 16-17 Uf64
7755 Töttös (Bar) 44-45 Td73
2230 Tövesmajor (Pest) 26-27 Uc64
4125 Tövises (HB) 30-31 Wf65
5520 Töviskes (Bék) 28-29 Wa66
9433 Tőzeggyármajor (GyS) 12-13 Rf62
3724 Trizs (BAZ) 8-9 Vc58
3458 Tuka (HB) 18-19 Wa62
7144 Túladuna (Tol) 36-37 Te71
4731 Tunyogmatolcs (SzSz) 10-11 Xc61
2194 Tura (Pest) 16-17 Ud63
4944 Túristvándi (SzSz) 20-21 Xd60
5461 Túri út (Szo) 28-29 Vb67
5420 Túrkeve (Szo) 28-29 Ve66
7811 Túrony (Bar) 42-43 Tb73
4967 Túrricse (SzSz) 10-11 Xe61
7090 Tuskós (Tol) 36-37 Tb69
2060 Tükröspuszta (Fej) 14-15 Td63
2433 Tükröspuszta (Fej) 26-27 Te66
8796 Türje (Zala) 24-25 Sa67
8790 Tüskeszentpeter (Zala) 22-23 Sa67
8477 Tüskevár (Ves) 24-25 Sb66
4623 Tuzsér (SzSz) 10-11 Xa58

Ty

4762 Tyukod (SzSz) 20-21 Xd61

U, Ú

2730 Údülötelep (Pest) 26-27 Ud65
7718 Udvar (Bar) 44-45 Td73
7066 Udvari (Tol) 36-37 Td69
5502 Ugaritanyák (Bék) 28-29 Ve67
5650 Ugaritanyák (Bék) 28-29 Vf68
8564 Ugod (Ves) 24-25 Sd65
2700 Ugyer (Pest) 26-27 Ue66
5212 Újballa (Szo) 28-29 Vc65
3770 Újbányatelep (BAZ) 8-9 Vd59
2066 Újbarok (Fej) 14-15 Td64
7144 Újberekpuszta (Tol) 44-45 Te71
3716 Újcsanálos (BAZ) 8-9 Wa60
7211 Újdalmand (Tol) 34-35 Tb70
3501 Újdiósgyor (Miskolc) (BAZ) 8-9 Ve60
4491 Újdombrád (SzSz) 10-11 Wf59
5100 Újerdő (Szo) 16-17 Uf64
5609 Újfalu (Bék) 40-41 Ve69
6423 Újfalu (BKk) 44-45 Ud71
4244 Újfehértó (SzSz) 20-21 We62
2769 Újföldirész (Pest) 28-29 Uf65
3923 Újharangod (BAZ) 8-9 Wa60
2367 Újhartyán (Pest) 26-27 Uc65
3000 Újhatvan (Hev) 16-17 Ud63
2300 Újhegy (Pest) 26-27 Tf65
7630 Újhegy (Pécs) (Bar) 42-43 Tb72
8600 Újhely (Som) 24-25 Ta67
3936 Újhuta (BAZ) 10-11 Wc58
8558 Újimajor (Ves) 24-25 Sd64
4146 Újiráz (HB) 30-31 Wc67
7092 Újireg (Tol) 34-35 Tb69
4642 Újkenéz (SzSz) 10-11 Xb59
9472 Újkér (GyS) 12-13 Re64
5661 Újkígyós (Bék) 40-41 Wa69
4946 Újkóródtanya (SzSz) 10-11 Xe60
7500 Újkútpuszta (Som) 42-43 Sc71
5516 Újladány (Bék) 30-31 Wa67
3104 Újlak (Nóg) 16-17 Ue60
3128 Újlakpuszta (Nóg) 16-17 Ue60
2724 Újlengyel (Pest) 26-27 Uc65
4288 Újléta (HB) 20-21 Wf64
3387 Újlőrincfalva (Hev) 18-19 Vd63
5742 Újmajor (Bék) 40-41 Wb70
3041 Újmajor (Nóg) 16-17 Ud62
2074 Újmajor (Pest) 16-17 Te63
2073 Újmajor (Pest) 16-17 Te63
2213 Újmajor (Pest) 26-27 Ud64
8951 Újmajor (Zala) 32-33 Re68
9511 Újmihályfa (Vas) 22-23 Sa65
7700 Újmohács (Bar) 44-45 Te72
8776 Újnéppuszta (Zala) 34-35 Rf69
2712 Újosztálydűlő (Pest) 28-29 Uf66
1045 Újpalota (Bp) 16-17 Ua63
1041 Újpest (Bp) 16-17 Ua63
7766 Újpetre (Bar) 42-43 Tc73
7973 Újpuszta (Bar) 42-43 Se73
9245 Újrónafő (GyS) 12-13 Sb62
4735 Újsályi (SzSz) 20-21 Xd61
3715 Újsiska (BAZ) 8-9 Wa60
6321 Újsolt (BKk) 26-27 Ua67
8743 Újszabar (Zala) 34-35 Sa69
5727 Újszalonta (Bék) 30-31 Wc68
5008 Újszanda (Szo) 28-29 Vb66
5052 Újszász (Szo) 28-29 Va65
6771 Újszeged (Szeged) (Cso) 38-39 Vb71
5323 Újszentgyörgy (Szo) 18-19 Ve64
6754 Újszentiván (Cso) 38-39 Vb71
4065 Újszentmargita (HB) 18-19 Wa62
2768 Újszilvás (Pest) 28-29 Uf65
6064 Újszőlő (Szo) 28-29 Va67
4324 Újszőlőskert (SzSz) 20-21 Wf61
9242 Újtanya (GyS) 12-13 Sa62
4376 Újtanya (SzSz) 20-21 Xb62
6337 Újtelek (BKk) 36-37 Ua69
4400 Újtelekbokor (SzSz) 20-21 We61
3729 Újtelep (BAZ) 8-9 Vc59
8136 Újtelep (Fej) 24-25 Tc67
2735 Újtelep (Pest) 26-27 Ud65
7436 Újtelep (Som) 34-35 Sd70
4464 Újtelep (SzSz) 20-21 Wc60
7181 Újtelep (Tol) 42-43 Tc70
8445 Újtelep (Ves) 24-25 Se65
5742 Újtelep (Elek) (Bék) 40-41 Wb69
2183 Újtelep (Galgamácsa) (Pest) 16-17 Uc62
2132 Újtelep (Göd) (Pest) 16-17 Ua62
2119 Újtelep (Pécel) (Pest) 16-17 Uc64
4150 Újtelep (Püspökladány) (HB) 30-31 Wa64
5731 Újtelep (Sarkadkeresztúr) (Bék) 30-31 Wc68
7432 Újtelep (Várda) (Som) 34-35 Se70
7588 Újtelep (Vízvár) (Som) 42-43 Sb72
4096 Újtikos (HB) 18-19 Wb61
9245 Újudvar (GyS) 12-13 Sb61
8778 Újudvar (Zala) 34-35 Rf69
7436 Újvárfalva (Som) 34-35 Sd70
7090 Újvárhegy (Tol) 36-37 Tb69
6624 Újváros (Cso) 38-39 Vd69
2800 Újváros (Tatabánya) 14-15 Tc63
2427 Újvenyim (Fej) 26-27 Tf67
3718 Újvilágtanya (BAZ) 8-9 Wa60
8348 Ukk (Ves) 24-25 Sb66
9463 Und (GyS) 12-13 Re64
2528 Uny (Kom) 14-15 Te63
3622 Uppony (BAZ) 8-9 Vc59
4763 Ura (SzSz) 20-21 Xd62
9651 Uraiújfalu (Vas) 22-23 Rf64
3600 Uraj (Ózd) (BAZ) 8-9 Vb59
2165 Urántemető (Pest) 16-17 Ub62
8142 Úrhida (Fej) 24-25 Tb66
2242 Úri (Pest) 16-17 Ud64
8409 Úrkút (Ves) 24-25 Sd66
5516 Úrszeg (Bék) 30-31 Wb67
8292 Úrtávközlési állomás (Ves) 24-25 Sd67
4952 Uszka (SzSz) 10-11 Xf60
6332 Uszód (BKk) 36-37 Tf69
9485 Útagmajor (GyS) 12-13 Re63
7047 Uzd (Tol) 36-37 Td69
6085 Uzovicstelep (BKk) 26-27 Ub68

Ü, Ű

3754 Üdülőtelep (BAZ) 8-9 Ve58
2643 Üdülőtelep (Nóg) 16-17 Ua61
3154 Üdülőtelep (Nóg) 6-7 Uf61
1011 Üdülőtelep (Pest) 16-17 Te64
2116 Üdülőtelep (Pest) 16-17 Ud63
2711 Üdülőtelep (Pest) 28-29 Ue64
7556 Üdülőtelep (Som) 34-35 Sc72
6413 Üdülőterület (BKk) 44-45 Uc70
6794 Üllés (Cso) 38-39 Uf70
2225 Üllő (Pest) 26-27 Uc64
2347 Ürbőpuszta (Pest) 26-27 Ub66
7192 Ürgevárpuszta (Tol) 36-37 Tb69
4150 Ürmöshát (HB) 28-29 Wa65
2096 Üröm (Pest) 16-17 Ua63
8319 Uzsa (Ves) 24-25 Sc67

V

2600 Vác (Pest) 16-17 Ua62
2167 Vácduka (Pest) 16-17 Ub62
2184 Vácegres (Pest) 16-17 Uc62
2164 Váchartyán (Pest) 16-17 Ub62
2185 Váckisújfalu (Pest) 16-17 Uc62
2163 Vácrátót (Pest) 16-17 Ub62
2115 Vácszentlászló (Pest) 16-17 Ud63
6086 Vadas (BKk) 26-27 Ua67
4353 Vadaskert (SzSz) 20-21 Xc62
2882 Vadasmajor (Kom) 14-15 Sf63
7545 Vadaspuszta (Som) 34-35 Sc71
5213 Vadastanya (Szo) 28-29 Vd65
7695 Vadászcsárda (Bar) 36-37 Tc71
7054 Vadászmajor (Tol) 36-37 Te70
8685 Vadépuszta (Som) 34-35 Se69
6765 Vadgerlés (Cso) 38-39 Uf69
6200 Vadkertitó (BKk) 36-37 Uc69
~ Vadkerti-tó 38-39 Uc69
3636 Vadna (BAZ) 8-9 Vd59
9342 Vadosfa (GyS) 12-13 Sa64
9327 Vág (GyS) 12-13 Sb65
3992 Vágáshuta (BAZ) 8-9 Wd58
6786 Vágó (Cso) 38-39 Ue71
4700 Vágóháztanya (SzSz) 20-21 Xb61
4562 Vaja (SzSz) 10-11 Xb61
~ Vajas-fok 44-45 Tf70
4400 Vajdabokor (Nyíregyháza) (SzSz) 10-11 Wd61
3961 Vajdácska (BAZ) 10-11 Wd59
7838 Vajszló (Bar) 42-43 Sf73
7041 Vajta (Fej) 36-37 Td68
8929 Vakola (Zala) 34-35 Re68
2473 Vál (Fej) 26-27 Te64
2114 Valkó (Pest) 16-17 Ud63
8885 Valkonya (Zala) 34-35 Re69
4351 Vállaj (SzSz) 20-21 Xc62
8316 Vállus (Zala) 24-25 Sb67
7015 Vámiszőlőhegy (Fej) 24-25 Tc68
Vámosatya (SzSz) 10-11 Xc59
9665 Vámoscsalad (Vas) 22-23 Rf64
3291 Vámosgyörk (Hev) 16-17 Uf62
2635 Vámosmikola (Pest) 6-7 Te61
4963 Vámosoroszi (SzSz) 10-11 Xe61
4287 Vámospércs (HB) 20-21 Wf63
9061 Vámosszabadi (GyS) 14-15 Sd62
2767 Vámosszék (Pest) 28-29 Uf64
3934 Vámosújfalu (BAZ) 10-11 Wc59
7015 Vámpuszta (Fej) 24-25 Td68
4119 Váncsod (HB) 30-31 Wd65
2688 Vanyarc (Nóg) 16-17 Uc62
8552 Vanyola (Ves) 24-25 Sd64
1054 Vár (Bp) 16-17 Ua64
★ Vár (Sümeg) (Ves) 24-25 Sb67
7973 Várad (Bar) 42-43 Se73
7351 Váralja (Tol) 44-45 Tc71
8723 Varászló (Som) 34-35 Sb70
3254 Váraszó (Hev) 8-9 Va60
9243 Várbalog (GyS) 12-13 Sa61
3778 Varbó (BAZ) 8-9 Vd60
3756 Varbóc (BAZ) 8-9 Vd58
7442 Várda (Som) 34-35 Se70
7146 Várdomb (Tol) 44-45 Te71
7584 Várdomb Babócsa (Som) 42-43 Sc72
8891 Várfölde (Zala) 32-33 Re69
7370 Varga (Bar) 36-37 Ta71
4461 Vargabokor (Nyíregyháza) (SzSz) 10-11 Wd61
2824 Várgesztes (Kom) 14-15 Tc64
★ Várhegy (Hev) 16-17 Vb61
7090 Várhegy (Tol) 36-37 Tb69
5500 Varjas (Bék) 28-29 Ve67
4463 Varjúlapos (SzSz) 18-19 Wd60
8523 Várkesző (Ves) 12-13 Sb65
3324 Várkút (Hev) 8-9 Vc61
★ Várnegyed (Ves) 24-25 Sf66

70 (H) Tiszadada

7276	Várong (Tol) 34-35 Ta69	2623	Veröce (Pest) 16-17 Ua62	9516	Vönöck (Vas) 24-25 Sa65	8756	Zalaszentjakab (Zala) 34-35 Sa70
5703	Városerdő (Bék) 40-41 Wb68	3351	Verpelét (Hev) 16-17 Vb61	8220	Vörösberény (Ves) 24-25 Ta66	8788	Zalaszentlászló (Zala) 24-25 Sa67
6033	Városföld (BKk) 26-27 Ue68	2174	Verseg (Pest) 16-17 Ud62	7211	Vörösegyháza (Tol) 36-37 Tb70		
★	Városháza 28-29 Ue67	7754	Versend (Bar) 44-45 Td73	2941	Vörösmajor (Kom) 14-15 Sf62	8921	Zalaszentlőrinc (Zala) 22-23 Rf67
8445	Városlőd (Ves) 24-25 Sd66	8089	Vértesacsa (Fej) 26-27 Td64	6300	Vörösszállás (BKk) 36-37 Ua69		
8100	Várpalota (Ves) 24-25 Ta65	8085	Vértesboglár (Fej) 14-15 Td64	8291	Vöröstó (Ves) 24-25 Se67	8764	Zalaszentmárton (Zala) 34-35 Sa68
3047	Várrom Buják (Nóg) 16-17 Ud61	2859	Vérteskethely (Kom)14-15 Ta64	8761	Vörrű (Zala) 34-35 Sa68		
7067	Varsád (Tol) 36-37 Td69	8082	Vérteskozma (Fej) 14-15 Tc64	8711	Vörs (Som) 34-35 Sb69	8929	Zalaszentmihály (Zala) 34-35 Rf68
3170	Varsány (Nóg) 16-17 Uc60	2823	Vértessomló (Kom) 14-15 Tc63				
4515	Vártanya (SzSz) 10-11 Wf60	2837	Vértesszőlős (Kom) 14-15 Tc63		**W**	8969	Zalaszombatfa (Zala) 32-33 Rc69
8316	Várvölgy (Zala) 24-25 Sb67	2833	Vértestolna (Kom) 14-15 Tc63				
2211	Vasad (Pest) 26-27 Uc65	8721	Vése (Som) 34-35 Sb70	2723	Wekerlemajor (Pest) 26-27 Uc65	7839	Zaláta (Bar) 42-43 Sf74
9921	Vasalja (Vas) 22-23 Rd66	9330	Veszkény (GyS) 12-13 Sa63	5712	Wenckheimlakótelep (Bék) 40-41 Wa69	8947	Zalatárnok (Zala) 32-33 Re68
6320	Vásárhalom (BKk) 26-27 Ua67	8200	Veszprém (Ves) 24-25 Sf66			8790	Zalaudvarnok (Zala) 24-25 Sa67
7926	Vásárosbéc (Bar) 34-35 Se71	8248	Veszprémfajsz (Ves)24-25 Sf66	★	Wosinszky Mór Múz. 44-45 Te70	8822	Zalaújlak (Zala) 34-35 Sa69
7362	Vásárosdombó (Bar) 36-37 Ta71	8475	Veszprémgalsa (Ves) 24-25 Sb66			8392	Zalavár (Zala) 34-35 Sa68
9343	Vásárosfalu (GyS) 12-13 Sa64	8438	Veszprémvarsány (Ves) 14-15 Sf64		**X**	9831	Zalavég (Zala) 22-23 Sa66
9552	Vásárosmiske (Vas)22-23 Sa65	5530	Vésztő (Bék) 30-31 Wb67			3957	Zalkod (BAZ) 10-11 Wc59
4800	Vásárosnamény (SzSz) 10-11 Xb60	5093	Vezseny (Szo) 28-29 Vb66	—		8621	Zamárdi (Som) 24-25 Sf67
7691	Vasas (Pécs) (Bar) 36-37 Tb72	9343	Vica (GyS) 12-13 Sa64		**Z**	8081	Zámoly (Fej) 24-25 Tc65
9744	Vasasszonyfa (Vas) 22-23 Re65	8484	Vid (Ves) 24-25 Sc65			9700	Zanat (Vas) 22-23 Re65
8914	Vasboldogasszony (Zala) 22-23 Rf67	2400	Videoton (Fej) 26-27 Td67	3124	Zabar (Nóg) 6-7 Va60	8251	Zánka (Ves) 24-25 Se67
2945	Vasdinnyeiszőlőhegy (Kom) 14-15 Ta63	8294	Vigántpetend (Ves) 24-25 Sd67	7976	Zádor (Bar) 42-43 Sd73	3296	Zaránk (Hev) 16-17 Va63
9661	Vasegerszeg (Vas) 22-23 Rf64	2700	Világosdülő (Pest) 28-29 Uf65	3726	Zádorfalva (BAZ) 8-9 Vc58	7182	Závod (Tol) 44-45 Tc70
9674	Vashosszúfalu (Vas) 22-23 Sa66	2434	Világospuszta (Fej) 26-27 Te67	~	Zagyva 16-17 Va64	8957	Zebecke (Zala) 32-33 Re69
★	Vasi Muzeum falu (Vas) 22-23 Rd65	2652	Világospuszta (Nóg) 16-17 Ub61	3104	Zagyvapálfalva (Salgótarján) 6-7 Ue60	2627	Zebegény (Pest) 16-17 Tf62
7813	Vaskapup (Bar) 42-43 Ta73	7773	Villány (Bar) 44-45 Tc73	5051	Zagyvarékas (Szo) 28-29 Va65	3977	Zemplénagárd (BAZ) 10-11 Xa58
9795	Vaskeresztes (Vas) 22-23 Rc65	7772	Villánykövesd (Bar) 44-45 Tc73	3141	Zagyvaróna (Salgótarján) 6-7 Uf60	7720	Zengővárkony (Bar) 44-45 Tc71
6521	Vaskút (BKk) 36-37 Tf72	~	Villogó-csatorna 28-29 Ve64	3032	Zagyvaszántó (Hev) 16-17 Ue62	8112	Zichyújfalu (Fej) 26-27 Te66
4503	Vasmegyer (SzSz) 10-11 We60	3891	Vilmány (BAZ) 8-9 Wb58	3060	Zagyvaszentjakab (Nóg) 16-17 Ue61	8674	Zics (Som) 34-35 Sf68
8998	Vaspör (Zala) 22-23 Rd67	3942	Vilmatanya (BAZ) 8-9 Wd59	4625	Záhony (SzSz) 10-11 Xb58	3794	Ziliz (BAZ) 8-9 Ve59
9072	Vaspuszta (Kom) 14-15 Sf62	8194	Vilonya (Ves) 24-25 Ta66	8868	Zajk (Zala) 32-33 Re70	7471	Zimány (Som) 34-35 Sf70
9742	Vassurány (Vas) 22-23 Re65	3991	Vilyvitány (BAZ) 10-11 Wd58	4971	Zajta (SzSz) 20-21 Xe61	8420	Ziro (Ves) 24-25 Sf65
9763	Vasszécsény (Vas) 22-23 Re65	9534	Vinár (Ves) 24-25 Sb65	8853	Zákány (Som) 34-35 Rf71	7300	Zobákpuszta (Bar) 44-45 Tb71
9953	Vasszentmihály (Vas) 22-23 Rc67	9317	Vincefőpuszta (GyS) 12-13 Sb65	8852	Zákányfalu (Som) 34-35 Rf71	7671	Zók (Bar) 42-43 Ta72
9747	Vasszilvágy (Vas) 22-23 Re65	8354	Vindornyafok (Zala) 24-25 Sb67	6787	Zákányszék (Cso) 38-39 Uf71	7173	Zomba (Tol) 36-37 Td70
9800	Vasvár (Vas) 22-23 Re66	8353	Vindornyalak (Zala) 24-25 Sb67	8660	Zala (Som) 24-25 Sf68	4400	Zomboribokor (Nyíregyháza) (SzSz) 10-11 Wd61
8542	Vaszar (Ves) 12-13 Sd64	8355	Vindornyaszőlős (Zala) 24-25 Sa67	~	Zala 24-25 Sa68	7936	Zöcsketelep (Zala) 34-35 Sf72
8245	Vászoly (Ves) 24-25 Se67	8431	Vinye (Ves) 24-25 Se64	8741	Zalaapáti (Zala) 34-35 Sa68	2713	Zöldhalom (Pest) 26-27 Ue66
2064	Vasztély (Fej) 14-15 Td63	7773	Virágos (Bar) 44-45 Tc73	8973	Zalabaksa (Zala) 32-33 Rd68	4564	Zöldtanya (SzSz) 10-11 Xb60
9747	Vát (Vas) 22-23 Re65	5130	Virágos (Szo) 18-19 Va64	8798	Zalabér (Zala) 22-23 Sa67	3723	Zubogy (BAZ) 8-9 Vd58
3431	Vatta (BAZ) 18-19 Ve61	4060	Virágoskút (HB) 18-19 Wb63	8900	Zalabesenyő (Zalaegerszeg) (Zala) 22-23 Rf68	1147	Zugló (Bp) 16-17 Ua63
5734	Vátyonpuszta (Bék) 30-31 Wd67	3047	Virágospuszta (Nóg) 16-17 Ud61	8992	Zalaboldogfa (Zala) 22-23 Re67		**Zs**
7370	Vázsnok (Bar) 36-37 Ta71	5665	Virágostanya (Bék) 40-41 Wa69	8782	Zalacsány (Zala) 22-23 Sa68		
★	Vázsonykő vára (Ves) 24-25 Se67	4463	Virányos (SzSz) 8-9 Wd60	8996	Zalacséb (Zala) 22-23 Rd67	5537	Zsadány (Bék) 30-31 Wc67
3265	Vécs (Hev) 16-17 Vb62	2626	Visegrád (Pest) 16-17 Tf62	8900	Zalaegerszeg (Zala) 22-23 Rf67	5537	Zsadányitanyák (Bék) 30-31 Wd67
4233	Vecser (SzSz) 20-21 We62	7533	Visnye (Som) 34-35 Se71			4142	Zsáka (HB) 30-31 Wc66
2220	Vecsés (Pest) 26-27 Ub64	7925	Visnyeszéplak (Som) 34-35 Se71	8344	Zalaerdöd (Ves) 24-25 Sa66	2072	Zsámbék (Pest) 14-15 Te63
6756	Vedresháziankák (Cso) 38-39 Va71	3271	Visonta (Hev) 16-17 Va62	8347	Zalagyömörö (Ves) 24-25 Sb66	2116	Zsámbok (Pest) 16-17 Ud63
3950	Végardó (BAZ) 10-11 Wd58	3956	Viss (BAZ) 8-9 Wd59	8300	Zalahaláp (Ves) 24-25 Sc67	6411	Zsana (BKk) 44-45 Ud70
5811	Végegyháza (Bék) 40-41 Vf70	8681	Visz (Som) 34-35 Se68	8997	Zalaháshágy (Zala) 22-23 Rd67	4961	Zsarolyán (SzSz) 20-21 Xd61
3792	Vegyimüvek (BAZ) 8-9 Ve60	9936	Viszák (Vas) 22-23 Rc67	8761	Zalaigrice (Zala) 34-35 Sa68	3962	Zsarótanya (BAZ) 10-11 We59
7838	Vejti (Bar) 42-43 Sf74	3825	Viszló (BAZ) 8-9 Vf58	8932	Zalaistvánd (Zala) 22-23 Rf67	9346	Zsebeháza (GyS) 12-13 Sb63
9946	Vekemér (Vas) 32-33 Rc68	3293	Visznek (Hev) 16-17 Va63	8749	Zalakaros (Zala) 34-35 Sa69	9631	Zsédeny (Vas) 22-23 Rf64
7333	Vékény (Bar) 42-43 Tc71	7973	Vitézipuszta (Som) 42-43 Se73	8751	Zalakomár (Zala) 34-35 Sb69	9177	Zsejkepuszta (GyS) 14-15 Sd62
4142	Vekerd (HB) 30-31 Wc66	2375	Vitézsor (Pest) 26-27 Ub66	8785	Zalakoppány (Zala) 22-23 Sa67	7477	Zselickisfalud (Som) 34-35 Se71
9726	Velem (Vas) 22-23 Rc64	4804	Vitka (SzSz) 10-11 Xb60	8354	Zalaköveskút (Zala) 24-25 Se67	7400	Zselickislak (Som) 34-35 Se71
2481	Velence (Fej) 26-27 Td65	9371	Vitnyéd (GyS) 12-13 Rf63	8999	Zalalövő (Zala) 22-23 Rd67	7474	Zselicszentpál (Som) 34-35 Se71
8998	Velence (Zala) 22-23 Rd67	8698	Vityapuszta (Som) 34-35 Se69	8348	Zalameggyes (Ves) 24-25 Sb66	4172	Zsellérföld (HB) 30-31 Wb65
2481	Velencefürdő (Fej) 26-27 Te65	5641	Vizesfás (Bék) 30-31 Wb68	8822	Zalamerenye (Zala) 34-35 Sa69	9766	Zsennye (Vas) 22-23 Re66
7951	Velény (Bar) 42-43 Ta73	7671	Vizmű (Bar) 42-43 Ta72	8756	Zalasárszeg (Zala) 34-35 Sa70	2643	Zsibák (Nóg) 6-7 Ua61
7726	Véménd (Bar) 36-37 Td72	5661	Vízmű (Bék) 40-41 Wa69	8743	Zalaszabar (Zala) 34-35 Sa69	7900	Zsibót (Bar) 42-43 Sf72
9062	Vének (GyS) 14-15 Se62	9061	Vizügy (GyS) 14-15 Sd62	8353	Zalaszántó (Zala) 24-25 Sb67	7161	Zsibrik (Tol) 36-37 Td71
4243	Vénkert (HB) 20-21 Wd62	7144	Vizügyi Muz. (Tol) 44-45 Te71	8476	Zalaszegvár (Ves) 24-25 Sb66	9970	Zsidahegy (Vas) 22-23 Rb67
5340	Vénkert (Szo) 28-29 Vd64	5650	Vízügyi Múzeum (Bék) 30-31 Wa67	8772	Zalaszentbalázs (Zala) 34-35 Rf69	8532	Zsigaháza (Ves) 12-13 Sc64
8865	Ventepuszta (Zala) 34-35 Re70	7588	Vízvár (Som) 42-43 Sb72	8790	Zalaszentgrót (Zala) 22-23 Sa67	9476	Zsira (GyS) 12-13 Re64
9751	Vép (Vas) 22-23 Re65	3128	Vizslás (Nóg) 16-17 Ue60	8994	Zalaszentgyörgy (Zala) 22-23 Re67	4762	Zsirostanya (SzSz) 20-21 Xc61
3360	Vercel (Hev) 18-19 Vb63	3888	Vizsoly (BAZ) 8-9 Wb58	8921	Zalaszentiván (Zala) 22-23 Rf67	7588	Zsitvapuszta (Som) 34-35 Sb72
2477	Vereb (Fej) 26-27 Td65	7768	Vokány (Bar) 42-43 Tc73			5515	Zsombékakol (Bék) 28-29 Vf66
2112	Veresegyház (Pest) 16-17 Ub63	8314	Vonyarcvashegy (Zala) 24-25 Sd68			6792	Zsombó (Cso) 38-39 Uf71
5502	Veresháza (Cso) 28-29 Vc68	7530	Vótapuszta (Som) 42-43 Sd71			6042	Zsombosdülő (BKk) 26-27 Uc67
4080	Verestenger (HB) 18-19 Wb61	8931	Vöckönd (Zala) 22-23 Rf67			3400	Zsórifürdő (BAZ) 18-19 Vd62
		9462	Völcsej (GyS) 12-13 Re64			3897	Zsujta (BAZ) 8-9 Wb58
		~	Völgységi-patak 36-37 Tb71			3175	Zsunypuszta (Nóg) 6-7 Ud61
						4627	Zsurk (SzSz) 10-11 Xb58

(H) Jelen kiadvány egészében és részleteiben is szerzői jogvédelem alatt áll. A kiadó írásos engedélye nélkül a kiadvány egyetlen része sem másolható, sem elektronikus, sem mechanikai eljárással, ideértve a fénymásolást, számítógépes rögzítést vagy adatbankban való felhasználást is.

(GB) This work including all parts underlies the Copyright Act. No part of this work may be reproduced or transmitted in any form or by any means, electronic or mechanical, including recording, or by any information storage and retrieval system now or hereafter invented, without permission in writing of the publisher.

(D) Das Werk einschließlich aller seiner Teile ist urheberrechtlich geschützt. Jede urheberrechtswidrige Verwertung ist ohne Zustimmung des Verlages unzulässig und strafbar. Das gilt insbesondere für Vervielfältigungen, Übersetzungen, Nachahmungen, Mikroverfilmungen und die Einspeicherung und Verarbeitung in elektronischen Systemen.

(F) Toute reproduction même partielle de cet ouvrage est interdite. Toute utilisation contraire aux droits d'auteur faite sans le consentement de l'éditeur est illicite et constitue un délit pénal. Ceci concerne aussi toute reproduction par quelque procédé que ce soit, traduction, copie, microfilm ainsi que la sauvegarde et le traitement dans un système électronique.

Design: fpm – factor product münchen (Cover) / Stilradar, Stuttgart

Minden kiadás aktualizált, új kiadás. A tévedések ennek ellenére nem teljesen kizárhatók. Bármilyen hiba észrevételét köszönettel fogadjuk a következő postai címen: MAIRDUMONT, D-73751 Ostfildern vagy e-mailen: **korrekturhinweise@mairdumont.com**

Every edition is always revised to take into account the latest data. Nevertheless, despite every effort, errors can still occur. Should you become aware of such an error, we would be very pleased to receive the respective information from you. You can contact us at any time at our postal address: MAIRDUMONT, D-73751 Ostfildern or by e-mail: **korrekturhinweise@mairdumont.com**

Jede Auflage wird stets nach neuesten Unterlagen überarbeitet. Irrtümer können trotzdem nie ganz ausgeschlossen werden. Ihre Informationen nehmen wir jederzeit gern entgegen. Sie erreichen uns über unsere Postanschrift: MAIRDUMONT, D-73751 Ostfildern oder unter der E-Mail-Adresse: **korrekturhinweise@mairdumont.com**

Chaque édition est remaniée suivant les supports les plus récents. Des erreurs ne peuvent malheureusement jamais être exclues. Aussi vos informations sont les bienvenues. Vous pouvez nous écrire à notre adresse postale : MAIRDUMONT, D-73751 Ostfildern ou bien envoyez-nous un courrier électronique à l'adresse suivante: **korrekturhinweise@mairdumont.com**

→ 2015   © 2010 MAIRDUMONT, D-73751 Ostfildern (2.) Printed in Poland   01-131500

1 : 4 500 000 / 1 cm = 45 km

Photo: Satellitenaufnahme, Europa (getty images/GSO Images)

ÍSLAND
REYKJAVÍK
Akureyri
Vatnajökull
Langjökull
Hofsjökull
Mýrdalsjökull
Breidafjördur
Faxaflói
Arctic Circle
NORSKEHAVET
NORWEGIAN SEA
Lofoten
Vesterålen
Bodø
Narvik
Mo i Rana
Trondheim
Ålesund
Kristiansund
Steinkjer
Östersund
Lillehammer
Bergen
Oslo
Borlänge
Stockholm

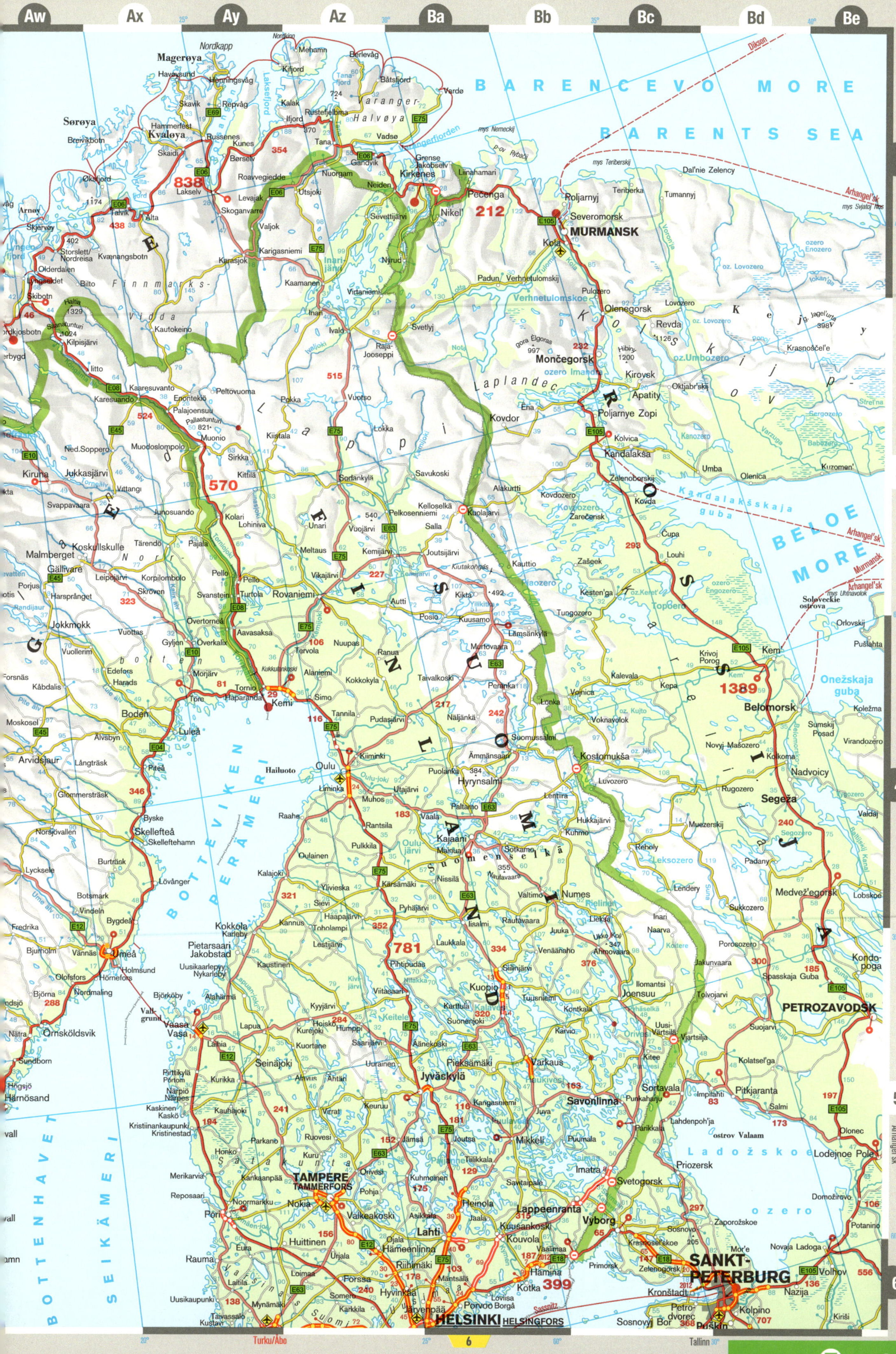

Føroyar
(Danmark)
Streymoy
Vestmanna
Vágar
Eiði
Fuglafjørdur
Klaksvík
Eysturoy
Tórshavn
Sandoy
Tvøroyri
Suðuroy
Bergen
Esbjerg
Rockall
(GB)
ATLANTIC
OCEAN
St. Kilda
Shetland
Islands
Norwick
Unst
Yell
North Roe
Mainland
Lerwick
Foula
Grutness
Fair
Isle
Westray
Sanday
Orkney
Islands
Mainland
Stromness
Kirkwall
Hoy
Outer Hebrides
Nah - Eileanan Siar
Lewis
Leodhais
Port of Ness
Port Nis
Stornoway
Steòrnabhag
Harris
Na Hearadh
Tarbert
Tairbeart
Rodel/Roghadal
North Uist
Uibhist a Tuath
Lochmaddy
Loch Na Madadh
South Uist
Uibhist a Deas
Lochboisdale
Loch Baghasdail
Castlebay
Bagh a Chaisteil
Inner Hebrides
Sea of the Hebrides
Skye
Rum
Rhum
Scarinish
Tiree
Mull
Colonsay
Scalasaig
Jura
Islay
Port Askaig
Port Ellen
Cape Wrath
Durness
Thurso
John o'Groat's
Wick
Tongue
Scourie
Ullapool
Helmsdale
Dornoch
Bonar Br.
Tain
Invergordon
Moray Firth
Elgin
Nairn
Banff
Fraserburgh
Peterhead
Huntly
Inverness
Portree
Kyle of Lochalsh
Mallaig
Fort Augustus
Kingussie
Ben Macdhui
Ballater
Braemar
Banchory
Stonehaven
ABERDEEN
Fort William
Ben Nevis
Grampian Mountains
Rannoch Station
Blair
Pitlochry
Brechin
Montrose
Arbroath
DUNDEE
Oban
Tyndrum
Killin
Perth
Glamis
Dunblane
Stirling
Kirkcaldy
Crail
Firth of Forth
North Berwick
EDINBURGH
Greenock
Rothesay
GLASGOW
Brodick
Arran
Kilmarnock
Ayr
Campbeltown
Galashiels
Kelso
Melrose
Berwick
Abington
Cumnock
Moffat
Hawick
Jedburgh
Alnwick
Warkworth
Stranraer
Dumfries
New Abbey
Kirkcudbright
Carlisle
Brampton
Hadrian's Wall
SOUTH SHIELDS
SUNDERLAND
NEWCASTLE
Workington
Penrith
Durham
Barnard Castle
Hartlepool
MIDDLESBROUGH
Stockton on Tees
Whitby
Darlington
Northallerton
Keswick
Lake District
Kendal
Scarborough
Thirsk
YORK
Bridlington
Isle of Man
Peel
Douglas
Barrow-in-Furness
Lancaster
BLACKPOOL
Settle
PRESTON
Southport
Burnley
BRAD-FORD
LEEDS
BOLTON
HUDDERSFIELD
KINGSTON UPON HULL
Beverley
Selby
Scunthorpe
GRIMSBY
LIVERPOOL
MANCHESTER
STOCKPORT
Doncaster
SHEFFIELD
Chesterfield
Lincoln
Chester
Crewe
STOKE-ON-TRENT
Matlock
NOTTINGHAM
DERBY
Newark
Skegness
Boston
Sleaford
Anglesey
Holyhead
Bangor
Caernarfon
Colwyn Bay
Snowdon
Corwen
Harlech
Dolgellau
Aberdaron
Aberystwyth
Newtown
Shrewsbury
Telford
WOLVERHAMPTON
WALSALL
Burton upon Trent
LEICESTER
Stamford
Peterborough
King's Lynn
Cromer
Wells
BIRMINGHAM
COVENTRY
Kettering
NORTHAMPTON
Ely
Thetford
Cambridge
IPSWICH
Felixstowe
Harwich
Colchester
Bedford
Newmarket
Bishop's Stortford
LUTON
St.Albans
Stratford upon Avon
Worcester
Hereford
Cheltenham
Gloucester
OXFORD
Swindon
Builth Wells
Brecon
Llangurig
Aberayron
Fishguard
St.David's
Haverfordwest
Carmarthen
Pembroke Dock
SWANSEA
Port Talbot
Neath
Merthyr Tydfil
Raglan
NEWPORT
CARDIFF
BRISTOL
Bath
Bristol Channel
Ilfracombe
Barnstaple
Clovelly
Stratton
Holsworthy
Okehampton
Dunster
Taunton
Wells
Beckington
Stonehenge
Newbury
READING
LONDON
Windsor
Hampton Court
Guildford
Winchester
Salisbury
SOUTHAMPTON
Maidstone
Canterbury
Ashford
Folkestone
Dover
Ramsgate
SOUTHEND-ON-SEA
Rochester
BRIGHTON
Hastings
Eastbourne
Lydd
Newhaven
Worthing
Chichester
PORTSMOUTH
Gosport
Isle of Wight
BOURNEMOUTH
Poole
Weymouth
Dorchester
Yeovil
Honiton
Exeter
Torquay
Totnes
PLYMOUTH
Salcombe
Bodmin
King Arthur's Castle
Truro
Falmouth-Penryn
Lizard
Kynance Cove
Penzance
Land's End
Isles of Scilly
Hugh Town
La Manche
Calais
Boulogne-sur-Mer
le Touquet-Paris-Plage
Dunk
Paris
FRANCE
UNIT
KING
Malin Head
Malin
Gaoth Dobhair
Grianan of Aileach
Letterkenny
Derry
Portrush
Giant's Causeway
Coleraine
North Channel
An Charraigh
Donegal
Northern Ireland
Maghera
Ballymena
Larne
Omagh
Lough Neagh
Bangor
BELFAST
Lisburn
Enniskillen
Armagh
Monaghan
Newcastle
Dundalk
Dún Dealgan
Béal an Mhuirthead
Ballyshannon
Sligo
Sligeach
Achill Island
Ballina
Nephin
Westport
Castlebar
Claremorris
Boyle
Carrick-on-Shannon
Cavan
Longford
Kells
Clifden
Connemara
Cong
Roscommon
IRELAND
Athlone
Mullingar
Kinnegad
Drogheda
Droichead Átha
IRISH SEA
DUBLIN
BAILE ÁTHA CLIATH
Dún Laoghaire
Tullamore
Naas
Aran Islands
Oileáin Árainn
Galway
Gaillimh
Loughrea
Ennis
Kilkee
Loop Head
Nenagh
Roscrea
Portlaoise
Glendalough
Wicklow
EIRE
Kilkenny
Cill Chainnigh
Carlow
Arklow
Tralee
Trá Lí
Dingle
An Daingean
Limerick
Luimneach
Rock of Cashel
Cashel
Cahir
Thomastown
Enniscorthy
Wexford
Loch Garman
Rosslare Harbour
Carnsore Point
New Ross
Waterford
Port Láirge
Clonmel
Cluain Meala
Fermoy
Dungarvan
Mallow
Killarney
Carrantuohill
Kenmare
Cahirciveen
CORK
CORCAIGH
Bantry
Kinsale
Skibbereen
Mizen Head
St. George's Channel
Rosslare
Roscoff, Cherbourg-Octeville
Roscoff
Santander
St. Peter Port
Le Havre
Caen
Dieppe
Euro Tunnel
In Great Britain and Northern Ireland distances in miles
Ag
Ah
Ai
Ak
Al
Am
An
5
6
7
8
9
10
0
25
50
100
150 km
0° Greenwich

NORTH SEA
NORDSEE
SKAGERRAK
Kattegat
OSTSEE
DANMARK
DEUTSCHLAND
NEDERLAND
BERGEN
OSLO
Stavanger
Haugesund
Kristiansand
Drammen
Hamar
Lillehammer
Elverum
Arendal
Porsgrunn
Larvik
Skien
Tønsberg
Moss
Sarpsborg
Fredrikstad
Halden
GÖTEBORG
Karlstad
Örebro
Linköping
Jönköping
Borås
Uddevalla
Trollhättan
Halmstad
Helsingborg
MALMÖ
Lund
Kristianstad
Karlshamn
Växjö
Falun
Mora
Hjørring
Frederikshavn
Aalborg
Randers
ÅRHUS
Viborg
Herning
Holstebro
Silkeborg
Horsens
Vejle
Fredericia
Esbjerg
ODENSE
KØBENHAVN
Roskilde
Helsingør
Sjælland
Bornholm
FLENSBURG
KIEL
Neumünster
Lübeck
HAMBURG
ROSTOCK
Stralsund
Rügen
Greifswald
Schwerin
Wismar
BREMEN
BREMERHAVEN
WILHELMSHAVEN
OLDENBURG
Emden
GRONINGEN
Leeuwarden
Lüneburg
Celle
HANNOVER
BRAUNSCHWEIG
Wolfsburg
MAGDEBURG
POTSDAM
BERLIN
SZCZECIN
Frankfurt (Oder)
Cottbus
OSNABRÜCK
MÜNSTER
BIELEFELD
Paderborn
DORTMUND
ESSEN
DUISBURG
DÜSSELDORF
WUPPERTAL
KÖLN
BONN
AACHEN
KASSEL
GÖTTINGEN
HALLE (SAALE)
LEIPZIG
DRESDEN
CHEMNITZ
ERFURT
GERA
AMSTERDAM
HAARLEM
DEN HAAG ('S-GRAVENHAGE)
ROTTERDAM
UTRECHT
ARNHEM
NIJMEGEN
ENSCHEDE
APELDOORN
EINDHOVEN
TILBURG
BREDA
ANTWERPEN
GENT
Brugge
Oostende
BRUSSEL BRUXELLES
LILLE
ROUBAIX
Helgoland
Ostfriesische In.
Waddeneilanden

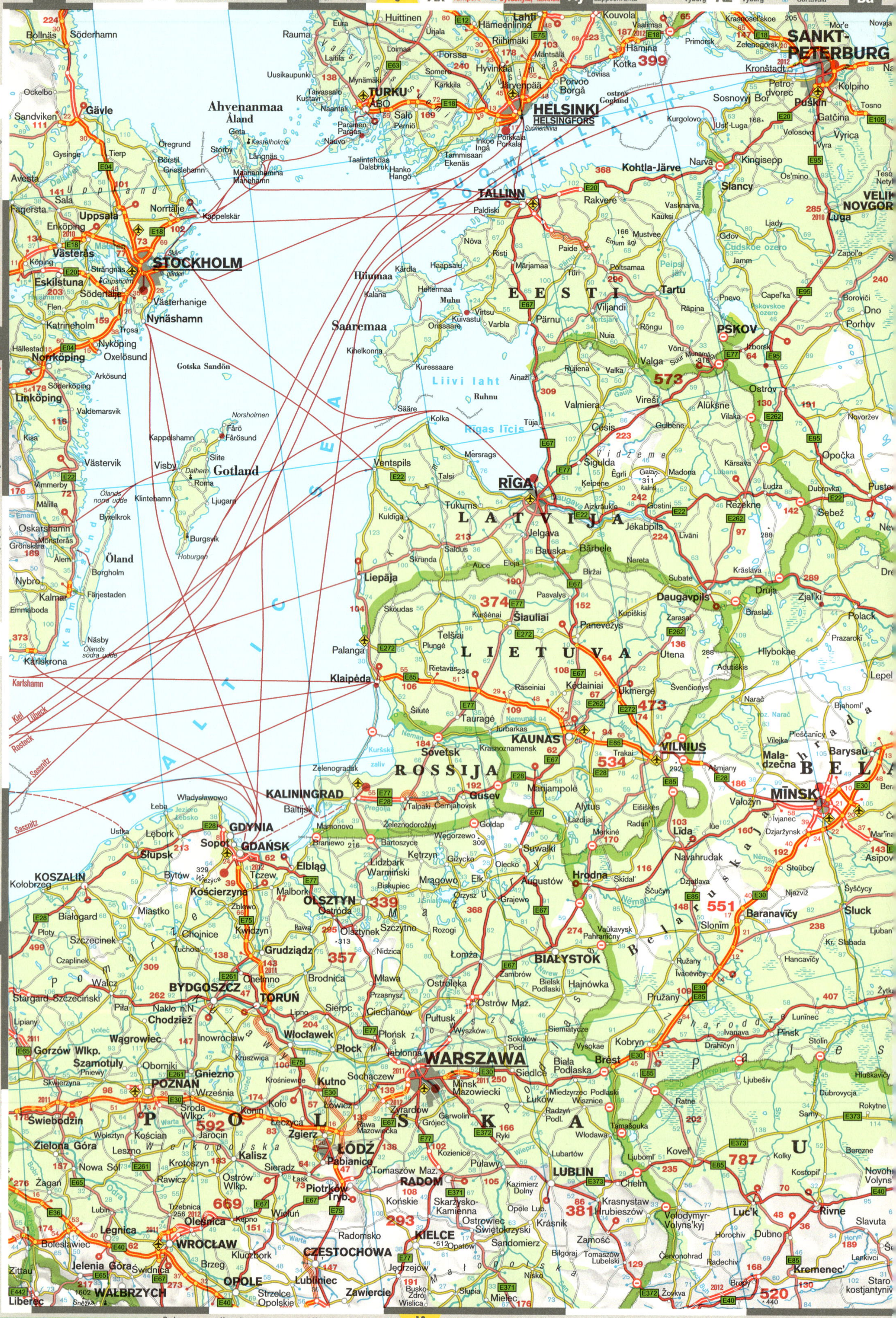

SANKT-PETERBURG
HELSINKI
HELSINGFORS
TURKU
ÅBO
Ahvenanmaa
Åland
Kotka
Kohtla-Järve
TALLINN
Narva
Pskov
EESTI
Tartu
Pärnu
Hiiumaa
Saaremaa
Liivi laht
Rigas līcis
RĪGA
LATVIJA
Jelgava
Liepāja
Ventspils
Daugavpils
LIETUVA
Šiauliai
Klaipėda
KAUNAS
VILNIUS
Panevėžys
ROSSIJA
KALININGRAD
Sovetsk
MINSK
Hrodna
Baranavičy
Brest
Pinsk
BELARUS'
STOCKHOLM
Uppsala
Västerås
Norrköping
Linköping
Gävle
Nyköping
Gotland
Visby
Öland
Kalmar
Karlskrona
SVERIGE
BALTIC SEA
GDAŃSK
GDYNIA
Sopot
Elbląg
OLSZTYN
BIAŁYSTOK
BYDGOSZCZ
TORUŃ
POZNAŃ
WARSZAWA
ŁÓDŹ
RADOM
LUBLIN
KIELCE
CZĘSTOCHOWA
WROCŁAW
OPOLE
WAŁBRZYCH
Koszalin
Słupsk
Zielona Góra
Kalisz
Legnica
POLSKA
Kovel'
Luc'k
Rivne
UKRAJINA

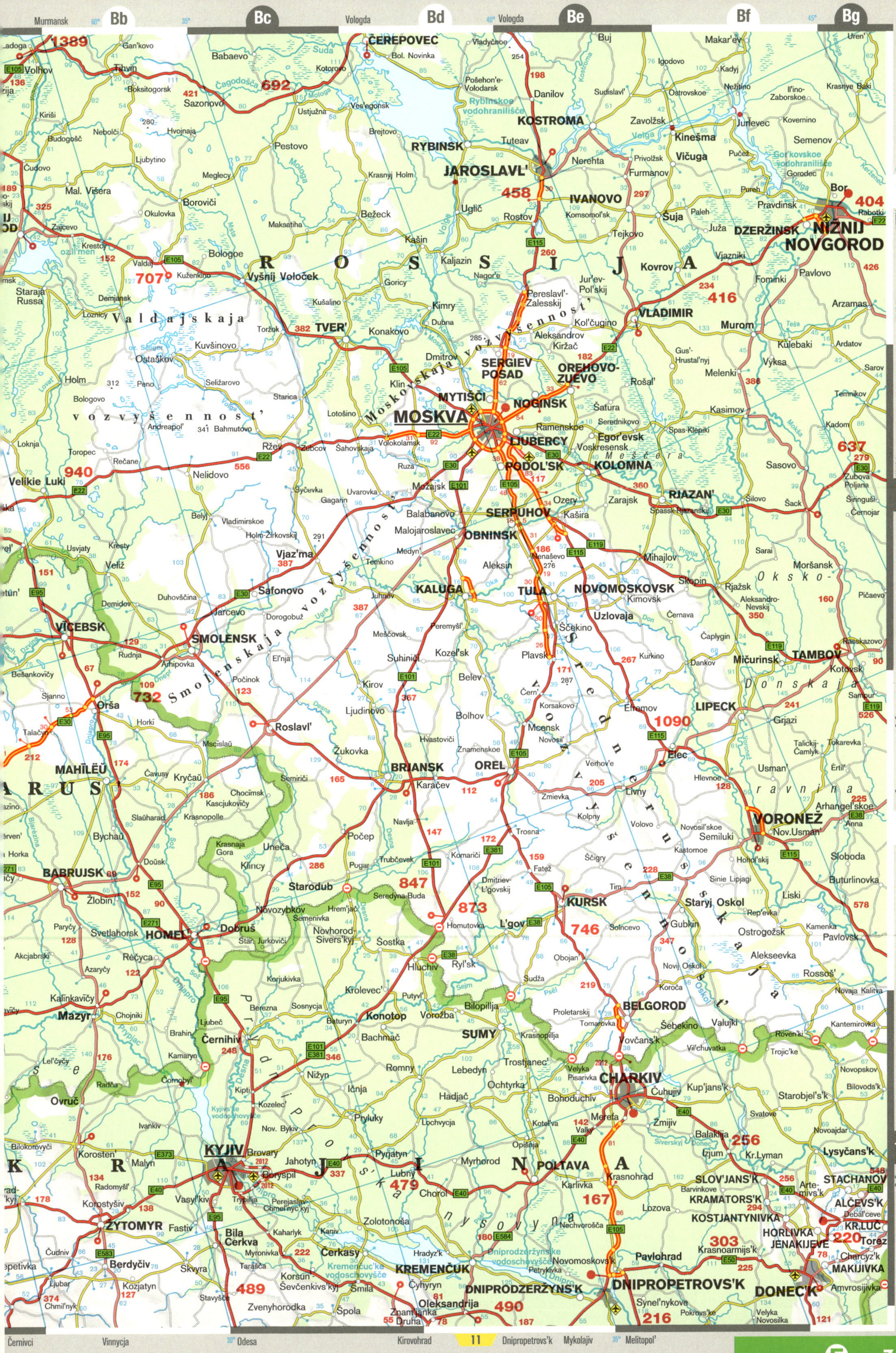

Murmansk
Bb
Bc
Vologda
Bd
Vologda
Be
Bf
Bg
ČEREPOVEC
Rybinskoe vodohranilišče
KOSTROMA
RYBINSK
JAROSLAVL'
IVANOVO
Kinešma
Vičuga
Gor'kovskoe vodohranilišče
Bor
NIŽNIJ NOVGOROD
DZERŽINSK
Kazan'
Penza
Saratov
Volgograd
Borisoglebsk
Rostov-na-Donu
ROSSIJA
Tihvin
Sazonovo
Pestovo
Boroviči
Mal. Višera
Valdaj
Staraja Russa
Bologoe
Vyšnij Voloček
R O S S I J A
Valdajskaja
vozvyšennost'
Kimry
Dubna
TVER'
Konakovo
Toržok
Ostaškov
Pereslavl'-Zalesskij
Aleksandrov
VLADIMIR
Murom
Arzamas
Kovrov
SERGIEV POSAD
OREHOVO-ZUEVO
MYTIŠČI
NOGINSK
MOSKVA
LJUBERCY
PODOL'SK
KOLOMNA
Moskovskaja vozvyšennost'
Mešćera
RJAZAN'
Velikie Luki
Nelidovo
Rževe
Vjaz'ma
Safonovo
SMOLENSK
VICEBSK
Orša
Roslavl'
OBNINSK
SERPUHOV
KALUGA
TULA
NOVOMOSKOVSK
Uzlovaja
Mičurinsk
TAMBOV
LIPECK
Elec
Efremov
Oka
Okskо-Donskaja ravnina
BRIANSK
OREL
Mcensk
Srednerusskaja vozvyšennost'
Smolenskaja vozvyšennost'
MAHILËU
BABRUJSK
HOMEL'
VORONEŽ
Staryj Oskol
KURSK
Rossoš'
BELGOROD
SUMY
Konotop
Černihiv
CHARKIV
Izjum
Lysyčans'k
SLOV'JANS'K
KRAMATORS'K
STACHANOV
ALČEVS'K
HORLIVKA
JENAKIJEVE
MAKIJIVKA
DONEC'K
DNIPROPETROVS'K
DNIPRODZERŽYNS'K
KREMENČUK
POLTAVA
KYJIV
Bila Cerkva
ŽYTOMYR
Berdyčiv
Mazyr
Čerkasy
Dnipro
Prydniprovs'ka nyzovyna
Černivci
Vinnycja
Odesa
Kirovohrad
11
Dnipropetrovs'k
Mykolajiv
Melitopol'
7
8
9
10

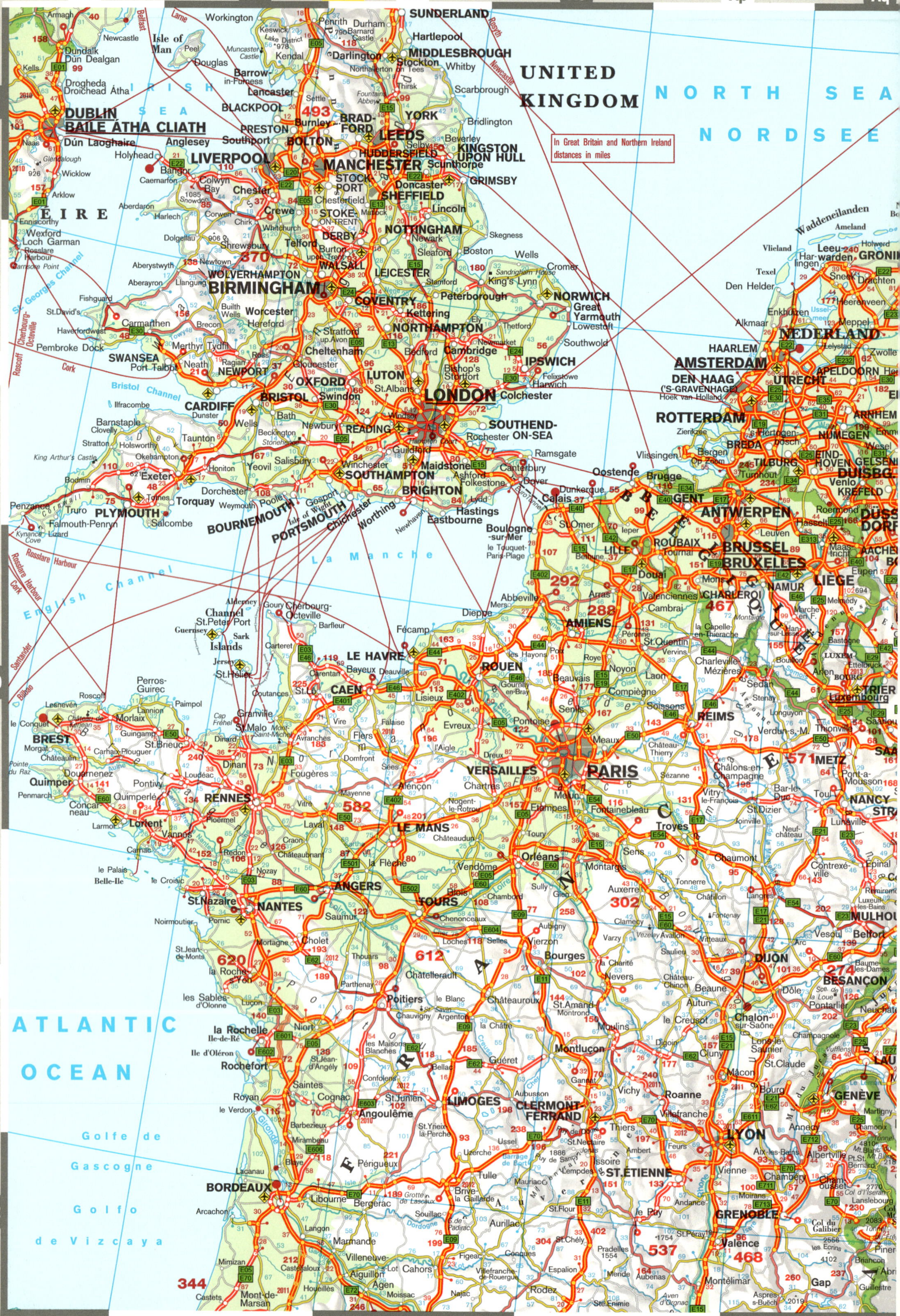

0 25 50 100 150 km

DANMARK
Sjælland
OSTSEE
BALTIC SEA
Bornholm
HAMBURG
BREMEN
HANNOVER
BERLIN
LEIPZIG
DRESDEN
MAGDEBURG
ROSTOCK
LÜBECK
KIEL
FLENSBURG
SZCZECIN
GDAŃSK
GDYNIA
POLSKA
POZNAŃ
WROCŁAW
ŁÓDŹ
BYDGOSZCZ
TORUŃ
KOSZALIN
ESSEN
DORTMUND
KÖLN
FRANKFURT
KASSEL
GÖTTINGEN
HALLE (SAALE)
ERFURT
CHEMNITZ
ZWICKAU
PRAHA
ČESKÁ REPUBLIKA
PLZEN
BRNO
OSTRAVA
OLOMOUC
NÜRNBERG
WÜRZBURG
REGENSBURG
STUTTGART
KARLSRUHE
MANNHEIM
HEIDELBERG
AUGSBURG
MÜNCHEN
SALZBURG
LINZ
WIEN
BRATISLAVA
SLOVENSKÁ REPUBLIKA
INNSBRUCK
GRAZ
ZÜRICH
BERN
BASEL
FREIBURG
MILANO
TORINO
BERGAMO
BRESCIA
VERONA
VICENZA
PADOVA
VENEZIA
TRIESTE
LJUBLJANA
SLOVENIJA
ZAGREB
HRVATSKA
RIJEKA
MARIBOR
PÉCS
GYŐR
MODENA
PARMA
BOLOGNA
FERRARA
BOSNA I HERCEGOVINA
BANJA LUKA
Warszawa
Kraków
Budapest
MAGYARORSZÁG
Beograd

7
8
9
10
11
12
OSTSEE
BALTIC SEA
ROSSIJA
KALININGRAD
LIETUVA
MINSK
Maladzečna
Lida
Hrodna
Baranavičy
Sluck
Pinsk
Brest
Kobryn
BEL
KOSZALIN
Słupsk
GDYNIA
GDAŃSK
Elbląg
OLSZTYN
Suwałki
BIAŁYSTOK
Grudziądz
BYDGOSZCZ
TORUŃ
Włocławek
Płock
WARSZAWA
Siedlce
Biała Podlaska
POZNAŃ
Gniezno
Świebodzin
Zielona Góra
Kalisz
ŁÓDŹ
Piotrków Tryb.
RADOM
LUBLIN
Chełm
Kovel'
Luc'k
Rivne
P O L S K A
Legnica
WROCŁAW
Wałbrzych
OPOLE
CZĘSTOCHOWA
KIELCE
Zamość
BYTOM
ZABRZE
GLIWICE
KATOWICE
SOSNOWIEC
KRAKÓW
TARNÓW
RZESZÓW
Przemyśl
L'VIV
Ternopil'
Liberec
Hradec Králové
Pardubice
OSTRAVA
BIELSKO-BIAŁA
Olomouc
ČESKÁ REPUBLIKA
BRNO
Zlín
Žilina
SLOVENSKÁ REPUBLIKA
Prešov
Košice
Uzhorod
Mukačeve
Ivano-Frankivs'k
ČERNIVCI
WIEN
St. Pölten
BRATISLAVA
Trnava
Nitra
Győr
BUDAPEST
MISKOLC
Nyíregyháza
DEBRECEN
ÖSTERREICH
Sopron
Szombathely
Székesfehérvár
Kecskemét
Szolnok
Békéscsaba
GRAZ
MAGYARORSZÁG
ORADEA
Satu Mare
Baia Mare
CLUJ-NAPOCA
Târgu Mureș
Szeged
ARAD
TIMIȘOARA
MARIBOR
PÉCS
Subotica
LJUBLJANA
SLOVENIJA
ZAGREB
OSIJEK
NOVI SAD
Zrenjanin
Hunedoara
SIBIU
BRAȘOV
RIJEKA
HRVATSKA
SRBIJA
BEOGRAD
Pančevo
Drobeta-Turnu Severin
CRAIOVA
PITEȘTI
ROMÂNIA
BANJA LUKA
BOSNA I HERCEGOVINA
Kragujevac
Vidin

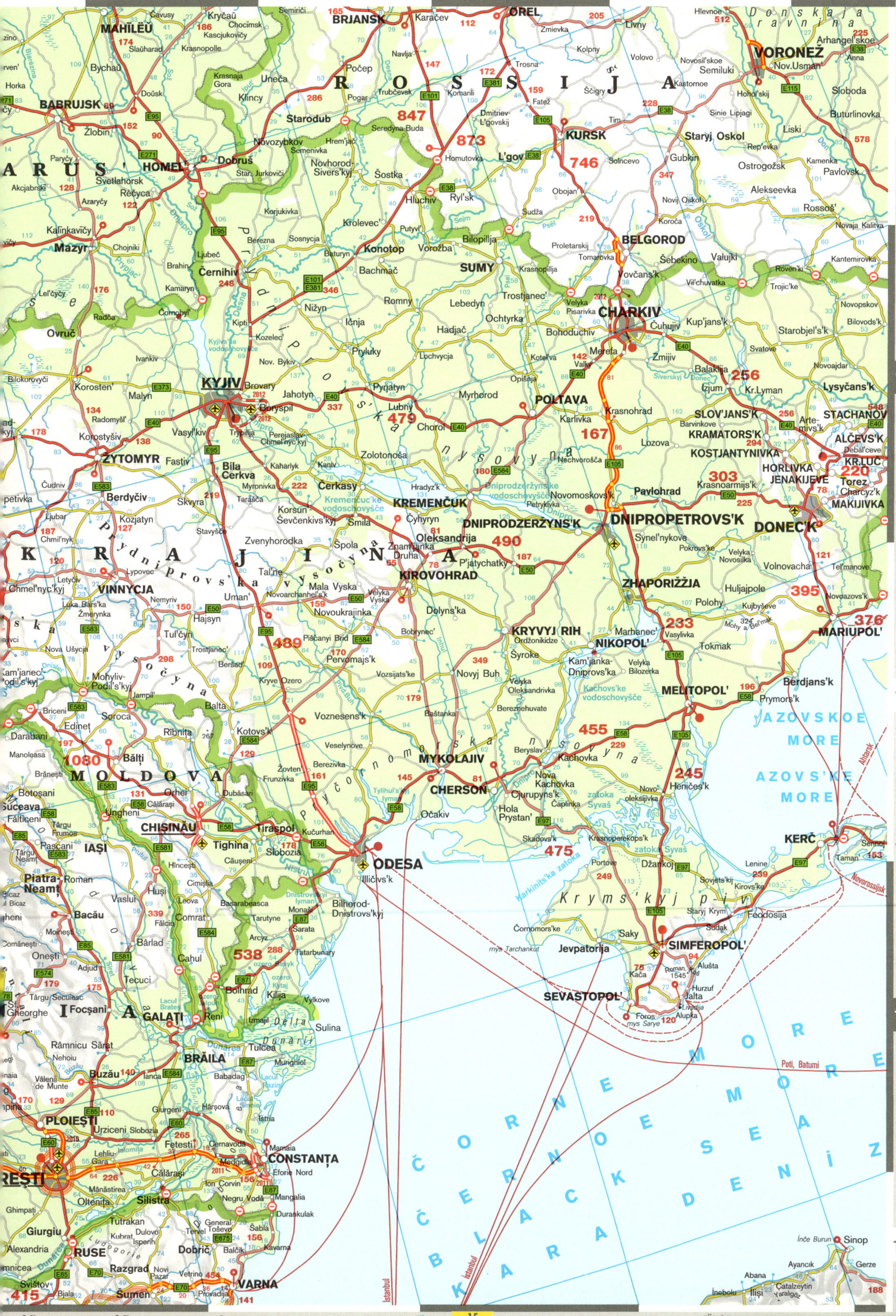

R O S S I J A
B E L A R U S'
U K R A J I N A
M O L D O V A
Prydniprovs'ka nyzovyna
Prydniprovs'ka vysočyna
Prycornomors'ka nyzovyna
Krym's'kyj piv.
AZOVSKOE MORE
AZOVS'KE MORE
ČORNOE MORE
ČORNE MORE
BLACK SEA
KARA DENİZ
MAHILËU
BABRUJSK
HOMEL'
Mazyr
BRJANSK
OREL
KURSK
BELGOROD
VORONEŽ
Staryj Oskol
SUMY
CHARKIV
POLTAVA
KYJIV
ŽYTOMYR
Bila Cerkva
Čerkasy
KREMENČUK
DNIPRODZERŽYNS'K
DNIPROPETROVS'K
ZHAPORIŽŽJA
DONEC'K
MARIUPOL'
KRYVYJ RIH
NIKOPOL'
MELITOPOL'
MYKOLAJIV
CHERSON
ODESA
KIROVOHRAD
VINNYCJA
Černihiv
Konotop
SLOV'JANS'K
KRAMATORS'K
KOSTJANTYNIVKA
HORLIVKA
JENAKIJEVE
MAKIJIVKA
ALČEVS'K
STACHANOV
Lysyčans'k
CHIŞINĂU
Tiraspol
Tighina
Bălţi
IAŞI
GALAŢI
BRĂILA
PLOIEŞTI
CONSTANŢA
RUSE
VARNA
Šumen
Dobrič
Silistra
SIMFEROPOL'
SEVASTOPOL'
Jevpatorija
Jalta
Feodosija
KERČ
Sinop
Poti, Batumi
Istanbul
Volgograd
Rostov-na-Donu
Novorossijsk
Borisoglebsk
Samsun
9
10
11
12
13

Ai
Ak
Al
Am
An
12
13
14
15
16
ATLANTIC OCEAN
Golfe de Gascogne
Golfo de Vizcaya
Cabo Ortegal
A CORUÑA
Ferrol
SANTIAGO
Lugo
OVIEDO
GIJÓN
SANTANDER
BILBAO
DONOSTIA SAN SEBASTIÁN
Gasteiz Vitoria
PAMPLONA (IRUÑEA)
BORDEAUX
Biarritz
Bayonne
Pontevedra
VIGO
OURENSE
LEÓN
Burgos
Logroño
Palencia
VALLADOLID
ZARAGOZA
Braga
PORTO
Aveiro
Coimbra
Salamanca
Segovia
Ávila
MADRID
Alcalá de Henares
Guadalajara
Cuenca
Toledo
Teruel
Castelo Branco
Cáceres
Badajoz
Mérida
LISBOA
Setúbal
Évora
Ciudad Real
Albacete
VALENCIA
Huelva
SEVILLA
CÓRDOBA
Jaén
GRANADA
MÁLAGA
ALMERÍA
MURCIA
CARTAGENA
ALACANT ALICANTE
JEREZ DE LA FRONTERA
CÁDIZ
Algeciras
Gibraltar (UK)
Faro
Golfo de Cádiz
Costa del Sol
Costa Cálida
Costa Blanca
TANGER
Ceuta (Esp.)
TÉTOUAN
Melilla (Esp.)
Isla del Alborán
WAHRĀN (ORAN)
SIDI-BEL-ABBES
Tlemcen
OUJDA
FÈS
MEKNÈS
AR-RIBAT (RABAT)
Kénitra
AD-DĀR-AL-BAYDĀ (CASABLANCA)
Mohammedia
Taza
Kasba Tadla
Azrou
Bouârfa
Aïn Sefra
Béchar
0° Greenwich
0 25 50 100 150 km

Tours
Limoges
Ao
Paris
Ap
Roanne
8
Genève
Aq
Lausanne
SCHWEIZ
Brig
Ar
Chiavenna
CLERMONT-FERRAND
LYON
ST.ETIENNE
GRENOBLE
Valence
Chambéry
Annecy
Albertville
Aosta
Biella
Ivrea
Novara
Vercelli
MILANO
BERGAMO
Como
Varese
TORINO
Alessandria
Piacenza
Pavia
Cremona
Tortona
Asti
Cuneo
Mondovì
GÉNOVA
Savona
Rapallo
LA SPÉZIA
Imperia
San Remo
MONACO
NICE
Cannes
Fréjus
St.Tropez
Hyères
TOULON
MARSEILLE
Aix-en Prov.
Digne
Gap
Briançon
Montélimar
Orange
Avignon
Carpentras
Arles
NÎMES
Alès
MONTPELLIER
Sète
Béziers
Narbonne
Carcassonne
Castres
Albi
Rodez
Millau
Mende
Le Puy
Aurillac
Tulle
Brive-la Gaillarde
Périgueux
Bergerac
Libourne
Marmande
Agen
Villeneuve-sur-Lot
Cahors
Montauban
TOULOUSE
Auch
Tarbes
Lourdes
Pau
Foix
Pamiers
Perpignan
Port Vendres
Cerbère
Golfe du Lion
Andorra la Vella
Puigcerdà
Figueres
Girona
Costa Brava
Vic
Manresa
TERRASSA
SABADELL
Mataró
BARCELONA
Vilanova i la Geltrú
Tarragona
Reus
Valls
LLEIDA
Tortosa
Amposta
Vinaròs
Costa Daurada
Castelló de la Plana
LÈNCIA
Golf de València
Dénia
Mallorca
PALMA DE MALLORCA
Manacor
Sóller
Pollença
Alcúdia
Santanyi
Cabrera
Menorca
Ciutadella
Maó
Eivissa Ibiza
Formentera
Illes Balears
MAR MEDITERRÁNEO
MAR LIGURE
Riviera di Ponente
Côte d'Azur
Corse (France)
Bastia
Calvi
L'Île Rousse
Ajaccio
Propriano
Sartène
Porto-Vecchio
Bonifacio
Corte
Aléria
La Maddalena
Palau
Olbia
Tempio Pausania
Porto Torres
Sassari
Alghero
Nùoro
Sardegna (Italia)
Oristano
Arbatax
Iglésias
Carbónia
CÁGLIARI
Sant' Antioco
Galite
TUNISIYAH
Bizerte
TUNIS
Béja
Jendouba
Tabarka
Kairouan
Kasserine
Sbeitla
AL-JAZĀ'IR (ALGER)
El-Harrach
Blida
Médéa
Tizi-Ouzou
Bejaïa
Jijel
Skikda
ANNABA
El-Kala
Guelma
Souk-Ahras
QACENTINA (CONSTANTINE)
Sétif
Bordj-Bou-Arreridj
M'Sila
Batna
Biskra
Tébessa
Aïn-Beïda
Bou-Saada
Ténès
Cherchell
CHLEF
Aïn-Defla
Miliana
Tissemsilt
Laghouat
El-Oued
Beskra
Palermo
Nàpoli
Livorno
Civitavecchia
Tunis
11
12
13
14
15

ITALIA
MARE TIRRENO
MARE ADRIATICO
JADRANSKO MORE
MARE MEDITERR
IÓNIO PÉL
Golfo di Táranto
Golfe de Tunis
Golfe de Hammamet
TUNISIYAH
Sicilia
HRVATSKA
BOSNA I HERCEGOVINA
CRNA GORA
ROMA
NÁPOLI
FIRENZE
BOLOGNA
VENÉZIA
TRIESTE
ZAGREB
SARAJEVO
PODGORICA
BARI
PALERMO
CATÁNIA
MESSINA
REGGIO DI CALABRIA
TUNIS
SAN MARINO
CITTÀ DEL VATICANO
MALTA
Valletta
PERUGIA
ANCONA
PESCARA
FOGGIA
TÁRANTO
Bríndisi
Lecce
Cosenza
Catanzaro
Siracusa
Ragusa
Agrigento
Caltanissetta
Trápani
Marsala
Salerno
L'Aquila
LIVORNO
Pisa
Siena
Arezzo
Grosseto
RÍMINI
RAVENNA
FERRARA
MÓDENA
PARMA
PADOVA
VERONA
VICENZA
BRÉSCIA
Mántova
RIJEKA
ZADAR
SPLIT
Dubrovnik
OSIJEK
NOVI SAD
BANJA LUKA
Mostar
Shkodër
Durrës
Vlorë
Kérkira
Sousse
Kairouan
Mahdia
Lampedusa
Pantelleria
Ísola di Ústica
Ísola Éolie o Lípari
Capo Santa Maria di Léuca
0 25 50 100 150 km

BUCUREŞTI
PLOIEŞTI
CONSTANŢA
CRAIOVA
RUSE
VARNA
BLACK SEA
KARA DENIZ
SOFIJA
PLOVDIV
STARA ZAGORA
Burgas
Dimitrovgrad
Edirne
İSTANBUL
ADAPAZARI
İZMİT
BURSA
MARMARA DENİZİ
SKOPJE
MAKEDONIJA
F.Y.R.O.M.
PRIŠTINA
PRISHTINË
NIŠ
THESSALONÍKI
Lárissa
Vólos
Kavála
Thássos
Límnos
Lésvos
Çanakkale
Balıkesir
Manisa
İZMİR
Aydın
DENIZLI
Kütahya
ATHÍNA
PIREÁS
PÁTRA
Kórinthos
Trípoli
Kalamáta
Évvia
Kikládes
Ródos
Kárpathos
Kríti
Iráklio
Haniá
Kritikón Pélagos
Mirtóon Pélagos
Vórioi Sporádes
Egéo Pélagos
Thrakikó Pélagos
Kefalloniá
Zákinthos
Al-Iskandarīya
Lemesos
Ankara
Antalya
Eskişehir
Afyon
12
13
14
15
16

Ba
Bb
Bc
Bd
Be
BLACK SEA
KARA DENİZ
MEDITERRANEAN SEA
Antalya Körfezi
ZONGULDAK
ANKARA
ESKİŞEHİR
Afyon
KONYA
ANTALYA
Alanya
SAMSUN
TRABZON
SİVAS
KAYSERİ
ADANA
MERSİN
Tarsus
İskenderun
KAHRAMANMARAŞ
GAZİ ANTEP
ŞANLIURFA
MALATYA
ELÂZIĞ
Kastamonu
Sinop
Çorum
Amasya
Tokat
Yozgat
Kırıkkale
Kırşehir
Nevşehir
Aksaray
Niğde
Karaman
Isparta
Burdur
Bolu
Karabük
Giresun
Ordu
Rize
Erzincan
Bayburt
Adıyaman
Hatay (Antakya)
HALAB (ALEPPO)
SŪRIYAH
AL LĀDHIQĪYAH (LATAKIA)
HAMĀH
HIMS
ṬARABULUS (TRIPOLI)
BAYRŪT (BEIRUT)
LUBNĀN
DIMASHQ (DAMASCUS)
KYPROS
KIBRIS
Lefkoşa
Lefkosia (Nicosia)
Larnaka
Lemesos (Limassol)
Pafos
Ammochóstos Gazimağusa
HEFA (HAIFA)
NETANYA
PETAH TIQWA
TELAVIV-YAFO
YISRAEL
YERŪSHALAYIM (JERUSALEM/AL QUDS)
AZ ZARQA
AMMĀN
Irbid
Gaza
Be'ér-Sheva
Elat
Ma'ān
12
13
14
15
16
17